국어학 논고 - 유고집 - 【제1권】

국어학 논고 ― 유고집 ―

강기진 지음

제1권 문법론

도서출판 역락

故 선산(善山) 강기진(康琪鎭) 박사

▌서문을 대신하여

우리의 벗 선산(善山) 강기진(康琪鎭) 교수가 이승을 떠난 지 벌써 10년의 세월이 흘렀다. 강 교수는 1936년 경북 선산에서 태어나 선산고등학교를 마치고 동국대학교 학부를 거쳐 같은 대학원에서 국어학을 전공하였다. 대학 졸업후 정화여자상업학교와 홍익대학교 사범대학 부속고등학교에서 중등교육에 종사한 바 있으며 홍익공업전문대학과 경기대학교 국어국문학과에 발을 디뎌 놓으면서부터 본격적인 연구에 착수하여 작고하기까지 50편이 넘는 국어학 논문을 발표하였다.

강 교수의 주전공은 어휘의미론이다. 그의 박사학위논문『國語同音語硏究』는 바로 강 교수의 전공영역을 대표하는 업적이며 박사논문을 완성하기까지 강 교수는 어휘연구의 이론과 방법에 관련되는 크고 작은 논문을 적지 않게 발표하였다. 그러는 한편 강 교수는 석사논문으로 중세국어의 활용어미를 형태론적으로 규명하였으며 현대국어의 접속어미에 대하여는 구석구석 그 문법적 특징을 세밀하게 밝혀 내었다. 그밖에도 국어의 격조사와 보조사, 보조동사, 피동구문, 부정법, 문장부사어의 특성을 밀도 있게 구명하였으며 변형생성문법을 국어연구에 접목시키는 문제에 대하여도 소홀히 하지 않았다. 1980년대 후반부터는 국어문법연구에 큰 발자취를 남긴 주시경과 최현배의 음성이론과 문법이론의 특수성을 구명하는 문제에도 남다른 관심을 기울였다.

우리들 편자는 강 교수가 남긴 53편의 논문을 3책으로 묶어『국어학 논고 – 유고집 – 』이라는 이름을 붙이기로 하였다. 1권에는 접속어미를 비롯한 조사, 어미, 보조동사, 피동법, 부정법, 부사어 등 주로 국어문법론에 관련된 논문을 모았다. 2권에는 어휘연구의 이론과 방법에 관련된 논고만을 담아 이 한 권만으로도 강 교수의 어휘이론의 특수성을 규지(窺知)할 수 있게 하였다. 3권에는 박사학위논문과 석사논문을 비롯하여 국어사와 어학사에 관련되는 글들을 묶었다. 강 교수는 생전에 국한문혼용론을 주창(主唱)해 왔다. 강 교수의 논문이 모두 국한문혼용을 지향하고 있는 것이 결코 우연이 아님을 알 수 있다. 발표 당시의 모습을 그대로 재현한 것은 바로 강 교수의 생전의 어문관(語文觀)을 존중한다는 의미와 관련이 있다.

3권의 끝에는 강 교수의 연보(年譜)와 논저목록을 실었으며 선배, 동료, 후배들의 추모문도 함께 넣어 고인(故人)의 학덕(學德)을 되새기는 계기로 삼았다. 이 책은 강 교수의 유일한 혈육(血肉)으로 연세대학교 대학원에서 국어학을 전공하고 있는 강해수(康海洙) 군의 정성으로 이루어졌다. 돌아가신 어버이를 잊지 못하여 흩어진 글을 모아 유고집을 박겠다는 그 효심(孝心)에 감동을 받은 우리들은 편집의 방향을 제시하고 강 교수를 대신하여 서문을 초(草)하게 되니 감개를 헤아릴 수 없다. 올해는 고인의 10주기(週忌)이자 고희(古稀)를 맞는 해이기도 하다. 아무쪼록 이 유고집(遺稿集)이 널리 읽히어 강 교수의 국어학이 올바로 평가되기를 바라는 바이다.

선산 강기진 박사 10주기를 맞아
2005년 6월 5일

동국대학교 명예교수 金英培
서울대학교 명예교수 高永根
삼가 적음

차 례

국어 접속어미의 의미기능 · 17

국어 접속어미 '-니'와 '-니까'의 연구 · 39

차 례 - 제2권·제3권

국어학 논고

선산(善山)
강기진(康琪鎭)
박사
유고집

제1권

문법론

국어 접속어미의 의미기능

1. 序 論

본 논문은 소위 최현배(1957)에서 이음법 어미로 다루어진 국어 접속어미를, 두 피접속문의 주어의 같음이 필수적*obligatory*이냐 선택적 *optionally*이냐에 따라, 두 유형으로 나누고, 이것에 나타나는 의미적, 통사적 차이를 밝히는 데 그 목표를 둔다. 본 논문은 현대 국어의 자료에 국한하며, 따라서 공시적*synchronically*으로 기술된다.

기왕의 국어 접속어미에 대한 연구로는 최현배(1959)에서 이음법의 어미로 처리한 이래, 그러한 최현배(1959)의 분류 범주를 보강 보완하는 데서 그쳤다. 즉 어미 자체의 형태론적 분류 분석에만 치중하였다.

그러나 1960년대에 변형생성이론*Transformational Generative Grammar* 이 들어오면서부터, 접속어미의 연구가 본격적인 차원에서 논의되기 시작했다.

서정수(1971), 양인석(1972), 장석진(1973), 남기심(1978) 등의 연구는 그러한 변형생성이론적 측면에서 다루어진 것으로 주목할 만하다.[1]

---

[1] 서정수, 국어 용언어미 '-에서', 1971, 참조.
    양인석, 한국어의 접속화, 1972, 참조.

지금까지의 접속어미에 대한 검토는 대략 두 가지로 나누어진다. 즉 접속어미를 매개로 하여 이루어지는 접속문이 두 성분 문장의 관계가 대등한가 아닌가에 따라 통사적으로 대등접속과 종속접속으로 나누어 설명하던 것을 최근에 이르러, 양인석(1972) 등에서 실질적인 기능에 의거한 화용론적 설명이 시도된 것이 그것이다.

최현배(1959)에서는 60여 개의 접속어미가 설명되고 있으나 본고에서는 이것들을 다 다루지는 않는다.

다만 우리의 흥미를 끄는 접속어미 "-나", "-거나", "-(으)며", "-(으)면서도", "-(으)니까", "-(아)서", "-(으)러" 등만을 특별히 다룬다.2) 본 논문에서 사용된 자료는 주로 황순원의 초기 작품과 양인석(1972)에서 빌어왔으며, 단 일일이 그 출처는 밝히지 않는다.

본 논문에서는 편의상 접속어미에 의해 이루어지는 앞뒤의 문장을 성분문장 S₁, S₂라 하고, 두 성분문장이 접속어미에 의해 이루어진 상위의 문장을 접속문*conjunctive sentence*이라 부르고 S₀로 표기하기로 한다. 그리고 본 논문의 구성은 다음과 같다.

제2장에서는 피접속문 사이의 동일주어제약이 필수적이냐 선택적이냐에 의해 접속어미를 둘로 구분하고 이것들과 상태동사*stative verb*와의 공존성 여부에 따라 다시 이분화한 다음, 이것들의 의미적 · 통사적 제약을 기술하게 된다.

제3장에서는 이들 접속어미의 기저구조와 그 도입방식이 논의된다.

장석진, 시상의 양상, 1973, 참조.
남기심, 국어연결어미의 화용론적 기능, 1978, 참조.
2) 이들 연결어미에 대한 설명은 최현배, 우리말본, 1959, pp. 295~303, 참조.

2. 對稱과 非對稱

우선 접속어미에 의한 접속문은 두 성분문장의 관계가 대등한가 아닌
가에 따라 통사적으로 대등접속*coordination*과 종속접속*subordination*으
로 구분된다. 그런데, Lakoff(1971)에서는 이러한 구분을 논리적인 측
면에서 대칭*symmetric*과 비대칭*asymmetric*으로 나누고 있다.3)

　　Lakoff(1971)의 대칭, 비대칭의 개념에는 여러 가지 의미가 내재되
어 있지만 가장 중요한 핵심의 하나는 역시 주어의 문제이다.

　　즉, 두 피접속문의 주어가 같으냐, 같지 않느냐의 문제이다.

　　(1) a. 철수는 공부하<u>고자</u> 도서관에 갔다.
　　　　b. 철수가 이 옷을 입<u>으면서</u> 좋아했다.
　　　　c. 철수는 일하러 밭에 갔다.

위의 (1)의 a, b, c의 예문은 그것들의 선행, 후행하는 피접속문의
주어가 같다는 특성을 가지고 있다. Lakoff(1971)의 표현을 빌면, 그
것은 동일주어라는 통사적 대칭성을 보이고 있다. 따라서, 위의 (1)의
a, b, c 예문은 그러한 동일주어 대칭성이 무너지면 비문법적인 문장이
된다.

　　다음의 예문 (2)의 a, b, c는 선행하는 피접속문과 후행하는 피접속
문이 서로 주어가 같지 않기 때문에 비문법적인 문장이 됨을 보여주고
있다.

---

3) 김흥수, 계기의 '-고'에 대하여, 1977, pp. 113~134, 참조.
　　Lakoff, It's and's But's about, 1971, 전체 참조.
　　대칭과 비대칭은 원래 논리학의 용어로 김흥수에서 처음으로 쓰여졌다.

(2) a.4) *철수는 공부하고자, 숙이는 도서관에 갔다.

    b.   *철수가 이 옷을 입으면서, 숙이가 좋아했다.

    c.   *철수는 일하러 숙이가 밭에 갔다.

예문 (1)과 (2)의 근본적인 차이점은 예문 (1)은 동일주어 제약이 지켜졌고, 예문 (2)는 그러한 동일주어 제약이 어겨졌다는 점이다.

이러한 범주 내에 드는 접속어미로는 "-(으)ㄹ뿐더러", "-(으)ㄴ데다가", "-고자", "-(으)러", "-(으)려고", "-(으)면서", "-(아)서" 등이 있다.

(3) a. 철수는 밥을 먹으려고 식당에 갔다.

    b. 이 사과는 맛이 좋을뿐더러 값도 싸다.

    c. 나는 자전거를 타면서 철수는 노래를 불렀다.

(3)의 a, b, c 역시 동일주어를 가지고 있다. 이것 역시 이러한 동일주어 제약이 깨어질 때에는 비문법적인 문장이 된다.

(4)의 예들은 그러한 점을 매우 잘 보여주고 있다.

(4) a. *철수는 밥을 먹으려고 영자는 식당에 갔다.

    b. *이 사과는 맛이 좋을뿐더러 저 배는 값도 싸다.

    c. *나는 자전거를 타면서 철수는 노래를 불렀다.

본 논문은 우선 이러한 접속문들을 Lakoff(1971)의 예를 빌어 대칭접속문이라 하기로 한다. 즉 대칭접속문은 두 피접속문의 주어가 필수적으로 같아야 하며, 이러한 제약이 지켜지지 않을 때에는 이 접속문은 비문법적인 문장이 된다.

대칭접속문과 상대되는 접속문으로 비대칭접속문이 있다.5) 비대칭

---

4) *표는 일반적으로 비문법적인 문장을 나타낸다.

접속문은 두 피접속문의 주어가 필수적으로 같아야 한다는 제약이 없다. 다음의 예들은 그러한 비대칭접속문이다.

> (5) a. 철수는 노래하며 춤춘다.
>   b. 철수가 집을 나서자마자, 역으로 갔다.
>   c. 철수가 수사관이거나 범인일 것이다.

(5)의 a, b, c의 예문들은 선행피접속문에만 주어가 나타나 있고, 후행피접속문에는 주어가 나타나 있지 않다. 따라서, 후행피접속문의 주어는 선행피접속문의 주어와 같을 수도 있고 다를 수도 있다.

먼저 선행피접속문과 후행피접속문의 주어가 같은 경우는 대부분 동일명사구 삭제규칙*equivalent NP deletion rule*에 의해 나타나지 않는다. 다음의 (6)의 예문은 그러한 동일 명사구 삭제 규칙이 적용되기 전의 심층구조를 보여주고 있다. 물론 앞에서 든 (5)의 예문은 (6)의 예문에 동일 명사구 삭제 규칙이 적용된 후의 모습이다.

> (6) a. 철수는 노래하며 철수는 춤춘다.
>   b. 철수가 집을 나서자마자 철수는 역으로 갔다.
>   c. 철수가 수사관이거나 철수가 범인이다.

한편, (5)의 예문들은 (1)의 예문들과는 달리 후행피접속문의 주어가 선행피접속문의 주어와 달라도, 비문법적인 문장을 생성하지 않는다.

> (7) a. 철수는 노래하며 숙이는 춤춘다.
>   b. 철수가 집을 나서자마자 숙이는 역으로 갔다.
>   c. 철수가 범인이거나 숙이가 수사관이다.

---

5) Lakoff, 전게 논문, 1971, pp. 31~39, 참조.
　김홍수, 동사구문의 양상, pp. 91~115, 참조.

본 논문은 또 (5)의 예문들과 같은 것을 비대칭접속문으로 이름한다.

이러한 비대칭접속문으로 "-고(서)", "-(으)니까", "-느라고", "-(자) 마자", "-(으)면서도", "-(으)며", "-거나", "-나" 등이 있다.

대칭접속문이란 두 피접속문의 심층에서의 문장의 주어가 필수적으로 동일해야 한다는 뜻일 뿐, 그것이 의미론적으로 혹은 통사론적으로 동일해야 한다거나, 동일한 통사구조를 유도해야 한다는 것을 의미하는 것은 아니다.

즉 대칭접속문은 [+obligatory agreement of subject]이며, 비대칭 접속문은 [-obligatory agreement of subject]의 자질을 가지고 있다.

2.1. 對稱 接續文

피접속문 사이의 주어가 필수적으로 동일해야 하는 접속어미를 대칭 접속문이라 하며, "-(으)ㄹ뿐더러", "-(으)ㄴ데다가", "-(으)려고", "-고 자", "-(으)러", "-(으)면서", "-(아)서"6), "-고(서)" 등이 바로 그것이다.

본 장에서는 바로 그러한 것들이 또 어떻게 하위분류될 수 있는가를 검토한 다음, 그것에 의해 분류된 접속어미들의 의미 · 통사적 특성을 알아보기로 한다.

다음 예문을 보자.

> (8) a. *물건이 좋고자 값이 싸다.
> b. *물건이 좋으려고 값이 싸다.
> c. *물건이 좋으러 값이 싸다.

---

6) '-어서'보다는 '-어'에 관한 연구가 많았다. '-(아)서'는 두 개의 다른 형태소 즉 '-아' 와 '-아서'로 구분되나, 본 논문에서는 '(아)서'를 단일 형태소로 본다.

(8)의 a, b, c가 비문법적인 문장이 된 데에는 여러 가지 이유가 있
겠으나, 주목할 만한 이유는 예문 (9)와의 비교에서 나타난다.

    (9) a. 물건이 좋을뿐더러 값이 싸다.
         b. 물건이 좋은데다가 값이 싸다.
         c. 물건이 좋으면서 값이 싸다.

(8)과 (9)의 접속어미가 모두 대칭적인 접속어미임은 앞에서 이미
보았다.
    똑같은 대칭적 접속문이면서 (8)은 비문법적인 문장인 것에 대해서,
(9)는 그렇지 않다. 그 이유는 여러 측면에서 설명될 수 있다. 그러나,
본 논문에서는 상태동사 [+stative verb]의 측면에서 논의한다.
    즉 (8)의 접속어미는 상태동사에 부착될 수 없는 것들이고, 9)는 상
태동사와 어울릴 수 있는 접속어미들이다.
    즉 (8)의 접속어미들은 상태동사와는 부착될 수 없고 다만, 비상태
동사와만 어울릴 수 있는데 반해, 9)의 접속어미들은 상태동사이건 비
상태동사이건을 관여치 않고 어울릴 수 있다.
    (8)과 같은 접속어미로는 "-고자", "-(으)러", "-(으)려고", "-(으)면
서", "-(아)서" 등이 있으며, (9)와 같은 접속어미로는 "-(으)ㄹ뿐더러",
"-(은)ㄴ데다가" 등이 있다. (8)과 같은 접속어미를 제한적 대칭접속문,
(9)와 같은 접속어미를 비제한적 대칭접속문이라 하며, 이것의 자질 표시
는 앞의 제한적 대칭접속문이 [+obligatory agreement of subject],
[-stative verb], 비제한적 대칭접속문이 [+obligatory agreement of
subject], [+stative verb] 된다.
    먼저 제한적 대칭접속문의 특성을 보자.
    제한적 대칭접속문은 그 선행피접속문과 그 후행피접속문의 순서를

바꾸면, 그 의미가 크게 바뀌는 특성을 가지고 있다.

    (10) 철수는 공부하<u>려고</u> 도서관에 갔다.
    (11) 철수는 도서관에 가<u>려고</u> 공부했다.

    (10)은 상태동사와 어울리면 비문법적인 문장이 될 뿐더러, 두 피접속문의 관계가 밀접하기 때문에, 서로의 순서를 바꾸면 (11)처럼 큰 의미의 변화를 초래한다.
    이것은 아래의 예에서도 현저하다.

    (12) 철수는 공부하<u>고자</u> 도서관에 갔다.
    (13) 철수는 도서관에 가<u>고자</u> 공부를 했다.

    이러한 점은 비제한적 대칭접속문과는 뚜렷이 구분이 된다.
아래 (14)의 예문은 비제한적 대칭접속문이다.

    (14) 철수는 춤도 출 뿐<u>더러</u> 노래도 부른다.

    (14)는 비제한적 대칭접속문이기 때문에 접속어미 앞에 상태동사가 와도 좋고 비상태동사가 와도 좋다.

    (15) 철수는 춤도 훌륭할 뿐 <u>더러</u> 노래도 좋다.

    뿐만 아니라 선행문과 후행문의 순서를 바꾸어도 그리 큰 의미변화를 보이지 않는다.

    (16) 철수는 노래도 부를 뿐 <u>더러</u> 춤도 춘다.

이러한 피접속문의 순서변경에 의해 의미 변화·불변화의 이유는 한 마디로 규정할 수는 없으나, 대개 접속어미의 심층에서의 마디*node* 차이에서 비롯된다고 설명할 수도 있겠다.

또, (10)과 같은 제한적 대칭접속문과 (14)와 같은 비제한적 접속문은 시제와의 관계에서도 큰 차이를 보인다.

즉 (10)과 같은 비제한적 접속문은 완료의 상*aspect* '았'과 어울리면 비문법적인 문장이 되는 반면, (14)와 같은 비제한적 대칭접속문은 '았' 등과 어울려 자유롭게 쓰인다.7)

예문 (17)과 (18)은 그러한 것을 각각 잘 보여주고 있다.

　　(17) a. 빨리 오려고 가방을 잊고 왔다.
　　　　 b. *빨리 오았으려고 가방을 잊고 왔다.
　　(18) a. 그는 춤을 출 뿐만아니라 노래도 불렀다.
　　　　 b. 그는 춤을 추었을뿐만 아니라 노래도 불렀다.

(17)은 제한적 대칭접속문이 '았'과 어울려 비문법적인 문장이 생성되는 것을 보이고 있고, (18)은 그런 것에 개의하지 않는 비제한적 대칭접속문의 성격을 나타내고 있다.

이것은 다음 예에서도 현저히 나타나고 있다 .

　　(19) a. 철수는 공부하려고 도서관에 간다.
　　　　 b. *철수는 공부했으려고 도서관에 갔다.

대칭접속문의 통사적 기능을 줄여서 도표로 나타내면 다음과 같다.8)

---

7) 남기심, 현대국어 시제에 관한 연구, 국어국문학 55-57 합병호, 1972, pp. 223-227에서 종래 과거, 또는 미래의 시제를 나타내던 '았', '겠'을 각각 '완료', '미확인'의 상과 법으로 처리하는 독특한 체계를 보였다.
8) +는 자질의 有, -는 그러한 자질의 無함을 표시한다.

	제한적 대칭문	비제한적 대칭문
필수적 주어일치	+	+
상태동사	−	+
'았'	−	+
도치에 의한 의미제한	+	−

2.2. 非對稱接續文

피접속문 사이의 주어의 동일성이 필수적이지 않은 즉 선택적인 접속어미를 비대칭 접속어미라고 했다.

여기서는 이러한 비대칭 접속문의 접속어미 "-(고)서", "-(자)마자", "-(으)면서도", "-(으)며", "-거나", "-느라고" 등을 논의한다.

이것들에 대해서, 우선 대칭 접속문의 경우와 마찬가지로 하위분류 작업이 먼저 있어야겠다.

우선 상태동사를 부착시켜 보자.

(20) a. 철수는 공부하느라고 정신이 없었다.
　　　 b. *철수는 착하느라고 정신이 없었다.

(20)의 b는 상태동사가 부착되어 비문법적인 문장이 된 것을 보여주고 있다. 즉 이런 종류의 접속어미는 앞에 상태동사가 부착되면 비문법적인 문장이 된다.

"-느라고", "-고도", "-(으)면서도", "-자(마자)", "-고(서)" 등은 이런 범주에 든다. 이런 것을 우리는 제한적 비대칭문이라고 부르기로 한다. 제한적 비대칭문은 [−obligatory agreement of subject], [−stative

verb]의 자질을 가지고 있다.
반면,

    (21) a. 철수가 가거나, 영희가 가야 한다.
        b. 철수가 착하거나 영희가 착하다.

    (21)의 b는 상태동사가 부착되어도, 비문법적인 문장이 되지 않는 예를 보이고 있다.

    즉 이런 종류의 접속어미는 앞에 상태동사가 부착되든, 비상태동사가 부착되든 개의치 않는다. 이런 접속어미의 종류로는 "-며", "-거나" 등이 있으며, 이러한 접속어미에 의한 접속문을 비제한적 비대칭문이라고 부르기로 한다. 비제한적 비대칭문의 자질은 [-obligatory agreement of subject], [+stative verb]로 표시된다.

    (22) 철수는 노느라고 공부하지 못했다.
    (23) 철수는 공부하느라고 놀지 못했다.

    (22)와 같은 제한적 비대칭접속문은 상태동사와 부착되면 비문법적인 문장이 될 뿐만 아니라, 두 피접속문의 관계가 계기적이고 인과적이기 때문에 이들의 순서를 서로 바꾸면, 그 의미에 큰 변화가 온다.

    (24) 철수가 가거나 숙이가 가야 한다.

    반면, (24)와 같은 비제한적 비대칭접속문은 상태동사와 어울려도 매우 자연스런 문장이 될 뿐만 아니라 선행피접속문과 후행피접속문의 순서를 바꾸어도 아무런 의미 변화를 초래하지 않는다.
    아래 예문 (25)는 그것을 보여 주고 있다.

(25) 숙이가 가<u>거나</u> 철수가 가야 한다.

(22)와 (23)과 같은 제한적 비대칭접속문은 선행문과 후행문의 순서변경이 의미변화를 초래하는 반면, (24)와 (25)같은 비제한적 비대칭접속문은 선행문과·후행문의 순서를 바꾸어도 아무런 의미변화를 보이지 않고 있다. 이러한 것 역시 심층에서의 마디의 위치에 의한 것으로 해석하는 것이 현재로서는 가장 타당하겠다.

또, (22)와 같은 제한적 비대칭접속문은 완료의 상aspect '았'이나, 미확인의 법mood '겠'이 부착되지 못하는 반면, (24)와 같은 비제한적 비대칭 접속문은 그렇지 않다.

(26) a. 철수는 노느라고 공부를 못했다.
　　 b. *철수는 놀았느라고 공부를 못했다.
　　 c. *철수는 놀겠느라고 공부를 못했다.
(27) a. 철수가 가<u>거나</u> 숙이가 간다.
　　 b. 철수가 갔<u>거나</u> 숙이가 갔다.
　　 c. 철수가 갔<u>었거나</u> 숙이가 갔다.
　　 d. 철수가 갔<u>었겠거나</u> 숙이가 갔다.

비대칭 접속문의 자질은 다음과 같다.

	제한적 비대칭	비제한적 비대칭
필수적 주어일치	−	−
상태동사	−	+
'았', '겠'	−	+
도치에 의한 의미제한	+	−

여기서 재미있는 점의 하나는 이른바 같은 계열의 접속어미의 상호 교체 가능성이다.

예를 들어 제한적 비대칭 접속어미 "-고"는 "-고서"와 수의적으로 교체가 가능하다. 서정수(1978)는 이러한 것을 계기적 접속이라고 한다.9) 다음 예문을 보자.

  (28) a. 밥을 먹고 학교에 갔다.
　　　 b. 해가 지고 달이 떴다.
　　　 c. 손잡이를 잡고 돌려라.
　　　 d. 문을 열고 방에 들어갔다.

이것들은 모두 같은 제한적 비대칭인 "-고서"와 교체된다.

  (29) a. 밥을 먹고서 학교에 갔다.
　　　 b. 해가 지고서 달이 떴다.
　　　 c. 손잡이를 잡고서 돌려라.
　　　 d. 문을 열고서 방에 들어갔다.

그런데 최현배(1959)에서는 이러한 "-고"를 '얼안벌림'으로 다루었다.10)

　이 얼안벌림꼴은 그 움직임의 들어나는 시간은 그리 문제 삼지 아니하되, 대개는 딴 임자로 말미암아 여기저기서 한 때에 들어남이 많으며, 또 혹은 한 임자로 말미암아, 두 가지의 움직임이 함께 됨을 세어 벌리려는 것이니, 결코 시간상으로 전후가 있음을 나타내려는 것은 아니다.

위의 설명으로 보아 제한적 비대칭 접속어미 "-고"를 최현배(1939)에

---

9) 서정수, '-었더니'에 관하여, 눈뫼 허웅박사 환갑기념논문집, p. 329.
10) 최현배, 전게서, pp. 229-302

서는 상태의 일치나 중복 같은 시간적 개념에 개의하지 않는 '얼안벌림'
으로 본 것이다.

그 밖에 몇몇 통사적인 문제에도 불구하고 Lakoff(1971)의 대칭성,
비대칭성의 자질구분은 국어의 접속어미 해명에 큰 기여를 할 수 있음은
분명한 사실의 하나이다. 앞에서 든 비대칭 접속어미 중에서 "-고", "-며",
"-면서" 등과 그러한 면에서 상당히 재미있는 모습을 보여주고 있다.

이것들은 일단 비대칭 접속문의 주어이니, 이들 주어가 꼭 같아야 된
다는 법은 없다. 주어가 같을 경우에도 그러하겠지만, 주어가 다를 경우
에도 이들은 첨가적 성질을 보이고 있다. 물론 첨가에는 동작의 첨가도
있을 수 있고, 상태의 첨가도 있을 수 있다.

    (30) a. 철수는 자전거를 타고 영희는 밀었다.
         b. 철수는 자전거를 타며 영희는 밀었다.
         c. 철수는 자전거를 타면서 영희는 밀었다.

이 경우는 동일주어가 아니므로 상당히 강한 첨가의 의미를 지니며,
이것들이 각기 독립된 형태로 나타나고 있다.

Lakoff(1971)가 제시한 대칭, 비대칭의 개념이 원래 논리학에서 출
발한 것이라 하더라도, 그러한 논리적 기반이 언어적 해명에도 큰 기여
를 가할 수 있다는 점에서 매우 중요한 역할을 행사하고 있다. 현재 국어
의 접속어미를 총체적으로 파악할 수 있는 한 기점으로서만 본 논문은
가치가 있을 뿐이다.

결국 접속어미는 다음과 같이 하위 분류된다.[11]

---

11) 이러한 도식은 Lakoff(1971)에서 큰 영향을 입었다. 자세한 것은 Lakoff(1971)
    의 전게 논문 참조.

국어에 나타난 모든 접속어미가 모두 대칭성과 비대칭성을 보이는
것은 아니다. 그렇지만 아직 논의되지 않는 접속어미 역시 논의의 관점
에 따라서는 대칭성과 비대칭성을 보이고 있다고 여겨진다.

이러한 점은 차후 다른 논문을 통해 계속 논의해 보겠지만, 여기서는
이 정도로 그친다.

3. 接續語尾의 基底構造

국어에 있어서 접속어미의 기저구조를 어떻게 설정해야 하는가 하는
문제는 여전히 논란거리이다.

그 이유는 국어에 있어서의 접속문을 印歐語와 같이 대등과 종속으
로 구별하는 것이 과연 타당하느냐, 또 그러한 구별을 기저구조에서 어
떻게 표시해 주어야 할 것인가, 어떤 접속이 대등접속이고 또 어떤 접속
이 종속접속인가, 그리고, 본 논문에서와 마찬가지로 접속문을 대칭과
비대칭으로 구분한다면 그러한 것을 어떻게 기저구조에 반영해야 하는
가 하는 규정이 세워지지 않았기 때문이다.

Lakoff(1971)는 인구어에서 보통 'and', 'or', 'but' 등은 대칭접속문
이 되며, 'because', 'if' 등은 대개 비대칭접속문이 된다고 말하면서, 그

러한 것에 의한 기저구조를 설정하려고 노력은 했지만서도, 아직 확연한 규정은 못하고 있다.

　　Lakoff(1971)와 그의 영향을 받은 양인석(1972)에 의하면, 접속어미를 기저구조에 설정하는 방법은 두 가지 정도가 있는 것으로 알려져 있다.12)

　　즉, 삽입가설과 비삽입가설이 그것이다. 삽입가설은 이른바 변형규칙*Transformational rule*에 의해서 접속어미를 도입하는 방법이다. 따라서 이 삽입가설은 기저구조에서 접속어미가 설정되어 있지 않다.

　　삽입가설이란 접속되는 두 피접속문에 의해서 예견되어야 하는데, 국어에서의 그러한 예견은 실제로 일정하게 되질 않는다. 따라서 삽입가설은 적정한 도입방법이 아니다. 나머지의 하나는 비삽입가설이다. 비삽입가설은 접속어미를 변형규칙에 의하여 도입하는 것이 아니라, 원래부터 기저구조에 설정하는 접속어미의 도입방식이다.

　　즉 접속어미를 P-S Rule(phrase structure rule)에 의해 기저에 설정하는 방법이다. 비삽입가설에는 두 가지의 방법이 있다. 중립가설*Neutral hypothesis*와 종속접속사가설*subordinate hypothesis*로 나눌 수 있다.13)

　　중립가설과 종속접속사가설 중에 어떤 것이 더 적정한 접속어미 도입방식인지는 정확히 판결할 수 없다.

　　양인석(1972)은 종속변형을 하나 더 번거롭게 취하지 않아도 된다는 점에서 종속접속사가설을 택하고 있다. 그런데, 이것은 국어가 인구어와 달리 첨가어이기 때문에 종속접속의 방법을 취하는 것이 훨씬 적정한 것으로 보여진다. 이것은 인구어에 있어서는 접속사가 독립적인 형태와 의미를 가지고 있는 것이 뚜렷한데 비해서, 국어는 그 형태가 우선 동사에 의존적이고 의미조차도 독립적이라 말할 수 없는 면도 있다는 점을 고려

---

12) 양인석(1972): 한국어의 접속화, 접속사란 연결어미를 말한다.
13) 양인석, 전게 논문, 1972, p. 13.

해야 하는 데서 유도된 것이다.

   Lakoff(1971)에서 제시된 중립가설과 종속접속사가설을 도식화하면 다음과 같다.

   a. 중립가설

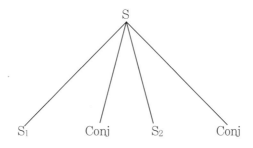

   b. 종속접속사가설

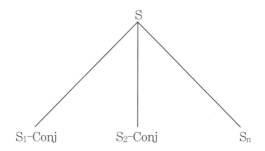

   그러나, 문제는 아직도 남아 있다. 김흥수(1977)에서 지적하듯이 대등접속과 종속접속은 그 의미적 차이가 심각하다.

   즉 대등접속은 대칭문에 있어서 그 피접속문의 순서를 바꾸어도 접속문 전체의 문법성이나 의미가 달라지지 않고 피접속문의 화제 제약이 상당히 엄격하고, 각 피접속문이 완전성*integrity*을 유지하여 독립적으로 파악되는 그러한 점이 있다.

그리하여 남기심(1978)에서는 이러한 것을 구별하려는 시도를 보이고 있다.14)

a. 대칭나열

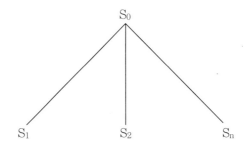

b. 비대칭나열

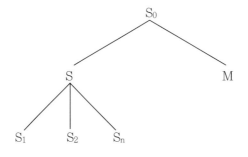

본고에서는 일단 대칭접속과 비대칭접속을 다음과 같이 구분하여, 그것의 기저구조를 반영하려 한다.

즉 Lakoff(1971)이나 양인석(1972)의 예를 빌어와 대칭접속은 두

---

14) 남기심(1973) : 전게 논문 참조.

접속문이 대등하게 구성되어 있는 것으로 파악하고, 비대칭접속은 그것들이 종속적으로 연결되어 있는 것으로 간주한다.

　물론 본 논문이 접속어미의 도입방식으로 비삽입가설 중 종속접속사가설을 취함은 앞에서도 밝힌 바이다.

4. 結 論

　지금까지의 논의한 바를 요약하면 아래와 같다.

　1) 본 연구에서는 최현배(1959)에서 이음법의 어미로 처리되었던 접속어미를, 대칭과 비대칭으로 구분하였다. 대칭과 비대칭의 개념은 Lakoff(1971)에서 빌어온 것으로, 그것의 중요한 관건은 두 피접속문의 주어가 같느냐 같지 않느냐이었다. 그리하여 일단 동일주어 제약이 필수적인 접속어미를 대칭접속문 동일주어 제약이 선택적인 접속어미를 비대칭접속문이라 이름했다. 대칭접속문의 접속어미로는 "-(으)려고", "-(으)면서", "-(아)서", "-고자", "-(으)ㄴ데다가", "-(으)ㄹ뿐더러" 등이 있고, 비대칭접속문의 접속어미로는 "-고(서)", "-(으)니까", "-느라고", "-(자)마자", "-(으)면서도", "-(으)며", "-거나", "-나" 등이 있었다.

　이 과정에서 본 논문은 Lakoff(1971)에서 제시된 몇 가지 통사적 이론을 취했다. 그것의 첫째는 앞서 말한 주어의 일치, 불일치이며, 두 번째는 그러한 접속어미가 과연 상태동사와 부착될 수 있는지 없는지 하는 것이었다. 그리하여 상태동사와는 자유롭게 어울릴 수 없는 접속어미들이 있었는데 이것을 제한적 접속어미라 했다. 반면, 부착되는 동사의 종류에 개의하지 않았던 접속어미를 본 논문은 비제한적 접속어미라 불렀다. 그리하여 전체적으로 접속어미는 대칭, 비대칭으로 이분화 되며, 이것들은 다시 그 하위분류로 제한적, 비제한적이라는 자질로 분류되었다.

즉 제한적 대칭접속문, 비제한적 대칭접속문, 제한적 비대칭 접속문, 비제한적 비대칭 접속문 등의 네 종류이었다. 이러한 네 종류의 접속문은 그것이 이른바 相 표지 '았', 法 표지 '겠'과 자유롭게 어울릴 수 있느냐 없느냐에 따라서, 또는 두 피접속문 즉 S_1과 S_2의 순서를 바꾸었을 때 그 의미 변화가 있느냐 없느냐의 통사·의미적 상황에 의해 그 분류가 확고히 보장되었다.

즉 일반적으로 그것이 대칭접속문이든 비대칭접속문이든 제한적 성격을 가지고 있으면, 相 표지 '았', 法 표지 '겠'과 어울리지 못했다. 또 제한적 접속문은 선행피접속문과 후행피접속문의 위치를 바꾸면, 그것의 의미가 상당량 변화된다.

반면, 비제한적 접속문은 그러한 제한이 없다.

2) 본 논문은 또 전반적으로 국어 접속어미를 구획할 수 있는 어떤 기준점을 마련하려는 시도를 행해 보았다.

일단은 그러한 기준점을 Lakoff(1971)의 대칭·비대칭에서 마련했다.

대칭·비대칭이란 자질이 현재 우리 국어나 영어에서 쓰이고 있는 대등·종속이라는 자질과 어떠한 함수관계에 있으며, 그것과 어떻게 구별될 수 있는지 하는 등의 개념적인 문제는 본 논문에서 취급하지 않았다.

본 논문에서는 다만 대칭·비대칭의 자질로써 전반적인 입장에서 국어접속어미를 나누어 보고, 그것을 하위분류하는 데 노력했다.

3) 이러한 접속어미들이 과연 그 기저구조에 어떠한 양상을 가지고 있는지도 이 논문의 중요한 관심거리였다. 본 논문에서는 Lakoff(1971)와 양인석(1972)의 이론을 소개하고, 국어에서의 접속어미는 기저구조에 설정되어야 함을 내세웠다. 그리고, 그러한 비삽입가설을 취한 뒤 이것에 근거한 대칭·비대칭의 모형을 생각해 보았다.

4) 본 논문이 전반적으로 추구했던 국어 접속어미의 하위분류는 또

다른 시각에서 다르게 접근될 수도 있다. 그러나, 종래의 종속·대등의
관념에서 벗어나, 대칭·비대칭이라는 관계에서 국어 접속어미를 구조
화·체계화하려 했던 것이 본 논문의 목적이었다.

　이러한 시도가 국어 접속 어미의 전반적인 재이해에 하나의 디딤돌
이 되었으면 한다.

▌參考文獻

현평효, 국어의 Phrase Structure에 대하여, 이숭녕박사송수기념논총, 1968.

박창해, 한국어구조론 3, 1974.

박기덕, 동사연결접사연구, 국어국문학 61, 1973.

＿＿＿, 한국어의 $S \to S_n^2$에 관한 연구, Korea 1, 1974.

임홍빈, 부정법 {어}와 상태진술의 {고}, 국민대학논문집 제8집, 1975.

김흥수, 계기의 '-고'에 대하여, 국어학 5, 1977.

＿＿＿, 동사구문의 양상, 국어학 7, 1979.

남기심, 국어연결의미의 화용론적 기능, 연세논총 15, 1979.

서정수, '-(었)더니'에 관하여, 눈뫼 허웅박사 환갑기념 논문집, 1978.

＿＿＿, 국어용언어미 {-어(서)}, 한글학회 50돌 기념논문집, 한글학회, 1971.

＿＿＿, 시상형태의 의미분석, 문법연구 3, 1976.

양인석, 한국어의 접속화, 어학연구 8-2, 1972.

성기철, 어미 '-고'와 '-어'에 대하여, 국어교육 18~20, 1972.

이기동, 연결어미 '-는데'의 활용상의 기능, 인문과학 40~41, 1979.

최현배, 우리말본, 정음사, 1959.

서태룡, 국어접속문에 대한 연구, 국어연구 40, 1979.

이상복, 국어연결어미에 대하여, 말 3, 1978.

Chomsky, N., *Aspects of the Theory of Syntax*, Cambridge. The MIT Press, 1965.

Kim Han-kon, "*Conditions on coordination and coordinate Structure Constraint*", Language Reseach 11-2, 1975.

Lakoff, R., "*It's And's But's about conjunction*" in Fillmore, C.J & D.Langendon (eds) studies in Linguistic semantics, Holt Rinehard, 1971.

Ramstedt, G.J., *A Korean Grammar*, Helsinki, 1939.

국어 접속어미 '-니'와 '-니까'의 연구

1. 問題의 提起

接續語尾 '-니'와 '-니까'의 意味를 찾아보는 데에 있어 또는 이들 接續語尾의 統辭的 변별점을 규명하는 데에 있어, 우선 고려되어야 할 점의 하나는 이른바 形態(form)와 意味(meaning)의 문제를 어떻게 보느냐 하는 문제일 것이다.

동일한 形態를 가진 文法形態들은 同一한 意味를 가지게 된다는 Bolinger(1977)의 이론을[1] 쫓아 接續語尾 '-니'와 '-니까'도 최소한 '-니' 부분이 形態的으로 동일하니까 그 부분만큼의 意味的 동일성을 가지고 있다고 보아야 할 것인지 어떤 지의 문제가 바로 그것이다.

이런 경우 '-니'와 '-니까'의 相關比較에 의하여 '-니까'는 '-니'와 '-까'로 形態分析하는 것은 당연한 文法的 귀결의 한 방법일 수 있다. 따라서 '-니'와 '-니까'의 意味 규명에 있어 공통의 形態 '-니'의 意味를 먼저 규명하고, 그 다음에 '-까'의 意味를 찾아 보는 순서가 이 경우에 합당한 방법이라 할 수 있다.[2]

---

1) Bolinger, D., *Meaning and Form*, Longman, 1977, pp. 124~134.
2) 이런 形態分析에 대해서는 Gleason, H.A, *An Introduction to Descriptive*

이 과정을 편의상 도식화하면 다음과 같다.

> (1) a. '-니'의 意味抽出('-니', '-니까'의 공통부분)
> b. '-까'의 意味抽出('-니까'의 '-까' 부분)

그러나 이 방법론이 가지는 문제는 너무나 자명하다. 그것은 공통의 形態 모두 공통의 意味를 소유하고 있어야 한다는 Bolinger(1977)의 이론적 循環論3)에 기인한 문제점이기도 하다. 만일 Bolinger(1977)식 循環論을 그대로 적용할 경우 다음 (2a)에서 보는 接續語尾의 '-니까'와 (2b)에서 보는 疑問形態의 終結語尾라 할 수 있는 '-니까'와의 동일 의미의 주창을 결코 배제할 수만은 없기 때문이다.

> (2) a. 날씨가 추우니까 두꺼운 옷을 입어라.
> b. 지금은 두꺼운 옷을 입어야 합니까?

(2a), (2b)의 '-니까' 동일한 것으로 보는 한, 더 정확히 말해서 (2a)의 接續語尾 '-니까'와 (2b)의 疑問形 終結語尾 '-니까'는 서로 그 形態가 동일하므로 그 意味도 결국에 동일한 것으로 보는 한 문제는 더더욱 循環論的인 것으로 빠져들 수 있다.

그러한 循環論이란 종국에는 국어의 모든 形態는 그 形態들이 결국에 동일한 意味를 지닌 것으로 보아야 하는 것이며, 자칫 (2c)와 (2d)를 동일한 것으로 파악하는 극단론도 제기될 수 있기 때문이다.

Linguistics, New York: Holt Rinehart and Winston, 1955, pp. 78~110, 참조.
3) Bolinger, D., 전게서, 제 6장 'Apparent constituents in surface structure', 1977, pp. 124~134, 참조.

(2) c. 날 보아라.

　　 d. 학교에 갈 사람.

(2c)는 이른바 目的의 格助詞 'ㄹ'이며, (2d)는 冠形詞形 語尾 'ㄹ'인데, 이러한 것을 동일한 것으로 보려는 시도가 바로 그러한 것이다.

그러나 Bolinger(1977)식 循環論은 혹시 (2a)의 '-니까'와 (2b)의 '-니까' 그리고 (2c)의 '-ㄹ'과 (2d)의 '-ㄹ'을 변별해 왔던 우리의 그동안의 인식이 잘못된 것일 수 있다는 어떠한 가능성을 시사해 주는 증거로 파악될 수 있다는 점에서 전면에서 간과해 버릴 것 만은 아닌 것으로 想定될 수 있다.

본 논문이 이러한 Bolinger(1977)식의 循環論에 결코 지지를 표하는 것은 아니다. 그러한 Bolinger(1977)식 방법론이 가질 수 있는 文法的 유용성을 결코 배제하지는 않는 입장을 취하는 정도에서 문제를 파악하려 한다.

다시 말해 接續語尾 '-니'와 '-니까'가 가진 독자적 意味領域을 존중하는 범위에서 '-니'와 '-니까'의 상관성, '-니까'와 (2b)의 이른바 終結語尾의 '-니까'와의 관련성 여부를 염두에 두고 문제를 파악해 나갈 것이다.4)

본 논문의 자료는 현대 국어만을 대상으로 했으며, 따라서 '-니'와 '-니까'에 대한 어떤 통시적인 자료나 방증은 참조하지 않았다.

본 논문은 아울러 국어의 다양한 接續語尾에 대한 어떤 통일적 안목을 세워 보려는 필자의 연구의 일환으로 작성되는 것임을 밝혀 둔다.5)

---

4) 接續化 일반에 대해서는 梁續錫, 韓國語의 接續化, 語學研究 8-2, 1972, pp. 1~25.

5) 康琪鎭, 國語 接續語尾의 意味機能, 李丙疇先生周甲紀念論叢, 1981.

　　＿＿＿, 國語 接續語尾 '-(으)나'의 分析, 語文論志, 4~5, 忠南大, 1985.

　　＿＿＿, 進行形 '-고 있다'의 意味, 弘益語文 4, 弘益大, 1985.

　　＿＿＿, 國語 接續語尾 '-거니, -거니와, -거늘'의 研究, 覓南金一根博士華甲紀念語

　　　　文學論叢, 1985.

2. '-니'와 '-니까'의 意味

2.1. 直接性과 間接性

최현배(1937)에서의 '-니'와 '-니까'에 대한 意味 고찰은 주로 先行文과 後行文의 관계에서 보여 지는 意味를 찾아내려는 데에 주로 보태졌다.6)

우선 '-니까'에 대해서는 최현배(1937)는 '-니까'가 '때', '때문', '까닭'의 意味를 가지고 있는 것으로 보고 그 근거를 다음과 같은 예를 들었다.

(3) a. 내가 가니까 그가 신문을 보고 있더라.
    b. 자세히 보니까, 내가 전에 읽은 책 그것이겠지.

위의 (3a), (3b)는 '때'의 '-니까'라고 보았고, 다음의 (3c), (3d)는 '때문'의 '-니까'로 보았다.7)

(3) c. 가을이 되니까 생기가 납니다.
    d. 비가 오니까 풀이 잘 자라오.

한편 다음의 (3e), (3f)는 '까닭'의 '-니까'로 최현배(1937)는 보았다.8)

(3) e. 자꾸 읽으니까 절로 알게 되었소.
    f. 부지런히 일하니까 남들이 칭찬하오.

_____, '-며' 構文의 統辭論, 若泉金敏洙博士還甲紀念, 國語學新研究, 1986.
_____, 非狀態性 接續語尾의 研究, 弘益語文 5. 弘益大, 1986.
6) 최현배, 우리말본, 1937, pp. 297~299.
7) 이 예문들은 모두 최현배(1937)에서 뽑았음, 최현배, 전게서, 1937, pp. 297~298.
8) 최현배, 전게서, 1937, p. 298.

그리고 최현배(1937)에서는 '-니'가 '때'와 '까닭'을 나타내는 '사실 구속형'이라고 정의하고 다음과 같은 예를 들었다.9)

> (3) g. 내가 밥을 먹고 있으니 그 사람이 왔었다.
>   h. 비가 오니 날이 시원하다.

최현배(1937)의 이와 같은 논의가 이후의 논의에 어떤 기반을 제공하고 있는 것은 사실이다.

즉 일반적으로 接續語尾 '-니'와 '-니까'는 理由·原因이라는 동일한 意味範疇를 가지고 있는 것으로 파악되어 왔으며, 따라서 최현배(1937)에서 남기심(1978)에10) 이르는 일련의 '-니'와 '-니까'에 대한 논의들이 '-니'를 '-니까'의 異形態로, 혹은 '-니까'를 '-니'의 異形態로 보는 시각을 취해 온 것은 이미 주지의 사실이다.

接續語尾 '-니'와 '-니까'를 서로 동일한 意味範疇를 나타내는 文法形態로 파악해 온 데에는 그러나 그만한 統辭的 근거가 있어서이다. 즉 이들 '-니'와 '-니까'가 한 文章 단위에서 서로 代置(paraphrase)될 수 있으며, 이러한 代置가 아무런 意味的 變異도 가져오지 못하고 있다는 데에 그 중요한 근거가 있었다. 다음은 그러한 것을 나타내 주는 예이다.

> (4) a. 서울에 <u>오니까</u> 사람들이 많더라.
>   b. 서울에 <u>오니</u> 사람들이 많더라.
> (5) a. 물가가 비싸<u>니까</u> 살기가 힘들다.
>   b. 물가가 비싸<u>니</u> 살기가 힘들다.

(4a)와 (4b), (5a)와 (5b)는 '-니까'와 '-니'가 서로 아무런 意味變

---

9) 최현배, 전게서, 1937, p. 297.
10) 남기심, '-아서'의 화용론, 말 3집, 1978, pp. 9~20.

異를 가져 오지도 않고 代置될 수 있음을 보여주고 있으며, 이러한 현상은 동시에 '-니'와 '-니까'를 한 形態素로 묶을 수 있는 중요한 統辭上의 특징으로 인식되어 왔다.

그러나 그러한 統辭上의 특징은 그 分布的 범위에 있어서 어떠한 제한도 받지 않는 自由變異的 성격을 띄어야 함은 물론이다.

어떤 특정한 환경 아래에서만 분포되고 그러한 특정한 환경이 주어지지 않는 상황에서는 분포되지 않는 文法的, 統辭的 특징이라면, 이미 그러한 統辭的 특징은 고려의 가치가 감해지는 것은 당연한 귀결이다. 그런 점에서 '-니'와 '-니까'가 다음과 같은 환경내에서는 自由變異가 불가하다는 점은 주목된다.

다음을 보자.

    (6) a. 그렇게 사느니 차라리 죽겠다.
        b. *그렇게 사느니까 차라리 죽겠다.

(6a)는 '-니'가 쓰인 構文이고, (6b)는 '-니' 대신에 '-니까'가 代置된 構文인데, (6a)와는 달리 (6b)는 非文法的인 文章이 되었다.

즉, '-니'와 '-니까'가 自由變異的 성격을 띄는 데 어떤 統辭上의 무리를 보인 것으로 보인다. 그러나 명확한 것은 그러한 統辭上의 무리가 무엇인지 간에 '-니'와 '-니까'가 自由變異的 관계에 있지 못하다는 점이며, 동시에 '-니'와 '-니까'가 서로 한 文法形態로 묶이기에는 상당한 문제가 있다는 점이다.

물론 관점에 따라서는 (6a), (6b)에서 '-니'와 '-니까'가 서로 自由變異될 수 없었던 저간의 사정을 '-니'와 '-니까'에 先行하고 있는 '-느'라는 形態에서 찾으려 할 수 있다. 즉 '-느'의 어떤 統辭論的, 意味論的 특성이 '-느'와 '-니'와의 결합은 가능하게 하되, 그것과 '-니까'와의 결합은 가능하게 하지 못하게 했다는 식의 설명이다. 그러나 이러한 설명은 결국 악순환을 초래할 수도 있다. 왜냐하면 그러한 설명은 그러면 '-느'의 어떤 성질이 그러한 文法的 특이성을 동반하고 있으며, 그것은 또 '-니'나 '-니까'의 어떤 성질과 연계되는 것인지의 문제를 동반하고 있기 때문이다.

따라서 논리적으로는 '-니'와 '-니까'가 自由變異를 보이는 것은 어느 특정한 환경 아래에서이며, 모든 환경에 다 분포되는 것임은 아닌 것으로 보는 것이 가능한 이론의 구성일 것으로 想定된다.[11]

결국 '-니'와 '-니까'에 대한 다음과 같은 귀결을 상정할 수 있게 된다.

> (7) '-니'와 '-니까'는 모든 분포에서 自由變異의 양상을 보이는 것은
> 아니다. 따라서 '-니'와 '-니까'가 어느 환경아래에서 代置된다면
> 그것은 반드시 상응하는 意味差異를 동반하게 된다.

위 (7)의 '-니'와 '-니까'에 대한 일단의 전제가 의미하는 것은 너무나 자명하다. 그것은 '-니'와 '-니까'의 代置는 統辭上의 하나의 自由變異的 樣相으로 그치는 것이 아니라, 그에 상응하는 意味的 상응을 수반함을 보이고 있는 것이다.

그렇다면 '-니'와 '-니까'가 自由變異的 樣相을 띄고 있는 文章에서, 이들은 각각 어떠한 意味를 띄고 있는 것으로 보아야 하는 지가 문제로 부각된다.

다음 예를 보기로 하자.

> (8) a. 3시가 되니까 사람들이 몰려온다.
> b. 3시가 되니 사람들이 몰려온다.

---

11) 自由變異의 일반적이 樣相에 대해서는 Bloomfield, L., *Language*, New York
: Holt, Rinehart and Winston, 1958. 참조.

(8a)의 '-니까'나 (8b)의 '-니'가 그동안의 최현배(1937)[12]에서 남기심(1978)[13]에 이르는 논의가 밝혀 준 그대로, 이유 또는 현상에 대한 원인을 나타내 준다고 일단 상정해 볼 수 있다.

그러나 남기심(1978)의 '-니까'와 '-어서'에 대한 논의에서 밝혀진 그대로 理由나 原因이라는 개념은 일단 두 가지 방향으로 나누어 생각해 볼 수 있다.[14]

그 하나는 직접적인 것과 간접적인 방향이며, 또 하나는 非個人的인 것과 個人的인 방향이다. 직접적인 이유·원인이라는 것과 비개인적인 이유·원인이라는 것과는 동궤의 것으로 파악될 수 있으며, 간접적인 이유·원인과 개인적인 이유·원인이라는 것, 또한 같은 성질의 개념으로 파악될 수 있다. 따라서 일단은 다음과 같은 두 가지 방향의 이유·원인을 상정해 볼 수 있다.

(9) a. 직접·비개인적
b. 간접·개인적

이제 직접적이며 비개인적인 이유·원인은 무엇이며, 또한 간접적·개인적 이유·원인이란 무엇인가에 대해 알아보기로 하자.

직접적·비개인적 이유·원인이란 어떤 현상에 대한 敍述의 기능만을 의미하는 것으로 해석될 수 있으며, 이것은 따라서 객관적인 성격을 띈다. 다음을 보자.

(10) a. 이러니 저러니 해도 집이 제일 좋다.
b. *이러니까 저러니까 해도 집이 제일 좋다.

---

12) 최현배, 전게서, 1937, pp. 279~298.
13) 남기심, 전게논문, 1978, pp. 9~20.
14) 남기심, 전게논문, 1978, pp. 9~20.

(10a)에는 '-니'가 (10b)에는 '-니까'가 쓰여 (10a)는 文法的인 文章이 된 반면, (10b)는 非文法的인 文章이 되었다. 이것이 시사하는 바는 (10a), (10b)의 先行節을 검토해 보면 알 수 있다. (10a), (10b)에서 先行節 '이러니 저러니 해도'는 어떤 현상에 대한 記述·描寫만을 하고 있을 뿐, 그에 대한 어떤 심리적이고 개인적인 기술은 하지 않고 있다. 즉 '이런 저런 사정이나 형편에도 불구하고 역시 집이 좋다'라는 命題를 전달하기 위해서는 先行節에 어떤 객관적인 근거가 필요한 것이며, 이러한 객관적인 근거의 제시에는 직접적인 묘사의 기능을 행사하는 '-니'가 더 적절한 것으로 보여진다.

2.2. 實證性과 心理性

接續語尾 '-니'와 '-니까'의 意味를 밝혀내는 데 소용될 수 있는 기준의 하나로 상정될 수 있는 것이 '實證性'과 '心理性'이란 資質이다.

실증성은 '-니'나 '-니까'의 先行節에 대한 언급이 단순한 話者(speaker)의 意圖나 心理的 상태 또는 주관적 기분·감정상태에 의해 좌우되는 것이 아니라 어떤 실증화할 수 있는 객관적이고 보통 인지될 수 있는 근거에 의해 좌우되는 것을 의미한다.

다음을 보자.

> (11) a. 저희도 따로 집을 짓고 나갈 테니, 올 가을까지만 참아 주십시오.
>
> b. 저희도 따로 집을 짓고 나갈 테니까, 올 가을까지만 참아 주십시오.

(11a), (11b)는 같은 文脈에 '-니'와 '-니까'가 각각 쓰여 있다. 위 (11a), (11b)는 서로 自由變異的 樣相을 보이는 것일 뿐 아무런 意味

的 차이나 用法의 相異性은 동반하지 않는 것일까?

(11a), (11b)가 自由變異的으로 쓰이느냐 하는 문제는 쉽사리 결정 될 문제는 아니지만 이들 문장이 최소한 話者의 의도라는 측면에서 즉 話者가 무엇을 근거로 해서 先行節을 發話할 수 있었겠느냐 하는 측면에 서 중요한 차이를 가진다.

즉 (11a)에서는 적어도 話者는 가을까지는 집을 지을 수 있겠다는 어떤 확신을 여러 객관적 근거에 의해 얻은 다음 發話하는 것이 된다.

그리고 그러한 근거는 (11a)에 관한한 話者에만 인식되는 것이 아 니라, 話者 이외에 다른 사람들에게도 공통적으로 수긍케 되는 그러한 근거를 말하는 것이 된다.

한편 (11b)에서는 '-니까'가 쓰였는데, 이것은 '가을까지는 집을 지 을 수 있다'는 어떤 확신이 (11a)에서처럼 어떤 실증적인 따라서 여러 사람이 공통으로 인지할 수 있는 근거에서 비롯된 것이 아니고, (11a) 話者 자신만의 심리적 판단에 의한 근거에서 비롯된 것이다.

따라서 (11a), (11b)에서 일단 '-니', '-니까'에 대해 다음과 같은 가 정을 상정해 볼 수 있다.

> (12) '-니'는 實證的인 근거에서 비롯된 話者의 확신에 쓰이나, '-니까' 는 心理的인 근거에서 비롯된 非實證的인 話者의 근거에서 비롯 된 話者의 확신에 쓰인다.

(12)의 가정이 시사하는 바는 너무도 자명하다. 그것은 接續語尾 '-니' 와 '-니까'가 결코 自由變異的 관계에 서 있지 않음을 나타내 주고 있을 뿐만 아니라 동시에 '-니'와 '-니까'의 중요한 意味的 차이까지를 나타내 주고 있기 때문이다.

이러한 것을 다음 예를 통해 더 자세히 알아보자.

(13) a. 서울에 가니 차도 많더라.
　　 b. 서울에 가니까 차도 많더라.

(13a)에서는 先行節에 接續語尾 '-니'가 (13b)에서는 '-니까'가 각각 쓰였다.

(13a)와 (13b)의 意味差異는 바로 '-니'가 '-니까'에서 비롯된다.

그것은 話者가 '서울에 차가 많은 것'의 근본적인 이유를 결국 어디에 두느냐의 문제인데, (13a)에서는 '서울에 차가 많은 것'의 이유를 '서울' 이기 때문에 차가 많다고 상정한 것이고, 동시에 그러한 話者 자신의 상정이 다른 일반인의 상정과 그 인식을 같이하고 있으리라고 판단하여 '-니'를 쓴 것이다.

결국 (13a)의 예는 앞서 상정한 (12)의 가정을 얼마간 보강시켜 줄 수 있는 예로 간주된다. 즉 (12)의 가정에서는 話者 자신의 판단의 근거 자체만을 문제 삼아 그러한 話者 자신의 근거가 실증적이고 일반적임을 나타낸 것인데, (13a)의 예는 그러한 話者 자신의 판단이 話者 자신이 생각하기에 다른 일반 사람의 판단과 그 인식을 같이한다고 판단될 때에 도 쓰일 수 있음을 보여 주고 있기 때문이다.

이 경우는 얼마간 복잡한데 構造化하면 다음과 같다.

(14) a. 화자자신의 판단.
　　 b. 자신의 판단은 실제는 실증적·일반적인 것이 아님.
　　 c. 그럼에도 불구하고 '자신의 판단'이 실증적·일반적인 것이라
　　　　 고 간주함.
　　 d. '-니'의 선택.

따라서 문제의 귀결점은 話者가 자기 자신의 판단을 실증적·일반적 인 것으로 보느냐 아니냐에 달려 있다고 할 수 있다.

2.3. 必然性과 蓋然性

接續語尾 '-니'와 '-니까'의 意味를 결정하는 데 있어 하나 더 상정할 수 있는 統辭의 하나는 必然性이다.

필연성이란 일반적으로 반드시 그렇다고 정하여 진 것, 그렇게 될 수밖에 달리 도리가 없는 것, 또는 일정한 조건이 부여되고 있는 경우, 그렇게 생각할밖에 달리 생각할 수 없는 것을 이르는 개념이다.

다음 예를 보자.

> (15) a. 10시가 되니 기차가 떠난다.
> b. 10시가 되니까 기차가 떠난다.

(15a)와 (15b)는 (15a)에는 '-니'가, (15b)에는 '-니까'가 쓰였다는 것 이외에는 다른 統辭構造를 가지고 있지는 않다.

그렇다면 (15a)와 (15b)의 意味的 차이는 무엇이고 그러한 의미적 차이는 어디에서 비롯되는 것일까? 이 문제는 물론 간단한 문제가 아니다. 그러나 문제를 話者의 發話時의 發話條件에 맞추어 보면 얼마간 그 해결점도 모색될 수 있다.

즉 (15a)는 기차가 10시에 떠나기로 이미 기차시간표 등에 공식적으로 인지·인식되고 있는 상태에서의 發話이고, (15b)는 그러한 공식적인 인지·인식 없이 기차가 떠나는 것을 보고 話者는 어떤 공식적인 필연적인 근거 없이 추측적인 개연성의 상태에서 發話인 것이다.

다시 말해 (15a)는 기차가 10시에 떠날 수밖에 없는 이유는 기차가 10시에 떠나도록 이미 공식적으로 일반인에게 인지·인식되어 있다는 필연성에서 찾고 있는 반면, (15b)는 기차가 10시에 떠나는 상황 자체에 대한 설명을 話者의 개연적인 추측에서 찾고 있는 것이다.

이러한 것은 다음에서 더 더욱 명확해진다.

> (15) c. 집에 가보니 영희가 와 있더라.
>   d. 집에 가보<u>니까</u> 영희가 와 있더라.

(15c)와 (15d)의 차이는 (15c)는 話者가 집에 가서 영희를 발견한 상황을 필연성을 소산으로 돌리고 있는 반면, (15d)에서는 그러한 상황을 話者 자신의 있을 수도 있는 개연성에서 찾고 있다는 점이다.

(15a), (15b)와 (15c), (15d)의 예문을 통해서 '-니'는 필연성에서, '-니까'는 개연성에서 비롯됨을 알 수 있다.

이상의 '-니'와 '-니까'의 資質을 정리해 보면 다음과 같다.

(16)[15]

	-니	-니까
直接性	+	−
實證性	+	−
必然性	+	−

3. '-니'와 '-니까'의 統辭

'-니'와 '-니까'의 統辭上의 유사점과 상이점을 검토해 보고 그러한 統辭上의 특징이 '-니'와 '-니까'의 의미 규명에 어떠한 의미를 지니는 것인지를 살펴 보려는 것이 本 3章의 목표이다.

---

15) +는 그러한 資質이 있음을, −는 없음을 표시한다.

우선 '-니'와 '-니까'가 부착될 수 있는 用言의 종류에 대해 검토해 보기로 하자.

일반적으로 '-니'가 用語에 모두 부착될 수 있는 지의 여부에 대해서 생각해 보기로 하자. 다음을 보자.

> (17) a. 철수가 집에 가 보니 영희가 와 있더라.
> b. 그는 학생이니 열심히 공부해야 한다.
> c. 날씨가 좋으니 여행이나 가기로 하자.

위에서 '-니'의 先行文의 用言으로 (17a)에는 動詞가, (17b)에는 叙述 格調詞가, (17c)에서는 形容詞가 와 있는데 위의 (17a), (17b), (17c)의 예로 '-니'가 취할 수 있는 用言의 종류에는 제약이 없는 것으로 보인다.

이제 '-니까'의 경우에도 그러한 用言의 제약이 없는 지를 아래 예 (18a), (18b), (18c)를 통해 알아보기로 하자.

> (18) a. 서울에 가니까 사람도 많더라.
> b. 영희는 여학생이니까 너무 화려한 옷은 좋지 않다.
> c. 날씨가 추우니까 옷을 많이 입어라.

위에서 '-니까'의 先行文의 用言으로 (18a)에는 '動詞'가 (18b)에는 '叙述格助詞'가 (18c)에는 '形容詞'가 각각 와 있어, 이들이 모두 文法的인 文章으로 기능하고 있음을 통해 '-니까' 역시 '-니'처럼 先行文이 취할 수 있는 用言의 종류에 제약이 없음을 알 수 있다.

따라서 '-니'와 '-니까'의 先行文이 취할 수 있는 用言의 종류에 대한 다음과 같은 결론을 상정해 볼 수 있다.

(19) '-니'와 '-니까'는 그 先行文이 취할 수 있는 用言의 종류에 제약
  이 없다.

이번에는 '-니'와 '-니까'의 先行文과 後行文의 用言의 品詞가 같아야
되는지 아니면 달라야만 되는지 아니면 그러한 조건과는 무관한 지에 대
해서 알아 보기로 하자.

(20) a. 철수가 서울에 가니 영희도 간다.
  b. 철수가 서울에 가니 영희는 슬퍼서 운다.

(20a)에서 '-니'의 先行文과 後行文의 動詞는 '가다'로 둘 다 동일한
조건하에 놓여 있으며, (20b)에서는 先行文에는 '가다'가 後行文에는
'울다'가 쓰여 서로 상이한 動詞가 쓰였지만, (20a), (20b)는 그러한 動
詞의 같고 다름에 관계없이 文法性을 유지하고 있다.
  이러한 것은 '-니까'에서도 동일한 統辭的 반응을 보이는 것으로 간
주된다.
  다음을 보자.

(21) a. 서울에 가니까 차도 많더라.
  b. 쌀값이 오르니까 보리쌀 값도 오른다.

(21a), (21b) 모두 '-니까'에 의한 接續文으로 (21a)에서는 '-니까'
의 先行文은 動詞 '가다' 後行文은 形容詞 '많다'로 서로 상이한 데 비해
(21b)에서는 '-니까'의 先行文과 후행문은 모두 '오르다'라는 動詞로 동
일한 樣相을 보이고 있다.
  결국 '-니'와 '-니까'는 그 先行文과 後行文의 品詞의 동일성, 상이성
에 관계없이 모든 조건을 다 수용하는 것으로 여겨진다. 따라서 다음과

같은 결론의 상정이 가능하다.

> (22) '-니'와 '-니까'의 先行文과 後行文의 品詞는 같을 수도 있고 다를
> 수도 있다.

이제 '-니'와 '-니까'의 先行文과 後行文의 主語의 동일성과 상이성에
대해 어떠한 제약이 있는 것인지에 대해 알아 보기로 하자.

> (23) a. 집이 회사 근처이니 출근하기는 쉽겠다.
> b. 영희는 용모가 단정하니 사회에 나가서도 환영받겠다.

(23a), (23b)의 '-니' 構文에서 보는 바와 같이, (23a)에서는 '-니'
의 先行文의 主語는 '집', 後行文의 主語는 聽者(hearer)이어서 先行文,
後行文의 主語가 각각 상이한 것으로 나타나 있고, (23b)에서는 '-니'의
先行文과 後行文의 主語가 모두 '영희'로 되어 있다.

그러나 그러한 先行文과 後行文의 主語의 동일성, 상이성의 조건에
관계없이 '-니' 接續文의 文法性은 유지되고 있어서 '-니' 接續文은 先行文
과 後行文의 主語가 같을 수도 있고 다를 수도 있음을 시사해 주고 있다.

이제 '-니까'에 대해 그러한 조건의 영향 관계를 알아 보기로 하자.

> (24) a. 오늘은 날씨가 추우니까 옷을 많이 입고 나가거라.
> b. 영희는 얼굴이 예쁘니까 많은 사랑을 받는다.

(24a)의 '-니까' 接續文에서는 先行文의 主語는 '오늘', 後行文의 主
語는 聽者(너, 당신)로 나타나 있어 '-니까'의 先行文과 後行文의 主語가
서로 상이함에 비해, (24b)의 '-니까' 接續文에서는 先行文의 主語와 後
行文의 主語가 서로 '영희'로 나타나 있어 일치하고 있다. 결국 '-니까' 接

續文에 있어서 先行文과 後行文의 主語의 상이성, 동일성은 모두 수용될
수 있는 統辭的 특성으로 간주되고 있다.

따라서 아래 (25)와 같은 잠정적인 결론이 가능할 것으로 보인다.
다음을 보자.

> (25) '-니'와 '-니까'에 의한 接續文에서 '-니'와 '-니까'의 先行文과 後
> 行文의 主語는 동일할 수도 있고 상이할 수도 있다.

이제 '-니'와 '-니까'에 의한 接續文의 後行文 제약을 살펴보기로 하겠
다. 여기서 '-니'와 '-니까'에 의한 接續文의 後行文 제약이란 後行文의
終結語尾의 종류에 어떠한 제약이 있겠는가 하는 점이다.

우선 '-니'의 경우부터 살펴보기로 하자.
다음을 보자.

> (26) 서울에 가니 차도 $\left\{\begin{array}{l} \text{많다.} \\ \text{*많아라.} \\ \text{*많자.} \\ \text{많더냐?} \end{array}\right\}$

위 (26)에는 '-니'의 先行文의 敘述語는 動詞, 後行文의 敘述語는 形
容詞로 나타나 있는데 이 경우에는 敘述形과 疑問形만이 그 敘法으로 가
능하고, 請誘形과 命令形은 가능하지 않은 것으로 非文法的인 文章이 되
었다. 다른 예문을 검토해 보자.

> (27) 날씨가 추우니 코트를 $\left\{\begin{array}{l} \text{입는다.} \\ \text{입느냐?} \\ \text{입자.} \\ \text{입어라.} \end{array}\right\}$

(27)의 '-니'의 構文의 경우 '-니' 先行文의 叙述語는 (26)의 경우와는 달리 形容詞, '-니' 後行文의 叙述語는 '動詞'로 나타나 있는데 이 경우 叙述形, 命令形, 請誘形은 모두 가능한 데 유독 疑問形만이 非文法的이라고까지는 할 수 없다손 치더라도, 수용성이 얼마간 약화된 경향을 보여 주고 있다.

결국 '-니'에 의한 接續文의 경우, '-니' 接續文의 後行文이 어떠한 終結語尾를 취하느냐는 '-니' 後行文의 叙述語의 종류가 무엇이냐에 따라 결정되는 것으로 여겨진다.

이제 '-니까'에 의한 接續文의 경우를 살펴 보기로 하자.

(28) 말투를 보니까 그는 촌사람 $\left\{ \begin{array}{l} \text{이다.} \\ \text{이냐?} \\ \text{*이자.} \\ \text{*이거라.} \end{array} \right\}$

(28)의 '-니까' 接續文의 경우 '-니까'의 先行文의 叙述語는 動詞, 後行文의 叙述語는 叙述格으로 되어 있는데 이런 경우에는 叙述形, 疑問形은 자유롭게 선택될 수 있고, 命令形, 請誘形은 선택될 수 없음을 위 (28)의 예는 시사하고 있다.

위 (28)은 한편으로 '-니까'에 의한 接續文 역시 얼마간은 그 叙法의 선택이 '-니까' 後行文의 叙述語의 종류에 의존해 있음을 암시해 주고 있는데 다른 예를 좀 더 검토해 보기로 하겠다.

(29) 물가가 비싸니까 살기가 $\left\{ \begin{array}{l} \text{어렵다.} \\ \text{어렵느냐?} \\ \text{*어렵자.} \\ \text{*어려워라.} \end{array} \right\}$

위 (29)의 '-니까' 接續文에서는 '-니까' 先行文의 叙述語는 形容詞가 그리고 '-니까' 後行文의 叙述語로도 역시 形容詞가 와 있는데 이 경우에도 역시 叙述形·疑問形은 선택되었지만, 命令形·請誘形은 선택되어도 非文法的인 文章이 되어 버리고 말았다.

이제 '-니까'에 의한 接續文의 叙述語가 先行文이나 後行文이 모두 다 動詞인 경우를 살펴보기로 하자.

(30) 10시가 되니까 종이 $\left\{ \begin{array}{l} \text{울린다.} \\ \text{울리냐?} \\ \text{*울리자.} \\ \text{*울려라.} \end{array} \right\}$

위 (30)의 構文에서 '-니까'의 先行文의 叙述語로는 動詞 '되다'가 後行文의 叙述語로는 動詞 '울리다'가 나타나 있어 先行文과 後行文이 서로 동일한데, 이 경우에도 역시 叙述形, 疑問形은 선택되었지만, 命令形, 請誘形은 선택되지 못하고 있다.

결국 '-니까' 역시 '-니'와 동일한 統辭領域 즉 '-니'와 '-니까'의 後行文의 叙述語의 종류가 後行文의 叙法의 종류를 결정한다는 특성을 소지한 것으로 보인다.

따라서 다음과 같은 잠정적인 결론이 가능할 수 있다.

(31) '-니'와 '-니까'에 의한 接續文의 叙法은 '-니'와 '-니까'의 後行文의 叙述語의 종류에 의존한다.

이제 '-니'와 '-니까'에 의한 接續文의 否定形 부착 여부에 대해 알아보기로 하자.

국어에는 두 가지 形態의 否定形 즉 '안∨'와 '∨지 않다'의 두 가지가 있는데 여기서는 그러한 구별에 차이를 두지 않고 쓰기도 한다. 이제 다음을 보자.

> (32) a. 집에 가니 철수가 와 있더라.
> b. *(?)집에 가지 않으니 철수가 와 있더라.
> c. 집에 가니 철수가 오지 않았더라.
> d. *(?)집에 가지 않으니 철수가 오지 않았더라.

  (32)는 모두 '-니'에 의한 接續文인데, (32a)에서는 先行文, 後行文이 모두 肯定形인 반면, (32b)에서는 先行文만 否定形이고 後行文은 肯定文으로 나타나 있고, (32c)에서는 (32b)와는 반대로 先行文만 肯定形이고, 그 後行文은 否定文으로 나타나 있다.
  한편 (32d)에서는 先行文, 後行文이 모두 否定文으로 나타나 있다. (32)의 경우 (32b), (32d)만이 非文法性을 보이고 있다.
  즉 先行文만이 否定形인 (32b)와 先行文, 後行文이 모두 否定形인 (32d)가 非文法的인 文章이 되었다. (32b), (32d)의 統辭上의 공통점은 한결같이 '-니', '-니까' 構文의 先行文이 否定形이라는 점이다.
  이제 다른 構文으로 이 점을 더 살펴보기로 하자.

> (33) a. 그렇게 하니 더 좋아 보인다.
> b. 그렇게 하지 않으니 더 좋아 보인다.
> c. 그렇게 하니 더 좋아 보이지 않는다.
> d. 그렇게 하지 않으니 더 좋아 보이지 않는다.

  (33a)~(33d)에서 볼 수 있는 바와 같이 (33a)~(33d)의 '-니'에 의한 接續文은 先行文과 後行文의 肯定形, 否定形에 관계없이 모두 수용될 수 있는 文章으로 (32a)~(32d)와는 다른 樣相을 보여 주고 있다.

일단 '-니'에 관한 잠정적인 가정으로 '-니'에 의한 接續文의 先行文과 後行文은 모두 肯定形일 수도, 否定形일 수도, 그리고 '肯定形-否定形'일 수도 있다는 점일 것이다.

'-니까'의 경우에는 어떤가를 살펴보기로 하자.

> (34) a. 날씨가 추우<u>니까</u> 코트를 입어라.
> b. [?]날씨가 춥지 않으<u>니까</u> 코트를 입어라.
> c. 날씨가 추우<u>니까</u> 코트를 입지 말아라.
> d. 날씨가 춥지 않으<u>니까</u> 코트를 입지 말아라.

(34)가 意味的으로 얼마간 수용하기 어려운 일면도 지니고 있지만 그렇다고 해서 그것이 (34b)자체의 文法性을 해칠 만한 것은 아니다.

결국 '-니까'에 의한 接續文도 '-니'에 의한 接續文에서처럼 先行文, 後行文의 肯定, 否定 등 어떤 조건 아래에서나 수용 가능하다는 것을 알 수 있다.

지금까지의 '-니'와 '-니까'에 대한 統辭論的인 이상의 특징이 形態(form)와 意味(meaning)의 相關性이라는 면에서 어떻게 연계될 수 있는지는 매우 관심있는 문제가 아닐 수 없다. 그것은 이상의 統辭的인 특징이 意味的인 차이를 반영하고 있다고 간주되고 있기 때문이다.

문제는 이러한 統辭的인 특징이 意味的인 차이를 반영한다 할 때 그 것을 基底部(base)에 어떻게 반영하느냐 하는 점이다.

이 점은 고를 달리하여 논하겠거니와 현재로서는 일차적으로 이들 관계를 語彙部(lexicon)에 넣는 방법을 상정하고자 한다.

이들을 語彙部에 넣었을 때의 이점은 우선 基底構造의 意味保存 가설에 따라서, '-니'와 '-니까'의 意味를 基底에서 바로 表面으로 이끌어 낼 수 있다는 점을 생각할 수 있다.

문제는 '-니'와 '-니까'의 意味와 용법의 상이를 어느 차원에서 보느냐 달려 있다.

앞서 결론 지어진 것처럼 '-니'와 '-니까'의 直接性과 間接性, 實證性과 心理性, 必然性과 蓋然性이라는 차이를 단지 話用論(pragmatics)상의 문제로 치부하여 그러한 차이를 狀況이나 言語行爲(speech act)에서 부수적으로 파생되어 나오는 것으로 보는 한 이들 意味 차이를 語彙部에 넣는 것은 사실상 의미 없는 일이다.

그러나 '-니'와 '-니까'의 이러한 意味上의 차이를, 形態的인 차이에서 비롯되는 것으로 간주하고 이들을 句節構造規則(phrase structure rule) 상의 하나의 원칙으로 간주할 때에는 이들은 마땅히 基底部의 語彙部에 자리 잡아야 한다.

'-니'와 '-니까'의 앞서의 意味를 語彙部에 넣을 것인지 어떤지의 여부는 따라서 語尾 일반에 대한 전반적인 검토와 고려가 어느 정도 진행된 뒤에 논의될 문제로 간주된다.

여기서는 잠정적으로 이들을 일단 語彙部에 두기로 한다.

4. 結 論

지금까지 본 논문은 '-니'와 '-니까'에 의한 여러 가지 接續文들의 意味와 統辭上의 몇 가지 특성에 대해 알아 보았다.

'-니'와 '-니까'에 대한 논의의 시작은 우선 이들 '-니'와 '-니까'가 形態가 다르니 만큼 意味도 상이하지 않겠느냐 하는 Bolinger(1977)적인 인식에서부터 비롯된 것이다.

이러한 Bolinger(1977)적인 이론은 '-니'와 '-니까'에 대한 意味的 상

이성을 추구하는 식으로 논의의 방향을 잡게끔 했으며 그 결과로 본 논
문은 '-니'와 '-니까' 사이에는 다음과 같은 意味的, 話用的 차이가 있음
을 상정할 수 있었다.

(35)

-니	-니까
直接性	間接性
實證性	心理性
必然性	蓋然性

위 (35)와 같은 '-니'와 '-니까'의 意味的, 話用的 用法의 상이점은 어
떤 統辭上의 근거에서 비롯되는 지가 다음에 추구될 문제였으며 그래서
제 3장에서는 그러한 統辭上의 유사점과 상이점을 찾아보려고 노력했다.

본 논문은 그러한 統辭上의 유사성과 상이성을 '-니'와 '-니까'의 先行
文과 後行文의 叙述語의 동일 · 상이, 先行文과 後行文의 主語의 동일 ·
상이 그리고 後行文이 소지할 수 있는 敍法의 종류, 先行文, 後行文이
가질 수 있는 否定形의 양식 등에 비추어 문제를 해결하려 힘썼다.

본 논문의 궁극적인 의도는 形態(form)의 상이는 곧 意味(meaning)
의 상이를 초래한다는 것을 '-니'와 '-니까'의 경우를 예로 들어 실증하려
는 것이었으나, 미비점이 많음을 절감하지 않을 수 없다. 그러한 점에
대해서는 후일을 기약할 뿐이다.

▌參考文獻

康琪鎭, 國語 接續語尾의 意味機能, 李丙燾先生周甲紀念論叢, 1981.

_____, 國語 接續語尾 '-(으)나'의 分析, 語文論志 4~5, 忠南大, 1985.

_____, 進行形 '-고 있다'의 意味, 弘益語文 4, 弘益大, 1985.

_____, 國語 接續語尾 '-거니, -거니와, -거늘'의 硏究, 覓南金根博士華甲紀念語文學論叢, 1985.

_____, '-며' 構文의 統辭論, 若泉金敏洙博士還甲紀念, 國語學新硏究, 1986.

_____, 非狀態性 接續語尾의 硏究, 弘益語文 5, 弘益大, 1986.

김승곤, 연결형어미 [니까], [아서], [므로], [매]의 쓰임말에 대하여, 人文科學論叢 11, 建國大, 1978.

_____, 연결형어미 '-니까'와 '-아서'의 화용론 재론, 蘭汀南廣祐博士華甲紀念論叢, 1980.

_____, 한국어 연결형 어미의 의미분석연구(Ⅰ), 한글 173~179, 한글학회, 1981.

_____, 한국어 이음씨끝의 의미 및 통어기능 연구(1), 한글 186, 한글학회, 1984.

金完鎭, 文接續의 '와'와 句接續의 '와', 語學硏究 6-2, 서울大 語學硏究所, 1971.

金興洙, 繼起의 '-고'에 대하여, 國語學 5, 國語學會, 1977.

남기심, '아서'의 화용론, 말 3, 연세대 한국어학당, 1978.

_____ 外, 論理形式으로서의 '-니까' 구문과 '-어서' 구문, 국어통사의미론, 탑출판사, 1983.

박기덕, 한국어의 S→S_n^2에 관한연구, 연세대 한국연구소, 1974.

서정수, 국어 용언어미 '-어(서)', 한글학회 50돌기념논문집, 한글학회, 1971.

_____, 부사절의 시상, 語學硏究 18-1, 서울大 語學硏究所, 1982.

成耆徹, 語尾 '-고'와 '-어'의 比較硏究, 국어교육 18~20, 한국국어교육연구회, 1972.

성낙수, 이유·원인을 나타내는 접속문연구(Ⅰ), 한글 162, 한글학회, 1978.

_____, 이유·원인을 나타내는 접속문연구(Ⅱ), 연세어문 11, 연세대, 1979.

梁鏴錫, 韓國語의 接續化, 語學硏究 8-2, 서울大 語學硏究所, 1972.

이상복, '-아서, -니까, -느라고, -므로'에 대하여, 배달말 5, 배달말학회, 1981.

최현배, 우리말본, 정음사, 1937, 1971.

Bolinger, D., *Meaning and Form*, Longman, London and New York, 1977.

Bloomfield, L., *Language*, George Allen & Unwin LTD. London, 1958.

Gleason, H.A., *An Introduction to Descriptive Linguistics*, Henry Holt and Company, New York, 1955.

국어 접속어미 '-거니, -거니와, -거늘'의 연구

1. 問題의 提起

本 論文은 國語 接續語尾 '-거니', '-거니와', '-거늘'에 對한 意味的 特性과 統辭的 特性을 밝혀보려는 데에 그 一次的 目的을 두고 있다[1]

傳統文法 特히 최현배(1959)에서 接續語尾의 問題가 本格的으로 提起된 以來, 餘也 接續語尾들에 對해서는 比較的 活潑한 論議의 照明을 받아왔지만, '-거니', '-거니와', '-거늘'만은 그러한 論議의 照明을 받지 못해 그 意味的 統辭的 特性이 아직도 總體的으로 把握되지 못하고 있는 것도 這間의 實情이다.

그것은 '-거니', '-거니와', '-거늘'에 對한 比較的 자세한 論議는 최현배(1959) 以外에서는 찾아 볼 수 없기 때문이다. 물론 최현배(1959)에서조차 이들 '-거니', '-거니와', '-거늘' 等이 總體的으로 다루어진 것은 아니다.

그러나 최현배(1959)에서 이들 接續語尾들은 別個의 것으로 取扱되어 있기 때문일 뿐이다. 우선 '-거니'의 例를 들어보기로 하자. 최현배

---

1) 異形態로 '-이거니, -이거니와, -이거늘'이 있지만 '-거니, -거니와, -거늘'로 統一시킨다.

(1959)에서는 '-거니'를 까닭을 나타내는 '사실 구속형 연결어미'라고 規定하고2) 그 反證으로서는 다음과 같은 例文들을 提示하고 있다.

(1) 산천이 어둡거니 일월을 어찌 보며……3)

결국 '-거니'에 對한 최현배(1959)의 論議 焦點은 '-거니'를 中心으로 해서 先行節과 後行節이 接續될 때, 이 先行節과 後行節 사이에 쓰인 '-거니'는 '까닭'을 나타내고 있다고 하는 것으로 集約될 수 있다.

그러나 그러한 최현배(1959)의 論議는 다음과 같은 例文에서는 適切히 說明할 수 없는 理論的 弱點을 지닌 것으로 看做할 수 있다.

(2) 영희가 그네를 밀거니 당기거니 하고 있다.

(2)에 쓰인 接續語尾 '-거니'를, 최현배(1959)의 論理대로 해서 '까닭'으로만 解釋할 수 없기 때문이다. 그것은 '-거니'가 까닭 以外의 다른 意味機能을 가지고 있다는 것의 反證을 提示하고 있는 셈이 되며, 아울러 '-거니'에 對한 최현배(1959)의 論理가 有效한 것이 될 수 없음을 示唆하는 것이 되기도 한다.

이러한 問題點은 '-거니와', '-거늘'에도 마찬가지로 나타나고 있다. 다음 例文을 보자.

(3) 너는 가거니와 우리는 어이할까4)
(4) 백성이 다 나오거니 앉으사 가르치시더니5)

---

2) 최현배, 우리말본, 정음사, 1959, pp. 306~317.
3) 최현배, 前揭書, 1959, pp. 306~317.
4) 최현배, 前揭書, 1959, p. 305.
5) 최현배, 前揭書, 1959, p. 299.

위의 (3)은 최현배(1959)에서 '-거니와'가 '사실 방임'을 나타내는 接續語尾임을 보이기 위해 제시된 例文이며, (4)는 '-거늘'이 '사실 구속적 까닭'을 나타내는 接續語尾임을 보이기 위해 提示된 例文이다.

그러나 최현배(1959)의 論理에서 '-거니와'가 '사실방임형'으로 分類되고 '-거늘'이 '사실구속형'으로 分類된 그 分類基準조차가 生硬한 것이 아닐 수 없다. '-거니와'를 막연히 '사실방임'이라고, '-거늘'을 막연히 '사실구속'이라고 規定한 것은 分類的 便宜를 提供하고 있을 뿐, 餘也의 言語學的 意味를 가지고 있다고 보기는 힘들기 때문이다.

本 論文은 바로 최현배(1959)의 論理가 가지고 있는 그러한 論理的 生硬함에서부터 비롯된다.

최현배(1959)의 論議의 生硬함을 克服하기 위해 本 論文은 우선 '-거니', '-거니와', '-거늘'에 對해 아래의 두 가지의 問題를 提起하고, 그에 對한 假說的인 答을 해보는 順序로 論議를 進行시키고자 한다.

첫째, 接續語尾 '-거니', '-거니와', '-거늘' 사이에는 어떤 意味的 類似性이 있는 것인지 하는 與否와 그러한 意味的 類似性은 '-거니', '-거니와', '-거늘'의 세 가지 接續語尾를 하나의 範疇로 묶는 데에 어떠한 役割을 할 수 있는지 하는 與否, 그리고 '-거니', '-거니와', '-거늘'의 固有의 意味는 무엇이며 그러한 固有의 意味는 이 셋의 共通意味와 어떠한 相關關係를 가지는 것인지 하는 與否가 그것이다.

둘째, 接續語尾 '-거니', '-거니와', '-거늘'은 어떤 統辭的 特性을 가지고 있으며 그러한 統辭的 特性은 이들 各各의 接續語尾의 意味와 어떠한 涵數關係를 가지는 것인지 하는 與否가 또 그 나머지 問題의 하나이다.

本 論文은 國語 接續語尾에 對한 筆者의 進行中인 作業의 一環으로 作成되는 것임을 아울러 밝혀둔다.6)

---

6) 康琪鎭, 國語 接續語尾의 意味機能, 李內疇先生周甲紀念論叢, 1981.

_____, 進行形 '-고 있다'의 意味, 弘益語文 4, 弘益大, 1985.

_____, 國語接續語尾 '-(으)나'의 分析, 語文論志 4~5, 忠南大, 1985.

2. '-거니, -거니와, -거늘'의 意味

接續語尾 '-거니'의 一次的인 意味의 把握을 위해 아래 例文을 檢討해 보기로 한다.

(5) a. 철수가 문을 밀거니 당기거니 하고 있다.
    b. 철수와 영회가 술잔을 주거니 받거니 한다.

위 (5a), (5b)에서 想定할 수 있는 '-거니'의 意味의 하나는 '動作의 反復'이다. 즉 (5a)에서는 '철수'가 '문을 밀고 당기는 행위' 自體를 여러 차례 되풀이하고 있음을 나타내고 있으며, (5b)에서는 '철수와 영회'가 서로 '술잔을 주고 받는 행위'를 여러 차례 되풀이하고 있음을 나타내고 있다. 이러한 '-거니'의 一次的인 意味는 '-거니와', '-거늘'에는 없는 것으로 보여진다. 그러한 點은 다음 例에서 쉽게 찾아 볼 수 있다.

(6) a. *철수가 문을 밀거니와 당기거니와 하고 있다.
    b. *철수와 영회가 술잔을 주거니와 받거니와 한다.

(6a)는 (5a)의 '-거니'를 '-거니와'로 代置(paraphrase)시킨 것이고, (6b)는 (5b)의 '-거니'를 '-거니와'로 各各 代置시킨 것인데 모두 非文法的인 文章이 되었다. (6a), (6b)의 非文法性은 '-거니'가 가지고 있는 意味屬性인 '동작의 반복'이 '-거니와'에는 없음을 단적으로 보여주는 例라 할 수 있다.

이러한 것은 '-거늘'에서도 마찬가지다. 이런 點 把握하기 위해 위 (5a), (5b)의 '-거니'에 '-거늘'을 代置시켜 보기로 하자. 다음 例文은 바로 그것이다.

(7) a. *철수가 문을 밀거늘 당기거늘 하고 있다.
    b. *철수와 영희가 술잔을 주거늘 받거늘 한다.

(7a), (7b)의 非文法性 또한 '-거니'의 意味屬性인 '動作의 反復'이 '-거늘'에는 보이지 않음을 示唆하고 있다. 결국 '-거니'의 一次的인 意味屬性을 아래 (8)처럼 想定할 수 있게 된다.

(8) 接續語尾 '-거니'의 一次的인 意味屬性의 하나는 '動作의 反復'이다.

接續語尾 '-거니'에 對한 (8)의 假定에서 하나 注意해야 할 것은 '動作의 反復'이라는 點이다. 이것은 다음 例文에서 두드러 진다.

(9) a. *그 사람의 얼굴빛이 빨갛거니 노랗거니 한다.
    b. *그녀는 뚱뚱하거니 짤막하거니 한 몸집을 가지고 있다.

(9a), (9b)의 非文法性은 매우 簡明히 說明될 수 있는데 그것은 (9a), (9b)의 '-거니'에 接續되어 있는 動詞의 性格이 動作性(action)이 아니라 狀態性(state)으로 特徵지워 진다는 事實에 起因한다.
결국 앞서의 '-거니'에 對한 (8)의 想定은 이 點을 매우 適正히 指摘하고 있는 것으로 여겨진다. 이제 '-거니'가 (8)과 같은 意味屬性 以外에 어떠한 意味屬性을 아울러 가지고 있는지를 아래 例를 通해서 알아보고, 그러한 意味屬性이 가지는 特性이 무엇인지를 살펴보기로 하자.

(10) a. 나는 철수가 살아있었거니 했다.
     b. 철수는 으레 거기에 갔거니 생각했다.

(10a), (10b)의 '-거니'가 물론 '動作의 反復'이라는 屬性을 보이는 것은 아니다.

(10a), (10b)의 '-거니'의 意味屬性의 理解를 위해 우선 (10a), (10b)를 다음 文章으로 變換시켜 보기로 하자.

> (10′) a. 나는 철수가 살아 있었다고 생각했다.
> b. (나는) 철수가 으레 거기에 갔으리라고 생각했다.

(10′a), (10′b)는 (10a), (10b)의 '-거니'가 쓰인 文章을 이른바 判斷文으로 바꾼 것이다. (10a), (10b)를 보고 생각할 수 있는 것은 '-거니'가 話者(speaker) 또는 文章의 主體者의 생각이나 獨白(monologue)을 表示하는 意味機能을 가지고 있으리라는 假定이다.

이러한 假定은 (10a), (10b)에서 母文의 動詞에 某種의 制約이 發見되었기 때문이다. 즉 (10a), (10b)의 '-거니'의 경우 '-거니'가 가질 수 있는 母文의 種類는 '생각하다', '믿다', '간주하다' 등 이른바 判斷動詞들로 制限되기 때문이다. 이러한 것은 (10′a), (10′b)에서도 마찬가지다.

> (11) a. 나는 철수가 살아 있었다고 믿었다.
> b. (나는) 철수가 으레 거기에 갔으리라고 믿었다.

결국 앞의 (9a), (9b)에서부터 (11a), (11b)까지의 일련의 過程으로 미루어 볼 때 '-거니'의 屬性은 다음과 같이 想定될 수 있다.

> (12) 接續語尾 '-거니'의 意味屬性의 하나는 文章의 主體 또는 話者만
> 의 判斷, 看做, 獨白 等을 나타내는 것이다.

話者 또는 文章의 主體 혼자만의 判斷, 看做, 獨白 등을 나타내는 '-거니'의 屬性은 '-거니와'나 '-거늘'에서는 보이지 않는 屬性으로 看做된다. 그것은 다음 例에서 쉽게 알 수 있다.

(13) a. *나는 철수가 살아 있었거니와 생각했다.
　　 b. *철수는 으레 거기에 갔거니와 생각했다.

　위 (13a), (13b)는 話者 또는 文章의 主體 혼자만의 獨白, 判斷, 看
做 等을 나타내는 接續語尾 '-거니' 대신에 '-거니와'를 代置시킨 것인데
모두 非文法的인 文章이 되었다.
　(13a), (13b)의 非文法性이 가지는 意味는 '-거니와'에는 (12)에서
想定된 바와 같은 意味屬性이 없음을 反證하는 것이다.
　이러한 것은 '-거늘'에서도 마찬가지이다. 다음은 그것을 매우 簡明
하게 보여주고 있다.

(14) a. *나는 철수가 살아 있었거늘 생각했다.
　　 b. *철수는 으레 거기에 갔거늘 생각했다.

　(14a), (14b)가 가지는 非文法性을 바로 (12)에서 想定된 '-거니'
의 意味屬性이 '-거늘'에는 보이지 않음을 단적으로 示唆한 것이라고 할
수 있다.
　이제 '-거니'의 다른 意味를 推定해 보기 위해 아래 例를 보기로 하자.

(15) 나는 젊었거니 돌인들 무거우랴.

　(15)의 '-거니'에서 볼 수 있는 意味는 물론 앞서에서 想定된 바와
같은 '動作의 反復'을 나타내거나 話者나 文章의 主體 혼자만의 獨白, 判
斷, 看做를 나타내는 意味는 아니다. (15)의 '-거니'가 보여주는 意味屬
性은 적어도 앞서 想定된 '-거니'의 意味와는 다르다고 할 수 있다. 그러
한 것은 '-거니'의 先行節과 '-거니'의 後行節의 關係가 단순한 事實描寫,
事實說明에 그치고 있기 때문이다.7)

즉 後行節인 '돌이 무겁지 않게 여겨지는 理由'가 바로 先行節 '내가 젊은 事實'에서 비롯되고 있기 때문이다. 결국 (15)에서 想定해 낼 수 있는 '-거니'의 意味屬性의 하나는 다음과 같이 整理될 수 있다.

(15′) 接續語尾 '-거니'의 意味屬性의 하나는 事實의 說明, 描寫에 있다.

이제 '-거니와'의 意味를 檢討해 보기로 하자.

(16) 영희는 얼굴도 곱거니와 마음은 더 곱다.

(16)에서 볼 수 있는 '-거니와'의 意味는 일단 先行節의 事實을 認定하고, 그러한 先行節의 事實認定 후에 後行節의 意味를 添加하는 機能을 가진 것으로 想定해 볼 수 있다. 즉 (16)에서 先行節의 意味인 '영희의 얼굴이 고운 사실'을 일단 認定하고, 그러한 事實의 認定 후에 '영희의 마음씨도 고운 사실'을 添加하는 機能을 接續語尾 '-거니와'가 所持하고 있다는 것이 된다.

'-거니와'의 (16)과 같은 屬性을 일단 '意味 添加'라고 부르기로 한다면, 이러한 '意味 添加'의 屬性이 '-거니와', '-거늘'에서도 마찬가지로 나타날 수 있는지를 살펴보기로 하겠다. 아래를 보자.

(17) a. *영희는 얼굴도 곱거니 마음은 더 곱다.
    b. *영희는 얼굴도 곱거늘 마음은 더 곱다.

(17a), (17b)는 (16)의 '-거니와'의 構文에 '-거니와' 대신에 '-거니' '-거늘'을 각각 代置한 것인데, 위에서처럼 非文法的인 文章이 되고 말았다. (17a), (17b)의 非文法性의 理由는 매우 明白히 說明될 수 있는데

---

7) 先行節, 後行節의 槪念은 단순히 表面構造上에서 位置의 先後關係만을 提示한다.

그것은 '-거니와'와는 달리 '-거니', '-거늘'에는 '意味 添加'라는 屬性이 없기 때문으로 理解될 수 있다.

결국 (16)에서 想定해 낼 수 있는 '-거니와'의 意味屬性의 하나는 다음과 같이 整理될 수 있다.

(18) '-거니와' 는 先行文에 '意味添加的'인 機能을 할 때 쓰인다.

이제 '-거니와' 의 다른 機能에 對해 알아 보기로 하자.

(19) a. 나는 그러하거니와 너는 왜 그러냐?
b. 철새도 그러하거니와 하물며 인간이야 더 말해 무엇하겠느냐?

(19a), (19b)에서 想定될 수 있는 '-거니와'의 意味屬性은 '-거니와'의 先行節이 그 後行節에 어떤 背景의 구실을 하고 있다는 點이다.

즉 後行節을 發話하기 위한 어떤 背景의 구실로서 '-거니와' 가 쓰이고 있다는 點이다.

이것은 Chafe(1976)의 側面에서 살펴보기로 하겠다.

Chafe(1976)에서 Chafe(1976)는 하나의 對話가 순조롭게 進行되기 위해서는 話者와 聽者의 對話의 領域이 同一해야 함을 指摘하고 있다.8)

결국 '-거니와' 의 先行節은 주어진 情報(given information)를 提供하고 後行節은 새 情報(new information)를 提供하고 있는 것으로 理解된다.

따라서 (19a), (19b)의 '-거니와'는 '-는데'로 代置되어도 무방하며 다음은 그러한 것을 보여주고 있다. 다음을 보자.

---

8) Chafe, W., Givenness, Contrastiveness, definiteness, Subjects, topics and Point of View. In C. Li(Ed), *Subject and Topic*. N. New York, Academic press, 1979.

(20) a. 나는 그러한데, 너는 왜 그러냐?
  b. 철새도 그러한데, 하물며 인간이야 더 말해 무엇하겠느냐?

위 (20a), (20b)는 (19a), (19b)의 '-거니와' 構文에 '-는데' 를 代置해 넣은 構文으로 모두 文法的인 文章이 되었다. (20a), (20b)이 文法性이 意味하는 것은 결국 '-거니와' 構文에 있어서 '-거니와' 의 先行文은 後行文을 위한 하나의 背景體 구실을 하고 있다는 點이라 할 수 있다.

그것은 先行節에 對한 背景體 구실을 하는 것으로 看做되어 온 '-는데'와 自由變異的 代置를 보이고 있기 때문이다.⁹⁾

결국 앞의 例에서부터 一聯의 論議過程으로 미루어 볼 때 '-거니와' 의 意味屬性의 다른 하나를 다음과 같이 想定해 볼 수 있다.

(21) 接續語尾 '-거니와' 는 後行節에 對한 先行節의 背景體的 機能을 行使하는 데에 있다.

이제 최현배(1959)에서 事實拘束의 '까닭'을 나타내는 것으로 規定된 接續語尾 '-거늘'에 對해서 알아 보기로 하겠다.

(22) a. 백원도 없거늘 십만원이야 말해 무엇하랴?
  b. 추우면 잎이 지거늘 너는 왜 지지 않느냐?

(22a), (22b)에서 '-거늘'의 先行節은 어떤 現象을 描寫하고 있고 後行節은 先行節과는 對照的인 事實을 나타내고 있다.

이러한 先行節과 後行節과의 對照的인 關係는 對照의 接續詞 '그런

---

9) '-는데'의 이러한 機能에 對해서는 李起東, 連結語尾 '-는데'의 話用上 機能, 人文科學 40~41, 1979, pp. 117~142, 參照.

데'를 使用해서 위 (22)의 '-거늘' 構文을 單文으로 만들어 보면 쉽사리
드러난다. 다음을 보자.

> (23) a. 백원도 없다. 그런데 십만원이야 말해 무엇하랴?
>   b. 추우면 잎이 진다. 그런데 너는 왜 지지 않느냐?

위 (23a), (23b)에서 보는 것처럼 '-거늘'의 先行節은 어떤 一般的
인 理象의 描寫로 一貫하고 있는데 比해 '-거늘'의 先行節은 先行節과는
對照的인 情報를 傳하고 있다. 결국 '-거늘'의 一次的인 意味屬性의 하나
는 先行節과 後行節의 對照的인 情報를 連結하는 데 있다 할 것이다.
이제 接續語尾 '-거늘'의 이러한 意味屬性을 形式化해 보면 다음
(24)처럼 될 수 있다.

> (24) 接續語尾 '-거늘'의 意味屬性은 先行節과 後行節의 對照的 性格
>   을 接續하는 데에 있다.

3. '-거니, -거니와, -거늘'의 統辭

本 章에서는 '-거니', '-거니와', '-거늘'의 統辭的 特性에 대해 알아보
기로 하겠다. 먼저 '-거니', '-거니와', '-거늘' 構文의 先行節과 後行文의
主語에 어떠한 制約이 있는지를 살펴보기로 하자.

> (25) 나는 철수가 지금도 살아 있거니 생각했다.

위 (25)의 構文으로만 보아서는 '-거니'構文의 先行文과 後行文의 主
語는 同一해야 하는 것으로 理解될 수 있다. 왜냐하면 위 (25)의 '-거니'

構文은 그 基底的인 構造를 다음과 같이 想定할 수 있기 때문이다.

    (26) 나는 철수가 지금도 살아 있거니 나는 생각했다.

  즉 (26)에서 보는 것과 같이 '-거니'의 先行文의 主語와 後行文의 主語는 다 같이 '나'로 나타나 있어, '-거니' 構文에 관한 한 先行文과 後行文의 主語는 同一해야 하는 것으로 看做될 수 있다.
  이러한 點은 아래 (27)으로도 곧 反證이 된다.

    (27) *나는 철수가 지금도 살아 있거니 영희는 생각했다.

  (27)은 (26)의 '-거니'의 構文에서 그 先行文과 後行文의 主語를 다르게 變換시켜 놓은 構文으로 非文法的인 構文이 되고 말았다. (27)의 '-거니' 構文의 非文法性의 理由는 너무나 自明하다. 그것은 '-거니'의 先行文과 後行文의 主語가 서로 相異한 데에서 비롯되는 것이기 때문이다.
  '-거니'의 이러한 特性을 다른 例로 다시 檢討해 보자.

    (28) 철수와 영희가 서로 술잔을 주거니 받거니 한다.

  위 (28)의 基底的인 構造는 다음 (29)처럼 想定될 수 있다.

    (29) 철수와 영희가 서로 술잔을 주거니 받거니 철수와 영희가 한다.

  (29)는 一般的인 文章에서 자주 쓰이지 않는 構文으로 약간 어색하게 들릴지는 몰라도 非文法的인 文章은 아니다.
  (29) 構文이 말해주고 있는 것은 (28) 構文의 基底的인 構造는 '-거니'의 先行文의 主語와 後行文의 主語는 서로 同一하다는 事實이다.

이러한 것은 (28)의 構文을 그 先行文의 主語를 다르게 變換시킬 경우, (28)의 '-거늘'의 構文은 다음 (30)처럼 非文法的인 文章이 되어버린다는 事實에서 나타난다.

(30) *철수와 영희가 서로 술잔을 주거니 받거니 영수와 진수가 한다.

결국 '-거니' 構文의 先行文과 後行文의 主語는 同一해야 하는 것으로 理解될 수 있다.

이제 '-거니와' 構文의 경우를 살펴보기로 하자.

(31) 철수는 영어도 잘 하거니와 수학도 잘한다.

위 (31)의 '-거니와'의 構文으로 보아서는 '-거니와' 構文의 先行節과 後行節의 主語는 同一해야 하는 것으로 理解될 수 있다. 왜냐하면 위 (31)의 '-거니와' 構文의 基底的인 構造는 다음 (32)처럼 想定될 수 있기 때문이다.

(32) 철수는 영어도 잘 하거니와 철수는 수학도 잘한다.

즉 (32)에서 보는 바와 같이 '-거니와' 構文의 先行節의 主語와 後行節의 主語는 다 같이 '철수'로 나타나 있어서, '-거니와' 構文에 關聯한 主語 選擇은 그 先行文과 後行文의 主語가 同一해야 하는 것으로 看做될 수 있다.

이러한 點은 아래 (33)의 例로도 反證된다.

(33) *철수는 영어도 잘 하거니와 영희는 수학도 잘한다.

(33)은 앞의 (32)의 '-거니와'의 構文中에서 그 先行文과 後行文의 主語를 다르게 變換시켜 놓은 構文으로, 非文法的인 構文이 되고 말았다. (33)의 '-거니와' 構文의 非文法性의 理由는 너무나 自明한데, 그것은 '-거니와' 構文에서 그 先行文과 後行文의 主語가 서로 相異한데서 비롯되는 것이기 때문이다.

그러나 現段階에서 '-거니와' 構文은 그 先行文과 後行文의 主語가 서로 同一해야 한다는 主語 選擇條件을 規則化하는 것은 너무 성급한 일일지도 모른다. 그것은 다음 例에서 두드러지게 나타난다.

(34) 애비도 그러하거니와 하물며 자식이야 말해 무엇하리요?

위 (34)의 '-거니와' 構文에서는 그 先行節과 後行節의 主語가 서로 相異하게 나타나 있어, 앞의 (31)의 例와 더불어 생각해 볼 때, '-거니와' 構文은 主語選擇에 별다른 制約은 보이지 않고 있는 것으로 理解된다.

그것은 위 (34)의 '-거니와'의 基底的인 構造를 아래 (35)처럼 想定해 볼 수 있기 때문이다. 다음의 (35)를 보자.

(35) a. 先行節 主語 —— '애비'
     b. 後行節 主語 —— '자식'
     c. 先行節·後行節 主語 相異

즉 위 (35)에서 보는 것처럼 '-거니와' 構文에 있어서 그 先行文과 後行文의 主語는 相異할 수도 있음을 反證하고 있다.

이러한 點은 다음 例로도 더 補强이 된다.

(36) *애비도 그러하거니와 하물며 애비야 말해 무엇하리요?

(36)은 '-거니와' 構文의 先行文과 後行文의 主語를 서로 同一하게 해 놓은 것으로, 先行節의 主語 '애비'와 後行節의 主語 '애비'의 指示對象이 同一하다는 條件 아래서는 단연코 非文法的인 文章이 된다.

결국 (31)에서 (36)에까지 이르는 一聯의 論議를 通해 '-거니와' 構文은 '-거니' 構文과는 달리 主語選擇에 별다른 制限이 없는 것으로 理解되고 있다.

이것을 整理하면 다음과 같다.

(37) 接續語尾 '-거니와' 構文에서 先行節의 主語와 後行節의 主語는 서로 相異해도 無妨하다.

이제 이러한 主語選擇 制限與否를 '-거늘' 構文을 通해서 알아 보기로 하자.

(38) 미물도 그렇게 행동하거늘 하물며 사람은 물어 무엇하리요?

위 (38)의 構文으로 보아서는 '-거늘' 構文의 先行文과 後行文의 主語는 서로 相異해야 하는 것으로 理解되고 있다. 그것은 다음의 例 (39)로 反證이 되고 있다.

(39) *미물도 그렇게 행동하거늘 하물며 미물은 물어 무엇하리요?

(39)의 '-거늘'의 構文은 위 (38)의 '거늘'의 構文과는 달리 그 先行文의 主語와 後行文의 主語를 同一하게 變換시켜 놓은 것으로 (39)에서 보는 바와 같이 非文法的인 文章이 되고 말았다.

(39)의 非文法性이 意味하는 바는 너무도 自明한데 그것은 '-거늘' 構文에서는 그 先行文의 主語와 後行文의 主語가 서로 相異해야 한다는

事實인 것이다.

지금까지 '-거니', '-거니와', '-거늘' 構文이 主語選擇에 어떠한 制約을 가지고 있는 것인지에 對해 알아 보았다. 이제 이들 '-거니', '-거니와', '-거늘' 構文의 先行文과 後行文의 叙述語에 어떠한 制約이 있는 것인지를 살펴보자.

먼저 '-거니'부터 檢討해 보기로 하자.

> (40) a. 그들은 술잔을 주거니 받거니 했다.
> 　　 b. 나는 젊었거니 돌인들 무거우랴?
> 　　 c. 나는 그가 선생이거니 생각했다.

위 (40)의 '-거니' 構文에서 (40a)는 '-거니'가 動詞에 附着되어 있고, (40b)는 '-거니'가 形容詞에 附着되어 있으며, (40c)는 '-거니'가 名詞의 叙述格語尾에 附着되어 있어 모두 文法的인 文章이 되었다.

이것은 '-거니'에 附着될 수 있는 叙述語의 種類에 選擇制限이 없음을 示唆하는 것이기도 하다.

이제 '-거니와'에 附着될 수 있는 叙述語의 種類에 對해서 살펴보기로 하자. 아래 (41)을 보자.

> (41) a. 나도 그러하거니와 너는 왜 그러냐?
> 　　 b. 색깔도 좋거니와 질감도 곱다.
> 　　 c. *나는 학생이거니와 너도 학생이다.

위 (41)의 '-거니와' 構文에서 (41a)에서는 '-거니와'가 動詞에, (41b)에서는 '-거니와'가 形容詞에, (41c)에서는 '-거니와'가 名詞의 叙述格語尾에 各各 附着되어 있어, 그 結果 (41a), (41b)는 文法的인 文章이 되었으나, (41c)는 非文法的이거나 非文法的인 文章은 아니라 할

지라도 어색한 文章이 되고 말았다.

결국 接續語尾 '-거니와'는 動詞나 形容詞에는 自由롭게 附着될 수 있으나 名詞의 叙述格語尾에는 選擇的으로만 附着될 수 있음을 (41a), (41b), (41c)에서 볼 수 있다.

이제 '-거늘'의 叙述語의 選擇制限에 對해서 알아 보기로 하자.

(42) a. 철수도 자거늘 너는 왜 안 자느냐?
   b. 그것도 생명이거늘 학대해서야 쓰겠느냐?
   c. 여기도 이렇게 춥거늘 북쪽이야 말해 무엇하겠느냐?

위 (42)의 '-거늘' 構文에서 (42a)에는 '-거늘'이 動詞와 (42b)에서는 名詞의 叙述格語尾에서, (42c)에서는 '-거늘'이 形容詞와 各各 呼應 關係를 形成하여 文法的인 文章이 되었다. 결국 '-거늘'이 選擇할 수 있는 叙述語의 種類에는 選擇制限이 없음을 알 수 있다.

이제 '-거니', '-거니와', '-거늘'의 先行文, 後行文의 叙述語에 어떤 同一性, 相異性의 規則이 있는지에 對해 알아 보기로 하자. 먼저 '-거니'의 경우를 보자. '-거니'의 경우 '-거니'의 先行文의 叙述語와 後行文의 叙述語가 같으면 一般的으로 非文法的인 文章이 되는 것으로 看做되고 있다. 아래 例 (43a), (43b), (43c)는 바로 그러한 것을 立證하고 있다.

(43) a. *그들은 술잔을 주거니 받거니 주고 받았다.
   b. *나는 젊었거니 돌인들 젊었으랴!
   c. *나는 그가 선생이거니 선생이었다.

(43a), (43b), (43c)로 알 수 있는 것은 '-거니'에 對한 한 그 先行文의 叙述語와 後行文의 叙述語는 서로 相異해야 한다는 點이다.

이제 이러한 點을 '-거니와', '-거늘'에 對해서도 알아 보기로 하자.

(44) a. 나도 그러하거니와 너는 왜 그러냐?
　　 b. 색깔도 좋거니와 질감도 좋다.

(44a), (44b)에서 想定해 볼 수 있는 規則은 '-거니와'에 關한 한 그 先行文의 叙述語는 同一해도 무방하고 相異해도 무방하다는 點이다.

'-거늘'도 '-거니와'와 거의 同一한 叙述語 反應을 보이는 것으로 理解될 수 있는 것은 아래 例를 通해서이다.

(45) 장미도 가시가 있거늘 하물며 선인장은 일러 무엇하겠느냐?

이제 接續語尾에 '-거니', '-거니와', '-거늘'이 叙述形, 疑問形, 請誘形, 命令形 等의 終結語尾의 種類에 어떤 制約條件을 形成하는지에 對해서 알아보기로 하자.

(46) 술잔을 주거니 받거니 $\left\{ \begin{array}{l} \text{한다.} \\ \text{하느냐?} \\ \text{하자.} \\ \text{해라.} \end{array} \right\}$

위 (46)에서 보는 바와 같이 接續語尾 '-거니'는 그 終結語尾의 叙法上 어떤 制約이 따르는 것으로는 想定되지 않는다.
이제 '-거니와'에 대해서 알아 보자.

(47) 나도 가거니와 너도 $\left\{ \begin{array}{l} \text{간다.} \\ \text{가느냐?} \\ \text{가자.} \\ \text{가라.} \end{array} \right\}$

接續語尾 '-거니와' 역시 叙述形, 疑問形, 請誘形, 命令形에 두루 쓰일 수 있는 것으로 보인다. '-거늘'의 경우를 보자.

(48) 그렇게 살거늘 왜 $\left\{\begin{array}{l}\text{*산다.}\\ \text{사느냐?}\\ \text{*살자.}\\ \text{*살라.}\end{array}\right\}$

위 (48)의 경우 몇 가지 問題가 없는 것은 아니다. 叙述形, 請誘形, 命令形에 다 같이 非文法性을 보이고 疑問形에만 文法性을 보이는 '-거늘'의 特性은 결국 '-거늘'에 附着된 叙述形의 種類에 따라 달리 變換되는 것으로 보아 그 叙法 選擇制限에 어떤 規則이 있다고는 할 수 없는 것으로 看做된다.

4. '-거-'의 共通意味 抽出

接續語尾 '-거니', '-거니와', '-거늘'에서 興味로운 事實의 하나는 '-거-'의 問題를 어떻게 取扱하느냐 하는 點일 것이다.

즉 '-거-'를 하나의 形態素로 보지 않고 뒤의 것들과 합쳐 하나의 單位로 보는 方法을 取하느냐 아니면, '-거-'를 하나의 形態素로 認識하여 그 意味를 抽出해내는 方法을 取하느냐가 바로 그것이다.

(49) a. '-거-'에 形態素資格을 주지 않는 方法.
　　 b. '-거-'에 形態素資格을 주는 方法.

(49a)이 方法을 取한다면 '-거니', '-거니와', '-거늘'은 각각 그대로

'-거니', '-거니와', '-거늘'로 分析될 것이나 (49b)의 方法을 取한다면 '-거니'는 '-거-'와 '-니'로 分析될 것이고, '-거니와'는 '-거-'와 '-니와'로 또는 '-거-'와 '-니'와 '-와'로 分析될 수 있을 것이다.

또 '-거늘'은 '-거-'와 '-늘'로 分析 想定될 수 있을 것이다.

(49a)와 (49b) 중 어느 方法이 타당한 것인지의 與否는 國語 語彙 體系의 全般的인 樣相에 비추어 考慮해 본 후에야 決定될 問題이나 지금 으로서는 (49a)의 方法을 取하기로 한다.

第 2章에서의 '-거니', '-거니와', '-거늘'의 意味分析은 바로 이러한 方法 위에서 論議된 것이다.

그러나 그렇다고 해도 (49b)의 方法을 전혀 白眼視하는 것은 결코 바람직스러운 일은 못 된다. (49b) 方法은 그 나름대로의 方法論的 이 점을 가지고 있기 때문이다.

그렇다면 '-거-'의 意味는 무엇으로 想定될 수 있을까가 問題이다.

> (50) a. 방문을 밀거니 당기거니 한다.
> b. 정확하기도 정확하거니와 빠르기도 하다.
> c. 여자도 잘 참거늘 하물며 남자가 왜 그러느냐?

위 (50a), (50b), (50c)에서 볼 수 있는 '-거-'의 意味는 '事實의 現象的 描寫'로 想定할 수 있다. 그것은 '-거-'가 그 뒤에 있는 後行節에 積極的으로 介入되지 않고 다만 先行節로서의 役割을 '事實의 現象的 描寫'라는 範疇에서만 遂行하고 있기 때문이다. 이러한 것은 '-거니'가 動作의 反復을 나타내고 '-거니와'가 背景體의 機能을 行使하며, '-거늘'이 對照的인 事實描寫의 機能을 行使한다고 했을 때 避할 수 없는 論理的 歸結로 남기 때문이다. 따라서 '-거-'의 意味는 後行節이 提供할 새 情報를 위한 先行節 나름의 現象에 對한 事實性의 描寫로 想定하는 것이 現在로서는 可能한 方法中의 하나일 것으로 보여진다.

5. 結 論

　지금까지의 國語 接續語尾 '-거니', '-거니와', '-거늘'에 對해서 論議해 보았는데, 論議의 焦點을 整理해 보면 다음과 같다.

　'-거니'의 意味는 話者의 獨白의 看做, 動作의 反復, 그리고 現象에 對한 事實的 描寫로 規定될 수 있으며, '-거니와'의 意味는 事實의 描寫 및 先行文과 後行文의 相關的 條件을 나타내는 屬性이 있는 것으로 想定되었다.

　한편 '-거늘'은 '-거늘'의 先行文과 後行文이 서로 對照的인 關係에 있음을 나타내는 데 쓰이는 것으로 想定될 수 있었다.

　'-거니', '-거니와', '-거늘'의 統辭的 特性은 이들이 同一한 主語, 同一한 叙述語, 叙法의 種類 등에 對해 어떠한 樣相을 보이고 있는지 하는 與否에 焦點이 주어져 論議되었다. 그 結果 '-거니', '-거니와', '-거늘' 等의 接續語尾는 위의 資質들에 對해 各各 별개의 統辭的 特性을 지닌 것으로 想定될 수 있었다.

　한편 '-거니', '-거니와', '-거늘'에 共通으로 나타나는 形態素 '-거-'에 對한 意味 追究를 한 結果 '-거-'는 事實의 現象的 描寫를 나타내는 機能을 가지고 있음을 想定할 수 있었다.

　本 論文은 '-거니', '-거니와', '-거늘'에 對한 최현배(1959) 등을 비롯한 그간의 論議가 가진 弱點을 克服했다고는 결코 主張할 수 없다. 다만 이들 '-거니', '-거니와', '-거늘' 等의 接續語尾 研究에 對한 앞으로의 論議에 어떤 方向提示의 契機가 되었다면 그것으로 足할 것이다.

▌參考文獻

康琪鎭, "國語 接續語尾의 意味機能." 李丙疇先生回甲紀念論叢, 1981.

_____, "進行形 '-고 있다'의 意味", 弘益語文, 弘益大, 1985.

_____, "國語 接續語尾 '-(으)나'의 分析, 語文論志 4~5, 忠南大, 1985.

金敏洙, 國語文法論, 一潮閣, 1971.

김승곤, "선택형어미 '거니'와 '든지'의 활용론", 말 4, 연세대, 1979.

_____, "한국어 연결형 어미의 의미분석연구(1)", 한글 173~174, 한글학회, 1981.

金完鎭, "文接續의 '와'와 句接續의 '와'", 語學研究 6-2, 서울大, 1970.

金興洙, "繼起의 '-고'에 對하여", 國語學 5, 國語學會, 1977.

박기덕, 한국어의 $S \rightarrow S_n^2$ 에 관한 연구, 연세대 한국연구소, 1974.

서정수, "국어의 용언의미 '-어서'" 한글학회 50돌 기념논문집, 한글학회, 1971.

成耆徹, "어미 '-고'와 '-어'에 對하여", 국어교육 18-20, 한국국어연구회, 1972.

梁鎭錫, "韓國語의 接續化" 究學研究 8-2, 서울大, 1972.

李起東, "連結語尾 '-는데'의 活用上의 機能", 人文科學 40-41, 延世大, 1979.

任洪彬, "否定法 {어}와 狀態陳述의 {고}", 論文集 8, 國民大, 1975.

최현배, 우리말본, 정음사, 1959.

Chafe, W.L., Givenness, Contrastiveness, definiteness, subjects, topics and Point of View. In C. Li(Ed), Subject and Topic. New York: Academic press, 1976.

Halliday, M.A.K., 'Language Structure and Language function', In New, horizons in Linguistics, ed by Johon Lyons. New York. Penguin Books, 1970.

Park, Chang hai and Park Ki dawk, *Korean* I. Seoul, Yonsei University press, 1979.

국어 접속어미 '-(으)나'의 분석

1. 序 論

本 論文은 國語의 接續語尾 '-(으)나'의 統辭的 特性과 그에 따른 意味的 特性을 檢討하려는 데 그 目的이 있다.

接續語尾 '-(으)나'의 機能에 對해서 比較的 分析的인 論議를 시작한 것은 최현배(1955)에서 부터이다. 최현배(1955)에서는 '-(으)나'를 意味的 觀點에서 分析하여 이를 選擇形 連結語尾로 보았다.[1]

그러나 최현배(1955)의 分析은 두 가지 點에서 問題點이 있다. 첫째는 '-(으)나'를 選擇形 連結語尾로 分析한 것과 同時에 이 '-(으)나'와 同一한 意味資質을 가진 連結語尾로 '-거나', '-든지'도 있다고 본 點이다. 즉 최현배(1955)는 '-(으)나'뿐만 아니라 '-거나', '-든지' 등의 接續語尾도 '選擇'이라는 意味資質을 갖고 있다고 했다.[2]

다음은 최현배(1955)가 例로 든 文章이다.

---

1) 최현배, 우리말본, 1955, p. 319.
2) 최현배, 前揭書, 1955, p. 319.

(1) a. 남이야 잠을 자<u>거나</u>, 일을 하<u>거나</u>, 당신이 무슨 상관이 있소?
   b. 밥을 먹<u>든지</u> 죽을 먹<u>든지</u> 당신 마음대로 하십시오.
   c. 너는 가<u>나</u> 오<u>나</u> 말썽이다.

위 (1a), (1b)는 최현배(1955)에서 '-(으)나'와 同一한 意味機能을 가진 것으로 分析된 '-거나', '-든지'의 例이다. 만일 최현배(1955)의 論議가 有效한 것이라면 (1a), (1b)의 '-거나', '-든지'를 '-(으)나'로 對峙(paraphrase)시켜도 무방할 것이다. 왜냐하면 최현배(1955)에서는 이들 '-(으)나', '-거나', '-든지'의 意味特性을 모두 同一한 것으로 보았기 때문이다.

다음을 보자.

(2) a. *남이야 잠을 자<u>나</u> 일을 하<u>나</u> 당신이 무슨 상관이 있소?
   b. *밥을 먹<u>나</u> 죽을 먹<u>나</u> 당신 마음대로 하십시오.

위의 (2a), (2b)는 앞에서 든 例文 (1a), (1b)에서 '-거나', '-든지' 대신에 '-(으)나'를 대신 對峙시킨 것이다.

최현배(1955)의 論理대로라면 (2a), (2b)는 (1a), (1b)와 같은 意味를 나타내야 하는데, 막상 (2a), (2b)는 (1a), (1b)와 같은 意味를 나타내기는 커녕 '-(으)나'의 介入으로 非文法的인 文章이 되어 버렸다.

이 사실은 결국 '-(으)나'와 '-거나', '-든지'를 同一한 意味機能을 가진 것으로 把握한 최현배(1955)의 論議가 有效한 것일 수 없음을 立證한 것으로 보인다.

최현배(1955)의 '-(으)나'의 分析에서 惹起되는 問題點 中에서 두 번째는 '-(으)나'의 意味機能이 최현배(1955)에서 分析된 것처럼 '選擇'인가 하는 點이다.

다음 例는 최현배(1955)의 그러한 分析을 疑心케 하는 例의 하나이다.

다음을 보자.

(3) 병원에 옮겼으나 죽고 말았다.

위 (3)에서 '-(으)나'는 최현배(1955)에서 '選擇'이라고 보았는데, 도대체 (3)에서 무엇을 選擇하였는지가 疑心스럽다.

위 (3)에서 물론 '병원에 옮긴 것'과 '병원에 안 옮긴 것' 중에서 前者 즉 '병원에 옮긴 것'을 選擇하였다고도 말할 수 있다. 그러나 그것은 論理의 飛躍이 아닐 수 없다.

(3)의 '-(으)나'는 '選擇'의 意味를 나타낸다기보다는 차라리 '讓步'의 의미를 지니고 있는 것으로 보인다.

그것은 최현배(1955)에서 '-(으)나'와 同一한 意味機能을 지닌 것으로 본 '-거나', '-든지'를 앞의 例文 (3)에 넣어 보았을 때 確認된다.

다음을 보자.

(4) a. *병원에 옮겼거나 죽고 말았다.
   b. *병원에 옮겼든지 죽고 말았다.

최현배(1955)에서 '選擇'의 意味資質을 지닌 것으로 보았던 '-거나', '-든지'를 (3)에 넣어 보았을 때 (4a), (4b)처럼 非文法的인 文章이 되어 버린 것은 '-(으)나'의 意味機能이 결코 '選擇'의 範疇에만 局限되지 않음을 確認시켜 주고 있는 셈이 된다.

(3)의 '-(으)나'는 차라리 '讓步'의 意味를 지니고 있다고 앞서 말했는데, 그것은 '讓步'의 意味를 지닌 것으로 알려진 '-지만', '-ㄹ지라도' 등의 接續語尾를 넣어 봄으로써 그것을 確認할 수 있다.

다음을 보자.

(5) a. 병원에 옮겼<u>지만</u> 죽고 말았다.
   b. 병원에 옮겼<u>을지라도</u> 죽고 말았다.

위의 (5a), (5b)는 '-(으)나'의 意味中에는 '讓步'의 意味에 接近한 意味도 있음을 보여주는 例이다.

최현배(1955)의 이러한 '-(으)나'의 分析에 있어서의 두 가지 問題點은 梁縇錫(1972)에서 克服될 수 있는 可能性을 보여 주었다.

梁縇錫(1972)은 '-(으)나'를 '-아도', '-지만', '-는데', '-는데도'와 같이 '反對行爲, 事態 接續詞'로 分析하였다.3)

다음은 梁縇錫(1972)에서 든 例이다.

(6) 바람이 부나 시원치 않다.4)

(6)에서 梁縇錫(1972)은 '-(으)나'가 反對行爲, 事態의 機能을 보이고 있다고 보았는데, 그것은 '-(으)나'의 先行 Conjuncts와 後行 Conjuncts가 서로 反對 命題(proposition)를 提示하고 있기 때문이라고 보았다.

梁縇錫(1972)의 이러한 見解는 최현배(1955)의 分析을 상당한 水準으로 發展시킨 것이긴 하지만 여전히 問題는 남는다.

위 (3)의 例文을 便宜上 다시 적어 보기로 한다.

(3) 병원에 갔<u>으나</u> 죽고 말았다.

위 (3)에서 '-(으)나'는 梁縇錫(1972)의 分析대로라면, 무엇과 무엇이 '反對行爲, 事態'인지 分明치가 않다.

---

3) 梁縇錫, 韓國語의 接續化, 語學硏究 8-2, 1972, pp. 1~22.
4) 梁縇錫, 前揭論文, 1972, p. 8.

'병원에 옮긴 것'과 '죽고 만 것'이 反對行爲일 수는 없다. '병원에 옮겼다는 것'은 '병원에 옮기면 살 수 있다는 기대' 때문이며, '죽고 만 것'은 그러한 期待가 깨진 것이니, 그것은 오히려 '期待의 어긋남', '期待의 배반'이라는 意味를 지니고 있다고는 할 수 있을망정 '-(으)나'가 '反對行爲, 事態'를 나타낸다고는 할 수 없다.

梁繡錫(1972)의 論議는 話用論(pragmatics)의 背景을 입어 최현배(1955)의 分析의 限界性을 克服하려 하였으나, 그것은 오히려 새로운 問題를 惹起시킨 것에 지나지 않았다고 할 수 있다.

결국 '-(으)나'의 分析은 매우 明白한 것처럼 보였던 몇 가지 槪念에 對한 分明한 認識이 先行되어야 함을 최현배(1955), 梁繡錫(1972)의 論議는 提示하고 있다.

즉 '選擇'이라는 것이 무엇을 意味하는 槪念이며, '反對'라는 槪念은 무엇인지 하는 問題가 分明히 定義되어야 한다. 또 '-(으)나'의 統辭的 特性도 아울러 糾明되어야 한다.

2. '-(으)나'의 統辭的 特性

接續語尾 '-(으)나'의 統辭的 特性은 다른 接續語尾와는 獨特하게 여겨진다.

아래 例 (7)을 보자.

(7) 철수는 사과나 밤을 좋아한다.

위 (7)의 基底構造로 다음 (8)을 생각해 볼 수 있다.

(8) 철수는 사과를 좋아하거나 철수는 밤을 좋아한다.

(7)의 基底構造를 (8)로 잡은 것에는 물론 무리는 없지만, 이럴 경우 몇 가지 重要한 前提가 있어야 한다.

그것은 (7)과 다음의 (9)와의 關係이다. 便宜上 (7)을 다시 적어 본다.

(7) 철수는 사과나 밤을 좋아한다.
(9) 철수는 사과나 밤이나를 좋아한다.

(7)에서는 接續語尾 '-(으)나'가 對象이 되는 名詞 中에 한 쪽에만, 즉 '사과'에만 附着되어 있는데 比해 (9)에서는 接續語尾 '-(으)나'가 對象이 되는 名詞 둘 다에 附着되어 있다는 點이다.

따라서 (7)과 (9)의 意味가 같다고 보는 限에 있어서는 (9)의 基底構造도 (7)의 基底構造와 마찬가지로 (8)처럼 設定해도 무방하다.

問題는 (7)과 (9)의 意味가 果然 같겠느냐 하는 點이 提起될 때 시작된다.

(9)의 意味가 (7)의 意味와 相異하다면, (9)의 基底構造는 (7)의 基底構造와는 相異하게 設定되어야 하기 때문이다.

(7)의 '-(으)나'의 경우를 먼저 보자.

(7)의 '-(으)나'는 두 가지의 解析이 可能하다. 하나는 '철수는 사과나 밤 중에서 어느 하나를 좋아한다'는 그야말로 '選擇'의 의미이다.

(7)의 '-(으)나'가 '選擇'의 意味를 지니고 있다는 것은 다음에서 確認된다.

다음을 보자.

(10) 철수는 사과나 밤 중에서 한쪽만을 좋아한다.

(10)은 위 (7)에다가 '선택'의 意味資質을 지닌 副詞語 '한쪽만'을 넣어 보았는데, 그 (10)은 매우 自然스러운 文章이 되었다.

그러나 (9), 즉 '-(으)나'가 連續해서 붙은 경우에는 (7)과 같은 選擇의 意味는 이미 없어진 것으로 보인다. 그것은 다음에서 確認된다.

다음을 보자.

(11) 철수는 사과나 밤이나 중에서 한쪽만을 좋아한다.

(11)의 例文은 위의 例文 (9)에 '選擇'의 意味機能을 가진 副詞語 '한쪽만'을 揷入(insertion)하여 본 것이다.

(11)의 例文은 물론 狀況에 따라서는 自然스럽게 쓰일 수 있으며, 따라서 非文法的이라고까지는 할 수 없으나, 확실히 不自然스러운 文章임에는 틀림 없다.

(11)의 例文이 不自然스럽게 들리는 것은 '-(으)나'에 이미 '選擇'의 意味가 喪失되어 있는 것이 아닌가 하는 疑問을 提起하게 된다. 즉 일단 暫定的으로 '-(으)나'의 意味를 '選擇'이라고 規定했을 때 '-(으)나'의 反復으로 말미암아 '選擇'이라는 意味가 中和된 것이 아닌가 하는 假定을 세워볼 수 있다.

實際로 (9)의 '-(으)나'에 이미 '選擇'의 意味가 喪失되어 있음은 (9)에 다른 副詞語, 例를 들어 '選擇'의 意味와는 對照되는 '非選擇'의 意味機能을 가진 副詞語를 넣어보면 알 수 있다.

다음을 보자.

(12) 철수는 사과나 밤이나를 모두 좋아한다.

(12)는 非選擇의 意味를 지닌 副詞語 '모두'가 '-(으)나'의 重疊構成

과 自然스럽게 어울려 있음을 보여주고 있다.

결국 接續語尾 '-(으)나'가 重疊된 (9)와 같은 例文이 接續語尾 '-(으)나'가 對象이 되는 두 名詞의 한 곳에만 나타는 있는 (7)의 意味와는 相異하다는 것을 생각해 볼 수 있다.

이것은 다른 例에서도 確認된다.

    (13) a. 너는 오나 가나 말썽이다.
         b. 서울이나 부산이나가 좋다.
         c. 영어나 수학이나는 싫다.

위 (13a), (13b), (13c)는 接續語尾 '-(으)나'의 重疊을 보여주고 있는데 이것들이 모두 '選擇'의 意味를 나타낸다고는 할 수 없는 것은 이들이 모두 '非選擇'의 意味資質을 가진 副詞語와 自然스럽게 어울릴 수 있기 때문이다.

다음은 그러한 것을 보여주고 있다.

    (14) a. 너는 오나 가나 항상 말썽이다.
         b. 서울이나 부산이나 어디나 다 좋다.
         c. 영어나 수학이나가 다 싫다.

즉 (13a), (13b), (13c)의 '-(으)나'에서는 앞 (9)에서와 마찬가지로 '選擇'의 意味는 없다.

결국 앞에서의 例 (7)과 (9)의 意味가 같느냐 아니면 相異하느냐의 問題는 (7)과 (9)의 意味는 서로 相異하다는 쪽에서 問題를 매듭지어야 할 것으로 보인다.

그리고 (9)의 意味가 (7)의 '-(으)나'의 意味가 相異하다면 (9)의 基底構造는 (7)의 그것과 相異하다는 論理가 되는데, 그렇다면 (9)의 基

底構造를 어떻게 設定하느냐가 問題로 남는다.

결국 (9)의 基底構造는 '사과'와 '밤'이 '-(으)나'에 依해서 句接續 (phrase conjunction)된 것으로 把握하여 그것의 基底構造를 다음과 같이 設定해야 할 경우에 이른다.

(15) 철수는 사과나 밤이나를 좋아한다.

따라서 (7)의 基底構造는 앞의 (8)처럼 '-(으)나'가 文接續(sentence conjunction)된 것이고, (9)의 基底構造는 앞서 얘기한 것처럼 (15)같은 句接續에서 誘導되는 것으로 本 論文은 생각한다.

여기서 한 가지 생각해야 될 點은 接續語尾 '-(으)나'가 (7)처럼 '選擇'의 意味를 지닐 때는 文接續에서 誘導되고, 反面에 (9)처럼 '非選擇'의 意味를 지닐 때는 句接續에서 誘導된다고 할 때, 果然 '選擇'의 外延 (extension)을 어디까지 잡느냐 하는 問題가 남는다는 點이다.

'選擇'이란 무엇을 意味하는가 하면 '選擇'이란 意味는 두 가지 外延을 가지고 있는 것으로 理解된다.

하나는 限定된 對象 가운데서 選擇해 낼 경우이고 나머지 하나는 限定되지 않은 對象, 즉 非限定(non-definite)된 對象 가운데서 選擇해 낼 경우이다.

前者는 限定된 對象 中에서 다시 限定된 어떤 對象을 選擇한다는 點에서, 限定의 限定이라 할 수 있다. 왜냐하면 어느 것을 選擇한다는 것은 곧 그것을 限定化한다는 것을 意味하기 때문이다. 反面 後者는 非限定의 限定이라 할 수 있다.

먼저 前者의 경우 즉 '限定의 限定'의 경우를 살펴보기로 한다.

다음 例를 보자.

(16) 영희나 철수가 이번 음악회에서 입상될 것이다.

위 (16)에서는 '音樂會에 入賞될 候補'로 이미 '영희'와 '철수'가 提示되어 있다. 즉 '영희'와 '철수'는 '이번 音樂會에서 入賞될 可能性이 있는 候補'라는 式의 限定的인 資質로 理解되고 있다. 이미 限定化된 '영희'와 '철수' 가운데서 다시 한 명을 뽑는 경우, 즉 한 명만을 다시 限定시키는 경우를 '-(으)나'가 맡고 있다고 할 것이다.

이러한 것은 다음 例에서도 確認된다.

다음을 보자.

(17) a. 책상 위에 있는 검은색 책이나 빨간색의 책을 가져라.
   b. 우리 반에서는 영희나 철수가 반장으로 뽑힐 것이다.
   c. 부산이나 서울이 관광지로 손꼽힌다.

위 (17a), (17b), (17c)에서 接續語尾 '-(으)나'는 이미 限定化된 對象을 다시 限定化시키는 機能을 行하고 있다.

위에서 이미 限定化된 對象이라고 말한 것은 그 對象들이 이미 副詞句나 冠形句에 依해 修飾을 받고 있기 때문이다. 즉 (17a), (17b), (17c)에서 '검은색 책이나 빨간색 책', '영희나 철수', '부산이나 서울'은 各各 '책상 위에 있는', '우리 반에서', '관광지로' 등에 依해 이미 一次 限定化된 것이다.

接續語尾 '-(으)나'는 이미 一次 限定化된 對象을 再次 限定化시킬 때 쓰이는 것으로 理解 된다.

이제 '非限定의 限定'의 경우를 살펴보자.

다음을 보자.

(18) 영희는 사과나 밤을 좋아한다.

위 (18)에서 '사과'나 '밤'은 어떠한 副詞句나 冠形句로도 修飾받지 못하고 있다.

곧 (18)에서 '사과'나 '밤'은 어떤 限定된 것을 이르는 것이 아니라, '사과'일반, '밤'일반을 나타내는 것이다. 즉 (18)에서 '사과', '밤'은 非限定的인 것으로 理解된다.

非限定的인 '사과', '밤'을 限定化시키기 위해 登場된 것이 바로 '-(으)나'이다.

따라서 '-(으)나'의 意味를 '選擇'으로 본 최현배(1955)의 論議는 지금까지 論議해 온 것과 같이 '限定의 限定', '非限定의 限定'으로 갈라 보아야 할 것으로 理解된다.

이제 '-(으)나'의 다른 統辭的 特性에 對해 論議해 보기로 하자.

接續語尾 '-(으)나'는 先行節과 後行節의 主語가 同一해도 좋고, 相異해도 좋다는 特性을 가지고 있다.

다음은 바로 그러한 점을 나타내고 있는 例이다.

(19) a. 철수는 영희나 순희와 결혼할 것이다.
       b. 나는 서울이나 부산을 구경하고 싶다.

(19a), (19b)는 接續語尾 '-(으)나'의 先行節의 主語와 後行節의 主語가 同一함을 보여주고 있는 例이다.

그것은 (19a), (19b)의 基底構造에서 바로 確認될 수 있다.

다음은 (19a), (19b)의 基底構造를 나타낸 것이다.

(20) a. 철수는 영희와 결혼하거나 순희와 결혼할 것이다.
       b. 나는 서울을 구경하고 싶거나 부산을 구경하고 싶다.

즉 (20a), (20b)에서처럼 接續語尾 '-(으)나'의 先行節과 後行節의

主語는 同一 할 수 있다. 물론 '-(으)나'의 先行節의 主語와 後行節의 主語는 相異할 수도 있다.

다음은 그러한 것을 나타낸다.

> (21) a. 바람이 부나 날씨는 좋다.
> b. 영어나 수학은 비교적 어려운 과목에 속한다.

위 (21a), (21b)에서 '-(으)나'의 先行節과 後行節의 主語는 相異하게 나타나 있다.

그것은 (21)의 基底構造를 보면 바로 確認될 수 있다.

(21b)의 基底構造만을 보기로 하자.

> (22) 영어가 비교적 어려운 과목이거나 수학이 비교적 어려운 과목에 속한다.

(22)는 (21b)의 基底構造도 理解되는데, (22)는 '-(으)나'의 先行節의 主語와 後行節의 主語가 相異해도 좋음을 示唆하고 있다.

이제 接續語尾 '-(으)나'의 先行文과 後行文의 叙述語에 對해서 알아보자.

'-(으)나'의 先行文과 後行文의 叙述語로서는 動詞, 形容詞, 指定詞 모두가 叙述語로 쓰일 수가 있다.

다음 例는 그러한 것을 보여주고 있다.

> (23) a. 여름이 되었으나 무덥지가 않다.
> b. 서울에 가나 부산에 가나 다 마찬가지다.

(23a), (23b)는 '-(으)나'의 叙述語로 動詞가 나타나 있다. 이 경우

는 두 가지가 있는데 하나는 先行節과 後行節의 動詞가 同一한 경우이
고, 나머지 하나는 先行文의 動詞와 後行文의 動詞가 서로 相異한 경우
이다.

(23a)에서는 先行文의 動詞와 後行文의 動詞가 各各 '되다', '무덥다'
로 各各 相異한 경우를 나타내어 주고 있고 (23b)에서는 先行文의 動詞
와 後行文의 動詞가 모두 '가다'로 서로 同一한 경우를 보여주고 있다.

이것은 '-(으)나'의 叙述語로 形容詞가 와도 그리고 指定詞가 와도
마찬가지의 경우를 이룬다. 아래는 그것을 보여주고 있다.

    (24) a. 이것은 좋으나 저것은 나쁘다.
         b. 밥이라는 것은 식으나 더우나 마찬가지다.

(24a), (24b)는 모두 '-(으)나'의 叙述語로 形容詞가 登場한 것을
보여주고 있다.

'-(으)나'의 叙述語로 指定詞가 오는 경우는 앞서에서 많이 提示되었
기 때문에 여기서는 다시 言及하지 않는다.

'-(으)나'는 또 連續되는 行爲를 時間的인 順序에 따라 羅列하는 경
우도 있고, 同時的인 時間順序를 보이는 것도 있다.

다음의 경우를 보자.

    (25) a. 바람이 부나 시원치가 않다.
         b. 철수가 모처럼 왔으나 영희가 반기지를 않는다.

(25a), (25b)는 '-(으)나'가 時間的인 連續線上에서 先行節의 行
爲·現像이 後行節의 行爲·現像보다 앞서는 것임을 보여주고 있다.

즉 (25a)에서는 '-(으)나'의 先行節의 行爲·現象인 '바람이 부는 것'
이 後行節의 行爲·現象인 '시원치 않은 것'보다 時間的으로 앞선 것임

을 나타내 주고 있다.

이것은 (25b)에서도 마찬가지이다.

(25b)에서도 先行節 즉 '철수가 모처럼 온 것'이 後行節 '영희가 반기지 않은 것'보다 時間的으로 앞서는 것임을 보여주고 있다.

이와 反面에 어떤 時間的인 連續線上에서의 先後時間의 羅列이라기보다는 同詩的인 事件의 羅列의 機能도 '-(으)나'는 아울러 보여주고 있다.

다음은 바로 그러한 例를 보이고 있다.

(26) a. 부산에 가나 서울에 가나 복잡하기는 매 한 가지이다.

b. 너는 오나 가나 말썽이다.

(26a), (26b)에서는 先行節과 後行節의 事件 사이에 어떤 時間的 先後關係가 介在되어 있다고 보기에는 難點이 많다.

즉 (26b)에서 '부산에 가는 것'과 '서울에 가는 것' 사이에 어떠한 時間的 先後關係가 있다고 보는 것보다는 그것 사이는 어떤 同詩的 事件을 羅列한 것에 지나지 않는다고 하는 편이 훨씬 무리가 없다.

(26b)에서도 마찬가지이다.

(26b)에서 '오는 것'과 '가는 것' 사이에는 어떠한 時間的 先後關係가 介入되어 있는 것은 아니다.

그것은 다만 어떤 同詩的인 또는 貫用的인 關係에 지나지 않는다.

결국 接續語尾 '-(으)나'는 先行節과 後行節이 時間的 先後關係로 맺어진 것이 있는 同時에 慣用的인 關係도 즉 時間的 連續線上에서는 把握될 수 없는 關係로 묶인 것도 있다.

또 '-(으)나'에는 '-았'과 '-겠'이 附着될 수 있다.

다음은 '-(으)나'에 그러한 '-았'과 '-겠'이 附着된 것을 보이고 있다.

다음을 보자.

(27) a. 부산에 갔으나 서울에 갔으나 결과는 매한가지였겠다.
　　 b. 되도록 빨리는 오겠으나, 장담은 못하겠다.

(27a)에서는 '-(으)나' 앞에 '-았'이 先行되어 있음을 (27b)에서는 '-(으)나' 앞에 '-겠'이 附着될 수 있음을 보여주고 있다.

3. '-(으)나'의 意味的 特性

第2章에서 '-(으)나'의 意味로 '選擇'이 있고, 그러한 '選擇'에는 '限定의 限定'과 '非限定의 限定'으로 나누어진다는 것도 이미 論議했다. 本章에서는 '-(으)나'의 여러 意味를 詳細히 檢討하려고 한다. 먼저 생각해 볼 수 있는 意味의 하나로 '對照'가 있다.
다음 例를 보자.

(28) a. 이것은 좋은 집이나 저것은 부실한 집이다.
　　 b. 내 고향은 서울이나 그의 고향은 부산이다.

(28a), (28b)에서 '-(으)나'는 先行節과 後行節을 '對照'시키는 機能을 맡고 있다.
즉 (28a)에서는 '좋은 집'과 '부실한 집'을 (28b)에서는 '서울'과 '부산'을 각각 '對照'시키고 있다.
'-(으)나'에 위와 같은 '對照'의 機能이 있음은 이것에 對照의 意味資質을 가진 接續語尾 '-는데', '-지만' 등을 揷入해 보면 곧바로 알 수가 있다.
다음은 바로 그러한 例이다.

> (29) a. 이것은 좋은 집인데, 저것은 부실한 집이다.
> b. 내 고향은 서울인데, 그의 고향은 부산이다.

(29a), (29b)는 (28a), (28b)의 '-(으)나'에 '-는데'를 揷入시켜 본 例文인데 매우 自然스러운 文章이 되었다.

이것은 '-(으)나'의 機能 中에 '對照'의 機能이 있음을 보여주는 것이다. 이러한 것은 (28a), (28b)에 '-지만'을 넣어 보아도 마찬가지 結果를 낳는다.

다음은 그러한 例이다.

> (30) a. 이것은 좋은 집이지만, 저것은 부실한 집이다.
> b. 내 고향은 서울이지만, 그의 고향은 부산이다.

(28a), (28b)의 '-(으)나'에 '-지만'을 代身 집어 넣어도 (30a), (30b)와 같은 自然스러운 文章이 되었다는 것은 '-(으)나'의 機能 중에는 '對照'의 機能도 있음을 보여주고 있다.

한편 '-(으)나'의 意味에는 앞서 잠깐 言及한 것처럼 '期待의 어긋남'이란 意味도 있는 것으로 보인다.

다음을 보자.

> (31) a. 서울에 갔으나 철수를 만나지 못했다.
> b. 봉급이 많이 올랐으나 살기가 여전히 어렵다.

(31a), (31b)에서 接續語尾 '-(으)나'는 '期待의 어긋남'의 意味를 보여주고 있다.

즉 (31a)에서 先行節은 '서울에 가면 철수'를 만나리라는 期待가 있었으나, 막상 서울에 가서 보니 '철수를 만나지 못했다'는 話者(speaker)

自身의 '期待의 어긋남'을 보여주고 있다.

이러한 것은 (31b)에서도 마찬가지이다.

즉 (31b)에서도 先行節은 '봉급이 많이 오르면 살기가 나아질 것'이라는 期待値를 보이고 있으나, 이 期待値가 막상 後行節에 와서는 어긋나 있음을 보이고 있다. 즉 '-(으)나'는 위와 같은 話者의 '期待의 어긋남'을 보여주는 意味機能도 갖고 있다.

接續語尾 '-(으)나'에 '期待의 어긋남'의 意味가 있음은 (31b), (31b)에 '期待의 어긋남'을 意味하는 副詞語를 넣어 보면 바로 確認될 수가 있다.

다음 例를 보자.

(32) a. 서울에 갔<u>으나</u>, 기대와는 달리 철수를 만나지 못했다.
　　 b. 봉급이 많이 올랐<u>으나</u>, 기대와는 달리 살기가 여전히 어렵다.

위 (32a), (32b)에는 '期待의 어긋남'의 意味機能을 가진 '期待와는 달리'와 같은 副詞語를 넣어 본 것인데, 매우 自然스러운 文章이 되었다.

이것은 '-(으)나'의 意味에 '期待의 어긋남'의 意味도 있음을 나타내어 주고 있다.

또 接續語尾 '-(으)나'에 '選擇'의 意味가 있음은 최현배(1955)에서 이미 밝혀진 바가 있다.[5]

다음은 그러한 '選擇'의 意味를 지니는 '-(으)나'의 例를 보인 것이다.

다음 例를 보자.

(33) a. A대학<u>이나</u> B대학에 가야 한다.
　　 b. 서울<u>이나</u> 부산<u>이나</u> 인천에 가겠다.

---

5) 최현배, 前揭書, p. 319.

위 (33a), (33b)의 '-(으)나'는 모두 '選擇'의 意味를 지니고 있는 것으로 보인다.

그러나 '-(으)나'가 마지막 名詞 즉 (33a)에서는 'B대학', (33b)에서는 '인천'에도 到着되어 있는 경우에는 '選擇'의 意味는 喪失되고 代身 '讓步'의 意味가 나타남은 이미 앞에서 말한 바와 같다.6)

다음은 그러한 例를 보이고 있다.

　　(34) a. A대학이나 B대학이나에 가야한다.
　　　　 b. 서울이나 부산이나 인천이나에 가겠다.

앞 (34a), (34b)에서처럼 '-(으)나'에는 選擇의 意味가 있다. 代身 '양보'의 意味가 나타나게 되는데 이것은 (34b), (34b)에 '讓步'의 意味를 가진 副詞語를 揷入시켜 보면 바로 確認될 수 있다.

다음 例를 보자.

　　(35) a. A대학이나 B대학이나 어느 대학이나에 가야겠다.
　　　　 b. 서울이나 부산이나 인천이나 어디에나에 가야겠다.

앞 (35a), (35b)는 (34a), (35b)에 '讓步'의 意味를 가진 副詞語 '어느 대학이나에', '어디에나에'를 各各 넣어본 것이다.

이때도 (35a), (35b)의 '-(으)나'가 自然스럽게 들리는 것은 '-(으)나'의 意味에 '讓步'도 追加되어야 함을 보여주고 있다.

물론 (35a), (35b)의 '讓步'의 副詞語 '어느 대학이나에'와 '어디에나에'는 各各 두 가지로 解釋될 수 있다.

하나는 이들 副詞語를 限定的으로 解釋하여 (35a)에 '어느 대학이나

---

6) 本 論文 第2章 參照.

에'는 앞서 든 'A대학이나 B대학 中 어느 하나에'라는 解釋이 可能하다.
또 하나는 '어느 대학이나에'를 非限定的으로 解釋하여 앞서 든 'A대학,
B대학은 물론 C대학…… 즉 可能한 모든 대학 중의 어느 하나에'라는 解
釋도 可能한 것으로 이해된다.

이것은 (35b)에 對해서도 마찬가지로 解釋될 수 있다.

즉 (35b)의 '讓步'의 副詞語 '어디에나'를 限定的으로 解釋하는 경우
와 反面 非限定的으로 解釋하는 경우이다.

'어디에나'를 限定的으로 解釋할 경우는 앞서든 '서울', '부산', '인천'
中에서 어느 하나라는 意味가 되겠지만, 非限定的으로 解釋할 경우에는
앞서든 '서울, 부산, 인천뿐만 아니라 다른 여러 가능한 도시 중의 하나
하나'라는 意味가 될 것이다.

물론 前者의 경우나 後者의 경우에 있어서 '-(으)나'는 모두 '讓步'의
意味를 나타낸다.

4. 結 論

本 論文에서는 接續語尾 '-(으)나'의 統辭的 特性과 意味的 特性에
對하여 살펴보았다.

論議 過程에서 注目되었던 點은 '-(으)나'의 性格에 對해 傳統文法的
見解와 變形生成文法的 見解가 서로 合意點에 到達할 수 없었다는 事實
이었다.

이것은 '-(으)나' 하나의 接續語尾에만 局限되는 事實은 아니다. 비
록 '-(으)나'에 對해서 최현배(1955) 등의 傳統文法的 見解와 梁練錫
(1972) 등의 變形生成文法的 見解가 몇 가지 同一한 見解를 보이고는 있

다고 하지만 그것은 枝葉的인 것에 불과하다.

接續語尾 '-(으)나'에 對한 이러한 見解差異는 接續語尾란 形態 自體를 어떻게 把握하느냐 하는 根本問題에서 惹起되는 것으로 보인다.

變形生成文法理論은 '-(으)나' 등의 接續語尾를 複合文體系 안에서 어떻게 記述한 것인지에 關心을 가지고 있는 反面, 傳統文法家들의 論議는 接續語尾가 複合文體系에 있어 가지는 位置보다는 接續語尾 하나 하나의 意味分析에 그 主眼點을 두어왔기 때문인 것으로 理解된다.

따라서 問題는 '-(으)나' 등을 包括한 接續語尾에 對한 앞으로의 硏究方向 摸索은 매우 重要한 것이 아닐 수 없다.

本 論文은 비록 '-(으)나' 단 하나의 接續語尾에 對해서만 論議의 主眼點을 두었지만, 앞으로의 接續語尾의 硏究方向을 摸索하려는 한 試圖를 開陳하려는 目的도 아울러 內在化시키고 있었다.

물론 本 論文에서 提示된 方法論은 많은 修正과 補完을 거쳐야 할 것이기는 하지만, 하나의 새로운 接近論을 提示한 것으로 充分히 滿足하려 한다.

앞으로 接續語尾의 바람직한 硏究方向을 定立하는 일은 계속 천착되어야 하겠거니와 그러한 작업 中에 本 論文에서 試圖한 方法도 한 方案임을 보여주려 한 것이 本 論文의 또 하나의 目的이었음을 밝힌다.

▌ 參考文獻

金完鎭, "文接續의 '와'와 句接續의 '와'" 語學硏究 6-2, 1970.

金興洙, "繼起의 '-고'에 대하여", 國語學 5, 1977.

서정수, "국어 용언어미 {-어(서)}", 한글학회 50돌 기념논문집, 1971.

成耆徹, "語尾 '-고'와 '-어'의 比較硏究', 국어교육 18-20 合倂號, 1972.

梁鑅錫, "韓國語의 接續化", 語學硏究 8-2, 1972.

최현배, 우리말본, 1965.

Dougherty, R.C., 'A Grammar of Coordinate Conjoined Structure', *Language* 46, 1970.

Lakoff, R., Tense and Its Relation to Participants, *Language* 46, 1970.

Ross, J., *Constraints on Variables in Syntax*, Ph. D. Dissertion MIT, 1967.

Schacherter, P., 'Focus and Relativization'. *Language* 49, 1973.

Smith, S., 'Relation of Inclusion', *Language* 48, 1972.

비상태성 접속어미의 연구

1. 序 論

국어의 접속어미들 중에는 동작동사(action verb)들과는 잘 어울리
나, 상태동사(stative verb)와는 호응관계를 이루지 못하는 것들이 있다.

(1) a. 걸어오느라고 늦었어요.
  b. 사느라면 잊겠지요.
  c. 다방에서 기다리고 있느라니까 그가 왔어요.

(1a), (1b), (1c)에서 접속어미 '-느리고', '-느라면', '-느라니까'는
동작동사 '오다', '살다', '기다리다'와 각각 호응 관계를 이루어 문법적인
문장을 형성하고 있다.

그러나 이들 접속어미에 상태동사가 부착되면 아래(2a), (2b), (2c)
처럼 비문법적인 문장이 되어버리고 만다.

*(2) a. 춥느라고 날씨가 어두워 진다.
  b. 예쁘느라면 더 오래 만날 수 있었을 텐데.
  c. 기쁘느라니까 좋아요.

(2a), (2b), (2c)들에서처럼 접속어미 '-느라고', '-느라면', '-느라니까'는 상태동사의 부착을 허용하지 않고 있다.

본 논문에서는 상태동사와는 어울리지 못하는 이들 접속어미를 비상태성(non-atative) 접속어미라고 부르기로 한다. 이 비상태성 접속어미들은 국어의 다른 접속어미들과는 상이한 통사적 특성을 보이고 있는데,[1] 그러한 통사적 특성을 밝혀 보려는 것이 본 논문의 목적이다.

특별히 이들 '-느라고', '-느라면', '-느라니까' 등의 비상태성 접속어미들은 의미적으로도 독특한 특성을 보이고 있다.

(3) 겨울이 <u>오니까</u> 더 쓸쓸해진다.
(4) 겨울이 <u>오느라니까</u> 더 쓸쓸해진다.

(3)의 '-니까'와 (4)의 '-느라니까'는 모두 후행문 즉 쓸쓸해지는 이유를 형성하고 있다.

그러나 (3)에 비해 (4)는 잠정적인 또는 얼마간의 시간의 폭을 지닌 이유를 나타내고 있다. 즉 (3)의 '-니까'는 가을이 시작되는 어느 한 시점을 지칭해서 사용되고 있는 반면, (4)의 '-느라니까'는 가을이 시작되는 어느 한 시점을 기점으로 해서 그보다는 뒤에 있는 어느 시점까지의 폭을 지칭하고 있다.

(4)와 같은 비상태성 접속어미가 잠정적인 의미자질을 갖고 있다는 것은 이들 접속어미가 상태동사와 어울릴 수 없는 중요한 이유를 형성한다.

(5) 한라산이 높으니까 좋다.
*(6) 한라산이 높느라니까 좋다.

---

1) 이들 접속어미에 대해서는,
   백봉자, '연결어미 -느라고, -느라니까, -느라면의 의미와 기능', 말 5집, 1980, pp. 77~93, 참조.

(6)의 문장이 비문법적인 문장이 되는 것은 비상태성 접속어미 '-느라고'의 의미자질과도 깊은 관련성을 맺고 있는 것으로 이해된다.

즉 비상태성 접속어미 '-느라니까'의 의미자질과 상태동사 '높다'의 의미자질이 서로 배타적이어서 호응관계를 이루지 못하기 때문이다.

본 논문에서는 위의 점 즉 비상태성 동사의 의미의 문제가 통사적 특성과 더불어 분석적으로 논의된다.

본 논문에서는 비상태성 접속어미 '-느리고', '-느라면', '-느라니까'에 앞서는 문장을 선행문, 이들에 후행하는 문장을 후행문이라고 부르기로 한다.

본 논문은 공시적인 측면에서만 논의를 진행시켰으며 현재 진행중인 접속어미에 대한 필자의 작업의 일환임을 아울러 밝혀둔다.2)

2. 統辭的 特性

비상태성 접속어미 '-느라고', '-느라면', '-느라니까'는 선행문과 후행문의 주어 선택에 독특한 특성을 보인다. 즉 이들 비상태성 접속어미의 선행문의 주어와 후행문의 주어는 동일해야 한다.

---

2) 강기진, 국어 접속어미의 의미기능, 이병주 선생 주갑기념논총, 이우사, 1981.
　　____, '국어 접속어미 '-(으)나'의 분석', 어문논지 4~5, 충남대, 1985.
　　____, '진행형 '-고 있다'의 연구', 홍익어문 4, 홍익대, 1985.
　　____, '국어 접속어미 '-거니, -거니와, -거늘'의 연구', 건국어문학 9~10, 건국대, 1985.
　　____, '국어 접속어미 '-니'와 '-니까'의 연구', 국어학 14, 국어학회, 1985.
　　____, "-며' 구문의 통사론', 약천 김민수박사환갑기념 국어학신연구, 탑출판사, 1986.

(7) a. 애인을 만나<u>느라고</u> 회의에 늦었다.

    b. 친구의 이야기를 듣고 있<u>느라니까</u> 눈물이 나왔다.

    c. 사<u>노라면</u> 즐거운 날도 있겠지요.

(7a), (7b), (7c)는 심층구조(deep structure)에 있던 주어들이 삭제(deletion)되어 나타난 표면구조(surface structure)를 보여주고 있다. 이들 (7a), (7b), (7c)의 심층구조를 보이면 다음과 같다.

(8)

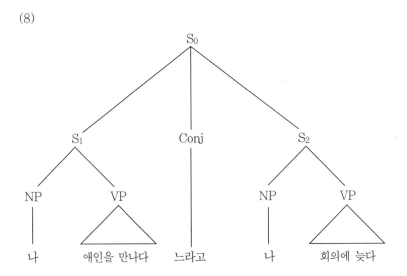

위 (8)의 심층구조에서 주어 삭제규칙이 적용되어 (7a)의 표면구조가 유도된 것으로 이해된다.

*(9) 내가 애인을 만나<u>느라고</u> 철수가 회의에 늦었다.

*(10) 내가 친구의 이야기를 듣고 있<u>느라니까</u> 영희가 눈물이 나왔다.

(9)와 (10)은 선행문의 주어와 후행문의 주어가 일치하지 않았기

때문에 비문법적인 문장이 된 것으로 이해된다.

　비상태성 접속어미 '-느라고', '-느라면', '-느라니까' 등의 선행문과 후행문의 주어가 동일해야 한다는 통사적 특성은 다른 접속어미에서 찾아볼 수 없는 중요한 통사적 특성으로 보인다.

　　(11) a. 내가 잘못해서 철수가 다쳤다.
　　　　 b. 물가가 비싸니까 살기가 힘들다.

　(11a), (11b)의 접속어미들은 비상태성 접속어미들과는 달리 선행문의 주어와 후행문의 주어가 각각 상이해도 훌륭한 문장으로 쓰이고 있다.

　비상태성 접속어미 '-느라고', '-느라면', '-느라니까'는 또 선행문과 후행문의 서술어 선택에 제약이 있다.

　즉 동작동사는 비상태성 접속어미와 잘 어울릴 수 있지만, 상태동사, 서술격 '이다'등은 이들 비상태성 접속어미와 어울릴 수 없다.

　　(12)　a. 회사가 이 근처이니까 출근하기에 참 좋다.
　　　　*b. 회사가 이 근처이느라고 출근하기에 참 좋다.

　(12b)에서 비상태 접속어미 '-느라니까'는 서술격 '이다'와 호응관계를 갖지 못하여 비문법적인 문장이 되었다.

　한편 비상태성 접속어미 '-느라고', '-라면', '-느라니까' 등은 선행문의 서술어와 후행문의 서술어가 각각 상이해야 한다. 이것은 비상태성 접속어미에 있어서 그 선행문의 주어와 후행문의 주어가 동일해야 한다는 통사적 특성과는 상반되는 것으로 주목되는 현상이다.

　　(13) a. 잘 살면 살 수 있다.
　　　　*b. 잘 사느라면 살 수 있다.

(13b)에서는 서술어가 선행문 후행문에 모두 동일한 것으로 나타났기 때문에 비문법적인 것으로 되었다.

그러나 비상태성 접속어미가 아닌 다른 접속어미에서는 선행문의 주어와 후행문의 주어가 같아야 한다거나, 선행문과 후행문의 서술어가 같으면 안 된다거나 하는 통사적 제약을 찾아 볼 수는 없다.

(14) a. 철수가 집에 가서 나도 집에 간다.
b. 철수가 밥을 먹고, (철수가) 학교에 갔다.

(14a)에서는 비상태성 접속어미와는 달리 선행문과 후행문의 서술어가 같은데도 훌륭한 문장이 되었고, (14b)에서는 선행문과 후행문의 주어가 같은데도 비문법적인 문장이 되지 않았다.

결국 비상태성 접속어미는 선행문과 후행문의 주어 선택, 서술어 선택에 있어서 다른 접속어미들과는 중요한 통사적 특징을 보이고 있는 것으로 보인다. 비상태성 접속어미 '-느라고', '-느라면', '-느라니까' 등은 완료시상 '-았'과의 배합에 있어서도 나른 접속어미들과는 상이한 특성을 보인다.

*(15) a. 살았느라면, 즐거운 일도 있겠지.
b. 서울에 갔느라고 그 화합에 참가하지 못했다.
c. 이 쪽으로 갔느라면, 대학교로 갑니다.

(15a), (15b), (15c)에서 비상태성 접속어미 '-느라면', '-느라고' 등은 완료시상 '-았'과 어울리지 못하고 비문법적인 문장이 되고 말았다.

(15a), (15b), (15c)의 비문법성은 여러 가지 측면에서 그러한 비문법성의 이유가 설명될 수 있겠지만, 지금으로써는 완료시상 '-았'의 의미자질과 비상태성 접속어미 '-느라고', '-느라면', '-느라니까'의 의미자

질이 서로 상이하기 때문에 그렇게 된 것이 아닌가 생각된다.

즉 비상태성 접속어미들의 의미자질은 잠정적인 것에 있다.

그러나 완료시상 '-았'의 의미자질은 그렇지 않다.3)

(16) 철수가 서울에 갔다.

(16)에서 철수가 서울에 간 것은 발화시 이전에 일어난 사건임은 사실이다. 그러나 (16)에서 '-았'은 서울에서 철수가 다시 나오지 않는 한, 철수가 서울에 간 상황 상태는 계속 지속적인 것이 된다.

즉 '-았'의 의미자질은 사건이 일어난 시점 이후에 계속 지속됨을 의미한다.

이러한 '-았'의 의미자질 때문에, '-았'은 잠정성이란 의미자질을 갖고 있는 비상태성 접속어미 '-느라고', '-느라면', '-느라니까' 등과 어울리지 못하는 것으로 이해된다.

그러나 다른 여타의 접속어미들은 그러한 통사적 제약을 보이지 않고 있다.

다음 예를 보자.

(17) a. 철수가 서울에 갔으니까, 나도 가겠다.
     b. 영희가 그 옷을 샀으면 좋겠다.

비상태성 접속어미 '-느라고', '-느라고', '-느라니까'는 또 서법(mood)과도 깊은 관련성이 있다. 즉 비상태성 접속어미의 후행문은 서술형, 의문형은 부착될 수 있지만, 명령형, 청유형어미는 부착되지 못한다.

다음을 보자.

---

3) '-았'에 대해서는, 남기심, '현대국어 시제에 관한 문제' 국어국문학 55-57, 1972, pp. 217~227, 참조.

(18) a. 한 세상 사<u>느라면</u> 좋은 날도 있다.

 b. 한 세상 사<u>느라면</u> 좋은 날도 있지 않겠니?

(18a), (18b)는 비상태성 접속어미 '-느라고'의 후행문에 서술형어미와 의문형어미가 자연스럽게 쓰이고 있음을 보이고 있다.

그러나 다음을 보자.

*(18) c. 한 세상 사<u>느라면</u> 좋은 날도 있자.

 d. 한 세상 사<u>느라면</u> 좋은 날도 있어라.

(18c)와 (18d)에서는 비상태성 접속어미 '-느라고'의 후행문에 명령형어미와 청유형어미가 부착될 수 없음을 보여주고 있다.

한편 비상태성 접속어미 '-느라고', '-느라면', '-느라니까'는 선행문과 후행문의 주어가 인간성(human)이어도 좋고 비인간성(non-human)이어도 무방한 것으로 보인다.

(19) a. 철수가 짐을 챙기<u>느라고</u> 정신이 없다.

 b. 영희는 산길을 걷<u>느라면</u>, 기분이 맑아지곤 한다.

 c. 살다보<u>느라니까</u> 별일이 다 생긴다.

(19a), (19b), (19c)에서 비상태성 접속어미 '-느라고', '-느라면', '-느라니까'는 선행문의 주어는 인간성인데 반해, 후행문의 주어는 비인간성 자질인 '정신', '기분', '별일' 등이다.

물론 선행문이나 후행문에 모두 비인간성의 자질을 가진 주어가 올 수도 있는데, 이 때도 문장의 문법성에는 아무런 영향력도 행사하지 못한다.

(20) 가을이 <u>오느라면</u> 정신도 맑아진다.

지금까지 비상태성 접속어미 '-느라고', '-느라면', '-느라니까'의 일반적인 통사적 특성을 다른 접속어미들과 비교해서 알아보았다. '-느라고', '-느라면', '-느라니까'의 공통적인 통사적 특성을 다시 간추려 보면 다음과 같다.

상태성 접속어미의 주어는 선행문과 후행문이 동일해야 하며, 서술어는 각각 상이해야 한다.

또 상태성 접속어미 '-느라고', '-느라면', '-느라니까'에는 완료시상 '-았'이 부착될 수 없다.

한편 상태성 접속어미의 후행문에는 청유형, 명령형어미는 접속될 수 없고, 다만 서술형, 의문형어미만이 연결될 수 있다.

또 비상태성 접속어미의 선행문과 후행문의 주어의 의미자질은 인간성(human) 자질이어도 좋고 비인간성 자질이어도 무방하다.

이제까지는 비상태성 접속어미의 전반적엔 문제에 대하여 개괄적으로 고찰해 보았으나 다음에는 구체적으로 비상태성 접속어미 '-느라고', '-느라면', '-느라니까' 하나하나의 의미적 통사적 특성에 대해 검토해 보겠다.

3. 本 論

3.1. '-느라고'

비상태성 접속어미 '-느라고'는 후행문의 행위가 발생된 것의 책임이 선행문에 있음을 나타내고자 할 때 쓰인다.

앞서 든 예문을 편의상 여기서 다시 한 번 들어본다.

> (21) a. 걸어오느라고 늦었다.
>   b. 애인을 만나느라고 회의에 참석하지 못했다.
>   c. TV를 보느라고 밥을 태웠다.

(21a), (21b), (21c)에서 후행문의 행위가 발생케 된 직접적인 책임이 선행문에 있음을 비상태성 접속어미 '-느라고'는 보여주고 있다.

즉 (21a)에서는 후행문 즉 '늦은' 것에 대한 책임이 선행문 '걸어온 것'에 있음을 보이고 있으며, (21b)에서도 후행문의 행위 즉 회의에 참석하지 못한 것에 대한 일차적인 책임이 선행문 '애인을 만나는 것'에 있음을 보이고 있다.

(21c)에서도 이러한 것은 마찬가지다.

특이할 만한 것은 의미상 비상태성 접속어미인 (21)의 '느라고'는 후행문이 발생하게 된 이유·원인이 선행문에서 찾아질 수도 있다는 점이다.

그러나 (21a), (21b), (21c)에서 필자가 '이유·원인'이란 용어를 쓰지 않고 '책임'이라고 쓴 이유는, 적어도 (21a), (21b), (21c)의 '-느라고'의 선행문이 주어의 의도하에 이루어진 행위라는 점에서이다.4)

즉 (21a), (21b), (21c)의 선행문 '걸어오다', '애인을 만나다', 'TV를 보다' 등을 우연히 발생한 일이라고 볼 수도 있겠지만, 그보다는 주어의 의도하에 이루어진 행위라고 보는 것이 더 자연스러운 설명방법이 된다.

이것은 (21a), (21b), (21c)의 선행문에 양태부사 '우연히'를 넣어 보면 더 확연히 드러난다.

다음 (22a), (22b), (22c)를 보자.

---

4) '-느라고'의 이러한 성격이 '-고'를 보문자(complementizer)로 처리케 되는 근거를 형성하는 것은 사실이다.

$^?$(22) a. 우연히 걸어오느라고 늦었다.

　　b. 우연히 애인을 만나느라고 회의에 참석하지 못했다.

　　c. 우연히 TV를 보느라고 밥을 태웠다.

　(22a), (22b), (22c)는 (21a), (21b), (21c)의 선행문에 부사 '우연히'를 삽입(insertion)시킨 것이다. (22a), (22b), (22c)를 비문법적이라고는 할 수 없겠지만, 매우 어색하게 느껴지는 것은 사실이다.

　이것은 부사 '우연히'의 의미자질과 (21a), (21b), (22c)의 선행문 '걸어오다' '애인을 만나다' 'TV를 보다'의 의미자질이 서로 상이해서 호응관계를 이룰 수 없었기 때문으로 이해된다.

　즉 부사 '우연히'의 의미자질은 비의도적인 것임에 반해 (21a), (21b), (22c)의 선행문의 의미자질은 다분히 의도적이기 때문에 (22a), (22b), (22c)가 부자연스럽게 들리는 것이다.

　따라서 후행문의 행위가 발생된 책임이 선행문에 있는 것이지, 단순히 후행문의 행위 발생의 이유·원인이 선행문에 있는 것은 아니다.

　그러나 비상태성 접속어미 '-느라고'의 후행문의 행위는 꼭 의도적이어야 할 필요는 없다. 후행문의 행위는 의도적일 수도 있고 비의도적일 수도 있다.

　즉 선행문의 의도적인 행위에 밀려 후행문은 '우연히' 혹은 비의도적으로 발생된 것으로도 해석될 수 있다.

　이러한 점은 (21a), (21b), (22c)의 후행을 비의도성 부사 '어쩌다', '우연히' 등을 삽입시켜 보면 더 더욱 확연히 드러난다.

　다음 예문 (23a), (23b), (23c)를 보자.

(23) a. 걸어오느라고 어쩌다 늦었다.

　　b. 애인을 만나느라고 어쩌다 회의에 참석하지 못했다.

　　c. TV를 보느라고 어쩌다 밥을 태웠다.

(23a), (23b), (23c)에서 후행문들은 비의도성 부사 '어쩌다'가 삽입되어 있는데도 불구하고 매우 자연스럽게 들린다.

이것은 비상태성 접속어미 '-느라고'의 후행문의 의도적인 행위에 의하여 발생한 것일 수도 있으나, 비의도적인 행위에 의하여 발생되어 진 것일 수도 있음을 시사하고 있다.

그러나 앞서 본 것처럼 비의도성 접속어미 '-느라고'의 선행문의 행위는 반드시 의도적이어야 한다.

따라서 비상태성 접속어미 '-느라고'의 선행문은 후행문의 행위발생에 대하여 책임을 지고 있는 것으로 이해된다.

한편 비상태성 접속어미 '-느라고'의 후행문은 반드시 인간행위(human act)를 표시해야 한다.5)

> (24) a. 멋을 내느라고, 이 양복을 입어 봤다.
>   b. 요새 학생들은 대학입학시험 공부를 하느라고 애쓴다.
>   c. 걸어오느라고 늦었어요.

위 (24a), (24b), (24c)에서 후행문은 모두 인간행위를 나타내고 있다. 만일 '-느라고'의 후행문이 인간행위를 나타내지 않으면 '-느라고' 문장은 비문법적인 문장이 되고 만다.

아래(25)를 보자.

> *(25) a. 멋을 내느라고 이 양복이 노란색이다.
>   b. 요새 학생들은 대학입학시험 공부를 하느라고 시험이 많다.
>   c. 걸어오느라고 뻐스가 없다.

---

5) '-고' 역시 후행문은 반드시 인간행위를 나타내야 하는 것으로 논의되었다.
   양인석. '한국어의 접속화', 어학연구 8-2, 1972, p. 3, 참조.

(25a), (25b), (25c)에서는 '-느라고'의 후행문 '양복이 노란색이다', '시험이 많다', '뻐스가 없다'가 인간행위를 나타내는 것과는 관계없는 양상을 보인 까닭에 비문법적인 문장이 되고 말았다.

즉 비상태성 접속어미 '-느라고'의 후행문은 반드시 인간행위를 나타내야 한다는 것을 (25a), (25b), (25c)는 시사하고 있다.

다음 예문을 보자.

(26) 비가 <u>오느라고</u> 날씨가 후덥지근 했구나.

(26)에서 '-느라고'의 후행문은 인간행위를 나타내고 있지 않은 데도 문법적인 문장이 되었다. '-느라고'의 후행문은 반드시 인간행위를 나타내야 한다는 앞서의 의미 특성에 관한 규칙을 어겼음에도 (26)이 문법적으로 존재케 되는 것을 어떻게 설명할까? 예외적인 것으로 처리 해버릴 수도 있는 문제이다. 그러나 조금만 꼼꼼히 검토해보면 (26)의 후행문 역시 인간행위를 나타내고 있는 것으로 이해된다.

'-느라고'의 후행문이 인간행위를 나타내야 한다는 것과, 후행문의 주어가 비인간성(non-human)이라는 것과는 별개의 문제이다.

(26)의 후행문에서 주어는 비인간성의 자질을 가진 '날씨'이지만 그렇다고 해서 후행문의 행위도 비인간행위(non-human act)를 반영하는 것은 아니다.

'후덥지근하다'는 것은 비인간 주어 '날씨'가 느끼는 속성이 아니라, 심층구조에 숨어 있는 인간의 속성이다.[6]

즉 (26)의 후행문 '날씨가 후덥지근하다'는 비인간행위를 나타낸 것이 아니라, 결국에는 심층구조에 숨어 있어 표면구조에는 나타나 있지

---

6) Fillmore(1968)에서는 이러한 서술어를 경험동사라고 했다.
   Fillmore, 'The Case for case', 1968, pp. 7~43.

않은 인간의 느낌을 반영한 것일 뿐이다.

앞든 예문 (26)이 비문법적인 문장이 되지 않는 것도 바로 위의 점 때문이다.

비상태성 접속어미 '-느라고'의 후행문이 반드시 인간행위를 나타내 야 함에 반해서, 선행문은 꼭 인간행위를 나타내지 않아도 된다.

즉 앞선 예문(26)에서는 선행문의 행위는 비인간행위였음에도 불구 하고 문법적인 문장이 되었다.

따라서 비상태성 접속어미 '-느라고'의 선행문은 인간행위를 나타내 거나 비인간행위를 나타내거나에 관계치 않고 있음을 알 수 있다.

비상태성 접속어미 '-느라고'는 선행문과 후행문을 접속시킬 때 다른 접속어미와는 달리, 선행문과 후행문을 순리(non-counter consequent)적 으로 연결한다.7)

(27) a. TV를 보느라고 밥을 태웠다.
　　 *b. TV를 보느라고 밥을 안태웠다.

비상태성 접속어미 '-느라고'는 (27a)에서는 문법적인 문장이 되었 는데 (27b)에서는 비문법적인 문장이 되어 버렸다.

(27a)의 문법성과 (27b)의 비문법성은 다음과 같이 설명되어질 수 있다. 즉 (27a)에서 주어인 행위자는 특별한 경우를 제외하고는 두 가 지 행동을 동시에 할 수 없다.

즉 (27a)에서 주어 - (27a)에서는 주어가 삭제(deletion)되었다 - 가 선행절의 행위 즉 'TV를 보는 일'과 후행문의 행위 즉 '밥을 잘 짓는 행 위'를 둘 다 동시에 수행할 수는 없는 것이다.

(27a)에서 주어는 'TV를 보는 일'만 하든지 아니면 '밥을 짓는 일'만

---

7) 순리적 · 역리적은 각각 순행적 · 역행적으로 표현을 대치(paraphrase)할 수 있다.

하든지, 하나의 일만을 행위할 수 있다. 하나의 행위만을 수행하는 것이 정상적인 주어의 속성이라면, 두 가지 일을 동시에 행위했을 때 한 행위가 소홀히 다루어지는 것은 매우 당연한 순리이다.

따라서 (27a)에서 '밥을 태운 일'은 주어로써는 의도한 일은 아니지만, 'TV를 보는 일'에 의도성을 바친 주어로써는 마땅히 감당해야 될 순리이기도 하다.

따라서 두 가지 일 중 한 가지 일이 소홀하게 표현된 (27a)가 문법적인 문장이 될 수 있음은 당연한 이치이다.

(27b)는 주어는 특별한 경우를 제외하고는 두 가지 일을 동시에 행위할 수 없다는 일반 원칙을 무시했으므로 비문법적인 문장이 되었다.

'TV를 보는 일'을 행위하고도 동시에 '밥을 태우지 않고 잘 지은 일'을 수행했다는 것은 역리(counter-consequent)로 규정된다.[8]

'-느라고'는 바로 그러한 역리적인 행위를 보인 (27b)에는 쓰이지 못하고 있다.

다른 예들을 더 검토해 보자.

    (28) a. 애인을 만나느라고 회의에 참석하지 못했다.
       *b. 애인을 만나느라고 회의에 참석했다.
    (29) a. 걸어오느라고 늦었다.
       *b. 걸어오느라고 안 늦었다.

(28b)에서도 마찬가지 설명이 가능하다.

즉 '애인을 만나는 일'과 '회의에 참석하는 일'은 동시에 행위될 수 없는 일이다. 그런데 이 두 행위를 동시에 무사히 수행한 것으로 표현된

---

8) '역리'의 문제가 접속어미 '-고'에 대해서도 논의된 적이 있다.
   양인석, 전게논문, 1972, p. 3, 참조.

(28b)는 역리가 되고, 따라서 (28b)의 문장은 비문법적인 문장이 되어 버리고 말았다.

지금까지 논의된 비상태성 접속어미 '-느라고'의 특성을 요약하면 다음과 같다.

비상태성 접속어미 '-느라고'의 선행문은 후행문의 행위 발생에 대하여 책임을 진다. '-느라고'의 선행문의 행위는 반드시 주어의 의도하에 이루어진 행위들로만 구성되지만, 후행문의 행위는 의도적일 수도 있고 비의도적일 수도 있다.

또 비상태성 접속어미 '-느라고'의 후행문은 반드시 인간행위를 나타내야 한다.

한편 비상태성 접속어미 '-느라고'는 선행문과 후행문의 관계는 순리적으로 규정된다.

3.2. '-느라면'

비상태성 접속어미 '-느라면'은 선행문과 후행문의 시차가 거의 없는, 즉 동시적인 행위 상황에 쓰인다.[9]

다음 예를 보자.

> (30) a. 사느라면 잊을 날도 있겠지요.
> b. 산길을 걷느라면 마음은 어느덧 고향길을 달린다.

(30a), (30b)에서 선행문의 행위와 후행문의 행위는 거의 동시적이다.

---

9) '-느라면' 외에 동시적 상황을 기술하는 접속어미로는 '-면서'가 있다.
최현배, 우리말본, 1959, pp. 323~326.
양인석, 전게논문, 1972, pp. 5~7, 참조.

(30a)에서 선행문의 행위가 다 완료된 후에 후행문의 행위가 시작되는 것은 아니다.

'사는 일'과 '잊는 일'은 거의 동시에 시작되고 발화시 현재도 동시적으로 행위되는 일이다.

(30b)에서도 선행문 '산길을 걷는 일'과 후행문 '마음이 고향길을 달리는 일'은 서로 유리되거나 동떨어진 행위로 존재하는 것이 아니다.

(30a), (30b)에서 선행문의 행위가 아직 미완료된 상태에서 후행문의 행위가 겹쳐지는 것이다.

(30a), (30b)의 '-느라면'의 선행문이 미완료된 상황 행동이어야 한다는 조건은 선행문에 완료시상 '-았'이 삽입될 수 없다는 현상에서도 증거된다.

　*(31) a. 살았느라면 잊을 날도 있겠지요.
　　　　 b. 산길을 걸었느라면 마음은 어느덧 고향길을 달린다.

(31a), (31b)는 선행문에 완료시상 '-았'이 부착되어 비문법적 문장이 되었다.

선행문에 완료시상 '-았'이 부착될 수 없다는 통사적 현상은, 결국 '-느라면'의 선행문의 시간자질이 [-완료], 즉 미완료임을 반증하는 증거가 된다.

선행문의 시간자질이 [-완료], 즉 미완료라는 것은 곧 지속이라는 말도 된다.

'-느라면'의 선행문의 시간 자질이 지속이라는 것은 다른 말로 표현해서 '-느라면' 구문에서는 선행문이 후행문의 배경체 구실을 한다는 것을 의미한다.

(30a)에서 이 문제를 검토해보자.

(30a)에서 선행문의 행위 즉 '사는 일'은 앞서 본 것처럼, 미완료의 행위이다. 즉 지속적인 일이다.

그러나 후행문이 나타내는 행위 즉 '잊을 날이 있는 일'은 지속적일 수도 있고 지속적이 아닐 수 있다. '사는 동안', '잊어 버리는 날'도 있고 잊어버리지 못하는 날도 있기 때문이다.

그러나 후행문의 행위가 지속되고 지속되지 않고에 관계없이 선행문의 행위는 계속 지속된다.

도식화하면 다음과 같다.

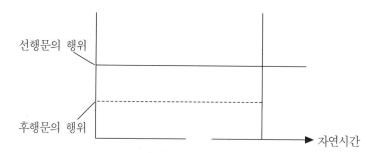

위 도식에서 자연시간은 지속된다. 그리고 선행문의 행위 즉 '사는 일'도 (30a)의 화자(speaker)가 살아 있는 동안 지속된다.

다만 위의 배경 위에 후행문의 행위는 지속될 수도 안될 수도 있다.

중요한 것은 '-느라고'의 후행문의 행위는 반드시 선행문의 배경 위에서 행해진다는 점이다.

(30b)에서도 마찬가지의 설명이 가능하다.

즉 (30b)에서 선행문의 행위인 '산길을 걷는 일'은 주어진 시간 동안만은 지속된다. 좀 더 자세히 말해 (30b)의 행위자인 주어가 계획한 시간 동안 안에서만은 '-느라면'의 선행문의 행위는 지속된다.

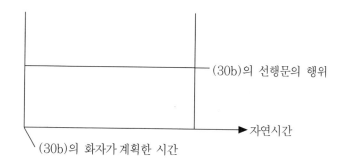

위 도식에서처럼 (30b)의 선행문의 행위는 잠정기간 동안은 지속될 것이다.

(30b)의 후행문의 행위 즉 '화자의 마음이 고향길을 걷는 행위'는 앞 그림의 배경 위에서만 이루어진다.

만일 (30b)의 화자가 계획한 시간 동안 내내 즉 (30b)의 선행문의 행위가 지속되는 내내 (30b)의 후행문의 행위도 지속된다면 다음과 같은 도식이 가능할 것이다.

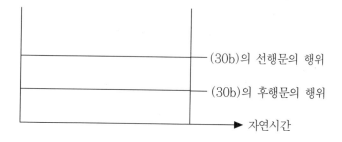

그러나 산길을 걷는 동안 고향을 생각하다가 잠시 다른 생각을 할 수도 있을 것이다.

그 경우는 다음과 같은 도식이 가능하다.

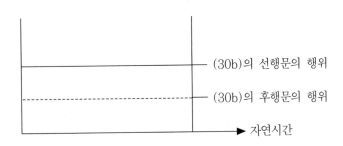

　　(30b)의 화자가 (30b)의 선행문의 행위가 지속되는 시간에 맞춰 (30b)의 후행문의 행위를 지속시키든, 또는 잠시 (30b)의 후행문의 행위를 멈추고 다른 행위를 하든, 분명한 것은 화자가 그 어느 쪽의 행위를 취하든 그러한 후행문의 행동은 선행문의 배경 아래서만 가능하다는 점이다.

　　*(31) 잊을 날이 있겠느라면 살지요.

　　(31)은 비문법적인 문장이 되었는데, 그것은 (31)의 선행문이 후행문의 배경체 구실을 수행할 수 없기 때문으로 이해된다.
　　한편 비상태성 접속어미 '-느라면'은 선행문과 후행문이 미완료 대 완료의 대립을 보이는 것이 보통이다.

　　(32) a. 사느라면 정이 듭니다.
　　　　 b. 세월이 흐르느라면 상처도 아뭅니다.

　　(32a)에서 '-느라면'의 선행문은 화자가 살아 있는 동안만은 지속적인 행위이다. 그러나 후행문 '정이 드는 일'은 반드시 지속적인 일이라고만은 할 수 없다.
　　일반적으로 선행문의 행위가 시작되는 시간부터 후행문의 행위도 시작되는 경우란 드물다. 즉 '사는' 순간부터 '정도 들게 되는' 것은 아니다. 지속성의 자질을 띠는 선행문에 비해서 후행문은 일반적으로 몇 단계변화, 즉 과정성을 겪게 된다.

즉 '정이 들기' 위한 어떤 조짐이 보이는 단계가 있는가 하면, 정이 들어 버린 단계도 있을 것이며, 이미 들어 버린 정이 지속되는 단계나 또는 정이 떨어져 버리는 단계도 있을 것이다.

위의 여러 단계 중에서 정이 들어 버려서 지속되는 단계, 그리고 정이 들어서 정이 떨어지기 직전까지의 단계는 '정이 들었다'는 측면에서 이미 완료된 행위이다.

그러나 후행문의 이러한 완료 행위에도 불구하고 선행문 즉 '사는 행위'는 미완료되어 지속될 것이다.

(32)의 '-느라고'의 후행문이 미완료상태에서 완료상태로의 과정의 변화를 보인다는 점은 통사적인 측면에서도 반증된다.

다음 (33)을 보자.

(33) a. 사느라면 정이 들게 됩니다.

(33a)에 '느라면'의 후행문에 변화성 또는 과정성 보조동사 '-게 되다'가 부착될 수 있다는 통사적 현상은, '-느라면'의 후행문이 완료상태를 보여준다는 것의 증거가 될 것이다.

(32b)에서도 마찬가지의 설명이 가능하다.

(32b)의 후행문에도 몇 단계 과정성을 가질 수 있다.

즉 상처가 아물기 시작하는 단계를 생각해 볼 수도 있고, 상처가 완전히 아물어서 아문 상태가 완료되는 단계도 있을 것이다.

그러나 (32b)의 선행문 '세월이 흐르는 일'은 후행문에 관계 없이 완료될 수 없는 일로 이해된다.

(32b)도 (32a)처럼 그 후행문에 과정성 보조동사 '-게 되다'가 부착될 수 있는데, 이 통사적 현상 역시 '-느라면'의 후행문의 행위가 완료상을 띨 수 있음을 시사하고 있다.

(33b) 세월이 흐르느라면 상처도 아물게 됩니다.

이상의 논의에서 필자는 '느라면'의 선행문과 후행문이 미완료 대 완료상태로 대립하고 있음을 보였다.

3.3. '-느라니까'

(34) a. 다방에서 기다리고 있느라니까 그이가 들어 왔다.
    b. 살다보느라니까 별일이 다 생긴다.
    c. 산길을 걷느라니까 고향생각이 났다.

(34a), (34b), (34c)에서 비상태성 접속어미 '-느라니까'가 나타내는 의미는 다분히 순서적인 어떤 사건을 설명하고 있는 기능을 맡고 있다.
즉 '-느라니까'의 의미기능을 이유·원인으로 보는 것은 매우 어색한 처리방법이 아닐 수 없다.
(34a)에서 '-느라니까'의 후행문의 행위가 벌어지게 된 이유·원인이 선행문에 있지 않음은 물론이다.
실제로 (34a)에서 '다방에서 내가 기다리고 있는 행위'가 '그이를 들어오게 한 행위'의 직접적인 이유·원인을 형성한다고는 볼 수 없다.
(34b), (34c)에서 마찬가지이다.
일반적으로 '-느라니까' 말고도 '-니까'에도 이유·원인 이외에 설명의 기능이 있는 것으로 알려져 있는데, (34a), (34b), (34c)의 '-느라니까'를 '-니까'로 대치해 본다 해도, 그것은 이유·원인을 형성하지는 못하고 있다.

> (35) a. 다방에서 기다리고 있<u>으니까</u>, 그이가 들어왔다.
>
> b. 살다 보<u>니까</u> 별일이 다 생긴다.
>
> c. 산길을 걸<u>으니까</u>, 고향 생각이 난다.

(35a), (35b), (35c)는 (34a), (34b), (34c)에서 비상태성 접속어미 '-느라니까'를 삭제시키고 대신 '-니까'를 대치시킨 것이다.

(34)와 (35) 사이에는 큰 의미 차이를 느끼지 않는다. (35a)에서 다방에서 기다리고 있는 행동이 '그이를 다방으로 들어 오게 한' 행동을 유치시킨 직접적인 이유·원인이 된다고 볼 수 없다.

그것은 다만 시간의 진행에 따라 우연히 또는 비의도적으로 발생한 사건에의 설명에 지나지 않는다.

(34a), (34b), (34c)의 '-느라니까'가 이유·원인의 기능을 갖지 않고, 다만 시간의 진행의 결과로 생긴 상황을 설명하는 기능만 소유하고 있다는 것은 (34a), (34b), (34c)의 '-느라니까'를 설명 접속어미 '-는데'로 대치시켜 보면 알 수 있다.[10]

다음을 보자.

> (36) a. 다방에서 기다리고 있<u>는데</u> 그이가 들어 왔다.
>
> b. 살아가<u>는데</u> 별일이 다 생긴다.
>
> c. 산길을 걷<u>는데</u> 고향 생각이 났다.

(36a), (36b), (36c)는 결국 (34a), (34b), (34c)의 '-느라니까'

---

10) 설명 접속어미 '-는데'에 대해서는
최현배, 전게서, 1959, pp. 313~315.
이기동, '연결어미 '-는데'의 화용상의 기능', 1979, 인문과학 40~41, 참조.

가 이유·원인의 기능을 갖고 있는 것이 아니라, 설명의 기능만을 행사하고 있음을 단적으로 보이고 있는 예이다.

즉 비상태성 접속어미는 어떤 우연의 일치의 상황을 기술하는 데 쓰이는 것으로 이해된다.

앞서도 논의되었지만 '-느라니까'의 이런 성격은 '-느'에서 연유된다라기보다는 '-니까'의 성격에서 연유된 것으로 보인다.

'-니까'에는 일반적으로 두 기능이 있는 것으로 알려져 있다. 하나는 이유·원인의 의미 기능이며, 나머지 하나는 도입·설명의 기능이다.[11]

> (37) a. 물가가 비싸<u>니까</u> 살기가 힘들다.
> b. 철수가 술을 마시<u>니까</u> 나도 마시고 싶다.
> (38) a. 10시가 되<u>니까</u> 종이 울린다.
> b. 내가 공부하고 있으<u>니까</u> 영희가 오더라.

(37a), (37b)의 '-니까'는 물론 이유·원인의 기능을 행사하고 있지만 (38a), (38b)에서의 '-니까'는 도입·설명의 기능만을 보이고 있다.

비상태성 접속어미 '-느라니까'에 이 두 기능이 그대로 수용되지 못하고, 도입·설명의 기능만 잔존케 된 것은 아마도 통시적으로 설명되어야겠지만, 지금으로서는 이유·원인의 기능은 '-느'와 중화되어 삭제되고, 다만 도입·설명의 기능만 '-느라니까'에 남게 된 것으로 보인다.

이 문제는 본 논문의 범위를 넘으므로 더 깊게 논의하지는 않는다.

어떻게나 비상태성 접속어미 '-느라니까'가 이유·원인의 접속어미 '-니까'보다는 설명의 접속어미 '-는데'에 더 가까운 성격을 보이고 있다는 것은 매우 주목되는 현상으로 더 천착된 연구가 있어야할 것으로 보인다.

---

11) 최현배, 전게서, 1959, pp. 297~299.

4. 結 論

비상태성 접속어미 '-느라고', '-느라고', '-느라니까' 등에 관한 지금까지의 논의는 다음과 같이 요약될 수 있다.

비상태성 접속어미 '-느라고'의 선행문은 후행문의 행위 발생에 대하여 책임을 진다. '-느라고'의 선행문의 행위는 반드시 주어의 의도하에 이루어진 행위들로만 구성되지만, 후행문의 행위는 의도적일 수도 있고 비의도적일 수도 있다.

또 '-느라고'의 후행문은 인간행위를 나타낸다.

비상태성 접속어미 '-느라면'의 선행문과 후행문은 미완료 대 완료의 대립을 보인다. 비상태성 접속어미 '-느라니까'는 이유·원인의 의미기능을 보이지 않고, 우연한 상황의 일치를 기술하는 기능만을 갖고 있다.

▌ 參考文獻

강기진, '국어 접속어미의 연구', 이병주선생주갑기념논총, 이우사, 1981.

_____, '국어 접속어미 '-(으)나'의 분석', 어문논지 4~5, 충남대, 1985.

_____, '진행형 '-고 있다'의 연구', 홍익어문 4, 홍익대, 1985.

_____, '국어 접속어미 '-거니, -거니와, -거늘'의 연구', 건국어문학 9~10, 건국대, 1985.

_____, '국어 접속어미 '-니'와 '-니까'의 연구', 국어학 14, 국어학회, 1985.

_____, "-며' 구문의 통사론', 약천 김민수박사 환갑기념 국어학신연구, 탑출판사, 1986.

김명희, '연결어 "-느라고"의 통사의미상의 제약 (1), '梨花語文論集 3, 梨大, 1980.

남기심, ' 현대국어 시제에 관한 문제', 국어국문학 55~57 합집, 국어국문학회, 1972.

백봉자, '연결어미 -느라고, -느라니까, -느라면의 의미와 기능', 말 5, 연세대, 1980.

양인석, '한국어의 접속화', 어학연구 8-2, 서울대, 1972.

성낙수, '이유원인을 나타내는 접속문연구(Ⅰ)', 연세어문 11, 연세대, 1978.

_____, '이유원인을 나타내는 접속문연구(Ⅱ)'. 한글 162, 한글학회, 1978.

이기동, '연결어미 '-는데'의 화용상의 기능', 인문과학 40~41, 연세대, 1979.

이상복, "-아서, -니까, -느라고, -므로'에 대하여', 배달말 5, 배달말학회, 1981.

이 숙, '연결어미 '-느라고'의 의미적, 통사적 분석', 연세대 대학원 석론, 1983.

임홍빈, '부정법 '-어'와 상태진술의 '-고", 논문집 8, 국민대학, 1975.

최현배, 우리말본, 정음사, 1959.

Fillmore, C.J., 'The case for case', in E. Bach & R.T. Harms(eds.)

Lakoff, G., and Peters, P. 'Phrasal Conjunction & Symmetric Predicates', *Mathematical Linguistics & Automatic Translation*, 1969.

Langacker, R.W., *Language and Its Structure*: Some Fundamental Linguistic concepts, New York, 1967.

'-며' 구문의 통사적 특성

1. 問題의 提起

國語에는 多樣한 接續語尾가 있으며, 이들 接續語尾의 意味的 特性을 밝혀 規則化하는 것은 國語의 複合文의 構造把握에 매우 緊要한 일이 아닐 수 없다.

國語의 接續語尾 硏究史에 있어서도 이러한 點을 감안하여, 多樣한 接續語尾의 意味把握에 그 主眼點이 주어져 왔던 것이 사실이다. 그러나 그러한 意味的인 接近論은 統辭的인 特性과 결부되어 論議될 때에야 비로소 그 文法的 價値를 發하게 된다는 點에서, 統辭論的인 接近論의 相對的인 貧困은 우려할 만한 點이 아닐 수 없다.

'-며'에 대한 這間의 사정도 마찬가지이다. 최현배(1937)를 위시로 한 Ramstedt(1939), 梁綪錫(1972), 李翊燮·任洪彬(1983)의 '-며'에 대한 包括的인 硏究[1] 역시 意味論的인 接近論에서의 論議이어서, 어떤

---

1) 최현배, 「우리말본」, 정음사, 1937.
　梁綪錫, *Korean syntax*, 百合出版社, 1972.
　_____, "韓國語의 接續化", 「語學硏究」 8-2, 서울大, 1972.
　Ramstedt, G.J., *Korean grammar*, Helsinki, 1939.
　李翊燮·任洪彬, 「國語文法論」, 學硏社, 1983.

統辭論的인 接近論을 더욱 切感하게 된다.

本 小論은 그러한 點에 注目하여 '-며'의 統辭論的 特性에 대해서 論議코자하는 目的下에 記述된다.

本 小論은 '-며'의 統辭論的인 諸特徵을 밝혀보기 위해 특별히 아래 (1)과 같은 觀點에서 '-며'를 觀察해 보기로 하겠다.

> (1) '-며'의 統辭論的 特性을 그 環境에 따라 細分化하여 檢討하고 그러한 細分化가 內包하고 있는 統辭論的인 意味를 複合文과 單純文에서 찾아본다.[2]

2. '-며'의 統辭的 特性

먼저 '-며' 構文의 先行文과 後行文의 敍述語가 用言의 種類에 대해서 制約이 있는지 없는지에 대해서 알아보기로 하겠다.

> (2) a. 철수는 노래하며 영희는 춤춘다.
> b. 영희는 아름다우며 또 착하다.
> c. 영희 아버지는 회사원이며, 철수 아버지는 선생이다.

위 (2)에서는 '-며' 構文에 있어서 그 先行文과 後行文의 敍述語는 用言의 種類에 制約이 없음을 보이고 있다. 즉 (2a)에서는 '-며' 構文의 先行文에는 動詞가 (2b)에는 形容詞가 (2c)에서는 指定詞[3] 쓰여, '-며' 構文의 그 敍述語로 用言의 種類에 關係 없이 모든 種類의 用言이 敍

---

2) 이러한 方法論은 Bolinger, D., *Meaning and Form*, 1979, pp. 2~22, 參照.
3) 指定詞의 存立可能 與否는 本稿에서는 문제삼지 않는다.

述語로서 다 쓰일 수 있음을 보이고 있다. 이를 整理하면 다음과 같다.

> (3) '-며' 構文의 先行文과 後行文의 叙述語는 用言의 種類에 制約이
> 없다.

이제 '-며' 構文의 先行文과 後行文의 主語制約에 대하여 살펴보기로
하겠다.

> (4) a. 그는 울며 학교에 갔다.
> b. 학생들이 공을 차며 운동장에서 놀고 있다.
> c. 그는 그의 유해를 안으며 산으로 향했다.

위 (4a), (4b), (4c)에서는 '-며' 構文의 先行文과 後行文의 主語가
同一함을 보여주고 있다. 즉 (4a)에서는 先行文과 後行文의 主語가 '그'
로 同一하고, (4b)에서는 '학생들'로 同一하며 (4c)에서는 '그'로 역시
主語가 先行文에서 後行文에서나 다 同一함을 보여주고 있다.
이제 그 逆의 경우를 살펴보기로 하겠다.

> (5) a. 그는 노래하며 그녀는 춤춘다.
> b. 서울은 물가가 비싸며 부산은 물가가 싸다.
> c. 그 농부는 농사를 지으며 그 아내는 김을 맨다.

위 (5a), (5b), (5c)에서는 '-며' 構文의 先行文과 後行文의 主語가
相異함을 보여주고 있다.
즉 (5a)에서는 先行文의 主語는 '그'이나 後行文의 主語는 '그녀'로
나타나 있어 先行文과 後行文의 主語가 相異하게 나타나 있으며 이러한
點은 (5b), (5c)에서도 마찬가지이다.

결국 '-며' 構文의 先行文과 後行文의 主語는 같을 수도 있고 다를 수도 있음을 (4), (5)의 예는 보여주고 있다. 整理하면 다음과 같다.

(6) '-며' 構文의 先行文과 後行文에 있어서 主語制約은 없다.

이제 '-며' 構文의 後行文이 終結語尾의 種類에 어떤 制約이 있는지를 알아보기로 하겠다. 다음을 보자.

(7) 차를 몰며 고향으로 $\left\{\begin{array}{l} \text{달린다.} \\ \text{달리나?} \\ \text{달리자.} \\ \text{달려라.} \end{array}\right.$

위에서 보는 바와 같이 '-며' 後行文은 叙述語가 叙述形, 疑問形, 請誘形 그리고 命令形에 관계 없이 다 쓰일 수 있다.4)

整理하면 다음과 같다.

(8) '-며' 構文의 先行文은 終結語尾의 制約이 없다.

이제 '-며' 構文에 있어서 完了의 '-았'과 推定의 '-겠'에 대하여 알아보기로 하겠다.

먼저 先行文의 경우에 대해서 알아보기로 하자.

(9) a. 철수는 공부를 하며 영희는 운동장에서 공을 찬다.
b. ?(*)철수는 공부를 했으며 영희는 운동장에서 공을 찬다.
c. ?(*)철수는 공부를 하겠으며 영희는 운동장에서 공을 찬다.

---

4) 人稱制約이 있는 것은 다른 것도 마찬가지여서 論議하지 않겠다.

위에서 보는 바와 같이 '-며' 構文에는 完了의 '-았'과 推定의 '-겠'이 先行文에 附着될 수 없는 것으로 보인다.

이제 後行文에서 '-았'과 '-겠'이 어떠한 樣相을 보이는지를 생각해보기로 하자.

    (10) a. 철수는 공부를 하며 영희는 운동장에서 공을 찼다.
         b. 철수는 공부를 했으며 영희는 운동장에서 공을 찼다.
         c. 철수는 공부를 하겠으며 영희는 운동장에서 공을 차겠다.

위 (10)은 '-며' 構文에 있어서 그 後行文에는 '았'과 '겠'이 自由롭게 쓰이고 있음을 보이고 있다. 이를 整理하면 다음과 같다.

    (11) '-며' 構文에 있어서 完了의 '-았'과 推定의 '-겠'은 先行文에는 쓰일
         수 없다. 그러나 그 後行文에는 '-았'과 '-겠'이 自由롭게 쓰일 수 있다.

이제 '-며' 構文의 先行文의 否定의 種類에 대한 反應을 생각해 보기로 하자. 論理的으로 先行文과 後行文의 否定·肯定의 관계는 4가지가 可能하다. 다음이 그것이다.

    (12) a. 肯定 ―――― 肯定
         b. 肯定 ―――― 否定
         c. 否定 ―――― 肯定
         d. 否定 ―――― 否定

(12a)는 先行文은 肯定 後行文도 肯定인 경우를 이르며, (12b)는 先行文은 肯定, 後行文은 否定인 경우를 (12c)는 先行文은 否定, 後行文은 肯定인 경우를 그리고 (12d)는 先行文·後行文 모두 否定인 경우를 論理的으로 짝지은 것이다. 이러한 4가지 짝을 實例를 들어 살펴보기

로 하겠다.

    (13) a. 철수는 차를 몰며 고향으로 향했다.
         b. 영희는 그의 시신을 안으며 고향으로 달렸다.

    (13a), (13b)는 先行文도 肯定, 後行文도 肯定인 '-며' 構文을 보여주고 있어 論理的으로뿐만 아니라 실제적으로 '-며' 構文이 先行 — 肯定, 後行 — 肯定의 짝을 受容할 수 있음을 보여주고 있다.
    이제 다음의 경우를 살펴보기로 하겠다.

    (14) a. 그녀는 울며 학교에 가지 않았다.
         b. 철수는 공을 차며 빵을 먹지 않았다.

    (14a), (14b)는 先行文은 肯定인 反面, 後行文은 否定으로 나타나는 '-며' 構文을 보여주고 있어서, 論理的으로 뿐만 아니라 실제적으로도 '-며' 構文이 先行-肯定, 後行-否定의 짝을 受容할 수 있음을 보여주고 있다.

    (15) a. ?영희는 아름답지 않으며 착하다.
         b. ?그는 울지 않으며 학교에 갔다.

    (15a), (15b)는 先行文에 否定이 오고 後行文에는 肯定이 오는 '-며' 構文을 보여주고 있는데, 非文法的이라고까지는 할 수 없어도 받아들이기에는 약간 어색한 모습을 보여주고 있다.
    이것은 否定이 가진 特定한 분위기가 肯定에 先行되어서 그리된 것으로 보인다.5) 따라서 先行 — 否定·後行 — 肯定이라는 論理的인 짝

---

5) Givon, T., *On understanding grammar*, 1979, pp. 91~125.

은 話用論的인 背景과 狀況 照應을 이루어야만 그 사용이 可能한 것으로 보인다.

이제 마지막으로 否定―否定의 樣相을 살펴보기로 하겠다.

(16) a. 영희는 예쁘지 않으며 착하지도 않다.
b. 철수는 공부하지 않으며 영희는 놀지 않는다.

(16a), (16b)는 先行文에도 그리고 後行文에도 否定인 '-며' 構文을 보여주고 있다.

以上을 整理하면 다음과 같다.

(17) '-며' 構文은 先行肯定―後行肯定, 先行肯定―後行否定, 先行否定―後行否定에 自然스러운 反應을 보이나, 先行否定―後行肯定의 構文에는 話用論的 狀況照應이 먼저 先行되어야 한다.

이제 '-며' 構文의 다른 統辭的 特徵에 대해 알아보기로 하자.
'-며' 構文의 先行文과 後行文을 倒置시켜 보기로 한다.

(18) a. 그는 울며 학교에 갔다.
b. 애들은 공을 차며 운동장에서 놀았다.
c. 그 농부는 농사를 지으며 농촌에서 살았다.
d. 그녀는 유해를 안으며 선산으로 향했다.
e. 그는 차를 몰며 고향으로 달렸다.6)

이제 위 (18)의 構文에서 '-며'의 先行文과 後行文의 順序를 倒置시켜 보기로 하겠다.

---

6) 위 예는 李時炯(1985)에서 땄다.
李時炯, [고] 접속문을 중심으로, 西江語文 4. 1985, p. 208.

(19) a. 그는 학교에 가며 울었다.

b. 애들은 운동장에서 놀며 공을 찼다.

c. 그 농부는 농촌에서 살며 농사를 지었다.

d. 그녀는 선산으로 향하며 시신을 안았다.

e. [?]그녀는 고향으로 달리며 차를 몰았다.

위 (19)는 (18)의 '-며' 構文에서 그 先行文과 後行文의 順序를 倒置시킬 것인데, (19e)를 除外하고는 모두 다 文法的인 文章이 되었다.

이것은 '-며'가 先行文과 後行文을 對等的으로 이어주는 機能을 行使하고 있음을 보인 것으로 注目된다. 다만 (19e)의 경우 결국 非文法的인 文章은 아니지만 適切히 받아들이기가 쉽지 않은 것은 話用的인 要件에 의한 것으로 보인다.

整理하면 다음과 같다.

(20) '-며' 構文은 그 先行文과 後行文을 對等的으로 이어주는 구실을 하며, 이러한 機能으로 말미암아 그 先行文과 後行文은 自由 倒置가 가능하다.

이번에는 '-며' 構文의 先行文과 後行文의 叙述語가 보여주는 樣相을 살펴보기로 하자.

(21) a. [?]그는 울며 영희도 울었다.

b. [?]애들은 공을 차며 선생님들도 공을 찼다.

(21a), (21b)의 어색함은 同一叙述句를 削除하지 않은 데서 오는 어색함으로 理解하는 것이 무방한 것으로 보인다. 왜냐하면 (21a), (21b)에서 同一叙述句 '울다', '공을 차다'를 하나 削除한 다음의 (22a), (22b)는 그러한 어색함이 보이지 않기 때문이다.

(22) a. 그와 영희는 울었다.

    b. 애들과 선생님들은 공을 찼다.

(22)에서 보는 바와 같이 同一敍述句를 削除한 뒤의 (21) 構文은 매우 自然스럽게 보인다.

그러나 여기서 하나 問題가 되는 것은 (21)의 基底構造로 (22)를 삼을 수 있겠느냐 하는 點이다.

(22)는 (21)에 比해 볼 때 그 論理的인 眞理値가 同一함으로 해서 (21)의 基底構造라고 보아도 무방하지만, 그것은 어디까지나 論理的인 心證일 뿐이다. 따라서 (21)의 基底構造로는 다음 (23)이 가장 適切한 것으로 想定되고 있다.

(23) a. 그와 영희는 같이 울었다.

    b. 애들과 선생님들은 같이 공을 찼다.

이제 이 '-며' 構文의 '-면서' 構文과의 統合關係에 대해서 알아보기로 하자.

便宜上 앞에 든 例文을 몇 개 다시 들어 보기로 한다.

(24) a. 그는 울며 학교에 갔다.

    b. 그는 울면서 학교에 갔다.

(25) a. 애들은 공을 차며 운동장에서 놀았다.

    b. 애들은 공을 차면서 운동장에서 놀았다.

(26) a. 그 농부는 농사를 지으며 농촌에서 살았다.

    b. 그 농부는 농사를 지으면서 농촌에서 살았다.

위 (24), (25), (26)에서 各項의 (a)에는 '-며' 構文이 와 있고 各項의 (b)에는 '-며' 構文이 '-면서' 構文으로 代置(phraphrase)되어 나타나

있다.

注目할 만한 것은 '-며'와 '-면서' 構文은 그 構造的인 面에 있어서만은, 自由롭게 代置될 수 있다는 點인데 問題는 '-며'와 '-면서'가 代置되는 過程이 어떤 意味變化를 招來하지 않을까 하는 點이다.

그러나 위 (24), (25), (26)에서 보는 바처럼 그 論理的 眞理値는 變하지 않고 있다. 따라서 (24), (25), (26) 構文에 있어서 '-며', '-면서' 構文은 完全히 同義的이라고 할 수 있다.

그러나 이러한 同義的인 意味關係는 '-며' 構文을 그 先行文과 그 後行文을 倒置시켜 보았을 때 매우 相異하게 나타나고 있어서 注目이 된다.

다음을 보자.

(27) a. 그는 학교에 가며 울었다.
b. 애들은 운동장에서 놀며 공을 찼다.
c. 그 농부는 농촌에서 살며 농사를 지었다.

위 (27a), (27b), (27c)는 앞의 (24a), (25a), (26a)의 '-며'의 構文에서 그 先行文과 後行文을 倒置시킨 構文인데, 그 眞理値的인 意味는 變하지 않고 있음을 알 수 있다.

물론 (27a)와 (24a), (27b)와 (25a) 그리고 (27c)와 (26a)의 각각의 '-며' 構文 사이에는 어떤 微細한 意味差異가 있다고 할 수는 있다. 그러나 그것은 先行文과 後行文이 倒置된 데서 비롯된 話用論上의 意味差異일 뿐 그 本質的인 眞理値 자체가 變한 것은 아닌 것이다. 그것은 다음 例로 明白해진다.

例를 들어 (24a)의 '-며'의 意味機能은 다음처럼 圖式化될 수 있다.

(28)

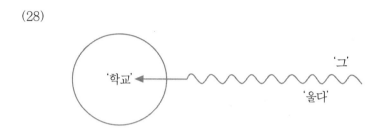

위 (28)에서 보는 바와 같이 '학교에 가는 것'과 '울다'라는 眞理値는 (27a)에 와서도 결코 變하지 않고 있는 것이다. 결국 (27a)와 (24a), (27b)와 (25a), 그리고 (27c)와 (26a)의 '-며' 構文에 있어서 意味差異가 있다면 그것은 先行文과 後行文의 倒置로 말미암은 話用論・狀況論的인 意味雰圍氣의 差異일 것으로 보는 것이 타당할 것으로 여겨진다.

그러나 (24), (25), (26) 構文에서 同一한 意味機能을 보였던 '-면서'는 매우 相異한 樣相을 보여주고 있다. 다음을 보자.

> (29) a. 그는 학교에 가면서 울었다.
> b. 애들은 운동장에서 놀면서 공을 찼다.
> c. 그 농부는 농촌에 살면서 농사를 지었다.

위 (29a), (29b), (29c)는 앞 (24b), (25b), (26b)의 '-면서'의 構文에서 先行文과 後行文을 倒置시킨 構文인데, 그 眞理値的인 意味가 앞서의 '-며'의 경우와는 判異하게 달라져 있음을 볼 수 있다.

이제 '-며'가 두 번 이상 接續되어 있는 경우를 살펴보기로 하자.

> (30) a. 영희는 예쁘며 착하며 착실하다.
> b. 철수는 노래하며 춤추며 뛰논다.

위 (30a), (30b)는 '-며' 構文이 複合的인 것을 보여주고 있는데

(30a)와 (30b)는 같은 '-며' 構文이라 하더라도 그 基底的인 意味는 相 異하게 看做되고 있다.

즉 (30a)는 다음 (31)과 같은 基底的인 意味에서 비롯된 것으로 看 做될 수 있다.

> (31) a. 영희는 예쁘다.
> b. 영희는 착하다.
> c. 영희는 착실하다.

위 (31a), (31b), (31c)는 (30a)의 '-며' 複合構文의 意味가 倂列 的임을 示唆하고 있다. 즉 '-며'가 아무리 계속된다 하더라도 그것의 意 味는 각각 倂列的일 수밖에 없음을 示唆하고 있다.

그러나 (30b)는 重義的인 樣相을 보여주고 있다. 즉 (30b)는 다음 (32)처럼 倂列的인 意味基底를 가진 것으로 볼 수 있다.

> (32) a. 철수는 노래한다.
> b. 철수는 춤춘다.
> c. 철수는 뛰논다.

그러나 (30b)가 (32a), (32b), (32c)의 倂列的인 意味만을 가진 것은 아니다. 그것은 (30b)가 다음 (33)처럼 解釋될 수도 있다.

> (33) a. 철수가 노래하며 춤추고 있다.
> b. (그런 상황에서) 철수가 뛰논다.

위 (33a)와 (33b)는 '-며'의 複合構文에 있어서의 倂列複合的인 意 味樣相을 보여주고 있어서 注目이 된다. 이 경우의 意味的인 差異는 물 론 統辭的인 特徵에서 비롯되는 것으로 보여진다.

3. 結論

지금까지 論議해온 '-며' 構文의 統辭的 特性을 整理해 보면 다음과
같다.

(1) '-며' 構文의 先行文과 後行文의 叙述語는 用言의 種類에 制約이
　　없다.
(2) '-며' 構文의 先行文과 後行文에 있어서 主語制約은 없다.
(3) '-며' 構文에 있어서 後行文은 終結語尾의 制約은 없다.
(4) '-며' 構文에 있어서 完了의 '-았'과 推定의 '-겠'은 先行文에 쓰일
　　수 없다. 그러나 그 後行文에는 '-았'과 '-겠'이 自由롭게 쓰일 수
　　있다.
(5) '-며' 構文은 先行肯定―後行肯定, 先行肯定―後行否定, 先行否
　　定―後行否定에는 自然스러운 反應을 보였으나, 先行否定―後行
　　肯定의 構文에 있어서는 話用論的인 狀況照應이 先決되어야 한다.
(6) '-며' 構文은 그 先行文과 後行文을 對等的으로 이어주는 구실을 하
　　며 이러한 機能으로 말미암아 그 先行文과 後行文은 自由倒置가 可
　　能하다.

▌參考文獻

권재일, 「국어복합문 구성의 연구」, 집문당, 1985.

김승곤, "한국어 연결어미의 의미분석연구(1)", 「한글」 173~174, 한글학회, 1981.

남기심, "국어연결어미의 화용론적 기능", 「延世論叢」 15, 延世大, 1978.

徐泰龍, "國語接續文에 對한 研究", 「國語研究」 40, 國語研究會, 1979.

성낙수, "이유·원인을 나타내는 접속문 연구(Ⅰ)", 「한글」 162, 한글학회, 1978.

_____, "이유·원인을 나타내는 접속문 연구(Ⅱ)", 연세어문 11, 연세대, 1978.

梁演錫, *Korean Syntax*, 百合出版社, 1972.

_____, "韓國語의 接續化", 「語學研究」 8-2, 서울大, 1972.

염선모, "한정사 연구", 「배달말」 3, 배달말학회, 1978.

이상복, "국어의 연결어미에 대하여", 「말」 3, 연세대, 1978.

이상태, "{면}무리 이음월에 대하여", 「배달말」 2, 배달말학회, 1977.

李時炯, "{-고} 접속문을 중심으로", 「西江語文」 4, 西江大, 1985.

李翊燮·任洪彬, 「國語文法論」, 學研社, 1983.

임지룡, "상대성 접속어미연구", 「東洋文化研究」 9, 慶北大, 1982.

최현배, 「우리말본」, 정음사, 1937.

Bolinger, D., *Aspects of Language*, Harcour, 1968.

_____, *Meaning and form*, longman, London and New York, 1979.

Givon, T., *On understanding grammar*, New York Academic Press, 1979.

Ramstedt, G.J., *Korean grammar*, Helsinki, 1939.

국어 접속어미 '-(았)다가'의 연구

1. 서 론

본 논문은 국어의 접속어미 '-다가'와 '-(았)다가'의 의미와 통사적 특성을 밝혀 보려는 데 그 목적이 있다고 하겠다. '-다가'와 '-았다가'는 형태상으로 보아 전자에는 이른바 상(Aspect)의 형태소로 알려진 '-았'이1) 부착되어 있지 않은데 비해, 후자에는 그것이 부착되어 있다는 점에서만 차이점을 보이고 있을 뿐이다.

그러나 위와 같은 형태상의 미세한 차이에도 불구하고, 접속어미 '-다가'와 '-았다가'는 그 기능(function)이 현저히 상이한 것으로 이해되고 있다.2)

본 논문에서는 따라서 '-다가'와 '-았다가'의 의미론적 특성을 밝혀 보고, 그러한 의미론적 특성이 '-다가'와 '-았다가'의 통사론적 특성과 어떻

---

1) 상(Aspect)의 形態素 '-았'의 용법은 남기심(1972)에 따른다.
   남기심, '現代國語時制에 관한 問題', 國語國文學55-5, 國語國文學會, 1972, pp 213~238.
2) 이들 接續語尾에 대해서는 아래 參照.
   최현배, 우리말본, 1971, p. 320.
   양인석, 韓國語의 接續化, 語學硏究 8-2, 서울大, 1972.

게 관계될 수 있는지 하는 문제를 검토해 본다.

아울러 '-다가', '-았다가'의 형태소 분석을 어떤 방식으로 할 것인지에 대해서도 생각해본다.

즉 '-다가', '-았다가'를 하나의 형태소로 볼 것인지, 아니면 '-다 -가' '-았다가'로 분석하여 두 개의 형태소 배합으로 볼 것인지에 대해 생각해본다.[3]

'-다가', '-았다가'의 형태소 분석에 있어서는, 그러한 형태소 분석의 근거를 구조주의(Structualism)적인 방법에 두는것을 탈피하여, 의미와 기능까지를 참고하는 방법에 둔다.[4]

따라서 '-다가', '-았다가'의 형태소 분석은 이들 접속어미의 의미와 기능을 가장 합리적으로 설명해낼 수 있는 선에서 잡는다.

본 논문은 또 '-다가', '-았다가'에서 '-가'의 선택성(Optional)여부에 관심을 둔다.

양인석(1972)에서는 접속어미 '-다가', '-았다가'를 '-다(가)', '-았다(가)로 표시함으로써 '-가'가 선택적으로 주어지는 것으로 보았는데,[5] 본 논문은 양인석(1972)의 그러한 해석 원리가 가진 난점을 지적해보고 그 극복방법을 제시해본다.

본 논문은 국어 접속어미에 관한 필자의 일련의 연구작업의 일환으로 작성되는 것임을 아울러 밝힌다.[6]

---

3) 형태소 분석론은 아래 참조 .
   Gleason. H. A., *An Introduction to Descriptive Linguistics*, Holt, Rinehart and Winston Inc, 1955, pp. 92~139.
4) Bolinger. D., Meaning and Form, 1977.
5) 양인석, 전게논문, 1972, pp. 257~261, 참조.
6) 강기진, 국어 접속어미의 의미기능, 이병주선생주갑기념논총, 1981.
   _____, 국어 접속어미 '-(으)나' 의 분석, 어문논지 4~5, 충남대, 1985.
   _____, 진행형 '-고 있다'의 의미, 홍익어문 4, 홍익대, 1985.
   _____, 국어 접속어미 '-거니, -거니와, -거늘'의 연구, 멱남김일근박사화갑기념

2. '-(았)다가'의 의미와 통사

접속어미 '-다가'와 '-았다가'는 그 의미적·통사적 특성이 일반적으로 흡사한 것으로 이해되어 왔지만, 간과할 수 없는 중요한 차이를 가지고도 있는 것으로 보인다.

그 차이 중에 하나는 '-다가'와 '-았다가'가 표현하고 있는 상(相)의 모양이다.

물론 '-았다가'에는 이른바 상의 형태소인 '-았'이 부착되어 있으니 전체적으로 '-았다가'는 완료의 의미를 나타내고, '-다가'에는 그러한 상의 형태소 '-았'이 부착되어 있지 않으니 미완료의 의미를 나타낸다고도 볼 수 있다.7)

다음 예는 위의 논리를 뒷받침해 주는 예이다.

  (1) a. 영희가 부산에 가<u>다가</u> 돌아왔다.
    b. 영희가 부산에 <u>갔다가</u> 돌아왔다.

(1a)에서는 영희가 부산에 간 것을 나타내지는 않고 있다.

부산에 가려던 영희의 애초의 의도(intention)와는 관계없이, 영희는 부산에 가는 도중에 다시 방향을 돌이킨 것을 나타내고 있다.

즉 영희가 부산에 가는 행동은 미완료됐음을 '-다가'는 표현하고 있는 것이다.

반면에 (1b)에서는 영희가 부산에 갔음을 나타내고 있다. 즉 영희가

      어문학논총, 1985.
      _____, '-며' 구문의 통사론, 약천김민수박사환갑기념, 국어학신연구, 1986.
      _____, 비상태성 접속어미의 연구, 홍익어문 5, 홍익대, 1986.
  7) 상(Aspect)형태소 '-았'의 용법은 남기심, 전게논문, 1972, pp. 190~212, 참조.

부산에 가는 행동이 완료되었음을 '-았다가'는 나타내고 있다.8)

양인석(1972)에서는 (1a)의 '-다가'가 미완료를 보이고 (1b)의 '-았다가'는 완료를 보이고 있는 것은 '-았'의 부착여부에 따른 것이라 하고 있다.9)

즉 '-았'의 부착 여부라는 통사적 특성이 완료냐 미완료냐 하는 의미적 특성을 가져오게 했다는 것이다.

이러한 해석 논리는 다음 예에서 더 보강되는 것처럼 보인다.

  (2) a. 부산에 가다가 도중에 내렸다.
       b. *부산에 갔다가 도중에 내렸다.

위 (2b)의 예가 비문법적인 문장이 된 것은 비교적 간명하게 설명될 수 있다.

즉 부산에 가다가 도중에 내렸다는 것은 곧 부산에 가는 행위가 완료되지 않았음을 나타내는 것인데, 여기에 완료의 의미를 가진 상 형태소 '-았'이 부착되어 있으니 (2b)가 비문법적으로 이해되지 않을 수 없는 것이다.

다음 예도 그러한 해석 논리를 보강해주고 있다.

  (3) a. *철수가 약혼하다가 파혼했다.
       b. 철수가 약혼했다가 파혼했다.

(3a)가 비문법적인 문장이 된 것도 간명한 이유에서이다.

즉 약혼한다는 것은 이미 그 자체로써 약혼한다는 행위가 완료되었음을 나타내며, 또 파혼하는 것은 약혼하는 행위가 완료된 것을 전제로

---

8) 양인석, 전게논문, 1972, pp. 257~258.
9) 양인석, 전게논문, 1972, pp. 257~259.

할 때만 가능한 것이다.[10]

(3a)에서는 접속어미 '-다가'에 의해서 약혼하는 행위가 미완료되었음을 나타내고 있다.

따라서 약혼도 하지 않았는 데 파혼한다는 것은 어불성설이 되므로 (3a)는 비문법적인 문장으로 남을 수밖에 없는 것으로 이해된다.

지금까지의 예 (1), (2), (3)에 의해서, '-다가'는 미완료를 '-았다가'는 완료를 의미하는 것은 이른바 상의 형태소 '-았'의 부착여부에 따른 것이라고 하는 해석 논리는 상당한 타당성을 가진 것으로 보인다.

그러나 그러한 해석 논리는 다음 예에서 몇 가지 문제에 직면하게 된다. 다음 예를 보자.

(4) a. 사람은 그렇게 살다가 그렇게 죽는 것이다.
　　b. 사람은 그렇게 살았다가 그렇게 죽는 것이다.

(4)의 예에서 (4a)에는 '-다가'가 (4b)에는 '-았다가'가 쓰여, (4a)는 문법적인 문장이 된 반면 (4b)는 그렇지 못하다.

적어도 (4b)의 예를 비문법적이라고 단정해 버릴 수야 없다손 치더라도, 확실히 어색하게 들리는 것만은 사실이다.

(4b)의 어색함을 유도하고 있는 요소는 무엇인가 하는 문제가 제기된다.

지금까지의 해석 논리대로라면, (4b)의 문장이 어색하게 들리는 것은 사는 행위가 미완료된 자제에 완료의 상 '-았'이 부착되어, 이 둘이 서로 호응관계를 형성하지 못하기 때문이라고 할 수 있다.

그러나 죽는다는 현상은 산다는 현상의 종료 후에야, 더 정확히 말해

---

10) 전제에 대해서는 아래 참조.
Searle, J., Speech Acts: *An Essay in the Philosophy of Language*, Cambridge University Press, 1969, pp. 43~49, 참조.

서는 산다는 현상의 종료와 동시에야 가능한 현상이다.

따라서 (4b)에서 '-았다가'의 후행절인 '그렇게 죽는 것이다'는 선행절의 완료·종료 후에야 가능한 것이므로 '-았다가'가 당연히 쓰여야 함에도 불구하고 쓰이지 못하고 있다.

'-다가'는 '-았'이 없으니 미완료를 나타내고, '-았다가'는 '-았'이 있으니 완료를 나타낸다는 해석 논리로는 도저히 (4b)의 예를 설명해 낼 수가 없다.

더구나 (4a)의 예가 문법적인 문장으로 자연스럽게 쓰이는 현상도 '-았'에 의한 해석 논리로 설명될 수가 없다.

죽는다는 현상 자체가 산다는 현상의 완료 또는 종료를 전제하는 것이라면, 미완료를 나타내는 '-다가'가 쓰일 수는 없는 것이다.

결국(4a),(4b)의 예들은 '-다가', '-았다가'의 분석방법에 몇 가지 문제를 제기하고 있는 셈이 된다.11)

가장 중요한 문제점의 하나는 '-다가', '-았다가'의 분석에 있어서 '-았'의 부착 여부에 필요 이상의 신경을 쓴 것이 아닌가 하는 점이다.

'-다가'와 '-았다가'의 분석에 있어서 '-았'의 부착여부에 지나치게 집착한 나머지 '-았' 자체에 매달린 해석 논리로는 접속어미 '-다가', '-았다가'의 의미를 충분히 해명할 수 없음은 다음에서 확인된다.

다음을 보자.

(4) c. 약국에서 약을 사다가 주세요.

'-다가'의 선행절 '약을 사는 행위'가 완료·종료된 후에야 비로소 '-다가'의 후행절 '약을 건네주는 행위'가 가능함을 익히 알고 있는 화용상의

---

11) 접속어미 '-다가', '-았다가'가 앞에 부착되는 동사의 자질(feauture)과 깊은 관련을 갖고 있는 것으로도 보인다.

조건이다.

따라서 (4c)에서는 '-았'에 의한 해석 논리에 따른다면 '-았다가'가 와야 할텐데도 '-다가'가 자연스럽게 쓰이고 있다.

물론 (4c)에 '-았다가'가 쓰일 수 있다.

(4) d. 약국에서 약을 <u>샀다가</u> 주세요.

(4d)는 화용상의 조건만 구비되면 가능한 문장이다.

문제는 (4d)가 쓰일 수 있다는 데에 있는 것이 아니라, (4c)가 자연스러운 국어 문장이라는 데에 있다.

도대체가 약을 사는 행위가 완료되지 않고는 약을 건네주는 행위가 가능하지 않은데, 왜 '-다가'가 자연스럽게 쓰이느냐하는 문제가 제기된다.

(4c)의 예야말로 (4a), (4b)의 예와 함께 완료에는 '-았다가'가 쓰이고 비완료에는 '-다가'가 쓰인다는 지금까지의 해석 논리를 수정해야 할 것임을 시사하고 있다.

이제 문제는 '-다가'의 의미와 통사적 특성을 밝히는 작업에 모아지게 된다.

'-다가', '-았다가'의 의미적 특성으로 기왕의 논의에서 취급되지 않았던 것의 하나가 이들 접속어미들이 우연의 일치, 결격자격 등을 의미하고 있다는 점이다.

우연의 일치란 '-다가', '-았다가'의 선행절과 후행절의 행위가 의도적인 측면을 보이지 않음을 의미한다.

다음 예를 보자

(5) a. 집에 <u>가다가</u> 큰 봉변을 당했다.
    b. 집에 <u>갔다가</u> 큰 봉변을 당했다.

(5a)나 (5b)에서 '-다가', '-았다가'는 모두 어떤 의도하에 이루어진 행위나 현상을 나타내고 있다기보다는 우연한 행위나 현상을 기술하고 있는 것으로 보인다.

물론 (5a)나 (5b)의 예에서 '-다가'나 '-았다가'의 선행절인 집에 가는 행위 자체는 의도적인 계획하에 이루어진 행위일 수도 있다.

그러나 선행절의 의도 개입 여부에 관계없이 후행절은 우연적인 한 행위 현상을 기술하고 있다.

'-다가', '-았다가'에 그러한 우연의 일치라는 의미가 있다는 것은 '-다가', '-았다가'에 우연성의 의미를 가진 부사어를 넣어보면 확인된다.

다음 예를 보자.

(6) a. 집에 가<u>다가</u> 우연히 큰 봉변을 당했다.
    b. 집에 갔<u>다가</u> 우연히 큰 봉변을 당했다.

(6a), (6b)에서 부사어 '우연히'는 후행절 '큰 봉변을 당했다'를 수식하고 있으며, 그러한 한에 있어서는 '-다가', '-았다가'와 자연스러운 호응관계를 갖고 있다.

한편으로 '-다가'와 '-았다가'에 우연의 일치라는 용법이 있다는 것은, 선행절과 후행절 사이의 관계 양상에서 가능한 논리이므로, 선행절이 그 자체로 의도화되어 있다하더라도 후행절이 비의도화되어 있으면 전체적으로는 결국 우연적인 행위나 현상을 기술한다는 것을 의미하게 된다.12)

따라서 (6a), (6b)에서 후행절만을 수식하던 '우연히'를 문장부사로 전이(transfer)시켜도 가능할 수 있다는 해석 논리가 생긴다.

---

12) Jacobs, R.A. & Rosenbaum., English Transformational Grammar, Blarsdel Publishing Co, 1968, pp. 48~62, 참조.

다음은 그러한 예이다.

    (7) a. 우연히 집에 가다가 큰 봉변을 당했다.
        b. 우연히 집에 <u>갔다가</u> 큰 봉변을 당했다.

(7a), (7b)는 (6a), (6b)의 '우연히'를 문장부사로 전이시켜 본 것인데 자연스럽게 쓰이고 있다.

(7a), (7b)에서 '우연히'가 문장부사로서의 기능을 자연스럽게 수행하고 있다는 것은 '-다가', '-았다가'에 우연의 일치란 용법이 있음을 확실히 해주는 반증이 된다.

'-다가', '-았다가'를 '행위연속 접속사'로 본 양인석(1972)의 견해처럼,13) '-다가', '-았다가'가 시간상의 연속된 행위에 있어서의 현상을 기술하는 것이라면, 연속된 시간상의 우연성도 의미하게 되며, 따라서 우연성을 나타내는 시간표시 부사구와도 대치(Paraphrase)될 수 있을 것이다. 다음은 그러한 것을 보여주고 있는 예이다.

즉 우연성의 자질을 가진 부사어 '우연히' 대신에 '-할 때에'를 넣어본 예이다.

    (8) a. 집에 갈 때에 큰 봉변을 당했다.
        b. 집에 갔을 때에 큰 봉변을 당했다.

위 (8a)와 (8b)는 연결어미 '-다가', '-았다가' 대신에 우연적인 시간상의 일치를 보이는 시간 부사어를 대치시킨 것이다.

(8a), (8b)가 자연스럽게 쓰일 수 있다는 것 역시, 접속어미 '-다가', '-었더니'에 우연의 일치라는 용법이 있음을 알려주고 있는 또 하나

---

13) 양인석, 전게논문, 1972, pp. 257~261, 참조.

의 반증으로 보인다.

이제 우연의 일치라는 용법 이외에 앞서 든 용법, 즉 결격자격이라는 의미를 살펴보자.

'-다가', '였다가'의 용법으로 결격자격이란 용법이 있다는 것은 매우 흥미있는 현상이 아닐 수 없다.

우선 다음의 예를 통해서 '-다가', '-었다가'에 있어서의 결격자격이란 용법이 어떻게 관계되고 있는 것인지에 대해서 알아보자.

(9) a. 전과자에<u>다가</u> 현행범이기도 하다.
    b. 전과자<u>였다가</u> 현행범이기도 하다.

(9a), (9b)에서 '-다가', '-였다가'는 주어의 사람으로써의 어떤 결격적 조건을 말해주고 있다.

여기서 문제의 하나는 (9)에 쓰인 '-다가'를 조사로도 볼 수 있지 않느냐하는 점이다.

(9)의 '-다가'를 조사로 본다면, 접속어미 '-다가'의 동음어관계를 형성한다는 말이 된다.

여기서 '-다가'를 동음어로 보고 조사로서의 '-다가'와 접속어미로서의 '-다가'로 각각 처리해 보는 방법을 취하느냐, 아니면 '-다가'를 동음어로 파악하지 않고 조사 쪽으로 밀어붙이든 접속어미 쪽으로 밀어붙이든 간에, 하나의 형태소로 처리하는 방법을 취하느냐에 문제의 소지가 있다.

필자는 두 번째 방법을 취하고자 한다.

두 번째의 방법, 즉 '-다가'를 한 형태소로 규정하는 방법을 취하려는 근거는 근본적으로는 의미론적인 측면에서 제기된다.

즉 접속어미 '-다가'의 기본적 의미를 양인석(1972)에서처럼 연속행위로 본다면 조사 '-다가'의 의미도 설명될 수 있다.

다음 예를 보자.

(10) 커피에다가 설탕을 타라.

(10)의 조사 '-다가'를 자세히 검토해 보면, 그것 또한 연속적인 행위를 '-다가'가 표현하고 있음을 나타내고 있다.

즉 커피가 먼저 준비되어 있고 거기에다가 설탕을 타는 것이므로 이것 또한 연속된 행위를 나타낸다고 볼 수 있다.

따라서 기본적으로 '-다가'의 의미를 연속행위로 보고, 이 기본적인 의미에서 여러 문맥이나 화용상의 조건에 따라 다양한 의미가 파생된다고 보는 것이 된다.

형태소 '-다가'를 굳이 조사 '-다가'와 연결어미 '-다가'로 분석해내는 것은, 동음어의 역량을 너무 부담스럽게 만드는 것일 뿐이다.

지금까지 접속어미 '-다가', '-았다가'의 몇몇 흥미있는 용법, 즉 '-다가', '-았다가'의 우연일치, 결격사유 등의 의미에 대해서 검토해 보았다.

이제 이러한 것들이 통사적으로 어떻게 나타나는지를 알아보자.

통사적인 측면에서 '-다가', '-았다가'가 서술형, 의문형, 명령형 그리고 청유형 등의 문장어미(Sentence ending)와 어떻게 어울릴 수 있는지를 잠시 검토해 보자.

우선 '-다가'부터 보자.

(11) a. 부산에 가다가 돌아왔다

　　 b. 부산에 가다가 돌아왔느냐?

　　 c. 부산에 가다가 돌아와라.

　　 d. 부산에 가다가 돌아오자.

(11a), (11b), (11c), (11d)에서 접속어미 '-다가'는 서술형, 의문형, 명령형, 청유형의 문장어미를 가진 후행절과 자연스러운 호응 관계를 맺고있는 것으로 보인다.

이러한 것은 내포문에서도 같은 양상을 보인다.

다음은 접속어미 '-다가'가 내포문에서 각각의 문장어미들과 어울려 있는 양상을 보이고 있다.

> (12) a. 부산에 가다가 돌아왔다고 말했다.
> b. 부산에 가다가 돌아왔느냐고 물었다.
> c. 부산에 가다가 돌아오라고 명령했다.
> d. 부산에 가다가 돌아오자고 부탁했다.

이러한 양상은 접속어미 '-았다가'도 마찬가지이다.

편의상 단순문에서 '-았다가'가 각각의 문장어미들과 호응하는 양상은 생략하고, 내포문에서의 양상만을 보인다.

다음 예는 그러한 양상이다.

> (13) a. 부산에 갔다가 돌아왔다고 말했다.
> b. 부산에 갔다가 돌아왔느냐고 물었다.
> c. 부산에 갔다가 돌아오라고 명령했다.
> d. 부산에 갔다가 돌아오자고 부탁했다.

위 (13a), (13b), (13c), (13d) 등은 접속어미 '-았다가'와 문장어미들과의 호응관계를 보인 것이다.

이에 접속어미 '-다가', '-았다가'가 주어나 서술어 또는 주어와 서술어의 같고 다름에 어떻게 관여하고 있는지 보자.

논리적으로 '-다가', '-았다가'의 선행절과 후행절 사이의 관계는 4가지가 가능하다.

첫째, 선행절과 후행절의 주어는 다르지만 서술어가 같은 경우, 둘째, 주어는 같지만, 서술어가 다른 경우,14) 셋째, 주어와 서술어가 모두 다른 경우, 그리고 주어와 서술어가 모두 같은 경우가 그것이다.

우선 첫 번째 경우부터 살펴보고, 각 경우에서 '-다가', '-았다가'의 의미가 어떻게 전이되고 있는지를 알아 보자.

다음을 보자

> (14) a. 아까는 비가 오다가 지금은 눈이 온다.
>   b. 아까는 비가 왔다가 지금은 눈이 온다.

(14a), (14b)는 주어('비' '눈')는 다른데, 서술어('오다')는 같은 경우를 보이고 있다.

이 경우에 '-다가', '-았다가'는 선행절의 행위가 그치고 후행절의 행위가 시작됨을 보이고 있다.

결국 이 경우의 의미는 연속된 행위를 보이고 있다고 할 것이다.

이제 두 번째의 경우 즉 선행절과 후행절의 주어는 같지만 서술어가 다른 경우에 대해 알아보자.

> (15) a. 고향에 가다가 옛 친구를 만났다.
>   b. 고향에 갔다가 옛 친구를 만났다.

(15a), (15b)의 경우는 주어(생략되어 있음)는 같지만 서술어('가다', '만나다')는 선행절과 후행절이 서로 상이하다.

이 경우 앞서 제시한 것처럼 '-다가', '-았다가'의 의미에 우연의 일치

---

14) 양인석(1972)에서는 이러한 첫째 경우와 둘째 경우를 '반대'라는 개념으로 기술했다. 양인석, 1972, pp. 257~261.

라는 용법이 추가되는 것으로 이해된다.

그러나 '-다가', '-았다가'의 주어가 같고 서술어가 다를 경우 우연의 일치라는 용법이 가능하다는 것은, 어디까지나 '-다가', '-다가'가 가진 기본적인 의미에서 유추되어 나오는 것일 뿐 자생적인 의미는 아니라는 점에 유념할 필요가 있다.

이제 세 번째의 경우에 대해 알아보자.

다음 예를 보자.

> *(16) a. 철수가 밥을 먹<u>다가</u> 영희가 나갔다.
> b. 철수가 밥을 먹<u>었다가</u> 영희가 나갔다.

(16a), (16b)에서 '-다가', '-았다가'의 선행절과 후행절의 주어('철수', '영희')는 서로 상이하며 동시에 서술어도 상이하게 나타나 있다.

결국 '-다가', '-았다가' 구문은 선행절과 후행절의 주어와 서술어가 각각 상이하면 성립되지 않는다는 통사적 특성을 갖고 있는 것으로 이해된다.

그러나 이러한 통사적 특성은 다음 예에 의해 수정을 받아야 될 것으로 보인다.

> (17) 비가 오<u>더니</u> 금세 해가 난다.

위 (17)의 예에서는 선행절의 주어('비', '해')와 서술어('오다', '나다')가 각각 상이함에도 (16a), (17b)처럼 비문법적인 문장으로 되지 않고 자연스레 쓰이고 있다.

이것은 그러나 자연현상의 기술에만 가능한 것으로 보인다.

자연현상이란 그 행위의 주체가 변환될 수도 있으며, 따라서 변환된 주체로서도 능히 연속된 행위를 나타낼 수 있기 때문이다.

문제가 되는 것은 선행절 후행절의 주어가 인칭성을 띨 경우이다.

인칭 주어인 경우에는 주체의 변환은 곧 독자적 성격을 의미하기 때문이다.

다음 예를 보자.

> (18) a. *철수가 이 골목을 돌다가 영희가 되돌아 온다.
>   b. *철수가 이 골목을 돌았다가 영희가 되돌아 온다.

결국 '-다가', '-았다가'의 선행절과 후행절의 주어는, 그 주어가 인칭성을 가질 때에는 동일해야 한다는 조건을 지닌다.[15)]

이것은 동일한 주어에 의해서 동작되는 행위만이, 그 연속성을 보존할 수 있기 때문으로 이해된다.

3. '-다가'와 선택성

접속어미 '-다가'의 형태소를 어떻게 분석해내느냐 하는 문제는 지금으로서는 매우 중요한 문제이다.

왜냐하면 어떤 형태소 분석을 취하느냐는 곧 '-다가'의 의미와 기능이 무엇이냐를 결정짓는 중요한 요소이기 때문이다.

접속어미 '-다가'의 형태소는 첫째, '-다가'를 한 형태소로 보는 방법과 '-다'와 '-가'의 두 형태소의 배합으로 보는 방법이 있다.

두 번째의 방법은 전통적으로는 구조주의적 언어이론에 크게 영향을

---

15) 이러한 주어동일제약은 접속어미 '-느라고', '-느라니까', '-느라면' 등에서도 제기된다. 강기진, 非狀態性 接續語尾의 硏究, 홍익어문 5, 弘益大, 1986, 參照.

받은 분석 방법이지만, 실제적으로는 화용론적 입장을 고려한 방법이기도 하다.

즉 두 번째 방법은 '-다가'에서 '-다'와 '-가'를 분리해냄으로써, '-가'의 기능을 인정해주고 있다.

반면 첫 번째 방법은 '-가'를 선택적인 요소로 보는 견해를 취한다.

'-가'를 선택적인 요소로 본다는 것은, 말을 바꾸면 '-가'는 의미가 없는 허사로 본다는 말이 된다.

다음 예를 보자.

> (19) a. 철수를 한 시간이나 기다리다가 돌아갔다.
>
> b. 철수를 한 시간이다 기다리다 돌아갔다
>
> (20) a. 약국에서 약을 사다가 주세요.
>
> b. 약국에서 약을 사다 주세요.

즉 위의 예문 (19a)와 (20a)에 쓰인 '-다가'를 (19b)와 (20b)처럼 '-다'로 대치시켜도 (19a)와 (19b), (20a)와 (20b) 사이에는 아무런 의미변화를 초래하지 않는다는 것이 첫 번째 형태소 분석방법의 이론적 근거이다.

최현태(1971), 양인석(1972)으로 내려오는 이러한 분석 방법은 일반적으로 긍정되고는 있지만, 그러한 긍정이 '-다가'를 '-다'와 '-가'로 분석하는데서 오는 난점을 극복한 위에 시작된 긍정이 아니라는 데에 매우 중요한 문제가 있다.

즉 '-다가'를 '-다'와 '-가'로 분석하면 안 되는 이유와 근거 위에서 '-다가'를 '-다가'로 분석한 것이 아니라, 거의 선험적으로 '-다가' 분석에 임했다는 점이다.

이제 접속어미 '-다가'를 '-다'와 '-가'로 분석해 보고, 이러한 분석에서 제기되는 문제점과 난점을 검토해 보기로 한다.

아울러 접속어미 '-다가'를 '-다'와 '-가'로 형태소 분석할 경우와 그냥 그대로 한 형태소로 파악할 경우 사이에 어떠한 경우가 더 언어이론적으로 타당성을 갖는 것인지에 대해서도 검토해 보기로 하자.

우선 접속어미 '-다가'를 '-다'와 '-가'로 분석한다는 것은 '-다'는 물론 '-가'에도 의미가 있다는 것을 전제로 한다.

'-다가'의 '-다'에 의미를 주는 것은 그리 어렵지 않게 입증할 수 있는 작업이다.

다음을 보자.

> (21) a. 갈까 말까 망설이<u>다가</u> 시간만 허비했다.
>   b. 아까는 비가 오<u>다가</u> 이제는 눈이 온다.

앞의 예문 (21a)와 (21b)에 쓰인 '-다가'에서 '-다'에 의미가 있음을 입증하기 위해서 '-다'를 삭제(deletion)해보자.

다음은 그것이다.

> (22) a. *갈까 말까 망설이<u>다가</u> 시간만 허비했다.
>   b. *아까는 비가 오<u>다가</u> 이제는 눈이 온다.

앞의 (22a)와 (22b)는 (21a)와 (21b)에 쓰인 '-다가'에서 형태소 '-다'를 삭제시킨 것으로, 모두 비문법적인 것이 되었다.

(22a)와 (22b)가 비문법적인 문장이 되었다는 것은 곧 '-다'가 의미 없는 허사가 아니라 의미를 가진 하나의 형태소임을 직접적으로 시사하고 있다.

이제 같은 방법으로 '-가'에 대해 알아보자.

먼저 (21a)와 (21b)에 쓰인 '-다가'에서 '-가'를 삭제시켜 보기로 하자.

(23) a. 갈까 말까 망설이다 시간만 허비했다.
    b. 아까는 비가 오다 이제는 눈이 온다.

(23a)와 (23b)는 앞의 (21a)와 (21b)에서 '-가'를 삭제시켜 본 것인데 앞서와는 달리 훌륭한 문장이다.

'-다가'에서 '-가'를 삭제시켜 '-다'만 써도 문장이 가능하다는 것은 '-가'에 대한 두 가지 해석을 가능하게 한다.

첫째 '-가'를 의미가 없는 허사로 파악하는 방법과 둘째 '-가'가 자체의 고유한 의미를 가지고 있다는 방법이다.

첫째 방법은 '-다가'를 한 형태소로 보는 방법과 결국은 그 귀결을 같이하므로 나중에 살펴보기로 하고, 두 번째 방법을 보기로 한다.

'-가'가 그 자체의 고유한 의미를 갖고 있다면 '-다가'가 쓰인 문장과 '-가'를 삭제시킨 문장의 의미는 서로 상이해야 한다.

(24) a. 부산에 가<u>다가</u> 다시 되돌아 왔다.
    b. 부산에 가<u>다</u> 다시 되돌아 왔다.

(24a)와 (24b)의 의미가 동일한 것인지 아니면 상이할 것인지가 문제의 관건이다. (24a)와 (24b)의 의미가 동일하다면 '-다가'를 '-다'와 '-가'로 분석하는 방법 즉 '-가'에 고유한 의미를 부여하는 방법은 유효한 것이 될 수가 없다.

반면 (24a)와 (24b)의 의미가 상이한 것이라면 '-가'의 의미를 인정하는 것이 되며 따라서 '-다가'를 '-다'와 '-가'로 분석하는 결정적인 근거가 되는 셈이다.

여기서 한 가지 간과해서는 안될 점의 하나는 (24a)와 (24b)의 의미가 동일하다, 상이하다 했을때 그 의미라는 것의 외연(extension)을 어디까지 잡느냐 하는 점이다.

일반적으로 의미의 의미(meaning of meaning)가 무엇이냐 하는 문제가 제기될 때마다 두 가지의 가설이 가능한 것으로 보인다.

하나의 의미라는 것을 논리적인 의미를 의미하는 것으로 규정짓는 것이고, 나머지 하나는 논리적인 의미뿐만 아니라 화용적인 의미까지도 의미의 의미로 간주하려는 방법론이다.16)

논리적인 의미만을 의미의 외연으로 보려는 측면에서 검토해보자.

(24a)와 (24b)는 사실 논리적인 측면의 의미에서는 그 의미가 동일하다고 해야할 것이다.

왜냐하면 (24a)나 (24b) 모두 부산을 향해 떠난 것과 부산에 최종적으로 도착하지는 않고 어느 지점에서 다시 출발 지점으로 되돌아 온 것만은 사실이기 때문이다.

따라서 (24a)와 (24b)는 논리적인 의미는 동일하며, 그러한 측면에서는 (24a)와 (24b) 사이에는 의미변화가 없으므로, '-다가'를 '-다'와 '-가'로 형태소 분석하는 것은 유효한 일이 못된다.

그러나 측면을 달리하면, 그 사정은 달라진다.

의미라는 것의 외연을 화용론적인 데까지 확대시킨다고 할 때, 과연 (24a)와 (24b)의 화용론적인 의미가 동일하겠느냐 하는 점이 주목된다.

화용론적인 측면에서 '-다가'가 쓰인 (24a)와, '-다'만 쓰이고 '-가'가 삭제된 (24b)의 의미는 상이하다고 보는 것이 좋을 것 같다.

왜냐하면 (24a)의 '-다가'에서는 '-가' 때문에 과정적인 것을 주목하는 경향이 보인다.

즉 출발지에서 부산까지의 거리에는 두 구분이 가능하다. 하나는 출발지에서 다시 되돌아오게 된 지점의 거리이며, 나머지 하나는 다시 되돌아오게 된 지점에서 부산까지의 거리를 이른다.

---

16) Langacker,R., Language and It's structure: same fundamental, Lingui-stic concepts New York, 1967, pp. 72~107, 참조.

출발지점에서부터 다시 되돌아 오게 된 지점까지는 이미 그 행위가 완료된 완료지점이다.

반면 다시 되돌아 오게 된 지점에서부터 부산까지는 아직 그 행위가 미완료된 미완료 지점이다.

위의 세 지점에 있다고 할 때, '-다가'는 출발지점에서부터 다시 되돌아 오게 된 지점 사이의 과정과 다시 되돌아 오게 된 지점에서부터 부산까지 사이의 과정을 대비시키는 기능을 갖고 있다.

즉 '-다가'에는 과정성(progress)의 의미가 내포되어 있다.

반면 '-다'만이 쓰인 것의 의미를 보자

'-다'만 쓰인 경우는 과정과 과정 사이를 대비시키는 기능을 행사하고 있지는 못하다.

그것은 지점과 지점만을 대비시킬 뿐이다.

즉 다시 출발점으로 되돌아 오게 된 지점과 부산과를 대비시키고 있을 뿐이다.

즉 화용적인 측면에서는 (24a)와 (24b)의 의미에는 미세한 의미 차이를 보인다.

이제 문제는 의미의 의미를 어떻게 잡을 것이냐 하는 데에 최종적으로 모아진다

필자는 화용적 의미를 의미의 외연으로 규정하고 데에는 반대한다.

왜냐하면 현실적으로 논리적인 의미 뿐만 아니라 화용적인 의미도 의미의 의미로 간주하는 데에는 몇 가지 큰 문제점을 수반하기 때문이다.

우선 화용적인 의미까지를 의미의 외연으로 잡을 경우 의미론의 영역이 너무 넓어져 의미론의 체계화에 큰 문제가 된다.

언어 자체의 구조가 의미(meaning)와 음상(sound)의 결합이라면, 의미의 문제는 우선적으로 형식화 되어야 한다.17)

문제를 너무 확산시켜버리기보다는 우선적으로 가능한 측면에서부

터의 정리가 바람직하다고 본다.

결국 접속어미'-다가'를 '-다'와 '-가'로 분석하려는 방법론은 유효한 것이 될 수 없다.

따라서 '-다가'의 '-가'는 선택적인 요소로 간주하는 것이 타당할 것으로 보인다.

4. 결 론

국어의 접속어미 '-다가'와 '-았다가'의 의미와 통사적 특성을 검토하려는 것이 본 논문의 일차적인 목적이었다.

접속어미 '-다가', '-았다가'의 분석에 있어서 가장 문제가 되었던 것은 '-다가', '-았다가'의 의미 기능이 무엇이겠느냐 하는 점이었다.

본 논문은 '-다가', '-았다가'의 의미 기능을 기본적으로는 '연속된 행위'에 두고, 이러한 기본적인 의미기능과 더불어 '결격자격', '우연의 일치'라는 용법도 있음을 밝혔다.

또 이러한 의미기능이 통사적으로 어떤 연관관계를 형성하고 있는 것인지도 검토하였는데, 흥미로운 것은 주어-서술어 선택제한을 '-다가'와 '-았다가'가 가지고 있었다는 점이었다.

본 논문은 또 접속어미 '-다가', '-았다가'의 형태소 분석을 시도해 보고 이들을 '-다'와 '-가'로 분리해 내는 것이 불합리함도 아울러 논해 보았다.

---

17) Jacobs, R. A & Rosenbaum., *English Transfomational Grammar*, Blaisdel publishing Co. 1968, pp. 9-22, 참조.

┃ 參考文獻

강기진, 국어접속어미의 의미기능, 이병주선생주갑기념논총, 1981.

_____, 국어접속어미 '-(으)나'의 분석, 어문논지 4~5, 충남대, 1985.

_____, 진행형 '-고 있다'의 의미, 홍익어문 4, 홍익대, 1985.

_____, 국어접속어미 '-거니, -거니와, -거늘'의 연구, 멱남김일근박사화갑기념어문학논총, 1985.

_____, '-며' 구문의 통사론, 약천 김민수박사환갑기념, 국어학신연구, 1986.

_____, 비상태성 접속어미의 연구, 홍익어문 5, 1986.

남기심, 現代國語時制에 관한 問題, 「국어국문학 55-5」, 국어국문학회, 1971.

양인석, 韓國語의 接續化, 「어학연구 8-2」, 1972.

최현배, 「우리말본」, 정음사, 1971.

Gleason, H. A., *An Introduction to Descriptive Linguistics*, Holt, Rinehart and Winston Inc, 1955.

Jacobs R.A & Rosenbaum., *English Transformational Grammar*, Blarsdel Publishing Co, 1968.

Langacker, R., *Language and It's structure: same fundamental*, Linguistic concepts New York, 1967.

Searle. J., Speech Acts: *An Essay in philosophy of language*, Cambridge University Press, 1969.

전제성 접속어미에 대하여

—'-(으)되'를 중심으로—

1. 問題의 提起

국어에는 다양한 接續語尾들이 발달되어 있다. 이들 接續語尾들에 대한 체계적이고 복합적인 연구가 국어 複合文 체계의 정립에 필수적인 전제임은 이미 주지의 사실이다.

본고는 이러한 다양한 接續語尾들 중에서 '前提性'의 樣相을 보이는 接續語尾 '-(으)되'를 중심으로 하여, 그 意味論的 특성과 統辭論的 몇몇 制約을 분석해보려는 데에 그 목적이 있다.[1]

본 소론은 다음과 같은 몇 가지 점에 초점을 두어 논의를 진행시키고자 한다.

첫째, 接續語尾 '-(으)되'의 意味的 속성은 무엇이며, 그것은 '前提性'이란 것과 어떠한 相關關係를 지니는 것인가하는 문제.

둘째, 接續語尾 '-(으)되'의 統辭的 속성은 무엇이며, 그러한 統辭的 制約은 意味論的으로 어떻게 해석되어지는가 하는 문제.

셋째, '-(으)되'의 先行文은 後行文의 내용에 얼마만큼의 제약을 가

---

1) 이것에 대해서는 최현배, 우리말본, 1972, pp. 315~316, 參照.

하는가 하는 문제.2)

　본 소론은 현대국어를 대상으로 한 共時的인 연구이며 通時的 사실에는 관여하지 않는다. 그리고 본 소론은 국어 接續語尾에 대한 필자의 연구의 일환으로 작성되는 것임을 아울러 밝힌다.3)

2. '-(으)되'의 統辭機能

　'-(으)되'의 先行文과 後行文에 올 수 있는 叙述語의 종류에 대한 제약을 알아보기로 하겠다.

　다음을 보자.

　　(1) a. 이 책을 건네드리되 공손히 드려라.
　　　　b. 철수는 키는 작되 몸집은 크다.
　　　　c. 선생은 선생이되 국어선생이다.

　위 (1a), (1b), (1c)는 모두 '-(으)되'의 構文인데 그 先行文의 叙述

---

2) 최현배는 '-(으)되'를 2가지로 갈라 보았다. 최현배, 1959, pp. 315~316.
3) 康琪鎭, 國語 接續語尾의 意味機能, 李乃疇先生周甲紀念論叢, 二友出版社, 1981.
　　＿＿＿, 國語 接續語尾 '-(으)나'의 分析, 月村具壽榮敎授還甲紀念論文集, 螢雪出版社, 1985.
　　＿＿＿, 進行形 '-고 있다'의 意味, 弘益語文 4, 弘益大, 1985.
　　＿＿＿, 國語 接續語尾 '-거니, -거니와, -거늘'의 硏究, 覓南金一根博士華甲紀念語文學論叢, 1985.
　　＿＿＿, 國語 接續語尾 '-니'와 '-니까'의 硏究, 國語學 14, 國語學會, 1985.
　　＿＿＿, '-며' 構文의 統辭論, 若泉金敏洙博士還甲紀念 國語學新硏究, 塔出版社, 1986.
　　＿＿＿, 非狀態性 接續語尾의 硏究, 弘益語文 5, 弘益大, 1986.
　　＿＿＿, '-(았)다가'의 硏究, 한실李相寶博士還甲紀念論文集, 1987.

語가 각각 相異하다.

즉 (1a)에는 動詞가, (1b)에는 形容詞가, 그리고 (1c)에는 指定詞가 敍述語로 각각 나타나 있다.

이것은 '-(으)되'의 先行文의 敍述語로는 어떠한 성질의 敍述語도 다 올 수 있음을 시사한 것으로 주목이 된다.

이제 '-(으)되'의 後行文의 敍述語 제약에 대해 알아보기로 하겠다. 다음을 보자.

(2) a. 비가 오되 너무나 많이 온다.
    b. 품질은 좋되 너무나 값이 비싸다.
    c. 칼은 칼이되 그것은 보검이다.

위 (2a), (2b), (2c)에서 '-(으)되'의 後行文의 敍述語는 각각 상이하게 나타나 있다. 즉 (2a)에서는 '-(으)되'의 後行文의 敍述語가 動詞인 반면, (2b)에서는 形容詞가 와 있고 (2c)에서는 指定詞가 와 있다.

이러한 사실은 '-(으)되'의 後行文은 그 敍述語에 제약이 없음을 보인 것이다.

정리하면 다음과 같다.

(3) 接續語尾 '-(으)되'의 先行文과 後行文의 敍述語 制約은 전혀 없다.

이제 '-(으)되' 構文에 있어서 그 先行文과 後行文의 관계에 대해서 알아보자. 먼저 '-(으)되' 構文의 先行文과 後行文을 倒置시켜 보는 방법을 생각해 보기로 하자. 다음을 보자.

(4) a. 영희는 시골 출신이되 도시 출신 같다.
    b. 비가 오기는 오되 너무 적게 온다.

위 (4a), (4b)는 '-(으)되' 構文인데 이제 그 先行文과 後行文을 도
치시켜 보기로 하겠다. 다음이 그것이다.

> (5) a. 영희는 도시출신이되 시골 출신 같다.
> 　　b. 비가 너무 적게 오되 오기는 온다.

위 (5a), (5b)는 앞의 (4a), (4b)의 '-(으)되' 構文에서 그 先行文
과 後行文의 순서를 서로 바꾼 것인데 모두 文法的인 문장이 되었다.

물론 그 文法的인 層位가 달라졌으니 (5a), (5b)가 (4a), (4b)와
그 意味가 동일하다는 것은 아니다. 다만 (5a), (5b)도 적정한 話用論
的인 조건만 주어진다면 가능한 文章이 될 수 있다는 점이다.

이제 '-(으)되'의 다른 統辭的 특성을 찾아보기로 하겠다.

다음을 보자.

> (6) 밥을 먹되 점잖게
> 　　　　　　　　{
> 　　　　　　　　　a. 먹다.
> 　　　　　　　　　b. 먹니?
> 　　　　　　　　　c. 먹어라.
> 　　　　　　　　　d. 먹자.
> 　　　　　　　　}

위 (6a)는 '-(으)되' 構文의 後行文은 接續語尾의 종류에 제약이 없
음을 보인 것이다.

즉 (6a)에서는 叙述形과 呼應關係를 이루어 文法的인 文章이 되었
고, (6b)에서는 疑問形, (6c)에서는 命令形, 그리고 (6d)에서는 請誘形
과 呼應形關係를 이루어 文法的인 文章이 되었다.

정리하면 다음과 같다.

> (7) 接續語尾 '-(으)되'의 後行文은 終結語尾의 叙法의 종류에 제약이
> 　　없다. 즉 叙述形, 疑問形, 請誘形 그리고 命令形이 다 쓰일 수 있다.

이제 '-(으)되'에 完了의 '-았'과 推定의 '-겠'이 先行할 수 있는 지의 여부에 대해 알아보기로 하겠다. 다음을 보자.

(8) a. 잠은 자되 깊은 잠은 못 잔다.
　　 b. 잠은 잤되 깊은 잠은 못 잤다.
　　 c. 잠은 자겠되 깊은 잠은 못 자겠다.

위 (8a), (8b), (8c)에서는 각각 '-(으)되'가 完了의 '-았'과 推定의 '-겠'에 부착되는 樣相을 보여주고 있다.

이것은 '-(으)되'의 先行文, 後行文에 '-았'과 '-겠'이 자유로이 쓰임을 보이고 있는 예이기도 하다.

정리하면 다음과 같다.

(9) 接續語尾 '-(으)되'의 先行文과 後行文에는 '-았'과 '-겠'의 制約이 없다.

이제 '-(으)되'의 先行文과 後行文이 어떠한 主語의 樣相을 보이고 있는지를 알아보기로 하자.

다음을 보자.

(10) a. 비가 오되 너무나 많이 온다.
　　 b. 철수가 잠을 자되 깊은 잠은 못 잔다.

위 (10a), (10b)에서는 각각 後行文에 主語가 생략되어 나타나 있다. 즉 (10a)에서는 先行文의 主語 '비'로 나타난 반면 後行文의 主語는 생략되어 나타나 있다.

또 (10b)에서도 先行文의 主語는 '철수'로 나타난 반면 後行文의 主語는 생략되어 있다.

(10a), (10b)의 '-(으)되' 構文에서 그 先行文과 後行文의 主語가 同一하다고 想定한다면 다음과 같은 基底構造를 얻을 수 있다.

다음을 보자.

(11) a. 비가 오되 너무나 많이 온다.
　　 b. 철수가 잠은 자되 철수가 깊은 잠은 못 잔다.

위 (11a), (11b)는 앞의 (10a), (10b)의 '-(으)되' 構文에서 생략된 後行文의 主語를 각각 다시 復元시킨 構文인데, 보는 바와 같이 文法的 構文이 되었다.

따라서 최소한 (11a), (11b)의 경우에서 보았을 때, '-(으)되' 構文은 그 先行文과 後行文의 主語가 동일해야 한다는 假設이 가능하다.

그리고 이러한 가설을 다음의 (12a), (12b)의 검증에 의해서도 확인되는 것으로 간주된다.

다음을 보자.

(12) a. *비가 오되 눈이 너무나 많이 온다.
　　 b. *철수가 잠은 자되 영희가 깊은 잠은 못 잔다.

위 (12a), (12b)는 (11a), (11b)에 각각 그 先行文과는 相異한 主語를 復元시킨 文章인데, 모두 非文法的인 文章이 되었다.

이것은 '-(으)되' 構文에 있어서 그 先行文과 後行文의 主語 동일성 제약이 있다는 앞서의 가설을 가능케 해주는 단서가 아닐 수 없다.

그러나 문제는 다른 곳에서 발생이 된다. 다음을 보자.

(13) a. 값은 싸되 품질은 우수하다.
　　 b. 돈은 없으되 인심은 후덕하다.

위 (13a), (13b)에서는 '-(으)되' 構文의 先行文과 後行文의 主語가 서로 相異하게 나타났는데도, 모두 그 文法性을 유지하고 있다.

이것은 '-(으)되' 構文에 있어서 그 先行文과 後行文의 主語 제약이 다소간 완화될 수 있음을 시사한 것으로 주목이 된다.

3. '-(으)되'의 意味機能

'-(으)되'의 意味的 특성이 무엇인지를 알아보기로 하겠다. 우선 다음을 보기로 하자.

    (14) a. 비가 오되 너무나 많이 쏟아진다.
        b. 돈을 건네주되 공손히 건네주어라.

위 (14a), (14b)에서 '-(으)되'의 意味機能은 어떤 前提的 기능을 행사하고 있는 것으로 보인다.

그것은 '前提性'의 意味機能을 지닌 接續語尾 '-는데'와 代置시켜 보면 쉽게 알 수 있다.

다음을 보자.

    (15) a. 비가 오는데 너무 많이 쏟아진다.
        b. 돈을 건네주는데 공손히 건네주어라.

위 (15a), (15b)는 앞의 (14a), (14b)의 '-(으)되' 構文을 '-는데' 構文으로 代置시킨 文章인데 모두 文法的인 文章이 되었다.

이러한 것은 '-(으)되'에 前提的인 機能이 있음을 말해주는 것으로 매우 시사적이다.

결국 '-(으)되' 構文의 構造는 다음과 같이 形式化될 수 있다.

> (16) a. 前提 段階
>
>   b. 敍述 段階

(16a), (16b)는 '-(으)되' 構文이 성립할 수 있는 최소 구성 요건을 말한 것이다. 즉 '-(으)되'의 先行文은 (16a)의 前提段階를 담당하고 있으며, '-(으)되'의 後行文은 (16b)의 敍述段階를 담당하고 있다고 볼 수가 있는 것이다.

이를 앞의 (14c)에 비유해서 도식화하면 다음과 같다.

> (17) a. 前提段階 - 비가 오는 것.
>
>   b. 敍述段階 - 비가 너무나 많이 쏟아지는 것.

따라서 前提段階가 설치되어 있지 않으면, '-(으)되'의 構文은 작성될 수 없는 것으로 인식된다.

다음을 보라.

> (18) a. *비가 너무나 많이 쏟아 지되 온다.
>
>   b. *돈은 공손히 건네주되 건네주어라.

위 (18a), (18b)의 '-(으)되' 構文이 非文法的으로 된 것은 무슨 이유에서일까? 그것은 '-(으)되' 構文에 있어서 前提段階와 敍述段階에 대한 대책이 없었기 때문이다.

즉 (18a)에서는 '비가 너무 많이 온다'는 前提에 대한 적정선 여부가 문제시되었다.

여기서 하나 정리해 두어야 할 문제가 있다.

(19) '-(으)되' 構文에 있어서 前提는 '叙述'보다 그 外延이 커야 한다.

위의 정리 (19)에 의거하여 본다면 (18a)의 文章이 非文法的인 文章이 된 것은 너무나 당연한 귀결이 아닐 수 없다.

그것은 前提의 外延이 叙述의 外延보다 상대적으로 커야 함에도 불구하고 (18a)에서는 그것이 제대로 지켜지지 못했기 때문이다. 즉 '비가 많이 쏟아진다'는 것은 '비가 온다'는 것의 특수 사실일 뿐이기 때문이다. 도식화하면 다음과 같다.

(20)

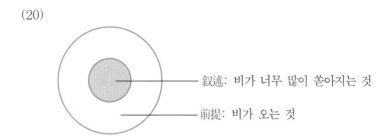

叙述: 비가 너무 많이 쏟아지는 것

前提: 비가 오는 것

따라서 이제 '-(으)되'의 일차적인 意味機能으로 다음과 같은 정리가 가능할 수 있게 되었다. 다음을 보자.

(21) 接續語尾 '-(으)되'는 前提的인 意味機能을 가지고 있다. 接續語尾 '-(으)되'의 構文이 가능하려면, 그 先行文은 '前提段階'를 지시해야 하고, 그 後行文은 '事實段階'를 지시해야 한다. 이때 前提의 外延은 叙述의 外延보다 크다.

이제 '-(으)되'의 다른 意味機能에 대해서 알아보기로 하자.

(22) a. 그 사람은 말은 잘 하되 실행은 따르지 않는다.
     b. 영희에게 돈을 주되 너무 많이 주지 마라.

위 (22a), (22b)의 '-(으)되' 構文은 統辭的으로 하나의 공통성은 지니고 있는데, 그것은 '-(으)되'의 後行文이 否定形으로 되어 있다는 것이다.4)

이제 이러한 '-(으)되'의 後行文의 否定形이 갖는 意味論的 意味가 무엇인지를 알아보기로 하자.

우선 (22a), (22b)의 '-(으)되' 構文은 양보적인 意味機能을 띠고 있는 것으로 보인다. 다음을 보자.

(23) a. 그 사람은 말을 잘할지라도 실행은 따르지 않는다.
     b. 영희에게 돈을 줄지라도 너무 많이 주지 마라.

위 (23a), (23b)는 앞의 (22a), (22b)의 '-(으)되' 構文에 양보의 意味를 지닌 句(phrase) '-할지라도'를 代置시킨 文章인데, 모두 文法的인 文章이 성립되었다.

이러한 代置關係는 '-(으)되'의 또 하나의 意味特性을 지시하는 것으로 간주된다.

정리하면 다음과 같다.

(24) 接續語尾 '-(으)되'의 意味機能 중의 하나는 양보적 意味機能이다. 이 양보적 기능은 '-(으)되'의 後行文이 반드시 否定形일 것을 前提條件으로 하는 意味機能이다.

위 (24)의 정리를 반증할 수 있는 하나의 자료를 살펴보기로 하자.

---

4) 국어의 否定形에는 '안V'와 'Vst지 않다'의 2가지가 있으나 意味差는 없다.

다음을 보자.

> (25) a. 오늘은 비가 오되 너무 많이 쏟아진다.
> b. 인사는 하되 가능한 한 많이 하라.

위 (25a), (25b)의 '-(으)되' 構文에 양보의 意味機能이 있는지 어떤지에 대해서 알아보기 위해 '-ㄹ지라도'를 代置시켜 보자.

> (26) a. [?]오늘은 비가 올지라도 너무 많이 쏟아진다.
> b. [?]인사는 할지라도 가능한 한 많이 하라.

위 (26a), (26b)는 (25a), (25b)의 '-(으)되' 대신에 양보의 句를 代置시킨 構文인데, 모두 납득할 수 있는 文章이 되지 못하였다.

그런데 그러한 文章의 이상함은 근원적으로는 '-(으)되'의 後行文이 否定形이 아닌 데서 비롯되는 것으로 보인다.

4. 結 論

본 소론은 接續語尾 '-(으)되'의 統辭論的 특성과 그에 관련된 意味論的 특성을 밝혀보려는 의도하에 작성된 것이다. 지금까지의 논의를 요약하면 다음과 같다.

> (1) 接續語尾 '-(으)되' 先行文과 後行文의 敍述語 制約은 전혀 없다. 즉 動詞, 形容詞, 指定詞 모두 '-(으)되'의 先行文과 後行文의 敍述語로 다 쓰일 수 있다.
> (2) 接續語尾 '-(으)되'의 後行文은 그 終結語尾의 敍述上의 종류에

제약이 없다. 즉 敍述形, 疑問形, 請誘形 그리고 命令形이 다 쓰일
수 있다.

(3) 接續語尾 '-(으)되'의 先行文과 後行文에는 '-았'과 '-겠'의 제약
이 없다.

(4) 接續語尾 '-(으)되'는 前提性의 意味機能을 지니고 있다. 接續語
尾 '-(으)되'에 대한 文構成이 가능하려면, 그 先行文은 前提段階
를 지시해야 하고, 그 後行文은 事實段階를 지시해야 한다. 이때
先行文의 外延은 後行文의 外延보다 커야 한다.

(5) 接續語尾 '-(으)되'의 意味機能 가운데서 중요한 것의 하나는 이
'-(으)되'가 양보적인 意味機能은 지니고 있다는 점이다.
　　이 양보적 機能은 '-(으)되'의 後行文이 반드시 否定形일 것을
전제조건으로 하고 있다.

본고는 '-(으)되'에 대한 기초적인 논의만을 행했을 뿐이다. 그러나
그러한 기초적인 논의조차 없었던 학계의 저간의 사정에 비추어 본다면
많은 논리상의 허점을 지니고 있을지도 모른다.

다음과 같은 문제들이 바로 그러한 점이다.

첫째, '-(으)되'의 後行文이 否定形일 때, '-(으)되'는 양보적 意味機
能을 띠는데, 이것의 相關關係는 무엇인가? 즉 統辭的인 樣相이
意味的인 機能에 미칠 수 있는 영향력의 한계는 어디까지인가?
둘째, '-(으)되' 構文이 성립될 수 있는 두 前提條件 즉 (1) 前提段階
와 (2) 敍述段階는 어떻게 형식화될 수 있는가? 그리고 그러한
형식화의 의미는 무엇인가?

위의 2가지 문제는 고를 달리하여 논하기로 하겠다. 본고는 다만 본
고로 인하여 接續語尾 '-(으)되'에 관한 많은 문제점들이 환기되는 계기
가 되었으면 더 이상 소망스러울 것이 없겠다.

▌ 參考文獻

康琪鎭, 國語 接續語尾의 意味機能, 李丙疇先生周回甲紀念論叢, 二友出版社, 1981.

＿＿＿, 國語接續語尾 '-(으)나'의 分析, 月村具壽榮先生還甲紀念論文集, 螢雪出版社, 1985.

＿＿＿, 進行形 '-고 있다'의 意味, 弘益語文 4, 弘益大, 1985.

＿＿＿, 國語接續語尾 '-거니, -거니와, -거늘'의 硏究, 覓南金一根博士華甲紀念語文學論叢, 1985.

＿＿＿, 國語接續語尾 '-니'와 '-니까'의 硏究, 國語學 14, 國語學會, 1985.

＿＿＿, 國語特殊助詞 '-나'의 意味機能, 仙嚴李乙煥敎授還甲紀念論文集, 한국국어교육연구회, 1985.

＿＿＿, '-며' 構文의 統辭論, 若泉金敏洙博士還甲紀念國語學新硏究, 塔出版社, 1986.

＿＿＿, 非狀態性 接續語尾의 硏究, 弘益語文 5, 弘益大, 1986.

＿＿＿, '-(았)다가'의 硏究, 한실李相寶博士還甲紀念論文集, 1987.

김승곤, 한국어 연결형 어미의 의미분석 (1), 한글 173~174, 한글학회, 1981.

＿＿＿, 한국어 이음씨 끝의 의미 및 통어기능 연구 (1), 한글 186, 한글학회, 1984.

남기심, 국어 연결어미의 화용론적 기능, 연세논총 15, 延世大, 1979.

박기덕, 한국어의 $S \rightarrow S_n^2$ 에 관한 연구, 연세대 한국연구소, 1974.

성낙수, 이유 원인을 나타내는 접속문 연구 (1), 한글 162, 한글학회, 1978.

＿＿＿, 이유 원인을 나타내는 접속문 연구 (II), 연세어문 11, 延世大, 1979.

梁綃錫, 韓國語의 接續化, 語學硏究 8-2, 서울大, 1972.

최현배, 우리말본, 정음사, 1972.

Bloomfield, L., *Language*, George Allen & unwin LTD. London, 1958.

Bolinger, D., *Meaning and form Longman*, London and New York, 1977.

상태 변화의 접속어미에 대하여

—'-다가', '-다가는'을 중심으로—

1. 문제의 제기

본 소론의 목적은 국어의 여러 접속어미들 중에서 상태변화의 양상을 보이는 접속어미 '-다가', '-다가는'을 대상으로 하여, 그 의미적, 통사적 특성을 분석하려는 데에 있다.[1]

따라서 본 소론은 다음과 같은 3가지 점에 그 논의의 초점을 두게 된다.

다음을 보자

첫째, 접속어미 '-다가', '-다가는'의 의미는 각각 어떻게 상정될 수 있으며, '-다가'와 '-다가는'의 의미적 상이성은 무엇인가?[2]

둘째, 접속어미 '-다가'와 '-다가는'의 통사적 특성으로는 어떠한 것이 있으며, 특히 '-다가는'을 '-다가'와 '-는'으로 형태 분석할 때 생기는 문제점은 무엇이며, 그러한 문제점은 통사적으로 어떻게 극복될 수 있

---

1) 이들 접속어미에 대해서는 최현배, 1959, p. 320, 참조.
2) 최현배는 이 둘 다 '그침꼴'로 보고 있다. 최현배, 1959, p. 320.

는가?

셋째, 접속어미 '-다가'와 '-다가는'은 동일한 문법 범주로 묶여질 수 있는 것인지 어떤지, 묶여질 수 있다면 그러한 동일화를 가능케하는 요소로는 무엇이 있을 수 있는가?

아울러 이러한 논의가 얼마간은 시험적일 수밖에 없음을 본 논문은 시인하고자 한다. 그것은 우선 그간의 다양한 접속어미에 대한 논의에도 불구하고, '-다가'와 '-다가는'에 대한 종합적인 논의가 없었다는 저간의 학계의 사정에서 우선 비롯된다.

그러한 면에서 본 소론이 '-다가'와 '-다가는'의 연구의 활성화를 위해 작은 디딤돌이 되었으면 필자로서는 더 소망스러울 것이 없겠다. 그리고 본 소론은 접속어미에 대한 필자의 일련의 연구작업의 일환임도 아울러 밝힌다.3)

---

3) 강기진, 국어 접속어미의 의미기능, 이병주선생회갑논총 이우출판사, 1981.
_____, 국어 접속어미 '-(으)나'의 분석, 어문논지 4, 5, 충남대, 1981.
_____, 진행형 '-고 있다'의 의미, 홍익어문 4, 홍익대, 1985.
_____, 국어 접속어미 '-거니, -거니와, -거늘'의 연구, 먹남 김일근박사환갑기념 어문논총, 건국대, 1985.
_____, 국어 접속어미 '-니와 -니까'의 연구, 국어학 14, 국어학회, 1985.
_____, 국어특수조사 '-나'의 의미기능, 선임 이을환교수환갑기념논문집, 한국국어 교육연구회, 1985.
_____, '-며' 구문의 통사론, 약천 김민수박사 환갑기념국어학신연구, 탑출판사, 1988.
_____, 비상태성 접속어미의 연구, 홍익어문 5, 홍익대, 1986.
_____, '-(았)다가'의 연구, 한실 이상보박사환갑기념논문집, 형설출판사, 1987.
_____, 전제성 접속어미에 대하여, 한남어문 13, 한남대, 1987.
_____, 직접목적성 접속어미의 연구, 난대 이응백박사정년퇴임기념논문집, 서울대, 1988.

2. '-다가', '-다가는'의 통사적 특성

접속어미의 선행문과 후행문이 어떠한 주어의 양상을 보이고 있는지를 관찰하는 것은 그 접속어미의 통사적 특성을 가늠하는 데 더 없이 소중한 기회를 부여해 준다는 것은 이미 주지의 사실이다.

우선 '-다가'와 '-다가는'에 대해서 차이점을 논의해 보기로 하자.

(1) a. 철수가 부산에 가다가 다시 돌아왔다.
    b. 일을 하다가 철수는 집에 가버렸다.

위 (1a), (1b)는 각각 선행문과 후행문에 주어가 생략되어 나타나 있다. 즉 (1a)에서는 선행문의 주어는 '철수'로 나타난 반면 후행문의 주어는 생략되어 있다. 또 (1b)는 선행문의 주어는 생략되어 있는 반면 후행문의 주어는 '철수'로 나타나 있다.

(1a), (1b)의 '-다가' 구문에서 선행문과 후행문의 주어가 동일하다고 상정한다면, 다음과 같은 기저구조를 얻을 수 있다. 다음을 보자.

(2) a. 철수가 부산에 가다가 철수가 다시 돌아왔다.
    b. 철수가 일을 하다가 철수가 집에 가버렸다.

(2a), (2b)는 앞의 (1a), (1b) '-다가' 구문에서 생략된 선행문, 후행문의 주어를 각각 다시 복원시킨 구문인데, 보는 바와 같이 문법적인 구문이 되었다.

따라서 '-다가' 구문은 그 선행문과 후행문의 주어가 동일해야 한다는 시사를 (2a), (2b)에서 얻을 수 있다.

그러나 모든 문법적, 특히 통사적 가설은 검증이 필요하다. (2a),

(2b) 구문에 대한 검증의 방법은 동일한 주어가 아닌 상이한 주어를 복원시켜 보는 방법이 있을 수 있다.

다음이 그것이다.

   (3) a. *철수가 부산에 가다가 영희가 다시 돌아왔다.
      b. *영희가 일을 하다가 철수는 집에 가버렸다.

(3a), (3b)는 (1a), (1b)에 각각 선행문, 후행문과는 상이한 주어를 복원시킨 문장인데, 명백한 비문법적인 문장이 되었다. 이것은 앞서의 문법적 가설을 가능케 해주는 단서가 아닐 수 없다.

정리하면 다음과 같다.

   (4) 접속어미 '-다가' 구문은 주어 동일성의 제약을 갖는다.

이제 위 (4)의 제약이 '-다가는'의 구문에 보이는 반응을 알아보기로 하겠다.

   (5) a. 네가 그렇게 잠만 자다가는 성공할 수 없다.
      b. 일이 잘 되어가다가는 어그러졌다.

위 (5a), (5b)에는 각각 선행문과 후행문의 주어가 생략되어 나타나 있다. 즉 (5a)에서는 선행문의 주어는 '너'로 나타난 반면 후행문의 주어는 생략되어 나타나 있다.

또 (5b)에서는 (5a)와 마찬가지로 선행문의 주어만 나타나 있을 뿐 후행문의 주어는 나타나 있지 않다.

(5a), (5b)의 '-다가는' 구문에서 선행문과 후행문의 주어가 동일하다는 가설을 세워 본다면 다음과 같은 기저구조를 상정해 볼 수 있다.

다음을 보기로 하자.

> (6) a. 네가 그렇게 잠만 자다가는 너는 성공할 수 없다.
>   b. 일이 잘 되어 가다가는 일이 어그러졌다.

위 (6a), (6b)는 앞의 (5a), (5b)의 '-다가는' 구문에서 생략되어
나타나 있던 선행문, 후행문의 주어를 각각 다시 복원시킨 구문인데, 앞
에서 보는 바와 같이 문법적인 구문이 되었다.

따라서 '-다가는' 구문 역시 '-다가' 구문처럼 그 선행문과 후행문의
주어가 동일해야 한다는 가설을 얻을 수 있다.

이러한 가설은 다음의 검증에 의해 더 더욱 확고해진다. 다음을 보
기로 하자.

> (7) a. *네가 그렇게 잠만 자다가는 영희는 성공할 수 없다.
>   b. *일이 잘 되어 가다가는 철수가 어그러졌다.

위 (7a), (7b)는 (5a), (5b)에 각각 선행문, 후행문과는 상이한 주
어를 복원시킨 문장인데 명백한 비문법적인 문장이 되었다.

이러한 비문법성은 앞서의 문법적 가설을 더 더욱 정당화시켜 주는
것이 아닐 수 없다.

결국 '-다가' 구문과 '-다가는' 구문은 그 선행문과 후행문의 주어에
제약을 갖는 것으로 간주된다. 정리하면 다음과 같다.

> (8) 접속어미 '-다가' 구문과 '-다가는' 구문은 그 선행문과 후행문에
>   있어서 주어 동일성의 제약을 갖는다.

이제 다른 통사적 제약이나 특성에 대해서도 알아보기로 하자.

그것의 하나로 '-다가', '-다가는' 구문의 선행문과 후행문을 도치시켜 보는 방법론을 생각해 볼 수 있다.

먼저 '-다가' 구문에 대해서 생각해 보기로 하자.

(9) a. 철수는 밥을 먹다가 그만 복통을 일으켰다.
    b. 영희는 학교에 가다가 그를 보았다.

위 (9a), (9b)에서 그 선행문과 후행문의 순서를 바꾸어 보기로 하겠다. 다음이 그것이다.

(10) a. *철수는 그만 복통을 일으켰다가 밥을 먹었다.
     b. *영희는 그를 보았다가 학교에 갔다.

위 (10a), (10b)는 앞의 (9a), (9b)의 '-다가' 구문에서 그 선행문과 후행문의 순서를 서로 바꾼 것인데, 모두 비문법적인 문장이 되어 버렸다. 이것이 시사하는 바는 무엇보다도 자명하다. 그것은 '-다가' 구문은 적어도 통사적인 관계가 의미론적인 심층과 긴밀히 연결되어 있음을 보여주는 예이기도 하기 때문이다.

그러한 선행문과 후행문의 통사, 의미론적인 긴밀성의 이유는 다음 2가지로 나누어 볼 수 있다.

다음을 보기로 하자.

(11) a. 시간적 긴밀성
     b. 인과론적 긴밀성

위 (11a), (11b)의 긴밀성 가운데서 어느 것이 더 더욱 적확한 이유인지는 의미론적인 문제이기 때문에 여기서 논하지 않고 다음 (3)장에서 논하기로 하겠다.

이제 '-다가는' 구문에 대해서 생각해 보기로 하겠다.

> (12) a. 그렇게 돈을 낭비하다가는 망하기 십상이다.
>   b. 빨리 밥을 먹다가는 체한다.

위 (12a), (12b)의 '-다가는' 구문에서 그 선행문과 후행문을 도치시키면 다음과 같은 구문을 얻을 수 있다.

다음을 보자.

> (13) a. *망하기 십상이다가는 그렇게 돈을 낭비한다.
>   b. *체하다가는 빨리 밥을 먹는다.

위 (13a), (13b)는 앞의 (12a), (12b)의 '-다가는' 구문에서 그 선행문과 후행문의 순서를 서로 도치시켜 본 것인데 (13a), (13b)에서 보는 바와 같이 모두 비문법적인 문장이 되어버렸다. 이러한 비문법성의 의미는 다음과 같은 시사를 전해주기에 충분하다.

> (14) a. '-다가는' 구문은 그 선행문과 후행문의 의미론적 긴밀성이
>   인과관계적 성격이 있다.
>   b. '-다가는' 구문에서 그 선행문과 후행문의 순서를 바꾸었을
>   때 보여주는 비문법성은 시간관계적 문장에서 비롯된다.

위 (14a), (14b)의 진단은 '-다가' 구문에서도 동일함은 앞에서 본 그대로이다.

이제 서법상에 나타나는 통사적 제약에 대해 알아보기로 하자.

먼저, '-다가' 구문에 대해서 알아보기로 하자.

'-다가'의 후행문은 그 종결어미의 서법의 제약을 거의 받지 않는 것

으로 보인다.

<blockquote>
(15) 부산에 가다가 { 돌아오다.
돌아오니?
돌아오자.
돌아와라. }
</blockquote>

위 (15)에서 보는 바와 같이 거의 서법상의 제약을 '-다가' 구문은 보이지 않고 있다.

이러한 양상은 다음과 같은 해석이 가능하다.

<blockquote>
(16) '-다가' 구문에서 그 후행문은 선행문보다 정보의 선택성이 더
많다.
</blockquote>

이제 '-다가는' 구문은 서법의 문제에 대해 어떠한 양상을 보이는지 알아보자.

<blockquote>
(17) 왼쪽으로 가다가는 { 윗쪽으로 간다.
윗쪽으로 가라.
윗쪽으로 가니?
윗쪽으로 가자. }
</blockquote>

위 (17)에서 보는 바와 같이 '-다가는' 구문은 그 후행문에 서술형, 명령형, 의문형, 청유형이 모두 와도 무방하다.

이러한 것은 '-다가' 구문과도 동일한 양상이며 이것은 결국 '-다가' 나 '-다가는' 구문에 있어서 그 후행문의 정보 전달상의 자율성을 보여주는 것으로 주목된다.

이제 '-다가'와 '-다가는' 구문에 완료의 '-았'과 추정의 '-겠'이 부착될 수 있는지의 여부에 대해 알아보기로 하겠다.

먼저 '-다가' 구문에 대해서 알아보기로 하겠다.

> (18) a. 철수가 부산에 가다가 돌아오다.
> b. 철수가 부산에 갔다가 돌아오다.
> c. 철수가 부산에 가다가 돌아왔다.
> d. 철수가 부산에 갔다가 돌아왔다.

위 (18a), (18b), (18c), (18d)에서 볼 수 있는 것처럼 완료의 '-았'은 '-다가' 구문에 있어서는 그 선행문과 후행문에 공히 부착될 수 있는 것으로 보인다.

문제가 되는 것은 '부산에 간 것'이 완료되었느냐 아니냐 하는 것인데, 그것은 '-다가'의 문제라기 보다는 '-았'의 문제에서 비롯되는 것이므로 여기서는 논의하지 않기로 하겠다.

이제 '-겠'에 대한 반응을 알아보기로 하겠다.

> (19) a. 철수가 부산에 가다가 돌아오다.
> b. *철수가 부산에 가겠다가 돌아오다.
> c. 철수가 부산에 가다가 돌아오겠다.
> d. *철수가 부산에 가겠다가 돌아오겠다.

위 (19a)~(19d)는 추정의 '-겠'을 '-다가' 구문의 선행문, 후행문에 각각 삽입한 것인데, (19a), (19c)를 제외한 (19b), (19d)는 비문법적인 문장이 되어버렸다.

한 가지 공통점은 '-다가' 바로 앞에 있는 '-겠'은 '-다가' 구문을 비문법적인 문장으로 만드는데 중요한 구실을 담당하고 있다는 점이다.

결국 다음과 같은 가설을 상정해 볼 수 있다.

(20) '-다가' 선행문은 '-겠'과 공존할 수 없다.

'-다가' 구문과 같이, '-다가는' 구문 역시 완료의 '-았'과 추정의 '-겠'에 대해 동일한 반응을 보이고 있어 여기서는 더 이상 논하지 않기로 하겠다.

3. '-다가', '-다가는'의 의미적 특성

'-다가'의 의미론적 기능을 파악하기 위해서는 어떤 층위의 설정이 필요할 수 있다.

그러한 층위로 우선 다음 3가지 단계를 생각해 볼 수 있다. 다음을 보기로 하자.

    (21) a. A상태의 지속 단계
         b. A상태의 중단 단계
         c. B상태의 시작 단계

위 (21a), (21b), (21c)는 '-다가'가 필수적으로 가져야 되는 의미론적 층위로 이해된다.

다음을 보자.

    (22) a. 철수가 부산에 가다가 돌아왔다.
         b. 영희가 사과를 먹다가 버렸다.

위 (22a)를 중심으로 위 (21)의 3단계를 대비시켜 보기로 하자.

위 (22a)에서 상태A, 상태B를 다음과 같이 상정해 보기로 하자.

(23) a. 상태A- 철수가 부산으로 출발한 것
　　 b. 상태B- 철수가 부산에 이르기 전에 다시 원출발지로 돌아온 것

위 (23)에서 보는 바와 같이 '-다가'는 최초의 상태A가 중단되고 상태B로 옮아가게 될 때 쓰이는 것으로 간주된다.

문제는 상태A에 '-다가' 구문이 연결될 수 있으려면, 적어도 상태A는 '중단성'의 자질을 가지고 있어야 한다는 점이다.

'중단성'의 자질을 가진 상태A에만 '-다가' 구문이 연결될 수 있다는 위의 가정은 아래 (24)로 검증이 가능하다. 다음을 보자.

(24) a. *한라산이 높다가 낮아지게 되었다.
　　 b. *그 꽃이 붉다가 희어지게 되었다.
　　 c. *영희가 키가 크다가 작아졌다.

위 (24a), (24b), (24c)의 구문이 모두 비문법적인 문장이 된 것은 더욱 자명한 이유에서이다.

즉 (24a), (24b), (24c)의 구문이 비문법적인 문장이 되게 된 이유를 찾으면 간단하기 때문이다.

(24a), (24b), (24c)의 문장들이 비문법적인 문장이 된 데에는, '-다가'가 '중단성'의 자질을 갖지 않은 상태동사 '높다', '붉다', '크다' 등에 부착된 데서 비롯된다.

다시 말하면 상태의 지속 상태만 가능하고 상태의 중지 상태는 가능하지 않은 서술어에 '-다가'가 부착되었기 때문에 (24a), (24b), (24c)의 구문이 비문법적인 문장이 된 것이다.

이를 형식화하면 다음과 같다.

(25) a. '산이 높은' 상태 지속
　　 b. '산이 높은' 상태의 중단 불가능
　　 c. 비문법적인 문장

결국 '-다가'의 의미 특성은 다음과 같이 정리될 수 있다.

(26) '-다가'는 계속되던 상태나 동작·행위 등이 그리고 다른 동작으
　　 로 옮기거나 다른 일이 생기는 것을 지시하는 의미기능이 있다.
　　 한편 비유적인 용법으로는 동작이나 상태·행위의 중단을 이르
　　 는 용법도 있다.

이제 '-다가는'의 의미기능에 대해서 알아보기로 하자.
다음을 보자.

(27) a. 부산에 가다가는 서울로 되돌아 왔다.
　　 b. 일이 잘 되어 나가다는 비틀어졌다.

위 (27a), (27b)의 '-다가는'의 의미기능은 '-다가'와는 별반 상이점
이 없는 것으로 간주된다.

그러나 그렇다고 해서 '-다가'와 '-다가는'의 의미기능을 동일시해서
는 안 된다.

다음의 '-다가는'의 예를 보자.

(28) a. 잠만 자다가는 실패하기 쉽다.
　　 b. 그렇게 먹어대다가는 배탈이 난다.

위 (28a), (28b)의 '-다가는'의 의미는 일종의 '경계'를 짓고 있다.

이를 정리하면 다음과 같다.

(29a) '-다가는'의 특별용법으로는 '경계'의 의미기능이 포함되어 있다.

4. 결 론

지금까지 논의해 온 것은 간략히 요약하면 다음과 같다.

(1) 접속어미 '-다가' 구문은 주어 동일성의 제약을 갖는다. '-다가
    는'도 마찬가지이다.
(2) '-다가'는 시간적 긴밀성과 인과론적 긴밀성을 축으로 하여 그
    선행문과 후행문이 연결되어 있다.
(3) '-다가' 구문에서 그 후행문은 선택문보다 정보의 선택성이 상대
    적으로 더 많다.
(4) '-다가' 선행문에는 '-겠'이 부착될 수 없다.
(5) '-다가'에는 적어도 3단계가 필요하다. 다음이 그것이다.

    A. 상태의 지속단계
    A′. 상태의 중단단계
    B. 상태의 시작

(6) '-다가는'의 비유적인 용법으로는 '경계'의 의미가 있다.

본고에서 미처 다루지 못한 문제들은 고를 달리하여 논하고자 한다.

┃ 參考文獻

강기진, 국어 접속어미의 의미기능, 이병주선생회갑논총, 이우출판사, 1981.

＿＿＿, 국어 접속어미 '-(으)나'의 분석, 어문논지 4 · 5, 충남대, 1981.

＿＿＿, 진행형 '-고 있다'의 의미, 홍익어문 4, 홍익대, 1985.

＿＿＿, 국어 접속어미 '-거니, -거니와, -거늘'의 연구, 멱남 김일근박사화갑기념어문논총, 건
국대, 1985.

＿＿＿, 국어 접속어미 '-니와, -니까'의 연구, 국어학 14, 국어학회, 1985.

＿＿＿, 국어특수조사 '-나'의 의미기능, 선엄 이을환교수환갑기념논문집, 한국국어교육연구회,
1985.

＿＿＿, '-며' 구문의 통사론, 약천 김민수박사환갑기념 국어학신연구, 탑출판사, 1986.

＿＿＿, 비상태성 접속어미의 연구, 홍익어문 5, 홍익대, 1986.

＿＿＿, '-(았)다가'의 연구, 한실 이상보박사환갑기념논문집, 형설출판사, 1987.

＿＿＿, 전제성 접속어미에 대하여, 한남어문 13, 한남대, 1987.

＿＿＿, 직접목적성 접속어미의 연구, 난대 이응백박사정년퇴임기념논문집, 서울사대, 1988.

김승곤, 한국어 연결형 어미의 의미분석(1), 한글 173~174, 한글학회, 1981.

＿＿＿, 한국어 이음씨 끝의 의미 및 통어기능 연구(1), 한글 186, 한글학회, 1984.

김진수, 국어 접속조사와 어미연구, 탑출판사, 1987.

남기심, 국어 연결어미의 화용론적 기능, 연세논총 15, 연세대, 1979.

박기덕, 한국어의 S- S_n^2에 관한 연구, 연세대 한국어 연구소, 1974.

성낙수, 이유 원인을 나타내는 접속문 연구(1), 한글 162, 한글학회, 1978.

＿＿＿, 이유 원인을 나타내는 접속문 연구(II), 연세어문 11, 연세대, 1979.

양인석, 한국어의 접속화, 어학연구 8-2, 서울대, 1972.

유목상, 연결서술어미연구, 집문당, 1985.

최현배, 우리말본, 정음사, 1971.

Bloomfield, L., *Language*, George Allen & unmin LTD London, 1958.

Bolinger, D., *Meaning and form*, Longman, London and New York, 1977.

직접목적성 접속어미의 연구

—'-려', '-려고', '-러'를 중심으로—

1. 序 論

본고는 국어의 접속어미 '-려', '-려고', '-러'를 대상으로 하여, 이들 접속어미의 통사적 특성과 그에 관련된 여러 문제점들을 검토하고, 아울러 이들 접속어미의 의미적 성격을 규명하려는 의도하에 작성된 것이다.[1]

본고는 이러한 의도를 적절히 달성하기 위해, '-려', '-려고', '-러'에 대한 문제를 다음 몇 가지 관점에서 살펴보기로 했다.

다음이 그것이다.

첫째, 접속어미 '-려', '-려고', '-러'는 동일한 범주에 묶여질 수 있는 것인가? 그 경우 동일성의 기준으로는 무엇이 있을 수 있는가?[2]

둘째, 접속어미 '-려', '-려고', '-러'의 통사적 특성으로는 무엇이 있으며, 그러한 통사적 특성은, 이들 접속어미의 의미론적 특성과 어떻게 결부될 수 있는 것인가?

---

1) 이들에 대해서는 최현배, 우리말본, 정음사, 1971, pp. 321~322.
2) 최현배는 이들을 다른 것으로 보았다.
　최현배, 전게서, 1971, pp. 321~322.

셋째, 접속어미 '-려고'는 '-려'와 '-고'로 형태 분석될 수 있는 것인가?

그리고 본고는 다양한 국어 접속어미에 대한 필자의 일련의 연구작업의 일환임을 아울러 밝혀둔다.3)

2. '-려', '-려고', '-러'의 統辭的 特性

먼저 '-려', '-려고', '-러'의 선행문과 후행문의 관계에 대해서 알아 보기로 하겠다.

선행문과 후행문의 관계적 양상은 다음 두 가지 측면에서 고려해 볼 수 있다. 다음이 그것이다.

　　(1) a. 선행문·후행문의 도치 제약.
　　　　 b. 선행문·후행문의 주어동일성 제약.

먼저 (1a)의 방법론에 대해서 생각해보기로 하겠다. '-려' 구문부터

---

3) 康琪鎭, 國語 接續語尾의 意味機能, 李丙疇先生回甲紀念論叢, 二友出版社, 1981.
　　＿＿＿, 國語 接續語尾 '-(으)나'의 分析, 語文論志 4·5, 忠南大, 1985.
　　＿＿＿, 進行形 '-고 있다'의 意味, 弘益語文 4, 弘益大, 1985.
　　＿＿＿, 國語 接續語尾 '-거니, -거니와, -거늘'의 硏究, 覓南 金一根博士回甲記念
　　　　語文學論叢, 建國大, 1985.
　　＿＿＿, 國語 接續語尾 '-니 와 -니까'의 硏究, 國語學 14, 國語學會, 1985.
　　＿＿＿, 國語 特殊動詞 '-나'의 意味機能, 仙巖 李乙煥教授還甲記念論文集, 한국 국
　　　　어교육연구회, 1985.
　　＿＿＿, '-며' 構文의 統辭論, 若泉 金敏洙博士還甲記念, 國語學新硏究, 塔出版社,
　　　　1986.
　　＿＿＿, 非狀態性 接續語尾의 硏究, 弘益語文 5, 弘益大, 1986.
　　＿＿＿, '-(았)다가'의 硏究, 한실 李相寶博士還甲記念論文集, 螢雪出版社, 1987.
　　＿＿＿, 前提性 接續語尾에 대하여, 韓南語文 13, 韓南大, 1987.

보자.

    (2) a. 철수는 돈을 벌려 서울에 상경했다.
        b. 빨리 가려 이 길로 돌아오게 되었다.

  위 (2a), (2b)에서 그 선행문과 후행문의 순서를 바꾸어 보기로 하겠다. 다음이 그것이다.

    (3) a. 서울에 상경하려 철수는 돈을 벌었다.
        b. 이 길로 돌아가려 빨리 갔다.

  (3a), (3b)는 (2a), (2b)의 '-려' 구문에서 그 선행문과 후행문의 순서를 도치시킨 것인데 문법적인 문장이 되었다.

  그러나 중요한 것은 (3a), (3b)는 (2a), (2b)와는 다른 의미 기능을 보이고 있다는 사실이다. 이 사실은 '-려' 구문에 있어서만은 그 후행문과 선행문이 목적관계에 있게만 되면, 선행문·후행문의 도치에 크게 영향을 받지 않음을 시사하고 있는 것이기도 하다. 정리하면 다음과 같다.

    (4) '-려' 구문에서 그 선행문과 후행문이 '목적관계'에 서 있다면, 선
        행문과 후행문의 도치는 문법성 여부에 영향을 미치지 않는다.

  이제 '-려고' 구문에 대해서 이 점을 알아보기로 하자.

    (5) a. 영희는 영어를 배우려고 학원에 다녔다.
        b. 그 사람을 만나려고 10시간이나 기다렸다.

  위 (5a), (5b)는 '-려고' 구문인데 이것을 도치시켜 보면 다음 (6a), (6b)와 같이 될 것이다.

(6) a. 영희는 학원에 다니려고 영어를 배웠다.
    b. 10시간이나 기다리려고 그 사람을 만났다.

(6a), (6b)는 적절한 화용적 조건만 제기된다면 문법적인 문장이
될 수도 있다. 즉 결코 비문법적인 문장이라고는 볼 수 없는 것이다.

이것은 '-려고' 구문 역시 '-려' 구문과 같은 양상을 보여주고 있음을
말해주고 있는 것이기도 하다.

이제 '-러' 구문에 대해서 알아보기로 하겠다.

(7) a. 철수는 돈 벌러 중동에 나갔다.
    b. 영희는 공부하러 도서관에 갔다.

위 (7a), (7b) 구문은 '-러' 구문인데 이제 이를 도치시켜 보기로 하
겠다. 다음이 그것이다.

(8) a. 철수는 중동에 나가러 돈을 벌었다.
    b. 영희는 도서관에 가러 공부했다.

위 (8a), (8b)는 앞의 (7a), (7b)의 '-러' 구문을 그 선행문과 후행
문을 도치시킨 구문인데, '-려고' 구문에서와 마찬가지로 적정한 화용론
적 조건만 제시되면 가능한 문장으로 인식된다.

결국 (1a)의 선행문·후행문 도치 제약에 대해 '-려', '-려고', '-러'는
동일한 양상을 보이고 있음을 볼 수 있다.

정리하면 다음과 같다.

(9) '-려', '-려고', '-러' 구문은 선행문·후행문 도치 제약이 없다. 이
    것은 결국 '-려', '-려고', '-러' 구문의 후행문·선행문은 '목적관계'
    에 상응되어 있음을 보여주는 증거이기도 하다.

이제 (1b)의 선행문·후행문 주어 동일성의 제약에 대해 알아보기로 하겠다. 먼저 '-려' 구문에 대해서 알아보기로 하자.

(10) a. 영희는 편지를 쓰려 제 방에 갔다.
     b. 철수는 유학하려 토플시험을 보았다.

위 (10a), (10b)는 각각 후행문에 주어가 생략되어 나타나 있다. 즉 (10a)에서는 선행문의 주어는 '영희'로 나타난 반면 후행문의 주어는 생략되어 나타나 있다.

또 (10b)에서도 선행문의 주어는 '철수'로 나타난 반면 후행문의 주어는 생략되어 나타나 있다.

(10a), (10b)의 '-려' 구문에서 그 선행문과 후행문의 주어가 동일하다고 상정한다면 다음과 같은 기저구조를 얻을 수 있다.

다음을 보자.

(11) a. 영희는 편지를 쓰려 영희는 제 방에 갔다.
     b. 철수는 유학을 하려 철수는 토플시험을 보았다.

위 (11a), (11b)는 앞의 (10a), (10b)의 '-려' 구문에서 생략된 후행문의 주어를 각각 다시 복원시킨 구문인데, 보는 바와 같이 문법적인 구문이 되었다.

따라서 '-려' 구문은 그 선행문과 후행문의 주어가 동일해야 한다는 가설이 가능하다. 이러한 가설은 다음과 같은 방법에 의해서도 확인된다. 다음을 보자.

(12) a. *영희는 편지를 쓰려 철수는 제 방에 갔다.
     b. *철수는 유학을 가려 영희는 토플시험을 보았다.

위 (12a), (12b)는 (10a), (10b)에 선행문과는 상이한 주어를 복원시킨 구문인데, 모두 비문법적인 문장이 되었다.

이것은 결국 '-려' 구문에 있어서는 선행문·후행문의 주어 동일성 제약이 있음을 말해주는 것이기도 하다. 정리하면 다음과 같다.

(13) 접속어미 '-려' 구문은 주어 동일성의 제약을 갖는다.

이제 위 (13)의 제약이 '-려고'에 대해서는 어떠한 반응을 보이는지에 대해서 알아보자.

(14) a. 철수는 신문을 사려고 나갔다.
   b. 그 사람은 비를 피하려고 뛰었다.

위 (14a), (14b)에는 각각 후행문의 주어가 생략되어 나타나 있다.

즉 (14a)에서는 선행문의 주어는 '철수'로 나타난 반면 후행문의 주어는 생략되어 있다. 또 (14b)에서는 (14a)에서와 마찬가지로 선행문의 주어만 나타나 있을 뿐 후행문의 주어는 나타나 있지 않다.

(14a), (14b)의 '-려고' 구문에서 선행문과 후행문의 주어가 동일하다는 가설을 세워 본다면 다음과 같은 기저구조를 상정해 볼 수 있다.

다음을 보기로 하자.

(15) a. 철수는 신문을 사려고 철수는 나갔다.
   b. 그 사람은 비를 피하려고 그 사람은 뛰었다.

위 (15a), (15b)는 앞은 (14a), (14b)의 '-려고' 구문에서 생략되어 나타나 있던 후행문의 주어를 다시 복원시킨 구문인데 앞에서 보는 바와 같이 문법적인 구문이 되었다.

따라서 '-려고' 구문 역시 '-려' 구문처럼 그 선행문과 후행문의 주어가 동일해야 한다는 가설을 얻을 수가 있다.

이러한 것은 다음과 같은 검증에 의해서도 확인이 된다. 다음을 보기로 하자.

> (16) a. *철수는 신문을 사려고 영희는 나갔다.
> b. 그 사람은 비를 피하려고 그녀는 뛰었다.

위 (16a), (16b)는 (14a), (14b)에 각각 선행문과는 상이한 주어를 복원시킨 문장인데 명백한 비문법적인 문장이 되었다.

이러한 비문법성의 의미는 너무도 자명하다. 그것은 '-려' 구문과 마찬가지로 '-려고' 구문 역시 그 선행문과 후행문의 주어에 제약을 갖는 것으로 간주될 수 있기 때문이다.

이제 '-러'에 대해서도 동일한 단언을 할 수가 있는 것이다.

다음을 보자.

> (17) a. 철수가 밥 먹으러 집으로 갔다.
> b. 영희는 옷을 사러 명동에 갔다.

위 (17a), (17b)에서도 '-려' '-려고' 구문에서와 마찬가지로 생략된 주어를 복원시켜 보기로 하겠다.

다음을 보자.

> (18) a. 철수가 밥 먹으러 철수는 집으로 갔다.
> b. 영희는 옷을 사러 영희는 명동에 갔다.

위 (18a), (18b)는 (17a), (17b)에서 생략되었던 후행문의 주어를 다시 복원시킨 문장인데 모두 문법적인 문장이 되었다. 이것은 '-러' 구문 역시 '-려', '-려고' 구문과 마찬가지로 선행문·후행문의 주어 동일성의 제약이 있음을 보여주고 있다.

반증하면 다음과 같다.

    (19) a. *철수가 밥 먹으러 영희가 집으로 갔다.
          b. *영희는 옷을 사러 영숙이는 명동에 갔다.

위 (19a), (19b)의 반증에서 확인된 사실을 정리하면 다음과 같다.

    (20) '-려', '-려고', '-러' 구문은 그 선행문과 후행문의 주어 동일성
           제약이 있다.

이제 종결어미의 서법관계에 대해서 알아보기로 하자.
먼저 '-려' 구문에 대해서 알아보기로 하자.

    (21) 돈벌려   상경했다.
                상경했니?
                *상경하자
                *상경해라

위 (21)에서 보는 바와 같이 '-려' 구문은 평서문, 의문문에는 문법적 반응을 보이나 명령형, 청유형에는 비문법적인 반응을 보인다.

정리하면 다음과 같다.

(22) 접속어미 '-려' 구문은 평서형, 의문형에는 호응하나, 명령형, 청유형
      과는 호응관계를 맺지 못한다.

이제 '-려고' 구문을 보자.

    (23) 영어공부하려고 학원에 { 다니다.
다니니?
다니자.
다녀라. }

    위 (23)에서 보는 바와 같이 '-려고' 후행문은 그 종결어미의 서법의 종류에 제약을 받지 않는 것으로 간주된다. 형식화하면 다음과 같다.

    (24) 접속어미 '-려고' 구문은 그 후행문이 서술형, 의문형, 명령형 그
        리고 청유형에 다 호응관계를 맺을 수 있다.

이제 '-러'에 대해서 이 점을 알아보기로 하겠다. 다음을 보자.

    (25) 밥 먹으러 { 가다.
가니?
가자.
가라. }

    위 (25)에서 보는 바와 같이 '-러' 구문 역시 그 종결어미의 서법에 제약을 받지 않는 것을 간주된다.

3. '-려', '-려고', '-러'의 意味的 特性

먼저 '-려'의 의미 특성에 대해 알아보기로 하겠다. 다음을 보자.

(26) a. 철수는 그 때 서울로 가려 공부를 했다.
　　 b. 영희는 돈 벌려 시장에 나가지는 않았다.

위 (26a), (26b)의 '-려'는 장차 하고자 하는 뜻, 의도를 나타내고
있다.
'-려'가 장차의 하고자 하는 의도를 나타내고 있다고 하는 점은 다음
의 검증으로 확인된다.
다음을 보자.

(27) a. 철수는 그 때 서울로 갈 의도를 가지고 공부했다.
　　 b. 영희는 돈을 벌 의도를 가지고 시장에 가지는 않았다.

(27a), (27b)는 (26a), (26b)의 '-려' 대신에 '-의 의도를 가지고'
라는 구(phrase)를 대치(paraphrase)시킨 구문인데 다 문법적인 문장이
되었다. 정리하면 다음과 같다.

(28) 접속어미 '-려'는 미래에 하고자 하는 뜻·의도를 지시하는 의미
　　 특성이 있다.

위 (28)의 규정을 염두에 두면서 이번에는 '-려고'의 문제를 살펴보
기로 하자. 다음을 보자.

(29) a. 영희는 영어를 배우려고 학원에 다녔다.
　　 b. 그 사람을 만나려고 10시간이나 기다렸다.

위 (29a), (29b)에 쓰인 '-려고'의 의미특성은 무엇일까?
우선 (29a), (29b)에 쓰인 '-려고'가 '-려'와 대치될 수 있는 것인지
에 대해서 먼저 알아보자.

(30) a. 영희는 영어를 배우려 학원에 다녔다.
    b. 그 사람을 만나려 10시간이나 기다렸다.

필자는 (29a), (30a) 그리고 (29b), (30b)에는 분명한 의미차이
가 있다고 주장하는 사람 중의 하나이다. 그 의미 차이는 다음과 같은 의
문문에서 더 더욱 확연히 드러난다. 다음을 보자.

(31) 넌 왜 학원에 다녔니?
(32) a. 영어를 배우려 학원에 다녔다.
    b. 영어를 배우려고 학원에 다녔다.

위 (31)의 의문문에 대한 답으로 (32b)보다는 (32a)가 더 더욱 적
정한 것으로 여겨진다. 결국 '-려고'가 직접 목정성의 의미특성을 지닌
반면, '-려'는 동기적 직접 목정성의 의미특성을 지닌 것으로 이해된다.
이러한 것은 (30b)를 대상으로 했을 때도 마찬가지이다. 다음을 보자.

(33) 넌 왜 10시간이나 기다렸니?
(34) a. 그 사람을 만나려 10시간이나 기다렸다.
    b. 그 사람을 만나려고 10시간이나 기다렸다.

위 (33)은 앞의 (30b)를 의문문화한 것인데 그 답으로는 (34b)보
다는 (34a)가 더 적정한 것으로 보인다.

그것은 바로 동기적인 목적을 묻는 (33)의 의문문에 대한 답으로는
동기적인 의미특성을 갖는 '-려' 구문이 더 더욱 적정하기 때문이다.

정리해 보면 다음과 같다.

(35) 접속어미 '-려'는 동기적인 직접 목적성의 의미 특성을 지닌다.
    반면 '-려고'는 직접 목적성의 의미 특성만을 지시한다.

이제 '-러'의 의미 특성을 살펴보기로 하자. 다음을 보자.

> (36) a. 고기를 잡으러 산으로 갔다.
> b. 영희는 공부하러 도서관에 갔다.

위 (36a), (36b)는 '-러' 구문인데 이들을 '-할 목적을 가지고'라는 구로 대치해 보기로 하자.

다음이 그것이다.

> (37) a. 고기를 잡을 목적을 가지고 산으로 갔다.
> b. 영희는 공부할 목적을 가지고 도서관에 갔다.

위 (37a), (37b)는 '-러' 대신에 직접목적의 의미를 가진 '-할 목적을 가지고'라는 구로 대치시킨 것인데 모두 문법적인 문장이 되었다.

결국 '-러'도 직접 목적성의 접속어미로 간주된다.

4. 結 論

지금까지 논의해 온 바를 간략히 요약하면 다음과 같다.

(1) '-려' 구문에서 그 선행문과 후행문이 '목적 관계'에 서 있다면, 선행문과 후행문의 도치는 문법성 여부에 전혀 영향력을 행사하지 못하는 것으로 간주된다.

(2) '-려', '-려고', '-러' 구문은 선행문·후행문 도치 제약이 없다. 이것은 결국 '-려', '-려고', '-러' 구문의 선행문·후행문은 '목적관계'

에 상응되어 있음을 보여주고 있다.

(3) '-려' 구문은 주어 동일성의 제약이 없다.

(4) '-려' 구문은 평서형·의문형과만 호응관계를 갖는다.

(5) '-려'는 미래에 하고자 하는 뜻, 의도를 지시하는 의미 특성이 있다.

(6) '-려'는 동기적인 직접 목적성을 지니며, '-려고'는 직접 목적성의
     의미만 지시한다.

몇 가지 문제점은 고를 달리하여 논하기로 하겠다.

▮ 參考文獻

康琪鎭, 國語 接續語尾의 意味機能, 李丙疇先生回甲紀念論叢, 二友出版社. 1981.

_____, 國語 接續語尾 '-(으)나'의 分析, 語文論志 4 · 5, 忠南大. 1985.

_____, 進行形 '-고 있다'의 意味, 弘益語文 4, 弘益大. 1985.

_____, 國語 接續語尾 '-거니, -거니와, -거늘'의 硏究, 覓南 金一根博士回甲記念 語文學論叢, 建國大. 1985.

_____, 國語 接續語尾 '-니 와 -니까'의 硏究, 國語學 14, 國語學會. 1985.

_____, 國語 特殊動詞 '-나'의 意味機能, 仙巖 李乙煥敎授還甲記念論文集, 한국국어교육연구회. 1985.

_____, '-며' 構文의 統辭論, 若泉 金敏洙博士還甲記念, 國語學新硏究, 塔出版社. 1986.

_____, 非狀態性 接續語尾의 硏究, 弘益語文 5, 弘益大. 1986.

_____, '-(았)다가'의 硏究, 한실 李相實博士還甲記念論文集, 螢雪出版社. 1987.

_____, 前提性 接續語尾에 대하여, 韓南語文 13, 韓南大. 1987.

김승곤, 한국어 연결형 어미의 의미분석(1), 한글 173~174, 한글학회, 1981.

_____, 한국어 이음씨 끝의 의미 및 통어기능 연구 (1), 한글 186, 한글학회, 1984.

김진수, 국어 접속조사와 어미연구, 탑출판사, 1987.

남기심, 국어 연결어미의 화용론적 기능, 연세논총 15, 연세대, 1979.

박기덕, 한국어의 $S \rightarrow S_n^2$ 에 관한 연구, 연세대 한국연구소, 1974.

성낙수, 이유 원인을 나타내는 접속문 연구(Ⅰ), 한글 162, 한글학회, 1978.

_____, 이유 원인을 나타내는 접속문 연구(Ⅱ), 연세어문 11, 연세대, 1979.

梁鏞錫, 韓國語의 接續化, 語學硏究 8-2, 서울大, 1972.

柳穆相, 連結敍述語尾硏究, 集文堂, 1985.

최현배, 우리말본, 정음사, 1971.

Bloomfild, L., *Language*, George Allen & unwin LTD London, 1958.

Bolinger, D., *Meaning and form*, Longman, London and New York, 1977.

상태유지성 접속어미에 대하여

—「-자」를 중심으로—

1. 序 論

본 논문은 국어의 다양한 접속어미 가운데에서 상태유지적인 양상을 보이는 접속어미인 「-자」를 대상으로 하여, 그 의미적 양상과 그에 상응하는 통사적 제약을 살펴보려는 데에 목적이 있다.[1]

「-자」는 최현배(1971)에서 종합적으로 분석된다.

최현배(1971)는 「-자」를 다음 (1)처럼 규정하고 있다.

> (1) 잇달음꼴은 한 움직임이 일어남에 잇달아(일어나자마자) 다른 움직임이 일어남을 보이는 꼴이니 이에는 '자가 있느니라.[2]

위 (1)의 「-자」에 대한 규정에 의한다면, 「-자」의 핵심적인 기능은 「연발적인 사건」에 있다 할 수 있는 것이다.

그러나 최현배(1971)의 위와 같은 「-자」에 대한 논의는 몇 가지 미비점을 안고 있다. 그것은 다음과 같은 것들로 집약될 수 있다.

---

1) 이형태로 전라도·경상도 방언, 그리고 문어체에 쓰이는 「-저」가 있다.
2) 최현배, 『우리말본』, 정음사, 1971, p. 320.

첫째, 「-자」의 통사적 특성은 무엇이며, 그러한 통사적 특성은 의미적 특성과 어떻게 연계되어 해석될 수 있는가?

둘째, 「-자」의 「연발성」이란 무엇을 의미하는 것인가?

셋째, 「-자」의 다른 의미로는 무엇이 상정될 수 있으며, 그것은 「연발성」이란 의미와 어떻게 연관될 수 있는가?

본 논문은 위의 세 가지 문제에 논의의 초점을 두어 진행시키고자 한다.

2. 「-자」의 統辭機能

먼저 「-자」의 후행문이 종결어미의 종류에 대해 어떠한 제약을 보이는 지에 어떠한 제약을 보이는 지에 대해 알아보기로 겠다.

다음을 보자.

(2) 해 떨어지자 바람이
$$\left\{ \begin{array}{l} 분다. \\ 부니? \\ *불자. \\ *불어라 \end{array} \right\}$$

위 (2)에서 보는 바와 같이, 「-자」 구문의 후행문은 그 종결어미가 서술형·의문형에서는 가능하지만, 명령형·청유형에서는 가능하지 않다.

그래서 일단은 다음과 같은 가설을 상정해 볼 수 있다.

(3) 접속어미 「-자」의 후행문은 서술형, 의문형과만 호응관계를 가질 수 있고, 명령형·청유형과는 호응관계를 가질 수 없다.

위 (3)의 가설은 일단은 검증을 거쳐야 할 것으로 보인다. 그것은 위가설 (3)의 기초가 된 자료에 어떤 제한이 있다고 여겨질 수 있기 때문이기도 하다.

그 제한이란 무엇인가? 그것은 가설 (3)을 유도하게끔 한 자료 (2)의 주어가 모두 非有情物이란 데에 그 제한이 있다고 할 수 있겠다.

따라서 「-자」 선행문·후행문이 모두 유정물인 주어를 갖는 문장을 자료로 삼을 필요가 있다.

다음을 보자.

$$(4) \text{ 그가 보이자 사람들이} \left\{ \begin{array}{l} \text{왔다.} \\ \text{왔니?} \\ {}^*\text{왔어라.} \\ {}^*\text{왔자.} \end{array} \right\}$$

위 (4)는 (2)와는 달리 모두 그 선행문·후행문의 주어가 유정물로 나타나 있다.

그러나 이 경우에도 종결어미의 서법에 대한 반응은 동일하게 나타나 있는 것을 볼 수 있다.

즉, (4)에서 보는 바처럼 서술형·의문형과는 적정하게 그 종결어미가 호응관계를 가질 수 있으나, 명령형·청유형과는 그러한 호응관계가 가능하지 않다는 점이다.

정리하면 다음과 같다.

(5) 접속어미 「-자」 구문의 종결어미의 서법에는 제약이 있다. 즉, 서술형·의문형과는 호응관계가 가능하나 명령형·청유형과는 그러한 호응관계가 가능하지 않다.

이제 「-자」자 구문과 「-았-」, 「-겠-」과의 관계에 대해서 알아보기로 하겠다.

　　(6) a.　공항에 내리자 사람이 모여들었다.
　　　　b. *공항에 내렸자 사람이 모여들었다.
　　　　c. *공항에 내리겠자 사람이 모여들었다.

　위 (6a), (6b), (6c)는「-자」구문의 완료와「-왔-」, 추정의「-겠-」
과의 관계를 살피기 위한 구문이다.
　그런데「-자」구문은 그 선행문이 (6b)처럼「-았-」과도 호응하지 못
하고, (6c)처럼「-겠-」과도 호응하지 못하는 것으로 간주된다. 그러나
후행문과는 호응할 수 있다.
　다른 예에서 이를 다시 확인해 보기로 하자.

　　(7) a.　배 떨어지자 까마귀 난다.
　　　　b. *배 떨어졌자 까마귀 날았다.
　　　　c. *배 떨어지겠자 까마귀 날겠다.

　위 (7b), (7c)에서처럼「-자」구문 앞에는「-았-」과「-겠-」이 선행
할 수 없음은 이제 자명한 사실로 간주되고 있다. 그러나 그 후행문에는
이들 형태소가 쓰일 수 있다.
　이제「-자」구문의 선행문과 후행문이 어떠한 주어 제약을 보이는지
에 대해서 알아보자.
　접속어미의 선행문과 후행문이 가지는 주어 제약에 관한 방법론은
그동안 널리 채택된 방법론의 하나라는 점에서 매우 주목되는 것이라 하
지 않을 수 없다.
　우선 다음의 예를 들어보기로 하자.

(8) a. 역으로 나오자 군중들이 환호했다.
b. 서울에 도착하자 철수는 바로 영희를 찾았다.

위 (8a), (8b)는 각각 선행문에 주어가 생략되어 있다.

즉, (8a)에서는 선행문의 주어는 생략된 반면, 후행문의 주어는 「군중들」로 나타나 있다. 또 (8b)에서도 선행문의 주어는 생략되어 있는 반면, 후행문의 주어는 「철수」로 나타나 있다.

(8a), (8b)의 기저구조는 다음과 같이 상정될 수 있다.

(9) a. (그가) 역으로 나오자 군중들이 환호했다.
b. 철수가 서울에 도착하자 철수는 바로 영희를 찾았다.

(9a), (9b)는 「-자」의 선행문, 후행문이 서로 상이함에도 「-자」 구문의 구성이 가능함을 보여 주는 예라 할 수 있다.

정리하면 다음과 같다.

(10) 접속어미 「-자」는 그 선행문, 후행문의 주어 동일성 제약을 가지지 않는다.

이제 「-자」의 의미 특성에 대해 알아보기로 하겠다.

3. 「-자」의 意味機能

「-자」의 의미기능이 무엇인지를 알아보기 위해 다음 예 (11)을 살펴보기로 하자.

(11) a. 까마귀 날자 배가 떨어졌다.
　　 b. 당신과는 정들자 이별인가 보다.

위 (11a), (11b)의 「-자」의 의미는 무엇일까? 우선 두 가지 측면에서 생각해 볼 수 있다.

(12) a. 동작의 완료.
　　 b. 완료상태의 유지.

(12a)에서의 「동작의 완료」라는 개념을 「-자」 구문이 가능할 수 있는 최소한의 전제조건일 수가 있다.

따라서 (11a), (11b)는 다음과 같은 의미적인 기저구조를 갖고 있다고 해야 할 것이다.

(13) a. 까마귀가 날아가 버리고 날아간 상태가 유지된 직후에 배가
　　　　떨어졌다.
　　 b. 당신과는 정들었고 정든 상태가 유지된 직후에 이별인가 보다.

위 (13a), (13b)는 (11a), (11b)의 「-자」 구문의 의미구조일 뿐 (13a), (13b)가 실생활에 쓰이는 담화는 아니다.

위 (13a), (13b)에서 알 수 있는 것은 적어도 동작·상태 A가 완료되고 그러한 완료상태가 유지된 다음, 다른 동작·상태 B가 계속되어야 한다는 순환론적인 관계이다.

도식화하면 다음과 같다.

(14) a. 동작·상태 A의 완료.
　　 b. 동작·상태 A의 완료 지속.
　　 c. 동작·상태 B의 계속.

문제는 (14a) 단계와 (14c) 단계 사이의 시간적 차이나 시간적 간격이 매우 짧아서 동시적인 인식을 갖게까지 한다는 점이다.

이 때문에 최현배(1971)는 「-자」를 잇달음꼴로 간주했던 것이다.

다음은 최현배의 언급이다.

> (15) 잇달음꼴(연발형)은, 한 움직임이 일어남에 잇달아(일어나자마자) 다른 움직임이 일어남을 보여주는 꼴이니.[3]

결국 (14a)의 상태 A가 완료되는 시간과 (14c)의 다른 상태 B가 이어지는 시간과의 간격이 미세함을 인식한 논의임을 위 (15)는 보여주고 있다.

이러한 미세한 시간차이 때문에 「-자」는 동시에 「-자마자」와 자유대치될 수 있는 것이다.

다음을 보자.

> (16) a. 까마귀가 날자마자 배가 떨어졌다.
>   b. 당신과는 정들자마자 이별인가 보다.

위 (16a), (16b)의 문법성은 「-자」 의미기능이 일차적으로는 동작의 완료에 있음을 보여 주는 예로 주목되는 시사이기도 하다.

정리하면 다음과 같다.

> (17) 접속어미 「-자」는 그 구성이 가능하기 위해서는 최소한 세 가지의 전제 단계가 필요하다. 첫째, 동작 A 의 완료단계, 둘째, 동작 A의 지속단계, 셋째, 동작 B의 계속단계가 그것이다.

---

3) 최현배, 전게서, 319쪽.

위 (17)의 규정은 많은 것을 시사하는 규정으로 볼 수 있다. 우선 다음 (18)을 보자.

(18) a. *백두산이 높자 사람들이 많이 오른다.
　　 b. *철수가 똑똑하자 선생님이 좋아한다.

위 (18a), (18b)의 비문법성의 의미는 무엇인가? 그 비문법성은 어떻게 설명될 수 있는가?

이 의문에 대한 답은 「-자」에 부착된 서술어에서 쉽게 찾을 수 있다.

위 (18a), (18b)의 「-자」에 선행한 서술어는 모두 「높다」, 「똑똑하다」 등의 상태동사이다.

상태동사는 동작의 또는 상태의 중단·중지단계가 있을 수 없다. 따라서 (18a), (18b)는 「-자」 구성이 가능할 수 있는 최소한의 전제조건을 상실한 셈이 된다.

정리하면 다음과 같다.

(19) 「-자」의 선행문의 서술어로 상대성 동사가 부착될 수 없는 것은
　　 그 동사가 동작의 또는 상태의 중지성을 보여 주지 못하기 때문
　　 이다.

이제 「-자」의 다른 의미를 찾아보기로 하자.

(20) a. 철수는 K대학에 가고자 열심히 공부했다.
　　 b. 그는 돈을 벌고자 무진 애를 썼다.

위 (20a), (20b)는 앞에서 본 동작의 완료와 다른 동작의 계속을 지시하는 의미로서의 「-자」와는 다른 성격을 지니고 있다.

그것은 다음의 검증으로도 확실시된다.

(21) a. *철수는 K대학에 가고자마자 열심히 공부했다.
   b. *그는 돈을 벌고자마자 무진 애를 썼다.

위 (21a), (21b)는 앞의 (20a), (20b)의 「-자」 대신에 「-자마자」
를 대치시킨 것인데, 모두 비문법적인 문장이 되어 버렸다.

그것은 (21a), (21b)는 「-자」가 결코 동작의 완료와 다른 동작의
계속을 이르지 않는 용법도 있음을 시사한 것이다.

그렇다면 (21a), (21b)에서 보인 「-자」의 의미는 무엇인가?

우선 목적 · 의도의 대치구를 넣어 보기로 하겠다.

(22) a. 철수는 K대학에 갈 목적으로 열심히 공부했다.
   b. 그는 돈을 벌 목적으로 무진 애를 썼다.

위 (22a), (22b)는 (20a), (20b)의 「-자」 구문에 목적 · 의도를 나
타내는 구 「-ㄹ 목적으로」를 대치할 문장인데 모두 문법적인 문장이 되
었다.

(22a), (22b)의 문법성의 의미는 무엇일까? 그것은 (22a), (22b)
에서 볼 수 있는 바와 마찬가지로 「-자」에 다른 의미가 있음을 시사한
것이라고 할 수 있다.

정리하면 다음과 같다.

(23) 접속어미 「-자」의 다른 의미의 하나는 의도 · 목적성 지시에 있다.

이러한 의도 · 목적 지시적 「-자」와 의미론적 특성은 그것이 모두 외
부적 요인에 의한 내적인 욕구에서 비롯되는 의도라는 점이다.

다음을 보기로 하자.

(24) a. 까마귀가 날자 배 떨어진다.
  b. 정들자 바로 이별이다.

위 (24a), (24b)는 동작 완료의 「-자」 구문인데, 의도의 「-자」로 바꾸어 보기로 한다.

(25) a. *까마귀가 날 목적으로 배 떨어진다.
  b. *정들 목적으로 바로 이별이다.

위 (25a), (25b)의 비문법성은 이들이 모두 외적인 요인에 의한 내적인 욕구의 충족이라는 조건에 맞지 않는 데서 비롯된 것으로 볼 수 있다.

즉, 마음 먹은 대로 될 수 없는 대상, 곧 [-의도성]의 현상이나 동작에는 의도·목적의 「-자」를 쓸 수 없음을 시사한 것이다.

결국 「-자」에 관한 한 두 가지 용법이 있음이 밝혀졌다.

(26) a. 동작완료의 「-자」
  b. 의도·목적의 「-자」

앞에서 본 바와 같이 (26a), (26b)의 동작완료의 「-자」와 의도·목적의 「-자」 사이에는 명백한 통사 차이가 보이지 않는다.

다만 동작·완료의 「-자」와 의도·목적의 「-자」 사이에는 화용론적인 문제가 결부되어 있는 것으로 보인다.

이 점은 고를 달리하여 논술할까 한다.

4. 結 論

지금까지 「-자」의 통사적 특징과 그에 관련된 의미론적 특성에 대해서 논의해 왔다.

논의 결과를 요약해서 정리하면 다음과 같다.

1) 접속어미 「-자」의 후행문은 서술형·의문형과만 호응관계를 가
   질 수 있으며, 명령형·청유형과는 호응관계를 가질 수 없다.
2) 접속어미 「-자」의 주어 제한에는 비유정물 제한이 있다.
3) 「-자」 구문의 선행문은 「-았-」과도 호응관계를 갖지 못하고, 또
   「-겠-」과도 호응관계를 갖지 못하는 것으로 보인다.

   그러나 「-자」 구문의 후행문은 이들과 호응관계를 가질 수 있다.
4) 접속어미 「-자」는 그 선행문, 후행문에 있어서 주어 동일성의 제
   약을 가지지 않는다.
5) 접속어미 「-자」에는 두 가지 의미기능이 있다.

다음이 그것이다.

$$
「-자」
\begin{cases}
\text{동작완료의 「-자」} \\
\\
\text{의도·목적의 「-자」}
\end{cases}
$$

6) 동작의 완료를 지시하는 「-자」는 적어도 다음과 같은 세 가지의
   전제 단계를 거쳐야 한다. 즉,

$$
\begin{cases}
\text{동작 A의 완료} \\
\text{동작 A의 완료 지속} \\
\text{동작 B의 계속}
\end{cases}
$$

7) 「-자」의 선행문의 서술어로는 상태성 동사가 부착될 수 없다. 그
   것은 그 동사가 동작의 중지성을 보여 주지 못하기 때문이다.

8) 동작·완료의 「-자」와 의도·목적의 「-자」 사이에는 화용론적인 문제가 결부되어 있는 것으로 보인다.

지금까지 「-자」에 대한 논의 결과를 간략히 살펴보았다. 앞으로 부각될 수 있는 문제점으로 남겨진 것으로는 다음과 같은 것들이 있다.

첫째, 동작완료의 「-자」와 의도·목적의 「-자」 사이의 상관성은 무엇인가? 둘째, 동작완료의 「-자」와 의도·목적의 「-자」를 가늠하는 척도는 무엇인가?

위의 두 가지 문제점들은 다시 고를 달리하여 논하고자 한다.

▍參考文獻

康琪鎭, 「國語 接續語尾의 意味機能」, 『李內疇先生周甲論叢』, 二友出版社, 1981.

_____, 「國語 接續語尾 「-(으)나」의 分析」, 『語文論志』4 · 5, 忠南大, 1985.

_____, 「進行形 「-고 있다」의 意味」, 『弘益語文』4, 弘益大, 1985.

_____, 「國語 接續語尾 「-거니, -거니와, -거늘」의 研究」, 『覓南金一根博士華甲紀念語文學論叢』, 建國大, 1985.

_____, 「國語 接續語尾 「-니 와 -니까」의 研究」, 『國語學』14, 國語學會, 1985.

_____, 「國語特殊助詞 「-나」의 意味機能」, 『仙嚴 李乙煥敎授還甲紀念論文集』, 한국국 어교육연구회, 1985.

_____, 「「-며」 構文의 統辭論」, 若泉 金敏洙博士紀念 『國語學新研究』, 塔出版社, 1986.

_____, 「非狀態性 接續語尾의 研究」, 『弘益語文』5, 弘益大, 1986.

_____, 「「-(았)다가」의 研究」, 『한실 李相寶博士還甲紀念論文集』, 螢雪出版社, 1987.

_____, 「前提性 接續語尾에 대하여」, 『韓南語文』13, 韓南大, 1987.

_____, 「直接目的性 接續語尾의 研究」, 『蘭台 李應百博士停年退任紀念論文集』, 한샘출판사, 1988.

_____, 「상태변화 접속어미에 대하여」, 『송하 이종출박사화갑기념논문집』, 太學社, 1988.

梁銹錫, 「韓國語의 接續化」, 『語學研究』8-2, 서울大, 1972.

최현배, 『우리말본』, 정음사, 1971.

Bloomfield, L., *Language*, George Allen & Unwin LTD London, 1958.

Bolinger, D., *Meaning and form*, Longman, London and New York, 1977.

사실의 접속어미 연구

―'-더니', '-더라도', '-더라면'을 중심으로―

1. 序 論

本 論文은 국어의 多樣한 接續語尾 가운데서 '-더니', '-더라도', '-더라면'의 意味를 分析해보고 그것의 形態에 따른 몇 가지 假設을 檢討해 보려는 데에 그 目的이 있다.

특히 本 論文은 이들 '-더니', '-더라도', '-더라면'에 의해서 구성되는 接續文을 事實의 接續文이라고 指示하기로 하겠다.

필자가 이들 '-더니', '-더라도', '-더라면'의 接續語尾를 事實의 接續語尾라고 부르는 것은 이들 接續語尾에 의한 接續文이 한결같이 過去의 이미 벌어진 事實을 나타내는 것은 다음의 예문들에서 확연히 제시되고 있다.

(1) 공부를 열심히 하더니 시험에 합격했다.
(2) 어쩐지 너무 많이 마시더니 인사불성이 되었다.

위의 (1), (2)는 接續語尾 '-더니'에 의한 接續文 構成을 보여 주고 있다.

그런데 위의 (1), (2)의 '-더니' 接續文은 철저히 先行文의 事實을 바탕으로 한 論理構成이다. 다시 말해서 '-더니' 接續文에서 '-더니' 附着文 즉 '-더니'의 先行文은 이미 벌어진 事實을 전제하고 있다는 점이다.

'-더니' 接續語尾가 事實을 바탕으로 하고 있다는 것은 다음과 같은 成分分析에서도 바로 나타나고 있다.

    (3) a. 공부를 열심히 했다는 事實(先行文)
        b. 시험에 합격했다(後行文)
    (4) a. 어쩐지 너무 많이 마셨다는 事實(先行文)
        b. 인사불성이 되었다(後行文)

위에서 보는 것처럼 (1)의 '-더니' 接續文은 (3a)와 같은 '공부를 열심히 했다는 事實'이 前提되지 않고는 가능한 構成이 절대로 될 수 없다. 이것은 (2)의 '-더니' 構成文도 마찬가지이다.

'더니'가 갖는 이러한 '事實'의 機能은 '-더라도', '-더라면'에서도 마찬가지이다.

예문을 보기로 하자.

    (5) 아무리 공부를 잘 하더라도 먼저 사람의 도리를 지켜야 한다.
    (6) 10시에 출발했더라면 경기에 늦지 않았을 것이다.

위의 (5)는 '-더라도', (6)은 '더라면' 구성을 보여주고 있다. 이 경우에도 이들 先行文 構成이 事實性을 보여 주고 있는 것은 마찬가지이다.

위의 (5)에서 '-더라도'의 先行文은 事實性을 보여 주고 있다. 事實性을 보여주고 있다는 것을 現實性과 오해해서는 '-더니', '-더라도', '-더라면' 등의 事實 接續語尾를 이해하기 힘들다.

위 (5)에서 '아무리 공부를 잘 하더라도'는 現實속의 事實일 수도 있겠지만, 認識이나 想像 속의 事實을 자칭할 수도 있다. 다시 말해서 現實 속의 事實이면 더욱 좋고, 現實 속의 事實이 아니더라도 認識이나 想像 속에서 現實的 前提를 나타내는 機能을 (5)의 '-더라도' 構成文을 보여 주고 있으며, 이러한 점은 (6)의 '-더라면' 구성 또한 마찬가지이다. 다음을 보자.

(7) a. 아무리 공부를 잘 한다는 事實的 전제(先行文)
    b. 먼저 사람의 도리를 지켜야 한다(後行文)
(8) a. 10시에 출발한다는 事實的 전제(先行文)
    b. 경기에 늦지 않았을 것이다(後行文)

위의 事實들을 근거로 하여 필자는 '-더니', '-더라도', '-더라면' 등을 事實의 接續語尾라는 한 範疇에 넣어 놓고, 이들을 意味分析해 보기로 하겠다.

2. 意味分析

2.1. '-더니'의 分析

接續語尾 '-더니' 構成文이 보이는 중요한 의미 가운데서 非辨別的인 意味는 빼고 辨別的인 것만을 추려내면 다음과 같은 3가지 정도가 된다.

(9) 變化의 '-더니'
(10) 理由·原因의 '-더니'
(11) 結果의 '-더니'

먼저 變化의 '-더니'에 대해서 살펴보기로 한다. 變化의 '-더니'는 '-더니' 接續文에서 動作이나 狀態의 變化 內容을 指示한다. 예를 들어보면 다음과 같다.

(12) 어렸을 때에는 공부도 잘 하더니 지금은 제 앞가림도 못한다.
(13) 10시가 되더니 날이 어둑어둑해졌다.

위의 (12), (13)의 接續文은 '-더니' 接續語尾에 의하여 狀態·變化의 樣相을 보여 주고 있다. 위의 '-더니' 接續文에서 接續語尾 '-더니'는 그 話用上에 있어 意味論的인 制約을 받는다. 우선 다음의 예를 살펴보자.

(14) 어제는 날씨가 몹시 나쁘더니 오늘은 참 쾌청하다.
(15) 아까는 기분이 참 좋더니 지금은 몹시 불쾌하다.

위의 (14), (15)의 '-더니' 接續文들은 文法的인 文章들로서 動作·狀態變化의 정도를 보여주고 있는 예문이다.
이제 '-더니'의 意味論的 機能을 더 명확히 이해하기 위해서 (14), (15)에 '그 狀態(動作)가 變化되어서' 라는 揷入節을 넣어 보기로 하겠다.

(16) 어제는 날씨가 몹시 나쁘더니(그 狀態가 變化되어서) 오늘은 참 쾌청하다.
(17) 아까는 기분이 참 좋더니(그 狀態가 變化되어서) 지금은 몹시 불쾌하다.

위의 (16), (17)의 '-더니' 接續文은 (14), (15)의 接續文에 '그 狀態가 變化되어서' 라는 揷入節을 介入시킨 文章이다. 이렇게 '그 狀態가 變化되어서' 라는 揷入節을 넣고 보니, 그 뜻이 더욱 명료해졌음을 알 수 있다.

따라서 '-더니' 接續語尾의 一次的인 意味인 變化의 '-더니'는 바로 다음과 같은 意味資質을 지니고 있는 것으로 이해될 수 있다.

(18) 變化의 '-더니'는 時間의 흐름의 經過에 따른 狀態・動作의 變化・내용을 指示하는 意味機能을 지닌다.

變化의 '-더니'가 바로 狀態의 時間的인 흐름에 따른 變化를 指示한 것이라면, '-더니' 接續文의 先行文과 後行文은 倒置되면 그 原因은 절대적으로 훼손될 수밖에 없는 것이다. 다음의 倒置構文이 바로 그러한 것을 입증하고 있다.

(19) *오늘은 쾌청하더니 어제는 날씨가 몹시 나쁘다.
(20) *지금은 몹시 불쾌하더니 아까는 기분이 참 좋다.

위 (19), (20)의 非文法的인 문장이 된 것은 바로 '-더니'의 意味機能과 相反된 情報內容을 전달하려 하고 있기 때문이다. 다시 말해서 '-더니'는 時間의 經過에 따른 變化의 內容을 記述하는 接續語尾인 데 비해서, 위 (19), (20)은 時間의 經過를 무시한 非時間的 事實을 記述하려 하고 있기 때문이다.

또 하나 變化의 '-더니'에서 看過되지 말아야 할 事實은 '-더니'의 先行文은 事實前提的 技能을 행사해야 한다는 점이다.

이제 앞서의 예문 (14), (15)를 대상으로 이 점을 검증해보기로 하겠다.

(21) a. 어제는 날씨가 나빴다는 事實的 전제(先行文)
　　 b. 오늘은 참 쾌청하다(後行文)
(22) a. 아까는 기분이 참 좋았다는 事實的 전제(先行文)
　　 b. 지금은 몹시 불쾌하다(後行文)

위 (21), (22)에서 볼 수 있는 것처럼 接續語尾'-더니'는 事實的 前提를 배경으로 한 先行文에다가 時間的 經過에 따른 變化 事實을 記述할 필요가 있을 때 쓰이는 것으로 이해될 수 있다. 資質 表示를 하면 다음과 같다.

    (23) a. [＋ 事實 前提]
        b. [＋ 變化 表示]
        c. [＋ -더니]

이제 理由·原因의 '-더니'에 대해서 살펴보기로 하겠다. 먼저 이에 대한 몇 가지 예문을 들어 살펴보기로 하겠다.

    (24) 매일 열심히 공부하더니 그 시험에 합격했다.
    (25) 그 애가 과식을 하더니 결국 배탈이 났다.
    (26) 값이 싸더니 질이 형편없이 나쁘다.

위의 (24), (25), (26)의 '-더니'의 예문들 모두 理由·原因의 意味機能을 보여주고 있다. '-더니'의 이러한 理由·原因的 意味機能은 위의 (24)~(26)의 '-더니' 接續語尾를 대표적인 理由·原因의 接續語尾인 '-기 때문에' 등을 대치시켜 보면 금방 알 수가 있다.

    (27) 매일 열심히 공부했기 때문에 그 시험에 합격했다.
    (28) 그 애가 과식을 했기 때문에 결국 배탈이 났다.
    (29) 값이 싸기 때문에 질이 형편없이 나쁘다.

위 (27)~(29)의 接續文들은 앞의 理由·原因의 '-더니' 接續文에서 '-더니' 대신에 '-기 때문에'를 代値해 넣은 것인데, 모두 文法的인 문장이 되었다. 이러한 (27)~(29)의 文法性이 보이는 意味는 매우 당연한 것이 아닐 수 없다. 그것은 接續語尾 '-더니'의 意味機能 중의 하나가 바로 理由·原因에 있기 때문이다.

위의 (24)～(26)의 '-더니' 接續文이 理由·原因을 나타낸다는 것은 위의 (24)～(26)을 名詞節化해보면 곧바로 다시 확인될 수가 있는 것이다.

다음의 名詞節化 變形을 살펴보기로 하자.

> (30) <u>그 시험에 합격한 것</u>은 매일 열심히 공부했기 때문이다.
> (31) <u>결국 배탈이 난 것</u>은 그 애가 과식을 했기 때문이다.
> (32) <u>질이 형편없이 나쁜 것</u>은 값이 싸기 때문이다.

위의 (31)～(32)의 名詞節化 變形에서도 명백히 보이듯이 이 '-더니' 接續語尾는 理由·原因을 指示하는 意味 屬性을 보이고 있다. 이제 이러한 理由·原因의 '-더니'를 定義해 보면 다음과 같다.

> (33) '-더니'는 先行文의 事實的 前提에 따라 後行文에 대한 先行文
> 의 理由·原因의 '-더니'에 나타나는 이러한 事實性을 증거해 보
> 는 예문이 바로 다음 것이다.
> (34) a. 매일 열심히 공부했다는 事實的 전제(先行文)
> b. 그 시험에 합격했다(後行文)
> (35) a. 그 애가 과식을 했다는 事實的 전제(先行文)
> b. 결국 배탈이 났다(後行文)
> (36) a. 값이 싸다는 事實的 전제(先行文)
> b. 질이 형편없이 나쁘다(後行文)

이상에서 확인한 바와 같은 理由·原因의 '-더니' 接續語尾의 資質을 표시하면 다음과 같다.

(37) a. [＋事實 前提]
　　 b. [＋理由·原因]
　　 c. [＋ -더니]

이제 結果의 '-더니'에 대해서 살펴보기로 하겠다. 먼저 結果의 '-더니'의 예를 몇 가지 들어 보기로 하겠다.

(38) 내가 서울에 갔더니 그가 벌써 와 있었다.
(39) 배추 몇 포기 샀더니 돈 만 원이 금세 달아났다.

위의 (38), (39)는 先行文의 結果, 後行文이 動作化 혹은 狀態化되었음을 나타내 보이고 있다. 따라서 後行文이 先行文의 行爲의 結果로 일어난 일이기 때문에, 이 構文들에서 先行文과 後行文을 倒置하면, 어색한 文章이 되거나 非文法的인 문장이 되고 만다. 다음의 예들이 그것을 증거해 준다.

(40) *그가 벌써 와 있더니 내가 서울에 갔다.
(41) *돈 만원이 금새 달아났더니 배추 몇 포기 샀다.

위 (40), (41)의 非文法性이 시사하고 있듯이, 結果의 接續語尾 '-더니'는 時間的인 結果性에 그 意味機能들이 있는 接續語尾인 것이다.

이 結果의 接續語尾 '-더니'도 역시 事實 前提性이 기본적으로 전제되어야 한다.

이러한 것은 變化의 '-더니', 理由·原因의 '-더니'에서도 역시 마찬가지였던 것과 동일한 文法的 사항이다.

(42) a. 내가 서울에 갔다는 事實 전제(先行文)
　　 b. 그가 벌써 와 있었다(後行文)

(43) a. 배추 몇 포기를 샀다는 事實 전제(先行文)
  b. 돈 만원이 금새 달아났다(後行文)

이제 이러한 것을 종합해 보면 接續語尾 '-더니'의 結果的인 用法은
다음과 같이 資質表示가 될 수 있다.

(44) a. [+事實 前提性]
  b. [+結果]
  c. [-더니]의

지금까지 ① 時間의 흐름의 經過에 따른 變化內容을 指示하는 變化
의 '-더니'와 ② 繼續的인 어떤 事實의 理由・原因을 指示하는 理由・原
因의 '-더니' 그리고 ③ 실제로 일어난 사건의 여파를 지시하는 결과의 '-
더니'를 살펴 보았다.
이제 '-더라도'에 대해서 살펴보기로 하였다.

2.2. '-더라도'의 分析

'-더라도'는 事實 判斷의 先行文에 의해 後行文이 반드시 單位的으로
이루어져야 함을 나타내는 當爲의 當然을 指示하는 接續語尾이다. 이러
한 것을 다음을 통해 살펴보기로 하자.

(45) a. 성공이 어렵더라도 열심히 노력해야 산다.
  b. 사정이 그러하더라도 그렇게 행동해서는 안된다.

위 (45)에서 볼 수 있는 '-더라도'의 意味機能은 事實的인 當爲를 인
정하는 機能을 指示하고 있다. 이러한 事實的 當爲를 인정하는 意味機能

은 위의 (45)의 '-더라도'의 構文에 事實的 當爲를 語彙資質로 하고 있는 副詞(語) 하나를 揷入해 보면 금방 파악할 수 있는 일이다. 事實的 當爲를 語彙資質로 하고 있는 副詞(語) 가운데서 '아무리'가 있다. 이 '아무리'를 (45)의 '-더라도' 構文에 넣어 보자.

    (46) a. 아무리 성공이 어렵<u>더라도</u> 열심히 노력해야 한다.
         b. 아무리 사정이 그러하<u>더라도</u> 그렇게 행동해서는 안된다.

결국 위의 事實로 보아서 '-더라도'의 意味는 아래와 같이 分析될 수가 있다.

    (47) 접속어미 '-더라도'는 先行文을 事實的인 것으로 認定하고 認知하는 바탕 위에서, 後行文의 當爲的 當然을 意味한다.

여기에서 다른 接續語尾 즉 '-더니'와 마찬가지로, '-더라도' 역시 事實前提性의 資質이 있어야 함은 당연히 강조되고 검증되어야 한다.
    이제 그러한 검증의 일환으로 아래와 같이 分析해 보기로 하겠다.

    (48) a. 成功이 어렵다는 事實的 前提(先行文)
         b. 熱心히 努力해야 한다.(後行文)
    (49) a. 事情이 그러하다는 事實的 前提(先行文)
         b. 그렇게 행동해서는 안된다.(後行文)

이상에서 살펴본 바와 같이 接續語尾 '-더라도'는 先行文의 內容을 事實的으로 前提한 후에, 當爲的 當然의 情報를 전달코자 할 때에 後行文을 添加할 때 사용한다는 것을 알았다. 이제 '-더라면'에 대해 알아보기로 하겠다.

2.3. '-더라면'의 分析

接續語尾 '-더라면'은 過去의 經驗的 事實을 假定的으로 回想하면서, 그것의 反對 狀況을 제시할 때에 쓰게 된다. 예문을 통해서 자세히 살펴보기로 하겠다.

(50) a. 10시에 떠났더라면 늦지 않았을 것이다.
    b. 좀 더 열심히 공부했더라면 그 시험에 합격했을 텐데.

위 (50a), (50b)는 接續語尾 '-더라면'에 의한 接續文 構成을 보여주고 있는 문장이다.

위에서 볼 수 있는 것처럼 '-더라면'은 過去의 事實에 대한 反對 狀況을 指示할 必要가 있을 때 쓰이는 것으로 이해된다. 그러니까 '-더라면'의 先行文은 實際狀況의 反對狀況을 記述하고 있으며, 이 점은 後行文도 마찬가지이다.

다시 말해서 (50a), (50b)는 각각 아래와 같은 反對狀況을 前提로 한 表現인 것이다.

(51) a. 10시에 떠나지 않았기 때문에 늦었다.
    b. 좀더 열심히 공부하지 않았기 때문에 그 시험에 합격하지 못했다.

위와 같이 '-더라면'은 事實의 反對 狀況的인 인식을 보여주는 接續語尾인 것이다. 그리고 '-더라면'의 경우도 想像이나 虛構的인 假定 속에서나마 先行文의 事實的 前提를 바탕으로 한 表現法인 것은 '-더니', '-더라도'와 마찬가지이다.

다음과 같은 검증이 바로 그것이다.

(52) a. 10시 전에 떠나지 않았다는 事實的 前提(先行文)
　　 b. 늦었다(後行文)
(53) a. 열심히 공부하지 않았다는 事實的 前提(先行文)
　　 b. 그 시험에 합격하지 못했다(後行文)

　이상에서 살펴본 것처럼 接續語尾 '-더라도'는 過去·時制로 알려져 있는 '-앗(었, 였) 등과 함께 쓰여, 지나간 事實的 前提의 反對狀況을 표현하는 接續語尾로 이해된다.

　지금까지 '-더니', '-더라도', '-더라면'의 意味機能을 살펴보았다. 이제 이들 接續語尾의 形態·統辭的 機能에 대해서 살펴보기로 하겠다.

3. 統辭分析上의 몇 가지 假說

　본장에서는 이미 그 意味機能을 파악해 본 바 있는 接續語尾 '-더라도' '-더라면'의 統辭現象 몇 가지를 살펴보기로 하겠다.

　먼저 '-더니', '-더라도', '-더라면'의 後行文이 어떠한 終結語尾 制約을 가지고 있는지를 살펴보기로 하겠다. 여기서 終結語尾란 叙述形, 疑問形, 請誘形, 命令形 등을 말한다.

(54) 열심히 공부를 하<u>더니</u> 그 시험에 ⎰ 합격했다.
⎱ 합격했느냐?
　*합격하자.
⎱ *합격해라. ⎰

　위에서 보는 것처럼 接續語尾 '-더니'는 叙述形, 疑問形과는 잘 어울리지만, 請誘形, 命令形과는 制約관계에 있어 함께 쓰이지 않는다.

'더라도'의 경우를 보자.

(55) 고생이 되<u>더라도</u> $\left\{\begin{array}{l}\text{일한다.} \\ \text{(?)일하느냐?} \\ \text{일해라.} \\ \text{일하자.}\end{array}\right\}$

위에서 보는 것처럼 接續語尾 '-더라면'의 경우는 敍述形, 命令形, 請誘形과 잘 어울리며, 疑問形과는 非文法的인 문장은 만들지 않을지라도 약간 어색한 문장을 生成해 내고 있어서 制限的 制約관계에 있다.

이제 '-더라면'을 살펴보자.

(56) 10시에 떠났<u>더라면</u> $\left\{\begin{array}{l}\text{도착했다.} \\ \text{도착했겠느냐?} \\ ^*\text{도착해라.} \\ ^*\text{도착하자.}\end{array}\right\}$

위에서 보는 것처럼 接續語尾 '-더라면'의 경우는 敍述形, 疑問形과는 잘 어울리나, 命令形, 請誘形과는 制約관계를 맺고 있다.

이제 이러한 관계를 圖式으로 정리하면 아래와 같다. 아래를 보기로 하자.

(57)

	'-더니'	'-더라도'	'-더라면'
敍述形	+	+	+
疑問形	+	(?)	+
請誘形	−	+	−
命令形	−	+	−

이제 接續語尾 '-더니', '-더라도', '-더라면' 등과 '-았', '-겠' 등과의 制約 관계를 살펴보기로 하겠다.

먼저 '-더니'와 '-았', '-겠'의 관계를 살펴보기로 하겠다. 아래를 보자.

    (58) a. ^(?)그녀가 과식을 했더니 결국 배탈이 났다.
        b. *그녀가 과식을 하겠더니 결국 배탈이 났다.

위에서 보는 바와 같이 接續語尾 '-더니'는 '-았'이나 '-겠'과 전혀 상호관계를 맺지 못하는 것으로 이해된다. 이제 '-더라도'와 '-았', '-겠'과의 관계를 살펴보기로 하겠다.

    (59) a. 고생이 됐더라도 참고 견뎌라.
        b. 고생이 되겠더라도 참고 견뎌라.

위의 (59a), (59b)에서 보는 바와 같이 接續語尾 '-더라도'는 '-았', '-겠'과의 관계를 살펴보자.

    (60) a. 주말에 좀 쉬었더라면 몸살이 나지 않았을텐데.
        b. *주말에 좀 쉬겠더라면 몸살이 나지 않았을텐데.

위 (60a), (60b)에서 보는 것과 같이 接續語尾 '-더라면'은 '-았'과는 상호관계를 가지나, '-겠'과는 그러한 상호관계를 갖지 못하는 制約이 따른다. 도표를 보자.

    (61)

	'-더니'	'-더라도'	'-더라면'
'-았'	±	+	+
'-겠'	−	+	−

이제 '-더니', '-더라도', '-더라면' 등의 接續語尾와 主語制約에 대해서 살펴보기로 하겠다.

主語制約이란 '-더니', '-더라도', '-더라면'의 先行文과 後行文의 主語가 同一해야 하느냐 相異해야 하느냐 하는 문제를 다루는 것을 말한다. 먼저 '-더니'의 경우를 보자.

  (62) a. 애기가 울더니 애기가 그만 잘잠었다.
       b. 이 애기는 저쪽에서 나타나더니, 저애기는 이쪽에서 나타났
          어요.

위에서 볼 수 있는 것처럼 '-더니' 接續文의 先行文과 後行文의 主語는 同一할 수도 있고 다를 수도 있다.

이제 '-더라도'의 경우를 살펴보기로 하겠다.

  (63) a. 네가 아무리 어려운 처지에 빠져있다. 하더라도 너는 그래서
          는 안 된다.
       b. 아무리 비가 몰아치더라도 너는 10시까지 와야한다.

위 (63a), (63b)의 '-더라도' 構文에 볼 수 있는 것처럼 '-더라도' 構文의 先行文의 主語는 같을 수도 있고 다를 수도 있다.

이제 '-더라면'의 경우를 살펴보기로 하겠다.

  (64) a. 네가 10시에 집을 떠났더라면 네가 기차는 안 놓쳤을텐데.
       b. 그가 서울로 왔더라면 나는 서울에 가지 않았을텐데.

위에서 볼 수 있는 것처럼 接續語尾 '-더라면'은 先行文의 主語는 같을 수도 있고 또 다를 수도 있다.

이제 이를 정리하면 다음과 같다.

(65)

	'-더니'	'-더라도'	'-더라면'
主語同一	±	±	±
主語相異	±	±	±

4. 結 論

지금까지 필자는 事實의 意味機能 또는 事實前提의 意味機能을 가지는 接續語尾 '-더니', '-더라도', '-더라면' 등에 의한 여러 가지 事實을 검토해 보았다.

이러한 검토의 과정에서 생각해 볼 수 있는 것은 接續語尾의 총괄적인 理解에는 여러 가지 難點이 따르겠지만, 國語文法의 規範的 이해를 탈피하여, 그 用法을 하나하나 理解해야 한다는 측면에서, 그것들의 意味機能, 統辭機能 등을 多角的으로 檢討해야 하는 것이 必要하다.

▌參考文獻

康琪鎭, 國語 接續語尾의 意味機能, 李乃疇先生周甲論叢, 三友出版社, 1981.

_____, 國語 接續語尾 '-(으)나'의 分析, 語文論誌 4 · 5, 忠南社, 1985.

_____, 進行形 '-고 있다'의 意味, 弘益語文 4, 弘益大, 1985.

_____, 國語 接續語尾 '-거니, -거니와, -거늘'의 硏究, 覓南 金一根博士 華甲紀念語文學 論叢, 建國大, 1985.

_____, 國語 接續語尾 '-니'와 '-니까'의 硏究, 國語學 14, 國語學會, 1985.

_____, 國語 特殊助詞, '-나'의 意味機能, 仙巖 李乙煥敎授 還甲紀念論文集, 한국국어교육위원회, 1985.

_____, '-며' 構文의 統辭論, 若泉 金敏洙博士還甲紀念 國語學新硏究, 塔出版社, 1986.

_____, 非狀態性 接續語尾 硏究, 弘益語文 5, 弘益大, 1986.

_____, '-(았)다가'의 硏究, 한실 李相寶博士還甲紀念論文集, 螢雪出版社, 1987.

_____, 前提性 接續語尾에 대하여, 漢南語文 13, 漢南大, 1987.

_____, 直接目的性 接續語尾의 硏究, 蘭台李應百博士停年退任紀念論文集, 한샘출판사, 1988.

_____, 狀態變化 接續語尾에 대하여, 송하 이종출박사환갑기념논문집, 태학사, 1988.

_____, 狀態維持 接續語尾의 硏究, 李鐘塤博士還甲紀念論文集, 集文堂, 1991.

김진수, 국어접속조사와 어미 연구, 탑출판사, 1987.

남기심, 국어 연결어미의 화용론적 기능, 연세논총 15, 연세대, 1979.

박기덕, 한국어의 S→S_n^2 에 관한 연구, 연세대 한국연구소, 1974.

성낙수, 이유원인을 나타내는 접속문 연구(I), 한글 162, 한글학회, 1978.

_____, 이유원인을 나타내는 접속문 연구(II), 연세어문 11, 연세대, 1979.

梁繍錫, '韓國語의 接續化', 『語學硏究』 8-2, 서울大, 1972.

최현배, 우리말본, 정음사, 1971.

Bloomfild, L., *Language*, George Allen & Unwin LTD London, 1958.

Bolinger, D., *Meaning and form Longman*, London and New York, 1977.

접속어미 '-므로'의 의미기능

1. 序 論

본고는 접속어미 '-므로'의 의미적 특성과 그에 따른 통사적 특성을 분석적으로 검토해 보려는 데에 그 목적이 있다. 동시에 '-므로'의 의미·통사적 특성을 '-므로'와 유사한 의미기능을 지닌 것으로 알려져 있는 몇몇 다른 접속어미들과 비교론적인 입장에서 논구해 보려는 목적도 가지고 있다.

현대 한국어에서의 접속어미의 연구의 시발점이 최현배(1959)에서 비롯되는 것처럼, '-므로'의 의미기능 연구 역시 최현배(1959)의 연구 업적을 기반으로 해야 한다.[1] 그것은 최현배(1959)의 연구가 자료의 광대성으로 인해 논의가 지극히 정밀할 뿐 아니라, 여러 제기되는 문제를 예견해주고 있기 때문이다. 이제 최현배(1959)의 '-므로'에 대한 언급을 살펴보기로 하겠다.

최현배(1959)에서 접속어미 '-므로'는 매는꼴(구속형) 가운데서도 참일 매는꼴(사실구속형)로 분류·분석해 놓고 있다(최현배 1959: p. 297).

---

[1] 최현배, 우리말본, 1959, p. 259. 이후의 '최현배'(1959)는 모두 이 '우리말본'을 지시한다.

최현배(1959)에서는 아울러 '-므로'의 세부 기능을 "까닭"으로 설정해 놓고 있는데, 그 근간이 되는 예는 다음과 같은 것이다.

(1) 비가 오므로 갈 수 없어서 그만두었소(최현배 1959, p. 299)

'-므로'에 대한 최현배(1959)의 이러한 논의를 더 자세히 알기 위하여서는, 그의 매는꼴(구속형)이란 용어에 유의해야 한다. 최현배(1959)의 설명을 그대로 옮겨서 풀어보기로 하겠다.

(2) 매는꼴은 움직씨가 임자말의 풀이말이 되어서 그만 끝맺지 아니하고 그 다음에 다른 말을 잇게 하여, 그 잇는 말의 내용의 들어남을 매는 조건이 되는 꼴을 이름이니: 이에는 (1)거짓잡기 (2)참일 (3)꼭쓰기의 세 가지의 가름이 있느니라(최현배 1959, p. 295)2)

최현배(1959)의 위 분석은 매우 정밀한 것이어서 '-므로'에 대한 더 이상의 가감이 필요치 않을 것이라는 단정을 내리기 쉬울 정도이다.

그러나 최현배(1959)의 분석의 정밀성에도 불구하고, '-므로'가 가진 의미・통사적 특성에 대한 분석은 여전히 확대될 수 있다. 그러니까 최현배(1959)의 분석적 논의를 뒤집는 어떤 이론을 제기하자는 것이 아니라 최현배(1959)의 분석적 논의를 바탕삼아 '-므로'에 대한 논의를 더 온

---

2) 최현배(1959)의 '-므로'에 대한 이러한 분석은 화자(speaker)의 생각과 의지의 양상의 중요성을 담화(discourse)의 문제와 결부지어 논의한 이정민(1974)의 논의나 Grice(1973)의 논의와 근원을 같이하고 있다.
이정민, Abstract syntax and Korean with Referecnce to English, Seoul, pan Korea Book Corp. 1944, pp. 4~5.
Grice, H.P., "Probaility, Desirability, and Mood operators" presented at the Texas confernce on performatives, Implications and Presupposition, University of texas, 1973.

전히 하자는 데에, 바로 본고의 목적이 있는 것이다.

본고는 '-므로'에 대한 통시적 분석을 행하지 않고 현대 한국어를 중심으로 한 공시적 분석에만 논의의 초점을 두었다.

2. '-므로'의 意味的 特性

본장에서는 '-므로'의 의미적 특성에 대해서 논의하기로 하겠다. 접속어미 '-므로'에 대해서 우선 상정될 수 있는 의미 자신의 하나는 "이유"이다. 접속어미 '-므로'가 "이유"의 의미자질을 갖고 있다는 것은 다음의 예문을 통해서 쉽게 확인될 수 있다.

(3) 그는 평소에 열심히 공부했으므로, 합격자 발표를 앞두고 걱정하지 않았다.

위 예문(3)에서 목격할 수 있는 것처럼 '-므로'는 논리적 이유를 제시하는 의미자질을 가지고 있다. 이러한 '-므로'의 이유 자질 함유의 근거는 위 (3)의 예문을 이유논리 전치문장으로 변환시켜 보면 확실히 알 수 있다.

(4) 그가 합격자 발표를 앞두고 걱정하지 않았던 이유는 평소에 그가 열심히 공부했기 때문이다.

위의 이유논리 전치 문장 변형에서 명확히 알 수 있는 것처럼 접속어미 '-므로'는 우선적으로 이유의 의미자질을 제시하는 특성을 가지고 있다.

후에 상술하겠지만 '-므로'의 이러한 이유논리의 의미자질을 '-기 때

문에', '-니까', '-아서' 등과 공유되는 것임은 특이한 사실이다.3)

'-므로'가 자신의 의미자질 중에서 이유논리의 의미자질을 '-기 때문에', '-니까', '-아서' 등과 공유하고 있음은 다음의 예문에서 쉽게 확인될 수 있다.

> (5) 그는 평소에 열심히 공부하기 때문에(아서, 니까)합격자발표를 앞두고 걱정하지 않았다.

위에서 확인할 수 있는 것처럼 '-므로'와 대치된 '-기 때문에', '-아서', '-니까' 구문이, '-므로'와 같은 이유논리 자질을 보이고 있음은, '-므로'가 '-니까', '-기 때문에' 등과 동일한 의미범주를 공유하고 있음을 실증하는 좋은 예이다.

그러나 '-므로'가 '-니까'나 '-기 때문에', '-아서'와 동일한 의미범주를 공유하고 있다고 해도, 그 화용적(pragmatic) 의미는 상당히 다를 수 있음을 본고는 인정한다. 이러한 화용적 가치의 상이성에 대한 연구는 그쪽 접근 방향대로 이루어져야 할 것이지만, 본고는 의미·통사가능을 접근치로 잡았기 때문에, 이들 상호간의 화용적 상이성에 대해서는 언급치 않기로 하겠다.4)

---

3) 이러한 문제는 비단 '-므로'나 '-니까', '-아서', '-기 때문에' 등에서만 비롯되는 것은 아닌 것으로 상정된다. 접속어미 "-고"에 대해서도 이 문제가 double modality의 현상과 함께 양인석(1971)에서 논의되고 있다.
   Yang, In-Seok, "Double Modaliity in Korean", Language Research, 7, Seoul, 1971, pp. 23~36.
4) 접속어미의 화용상의 논의의 문제를 다룬 것은, 영어쪽에서 먼저인데, Dougherty (1971), Gleitman(1965)의 문접속화 연구에서 이러한 문제들이 제기 되었다.
   Dougherty, Ray.C., "A Grammar of Coordinate Consoined Structure", Language 47, 1971, pp. 298~339.
   Gleitman, Lila, "Coordinating conjunctions in English", Language, 41, 1965, pp. 260~293.

접속어미 '-므로'가 가지는 의미기능 중에 하나는 "필연적 이유성"이다. 이것은 선행절의 사건이나 형태가 후행절에 미치는 이유논리의 상태가 상용성을 가진다는 뜻이다.

그러니까 후행절에 미치는 선행절의 사건이나 형태가 선택적이거나 우연적이 아니라는 점이다. 이러한 '-므로'의 필연적 이유성은 다음의 예에서 극명하게 드러나 있다.

> (6) a. ^(?)10시가 되<u>므로</u> 기차가 오더라.
>   b. ^(?)남산에 올라가<u>므로</u> 소나무가 많더라.

위의 (6a), (6b)의 예문들은 확실히 어색하게 들린다. 청자에 따라서는 (6a), (6b)를 비문법적인 문장이라고까지 단정할 수 있을 정도로 어색하다.

(6a), (6b)의 어색함이 과연 어디서 유래되는 것이냐 하는 것이 문제인데 현단계에서는 접속어미 '-므로'에 그 혐의를 두지 않을 수 없다. 왜냐하면 (6a), (6b)에서 '-므로'를 빼고 '-니까'를 넣으면, '-므로'에서 목격되었던 그러한 어색함이나 생경함은 사라지기 때문이다.

다음의 (7a), (7b)의 문장은 그러한 것을 확실히 입증해주고 있다.

> (7) a. 10시가 되<u>니까</u> 기차가 오더라.
>   b. 남산에 올라가<u>니까</u> 소나무가 많더라.

위(7a), (7b)는 어떠한 의미적인 어색함이나 생경함도 보이지 않는 문장이다.

(6a), (6b)와 (7a), (7b)의 차이는(6a), (6b)에는 '-므로'가 접속하고 있고, (7a), (7b)에는 '-니까'가 접속하고 있다는 차이 뿐이다.

그러니까 여기서 우리가 이론화할 수 있는 것은 '-므로'는 우연적 이유성에는 쓰이지 못하고, 대신에 필연적 이유성에만 쓰인다는 사실이다.

실제로 (7a), (7b)의 선행문과 후행문의 관계가 필연성으로 엮여져 있지 않다는 사실은 다음의 예로 확인될 수 있는 것이다.

> (8) a. 10시가 되니까 기차(시내버스, 철속, 우체부……)가 오더라.
>   b. 남산에 올라가니까 소나무{향나무, 잣나무, 도토리나무……}
>   가 많더라.

위 (8a), (8b)의 문장들은 '-므로' 접속어미로 연계되는 선행문과 후행문의 관계가 필연적 이유성으로 엮어지지는 않는다는 것을 명징하게 나타내주고 있을 뿐 아니라, 선택적이며 우연적인 이유성을 함유하고 있는 선행문과 후행문에 '-므로'가 접속되면 왜 어색한 문장이 되는가를 잘 나타내 주고 있다.5)

여기서 한 가지 상정할 수 있는 것은 '-니까'가 필연적 이유성이나 우연적 이유성에 공히 쓰일 수 있는 데 비해서, '-므로'는 단지 필연적 이유성에민 쓰일 수 있으며, 우연직 이유싱에는 어색하게 반응한나는 사실이다.

'-므로'의 또 하나의 의미자질로 상정될 수 있는 것은 "전제성"이다. "전제성"이란 후행문이 일어나기 위해서 미리 충족되거나 조건화되어 있어야 하는 기본 상태나 기본 사건을 말한다.

다음 예문을 통해서 '-므로'의 그러한 전제성에 대해서 확인해 보기로 하겠다.

---

5) 우연성 · 필연성의 자질은 Lakoff, R.(1971)에서 그 암시를 얻은 것이다.
   Lakoff, R., "Tense and its Relation to participants", *Language* 46,
   1970, pp. 838~849.

(9) a. 날씨가 더우므로 이 비키니를 걸치게 되었다.

　　 b. 철수가 서울로 떠났으므로 이제 이 방은 치워야겠다.

위 예문 (9a), (9b)에서 접속어미 '-므로'가 보여주는 "전제성"이란 의미기능은 매우 명징(明澄)한 것이 아닐 수 없다.6)

예를 들어서 (9a)에서 화자(speaker)가 "이 비키니를 걸치게 된" 사건에는 날씨가 더워졌다는 자연적 환경의 변화가 전제되어 있다. 과거의 전통문법적 측면에서 이러한 것을 단순히 이유 · 원인으로만 파악한 나머지 '-므로'가 가진 이러한 "전제성"이라는 의미기능의 포착이 어려웠던 것도 사실이다.

그러나 접속어미 '-므로'가 가진 위와 같은 의미기능은 매우 중요한 것이 아닐 수 없다. 왜냐하면 '-므로'의 이러한 전제성의 기능은 다른 접속어미에서 쉽게 포착되어지지 않는 것이기 때문이다.

여기서 한 가지 짚고 넘어가야 할 점은 접속어미 "-는데"와의 관계이다.

널리 알려진 대로 접속어미 '-는데'역시 전제적인 조건에 쓰이는 것으로 알려져 있으며, 양인석(1972)에서도 '-는데'를 반대행위 및 사태 접속사로 다루고 있어, "-는데"가 일면 전제성의 의미기능을 갖고 있는 것으로 상정될 수 있는 여지가 있다.

그러나 여기서 우리가 주목해야 되는 것은 '-는데'역시 전제성을 의미하는 기능을 함유하고 있지만 '-므로'와는 상당히 다른 방향에서의 전제라는 점에 유의해야 한다.

다음의 "-는데"의 예를 몇 개 상고해봄으로서 이 점을 확인해보기로

---

6) 접속어미를 분석하는 문제에 있어서 뿐만 아니라 전체적인 언어 분석에 있어서 언어단위의 의미 · 통사 사이에 일어나는 상호 전제성의 문제는 심각히 다루어져야 할 문제이다.

Katz & Fodor, The Structure of a Semantic theory, *Language* 31, 1963, pp. 190~210.

하자.

(10) a. 바람이 <u>부는데</u> 시원치 않다.
    b. 나는 졸려 죽겠<u>는데</u> 옆에서 떠든다.

위 (10a), (10b)에서 보는 바와 같이 '-는데'역시 전제적인 성격을 명징하게 나타내어 주고 있다. 다시 말해서 '-는데'의 후행문이 일어나기 위해서, 선행문이 미리 충족되어 있으며 최소한 조건화되고 있음을 알 수 있다. 문제는 그러한 전제의 방향이 "반대적"이라는 데에 초점이 있다.[7]

그러니까 '-는데' 역시 '-므로'와 마찬가지로 전제성이란 의미기능이 있긴 있지만, 그 방향이 "반대적"이라는 차이가 있는 것이 주목된다.

우리는 여기서 '-는데'가 가진 여러 의미기능을 논할 생각은 없으므로, 다음과 같이 정의화하는 것으로 문제를 정리할까 한다.

(11) '-므로'와 '-는데'는 다같이 "전제성"이란 의미기능을 지니고 있다. 단지 '-므로'는 정방향적인 전제성을 기능하고 있으나, '-는데'는 역방향적인 전제성을 기능하고 있는 차이가 있다.[8]

이제 '-므로'의 다른 의미기능을 상고해 보기로 하겠다. 우선 다음 예문을 살펴보기로 하자.

---

7) 실상 이 문제는 이른바 법(法, Mood)의 문제와 결부되어 Lyons(1969)에서 포괄적으로 암시된 바가 있다.
  John Lyons, *Introduction to Theorical Linguistics*, Cambridge, 1969, pp. 304~310.
8) 정방향적 전제성과 역방향적 전제성의 문제는 좀 더 효과적이고 유효한 규칙 설정이 필요한 개념이다. 후고를 기다린다.

(12) a. 철수가 화를 내므로 나도 같이 화를 내게 되었다.
　　 b. 날씨가 몹시 추우므로 두터운 코트를 걸치게 되었다.

위(12a), (12b)는 '-므로'의 용법에 관한 다른 한 가지의 의미기능
을 매우 정확히 드러 내어주고 있다.

(12a)에서 화자가 화를 내게 된 이유를 단순히 선행문에 직접 돌리
기에는 매우 다양한 선택이 존재해 있음을 우리는 직시해야 한다.

물론(12a)에서 화자가 화를 내게 된 제1차적인 이유를 선행문에 둘
수 없는 것은 아니다. 그러나 이 말은 동시에 (12a)에서 화자가 화를 내
게 된 제1차적이고도 직접적인 이유가 선행문에만 있지는 않음을 의미
하는 말이기도 하다.

그러니까(12a)에서 화자가 화를 내게 된 직접적이고 제1차적인 이
유가 선행문에 있기도 하며 또한 선행문 이외의 다른 사건에 있기도 하
다는 개연성을, 접속어미 '-므로'가 나타내어 주고 있다.

이러한 개연성은 '-므로'가 직접적이고 제1차적인 이유기능을 표시한
다기보다는, 어떤 인접적인 이유를 표시하는 것으로 볼 수 있는 근거를
제시하고 있다.

'-므로'의 이러한 인접이유 기능은 '-므로'의 구문을 '-니까'로 대치해
보면 좀 더 명확히 드러난다. 다음을 보자.

(13) a. 철수가 화를 내니까 나도 같이 화를 내게 되었다.
　　 b. 날씨가 몹시 추우니까 두터운 코트를 걸치게 되었다.

위(13a), (13b)의 구문은 '-므로' 구문에서 '-므로' 대신에 '-니까'를
대치해 넣은 것이다.

여기서 우리는 문체가 몹시 선명해지고, 문장의 명제가 확실해지는
것을 감지할 수 있다. 그것은 '-니까'가 직접적인 이유 기능을 행사하고

있기 때문이다.

인접적인 이유를 표시하는 기능을 지닌 '-므로'가 개입한 문장이 얼마간 중의적이고 이중적인 해석의 여지를 던져주는 반면, 직접적인 이유 표시를 기능하는 '-니까' 구문이 선명한 해석 기능을 던져주는 것도 모두 '-니까'와 '-므로'가 가진 의미기능 때문으로 상정할 수 있다.

이제 이러한 것은 아래와 같이 정의화될 수 있다.

> (14) '-므로'나 '-니까' 모두 이유의 의미기능을 함유하고 있다. 다만 '-므로'가 인접적이고 제2차적인 이유 기능을 함유하고 있는 데 비해서, '-니까'는 직접적이고 제2차적인 의미기능을 행사하고 있는 차이가 있다.

지금까지 '-므로'의 의미기능을 살펴 보았는데 정리해 보면 다음과 같다.

> (15) a. '-므로'는 논리적 이유를 제시하는 의미기능을 하고 있다.
> b. '-므로'는 필연적 이유성을 기능하고 있는데, 이것은 선행절의 사건이나 형태가 후행절에 미치는 이유논리의 상태가 상응성을 가지는 모양으로 나타난다.
> c. '-므로'의 의미자질 가운데 하나는 전제성이다.
> d. '-므로'는 인접적이고 제2차적인 의미기능을 나타내고 있다.

3. '-므로'의 統辭的 特性

이제부터는 '-므로'가 가진 통사적 특성을 구조적인 측면에서 살펴보기로 하겠다.

먼저 생각할 수 있는 '-므로'의 후행문에 관한 입장이다. '-므로'는 명령문과도 매우 훌륭한 상응관계를 보여 주고 있다. 다음의 예문이 바로 그것이다.

(16) a. 내게 돈이 없으므로 더 이상 오지 마라.
b. 물가가 비싸므로 너무 허비하지 마라.

'-므로'는 위 (16a), (16b)에서 보는 바와 같이 명령문과도 상응 관계를 형성하고 있는데, 이것은 동일한 이유의 범주 접속사 '-기 때문에'가 명령문과 상응 관계를 매우 어색하게 맺는 것과는 대조적이다. 다음을 보기로 하겠다.

(17) a. [?]내게 돈이 없기 때문에 더 이상 오지 마라.[?]
b. [?]물가가 비싸기 때문에 너무 허비하지 마라.

'-기 때문에'의 이러한 명령문과의 부조화의 원인이 어디에 있는지 하는 것은 지금으로서는 단정하기 어렵다. 그러나 '-므로'의 명령문과의 조화를 두고 추정해 볼 때 직접이유의 정도(degree)의 차이가 그러한 조화·부조화를 결정하는 것이 아닌가 하는 추정을 해볼 수 있다.

그러니까 '-기 때문에'가 이유의 의미기능을 나타내는 면에서만 볼 때, '-므로'보다 그 강도가 얼마간 떨어지는 것이, 명령형과의 상응관계에 영향을 미치지 않나 추정해 볼 수 있다.9)

실제로 직접적이고 제1차적인 이유의 규명이 선행문에서 이루어지지 않고는, 후행문을 명령형으로 이끌 화자는 없기 때문이다.

---

9) 실제의 한 언어단위의 종결어미와의 호응관계 문제는 주어가 매우 중요한 역할 작용을 하는 것으로 나타나 있다.
Bloomfield, L., *Language*, 1955, pp. 194~196.

그러니까 이 점으로 미루어 보아 '-기 때문에'는 '-므로'보다 훨씬 약한 정도의 이유 기능을 행사하는 것으로 보인다.

이러한 논리의 근거를 보장해 주는 것은 '-니까'의 명령문과의 상응성이다. 다음의 예를 살펴보자.

> (18) a. 내게 돈이 없으니까 더 이상 오지 마라.
> b. 물가가 비싸니까 너무 허비하지 마라.

위 (18a), (18b)에서 보는 바와 같이 '-니까'는 명령형과 매우 잘 호응관계를 맺고 있는데, 이것은 '-니까'가 직접이유를 나타내는 것으로 말미암았기 때문으로 추정된다.10)

통사적인 입장에서 살펴볼 때 '-므로'는 과거형 '았'과 같이 쓰일 수가 있다. 다음을 보자.

> (19) a. 비행기가 연착했으므로 우리는 더 기다릴 수 밖에 없었다.
> b. 날씨가 추웠으므로 그 코트를 입을 수 밖에 없었다.

통사론적 입장에서 살펴볼 때 '-므로'를 포함한 이유를 표시하는 접속어미가 '았'과 같이 쓰일 수 있는데 비해, 같은 이유 범주에 드는 "아서"가 그렇지 못함은 매우 주목되는 현상이다.

아래에서 보는 바와 같이 '-므로', '-니까', '-기 때문에'는 모두 '았'과 잘 쓰이고 있으나 '-아서'는 '았'과 상관 관계를 맺지 못하고 있다.

> (20) 비행기가 고장 나-{았으니까, 았아서, *았기 때문에, 았으므로},
> 3시간이나 연착하게 되었다.

---

10) 이 문제에 대한 효시적인 연구로는 Lakoff,R.(1971)이 있다.
Lakoff,R., "If's, An's and But's about Conjunction", in Fillmore-Lang
endeon, 1971.

본고에서는 '-므로'의 '았'과의 상관성에 주목할 뿐 '-아서'가 왜 '았'과 상관성을 갖지 못하는가 하는 문제에 천착하지는 않겠다.

이 문제는 고를 달리하여 논의할 문제이거니와, '-므로'의 '았'과의 상관성과 '-아서'의 '았'과의 비상관성의 상호의미를 포착해서, 그것의 통사적 규칙을 이끌어 내는 방향으로 논의가 진행되어야 할 것이다.[11]

이제 "주어-서술어" 관계를 생각해 보기로 하겠다.

상정해 볼 수 있는 "주어-서술어" 관계는 아래 4가지이다. 다음을 보자.

(21) a. 주어는 같고 서술어가 다른 경우.
     b. 주어도 같고 서술어도 같은 경우.
     c. 주어는 다르고 서술어가 같은 경우.
     d. 주어도 다르고 서술어도 다른 경우.

이제 위의 4가지 논리적 경우를 중심으로 해서 "주어-서술어" 관계를 상술해 보기로 하겠다. 다음의 예문들을 살펴보자.

(22) a.   영희가 공부를 열심히 했<u>으므로</u>, (영희가)그 시험에 합격
          했다.(동일주어, 상이서술어)
     b.   *[?]영희가 화를 내<u>므로</u>, 영희가 화를 냈다.
          (동일주어, 동일서술어)
     c.   영희가 화를 <u>내므로</u> 철수도 화를 내었다.
          (상이주어, 동일서술어)
     d.   영희가 화를 냈<u>으므로</u> 철수가 당황했다.
          (상이주어, 상이서술어)

---

11) '-았'과 '-아서'가 왜 비상관적인 배타성을 가지는지에 대해서는 아직 명확한 해석
    이 부재하다. 그러나 현상적인 입장에서 보아서는 음운론적인 이유에서 비롯되는
    것으로 보인다. 고를 달리하여 천착해 볼 문제다.

위에서 명백히 볼 수 있는 바처럼, '-므로'의 주어-서술어 상관 관계는 매우 명징(明澄)한 관계를 보여주고 있다. 다시 말해서 '-므로'는 동일주어, 동일서술어에만 부정적인 관계를 보이고 있을 뿐, 나머지 관계에 대해서는 매우 정상적인 관계를 보이고 있다.12)

이제 '-므로'에 연결될 수 있는 서술어의 제약성에 대해서 살펴보기로 하겠다.

> (23) a. 그분은 양반이<u>므로</u> 그런 일을 할 리가 없었다.
> b. 날씨가 추우<u>므로</u> 코트를 입었다.
> c. 비행기가 고장났<u>으므로</u> 3시간이나 연착되었다.

위 (23a), (23b), (23c)에서 보는 바처럼 '-므로'는 서술어 제약이 없다. 이러한 서술어의 제약성은 다른 접속어미에서 보는 바와 동일한 것으로 크게 주목되는 문법적 사실은 아니다.

이제까지 논의한 '-므로'의 통사적 특성을 정리해 보면 다음과 같다.

> (24) a. 통사론적 입장에서 '-므로'는 명령문과 상응관계를 잘 맺는다. 반면 '-기 때문에'는 명령형과 상응관계를 잘 맺지 못하는데, 이것은 '-기 때문에'가 '-므로'보다, 의미기능의 정도가 얼마간 약한데서 비롯되는 것으로 추정된다.
> b. '-므로'는 과거형 '았'과 같이 쓰일 수 있다.
> c. '-므로'는 선행·후행문의 동일주어-상이서술어, 상이주어-동일서술어, 상이주어-상이서술어에는 잘 반응하지만, 동일주어-동일서술어에는 비문법성을 나타낸다.
> d. '-므로'의 서술어 제약은 없다.

---

12) 이러한 주어-서술어 관계에 대한 간접적인 암시는 Bresnan(1970)에서 얻었다. Bresnan, Joan, W., "On complementizers":Toward a Syntactic Theory of complement Types, *Foundations of Language* 6, 1970, pp. 297~318.

지금까지 '-므로'의 통사적 특성에 대해서 살펴보았다. 이제부터는 '-므로'의 유사 접속어미와의 비교를 통해서, '-므로'의 비교론적 특성을 살펴보기로 하겠다.

4. 類似 接續語尾와의 比較論的 特性

'-므로'와 유사한 기능을 행사하는 접속어미인 '-니까', '-기 때문에'를 '-므로'와 비교해 보고, 그러한 비교론적 관점을 통해서 '-므로'의 비교론적 특성을 추출해 보려는 것이 본 장의 목적이다.

'-므로', '-니까', '-기 때문에'는 일반적으로 느끼기에는 얼마간 동일한 의미기능을 하고 있는데, 그것은 바로 이유의 의미기능이다.
아래의 예문들을 살펴보기로 하겠다.

> (25) a. 강이 넘 깊-{으므로, 니까, 기 때문에}물고기가 안산다.
>   b. 날씨가 추우-{므로, 니까, ㅂ기 때문에}사람들이 움츠린다.

위에서 볼 수 있는 바와 같이 '-니까', '-기 때문에'는 논리적 이유를 표시하고 있다는 점에서는 '-므로'와 같으나, 상당히 많은 화용상의 용법의 상이성도 갖고 있다.
이들 논리적인 이유의 공동성에도 불구하고 이들이 갖는 화용적 기능상의 상이점은 얼핏 보기에는 상당히 심각한 것으로까지 여겨지고 있다.
이제 그러한 화용상의 용법의 상이가 어디에서 비롯되는 것인지를 살펴 보기로 하겠다.
위 예문(25a)에서 보는 바와 같이 '-므로', '-니까', '-기 때문에'가 모

두 이유의 기능을 표시하고 있는 것은 사실이지만, 이유의 직접성, 인접
성 그리고 우회성 여부에 따라서 이들의 사용법이 달라진다는 가설을 상
정하고 싶다.

이유의 직접성이란 후행문에 대한 유일한 이유를 제시하고 있음을
말함이요, 이유의 인접성이란 후행문에 대해서 여러 가지 가능한 이유 가
운데서 하나가 선택되었음을 말함이요, 이유의 우회성이란 후행문에 대
한 직접적이 아닌 연관적이고 유추적인 이유를 제시하고 있음을 말한다.

그리하여 본고는 '-니까'는 이유의 직접성을, '-므로'는 이유의 인접성
과 그리고 '-기 때문에'는 이유의 우회성을 나타내는 것으로 본다.13)

이제 예문을 다시 하나씩 검토해 보기로 하겠다.

(25a) 강이 너무 깊<u>으니까</u> 물고기가 안 산다.

위에서 '-니까'가 선택된 것은 강에 물고기가 안 사는 직접적이고 유
일한 이유를 선행문에서 찾고 있음을 단적으로 보여주고 있다.

다시 말해서 강에 물고기가 안 사는 것에는 다른 이유가 있는 것이
아니라 물이 너무 깊기 때문이라는 직접적이고도 유일한 이유 판단을 나
타낼 때 '-니까'가 쓰이는 것이다.

(25b) 강이 너무 깊<u>으므로</u> 물고기가 안 산다.

위 (25b)에서 '-므로'가 선택된 것은 강에 물고기가 안 사는 유일한
이유를 선행문에 두고 있음을 단적으로 보여 주고 있다.

다시 말해서 강에 물고기가 안 사는 것에는 여러 가지 이유를 생각해
낼 수 있는데, 그 중에 가장 합리적이라고 화자가 판단한 것이 바로 물이

---

13) 이유의 직접성, 우회성, 인접성의 문제는 본고에서 일차로 제시된 가설이다. 더
증보 수정되어야 할 것이다.

너무 깊다는 이유 때문이라는 이유 판단을 보여 주고 있다.

그러니까 '-므로'는 상정될 수 있는 여러 이유 판단 중에서 화자가 선택한 하나의 이유 항목을 드러내기 위해서 쓰이는 접속어미이다.

이제 '-기 때문에'의 경우를 살펴보기로 하자.

(25c) 강이 너무 깊기 때문에 물고기가 안 산다.

위 (25c)에서 '-기 때문에' 역시 이유 판단을 나타내는 데 쓰이고 있다. 그러나 같은 이유 판단이라 할지라도 '-기 때문에'는 '-니까'처럼 직접적 이유 판단을 나타내는 것도 아니요, '-므로'처럼 인접적 이유 판단을 드러내는 것도 아니며, 단지 선행문이 후행문에 영향을 얼마간 미치는 이유 요소(factor)로 작용하고 있음을 나타내어 주는 접속어미이다.

그러니까 '-기 때문에'는 가장 약한 정도의 이유 판단을 드러내는 접속어미로 보인다.

이유 판단에 관한 '-니까', '-므로', '-기 때문에'의 화용적 용법을 정리하면 다음과 같다.

(26) '-니까'는 직접적 이유 판단을, '-므로'는 인접적 이유 판단을 그리고 '-기 때문에'는 우회적 이유 판단을 각각 지시하는 기능이 있다.

이제 '-므로', '-니까', '-기 때문에'와 인간행위(human act)에 대해서 살펴보기로 하겠다.

먼저 '-므로', '-니까', '-기 때문에'의 후행문이 인간행위를 나타내는 데 쓰이는가 어떤 가에 대해서 살펴보기로 하겠다.

(27) a. 눈이 오-{므로, 니까, 오기 때문에} 아이들이 기뻐 소리지른다.
   b. 눈이 오-{므로, 니까, 기 때문에} 길거리가 매우 미끄럽다.

위(27a), (27b)에서 볼 수 있는 바와 같이 '-므로', '-니까', '-기 때문에' 등은 모두 그 후행문이 인간행위를 나타내는 데에 쓰이고 있다.

문제는 이러한 후행문에서의 인간행위의 가능성의 시사가 어떠한 문제를 우리에게 야기하고 있느냐 하는 점일 것이다.

그러나 '-므로', '-니까', '-기 때문에'가 어떤 사건이나 상태에 대한 이유 판단을 나타내는 것이므로, 후행문의 그러한 인간행위 표시 허용은 가능하고도 당연한 것으로 받아 들이는 것이 좋다.

'-므로'의 '-니까', '-기 때문에'와 관련된 다른 용법을 살펴보면 다음과 같다.

(28) a. 그가 돈이 궁핍하므로 도와주는 것이 좋겠다.
   b. 영희가 그렇게 말하므로 용서해 주었다.

위 (28a), (28b)에서 '-므로'는 물론 전체적인 입장에서 이유 표시를 제시하고 있다. 그러나 세부적인 면에서 볼때 '-므로'는 어떤 '요인' 또는 '묵인'과 '동성'의 의미까지를 나타내고 있다.

(28a), (28b)에서 제시되어 있는 '-므로'의 그러한 '묵인성, 동정성 또는 용인성은 (28a), (28b)에 묵인이나 용인을 나타내는 삽입구를 넣어보면 쉽게 확인해 볼 수 있다.

(29) a. 그가 돈이 궁핍하므로, 동정하는 마음으로, 도와주는 것이 좋
      겠다.
   b. 영희가 그렇게 말하므로, 동정해서, 용서해 주었다.

위 (29a), (29b)는 (28a), (28b)의 '-므로' 구문에 동정 · 용인 · 묵인을 나타내는 삽입구를 넣어 본 것인데, 매우 훌륭한 의미 양상을 보여 주고 있다. 이러한 것으로 보아서 '-므로'에 동정, 용인, 묵인의 기능이

있는 것으로 우리는 일단 상정키로 한다.

　그러나 '-니까'나 '-기 때문에'에는 그러한 동정, 묵인, 용인의 기능이 있는 것으로는 추정되지 않는다.

　다음을 보기로 하자.

　　(30) a. 그가 돈이 궁핍하-{니까, 기 때문에} 도와주는 것이 좋겠다.
　　　　 b. 영희가 그렇게 말하-{니까, 기 때문에} 용서해 주었다.

　위 (30a), (30b)는 '-니까'와 '-기 때문에'가 쓰였는데, 단지 이유 표시만을 나타낼 뿐, 어떤 동정이나 묵인을 나타낸다고는 말할 수 없을 것으로 보는 것이 좋을 것 같다.

　물론 문맥적인 해석을 하기로 한다면야 위 (30a), (30b)의 '-니까'와 '-기 때문에' 역시 동정이나, 묵인, 용인을 나타낸다고 할 수 있으나, 그러한 과도한 문맥적 해석을 우리는 피해야 할 것이다.

　그리고 위와 같은 처리는 통사상의 여러 난점을 해결하는 데도 크게 유익된다. 다음을 보자.

　　(31) a. 비가 내린다.
　　　　 b. 집에 가고 싶다.

　위 (31a), (31b)를 연결시키는 과정에서 우리는 이유 판단이라는 가정으로 '-므로' 뿐만 아니라 '-니까', '-기 때문에' 등을 모두 선택할 수 있다. 다음을 보자.

　　(32) a. 비가 내리므로 집에 가고 싶다.
　　　　 b. 비가 내리니까 집에 가고 싶다.
　　　　 c. 비가 내리기 때문에 집에 가고 싶다.

위 (32a), (32b), (32c)에서 보듯이 (31a), (31b)의 문장을 연결하는 데 일정한 접속사가 특정하게 와야 한다는 규칙은 없다.

이 사실은 '-므로', '-니까', '-기 때문에' 등의 접속어미가 선행문이나 후행문의 의미 내용에 따라 결정적으로 처리되지 만은 않는 다는 규칙을 우리에게 시사하고 있다.

따라서 현재로서 가장 가능한 논의의 하나는 문맥적 해석을 최소한 억제화 함으로써 문장 구조의 단순성을 부여하는 것이다.

이렇게 함으로써만이 우리는 가능한 통사규칙의 형식화를 기대할 수 있기 때문이다.

5. 結 論

지금까지 본고는 접속어미 '-므로'의 의미적 특성과 그에 따른 통사적 특성을 분석적으로 검토해 보았다. 동시에 접속어미 '-므로'의 의미·통사적 특성을 다른 유사 접속어미와 비교론적 입장에서 논구해 보았다.

접속어미 '-므로'의 의미론적인 특성을 점검해보면 다음과 같은 추론을 상정할 수 있다.

a. 접속어미 '-므로'는 논리적 이유를 제시하는 의미기능을 하고 있다.

b. 접속어미 '-므로'는 필연적 이유성을 기능하고 있는데, 이것은 선행절의 사건이나 형태가 후행절에 미치는 이유논리의 상태가 상용성을 가지는 모양으로 나타난다.

c. 접속어미 '-므로'의 의미자질 가운데 하나는 전제성이다.

d. 접속어미 '-므로'는 인접적이고 제2차적인 의미기능을 나타내고 있다.

접속어미 '-므로'의 의미론적 특성에 따른 통사론적 특성을 점검해 본 결과는 다음과 같이 추론화될 수가 있다.

a. 통사론적 입장에서 '-므로'는 명령문과 상응관계를 맺는다. 반면 '-기 때문에'는 명령형과 상응관계를 잘 맺지 못하는데, 이것은 '-기 때문에'가 '-므로'보다, 의미기능의 정도가 얼마간 약한데서 비롯되는 것으로 추정된다.
b. 접속어미 '-므로'는 과거형 '았과 같이 쓰일 수 있다.
c. 접속어미 '-므로'는 선행문·후행문의 동일주어-상이서술어, 상이주어-동일서술어, 상이주어-상이서술어에는 잘 반응하지만, 동일주어-동일서술어에는 비문법성을 나타낸다.
d. 접속어미 '-므로'의 서술어 제약은 없다.

이 밖에 '-므로'와 '-니까' '-기 때문에'의 비교론적 관점을 통해서 우리는 다음과 같은 논의를 생각해 볼 수 있었다.

a. 접속어미 '-니까'는 이유의 직접성을 나타내는 데 쓰인다. 이유의 직접성이란 후행문에 대한 유일한 이유를 제시하고 있음을 의미한다.
   반면에 접속어미 '-므로'는 이유의 인접성을 나타내는 데 쓰인다. 이유의 인접성이란 후행문에 대해서 여러 가지 가능한 이유 가운데서 하나가 선택되었음을 말함이다.
   한편 접속어미 '-기 때문에'는 이유의 우회성을 나타낸다. 이유의 우회성이란 후행문에 대한 직접적이 아닌 연관적이고 유추적인 이유를 제시함을 말한다.
b. 의미통사적인 입장에서 본 이 '-므로'는 어떤 긍정이나 용인 또는

묵인까지를 나타내는 것으로 추론화 될 수 있다.

지금까지 논의를 바탕으로 '-므로'에 대한 더 유효한 의미·통사적 해석이 가해질 수 있다면 더 말할 나위가 없겠다.

▌參考文獻

강기진, 국어 접속어미의 의미기능, 이병주선생주갑논총, 이우출판사, 1981.

_____, 국어 접속어미 '-(으)나'의 분석, 어문론지 4·5, 충남대, 1985.

_____, 진행형 '-고 있다'의 의미, 홍익어문 4, 홍익대, 1985.

_____, 국어 접속어미 '-거니, -거니와, -거늘'의 연구, 먹남 김일근박사 화갑기념 어문학논총, 건국대, 1985.

_____, 국어 접속어미 '-니'와 '-니까'의 연구, 국어학 14, 국어학회, 1985.

_____, 국어 특수조사, '-나'의 의미기능, 선암 이을환교수환갑기념문집, 한국국어교육연구회, 1985.

_____, '-며' 構文의 통사론, 약천 김민수박사 환갑기념 국어학신연구, 탑출판사, 1986.

_____, 비상태성 접속어미의 연구, 홍익어문 5, 홍익대, 1986.

_____, '-(았)다가'의 연구, 한실 이상보박사 환갑기념논문집, 형설출판사, 1987.

_____, 전제성 접속어미에 대하여, 한남어문 13, 한남대, 1987.

_____, 직접목적성 접속어미의 연구, 난대 이응백박사 정년퇴임기념논문집, 한샘출판사, 1988.

_____, 상태변화 접속어미에 대하여, 송하 이종출박사환갑기념논문집, 태학사, 1988.

_____, 상태유지 접속어미의 연구, 현산 김종훈박사 환갑기념논문집, 집문당, 1991.

_____, 사실의 접속어미 연구, 도곡 정기호박사 환갑기념 논총, 태학사, 1991.

이정민, *Abstract syntax and Korean with Reference to English*, Seoul, pan Korea Book corp, 1974.

최현배, 우리말본, 정음사, 1959·1971.

Grice, H. P., "Probablity, Desirability, and Mood operators", presented at the texas conference on performatives, Implications and presupposition, univ. of Texas, 1973.

Yang, In-Seok, "Double Modality in Korean", *Language Research* 7, Seoul, 1971.

Dougherty, Ray. C., "A Grammar of Coordinate conjoined Structure", *Language*, 47, 1971.

Gleitman, Lila., "Coordination Conjunctions in English", *Language*, 41, 1965.

Lakoff, R., "Tenes and it's Relation to participants", *Language* 46, 1970.

Kotz & Fodor., The Structure of a semantic theory, Language 39, 1963.

Lyons, J., *Introduction to the Theoretical Lingustics*, cambridge, 1969.

Bloomfleld, L., *Language*, 1954.

Lakoff, R., *"It's and's and But's about comjunction" in fillmore-Langendoen*, 1971.

Bresnan, Joan, W., "on complementizerss":Toward a syntactic theory of complement types, *Foundations of Language* 6, 1970.

접속어미 '-다고', '-다만'의 분석

1. 問題의 提起

본고는 국어의 다양한 접속어미 가운데서 '-다고'와 '-다만'을 대상으로 하여, 의미적·통사적 기능을 논구하려는 데에 그 목적이 있다.[1]

'-다고'와 '-다만'은 다음의 예문에서 목도할 수 있는 것처럼, 매우 전형적인 통사구조를 가지고 있는 접속어미들이다. 다음을 보자.

(1) a. 밥맛이 좋<u>다고</u> 너무 과식하지 말라.
　　b. 그가 빨리 와서 좋<u>다만</u> 나머지 사람들이 걱정이다.

위 (1a)의 '-다고', (1b)의 '-다만'에서 볼 수 있는 것처럼 접속어미 '-다고'와 '-다만'은 선행절이 형태상 [ ]s로 나와 있다. 이러한 통사적 특성은 '-다가'에서도 볼 수 있는 특징인데, '-다가'의 예를 들어 보기로 하겠다.

---

[1] 접속어미 '-다고', '-다만'은 의미적인 관심을 중요시한 형태표기이며 만일 통사상의 관점을 취하면 [ ]s고, [ ]s만으로 표시될 수도 있을 것이다.

(2) a. 서울에 가<u>다가</u> 다시 돌아왔다.
    b. 밥을 먹<u>다가</u> 말았다.

여기서 제기되는 문제점은 '–다가'의 분석에 있어서 '–다가'를 한 형태소로 볼 것인지 아니면 "–다–"와 "–가"의 두 형태소로 볼 것인지 하는 문제이다.[2]

동일한 문제가 '–다고', '–다만'에서도 발생한다. 본고는 '–다가'를 논구하는 자리가 아니므로 '–다가'에 대해서 언급을 자제하거니와, '–다고', '–다만'에 대해서는 이들을 한 형태소로 보아야 할 것인지, 아니면 두 형태소로 분석해야 할 것인지 하는 문제는 매우 중요한 문제가 아닐 수 없다. 그것은 이들은 한 형태소로 보느냐 아니면 두 형태소로 갈라서 보느냐에 따라서 그 의미적 · 통사적 기능이 상이해지기 때문이다.

그러나 전반적인 입장에서 보면 과도한 분석주의적 입장을 본고는 지양하고자 한다. 왜냐하면 그러한 것은 일관성있는 분석을 제시하기가 쉽지 않기 때문이다. 다음을 보자.

(3) a. 철수가 서울에 간<u>다고</u> 영희도 간다.
    b. 날씨가 춥<u>다만</u> 나가서 일해야 한다.

만일 분석주의적 입장을 취하기로 한다면 위 (3a)의 '–다고'는 별 분석상의 문제 없이 해석될 수도 있다. 즉 "철수가 서울에 간다"라는 [ ]s가 접속어미 "–고"에 의해 후행문과 접속되었다고 분석할 수 있기 때문이다.

그러나 (3a)의 '–다만'의 경우는 문제가 달라진다. 다시 말해서 "날씨가 춥지"라는 [ ]s가 "–만"이라는 접속어미에 의해 후행문에 접속화되었

---

2) 이러한 문제점들의 의문은 특히 부정의 대답이 전제되고 있는 의문문의 문제에서도 제기되고 있는 문제들이다. Kuno & Robinson 참조.
   Kuno & Robinson, Multiple Wh-Questions, Linguistic Inquiry 3, 1972.

다고 말할 수 없기 때문이다.

그것은 첫째로 국어 문법상 과연 "-만"이라는 접속어미를 인정할 수 있느냐 하는 문제에 부딪치게 되며, 둘째로 왜 선행문의 종결어미가 서술형으로 종결되지 않고 의문형으로 종결되었느냐 하는 점을 해석할 수 없는 난제에 부딪치게 되기 때문이다.

위의 두 문제는 전반적인 국어 문법적 위상을 재편성하지 않는 한 해결할 수 없는 것으로 보여지며, 따라서 본고는 분석주의적인 입장을 취하지 않고, '-다고', '-다만'을 한 형태소로 보는 입장을 취해서 논의를 진행시키고자 한다.

'-다고', '-다만'을 한 형태소로 인식해서 취급하는 것이 현재로서는 국어 문법의 전반적인 궤에 같이 하는 것이라고 필자는 판단하고 있다.

이 글은 '-다고', '-다만'에 대한 공시적인 연구이므로, 이들 접속 어미에 관련된 통시적 사실들을 논의에 감안하지 않았다.

2. '-다고'의 分析

'-다고'의 여러 의미적 기능과 그에 연관된 통사적 기능을 모색해 보고 그것의 형식화 가능성을 점검해 보는 것이 본 장의 목적이다.

접속어미 '-다고'의 가장 현저한 의미기능은 "이유"에 있다고 상정할 수 있다. 이러한 상정의 근거를 제시하고 있는 예들은 몇몇 들어 보기로 하겠다. 다음의 예를 보자.

(4) a. 영희가 날씨가 춥<u>다고</u> 문을 닫아 버렸다.
    b. 물가가 비싸<u>다고</u> 영희가 투덜거렸다.

위 (4a), (4b)에서 보듯이 접속어미 '-다고'는 먼저 의미기능상 이유를 나타내고 있다.

여기서 문제는 "이유"라는 의미자질이 가진 여러 복잡다기한 활용상의 문제들을 어떻게 인식하느냐 하는 점이다. 강기진(1985)에서도 유사한 문제가 제기되었거니와 여기서는 "일차적 이유"와 "이차적 이유"라는 명칭을 필자는 쓰고자 한다.[3]

"일차적 이유"란 어떤 현상이나 사건의 직접적인 동기를 유발케 한 현상을 말한다.

현재 국어 접속어미의 연구결과들이 명징하게 논구해 놓은 것처럼, "일차적인 이유"의 가장 현저한 접속어미의 하나는 '-니까'이다.

> (5) a. 날씨가 추우<u>니까</u> 코트를 입고 나가거라.
> b. 물가가 비싸<u>니까</u> 사기가 망설여진다.

위 (5a), (5b)는 선행절이 후행절의 사건 유발에 있어서 직접적인 동기를 제공하고 있다. 다시 말해서 (5a)에서 화자(speaker)가 '코트를 입고 나가라'고 발화한 데는 물론 여러 이유나 원인이 있었겠지만, 그러나 화자가 그렇게 발화한 직접적인 동기는 '날씨가 춥다'는 선행절이 후행절에 대해 간접적이며 부차적인 이유를 제시하고 있음을 말해주는 것이다.[4]

---

3) 문법 형태의 분석에 있어서 문제를 배경지식(background Knowledge)과 결부시키는 문제는 Chafe(1976)에서 얻은 힌트이다.
  Chafe. W. L., Givenness, Contrastiveness, Definiteness, Subjects, Topics & Point of View. In Li. C. N.(ed)(1976), 1976, pp. 32-33.
4) 이러한 '전제'의 문제는 Chomsky(1968)에서 원천적으로 원용된 문제이다.
  Chomsky(1969)는 의문문의 문제를 분석하면서 '전제'의 문제를 취급했었다.
  Chomsky, N., Deep Structure, Surface Structure and semantic interpretation, In Steinberg & Jakobovits (eds) 1971, pp. 200-202.

다시 앞 (4a)의 예문을 보기로 하자. 편의상 다시 적어 보겠다.

(4) a. 영희가 날씨가 춥<u>다고</u> 문을 닫아 버렸다.

위 (4a)에서 접속어미 '-다고'는 물론 후행절의 사건 즉 '영희가 문을 닫아 버린' 사건의 이유를 제시하고 있는 것은 사실이다.

그러나 선행절의 '날씨가 추운' 사실이 후행절의 '문을 닫아버린' 사건의 직접 동기를 제공하고 있다고는 말할 수 없다.

물론 선행절의 '날씨가 춥다'는 사실이 후행절의 '문을 닫아 버린' 사건의 이유가 된 것은 분명하지만, 그것은 후행절의 '문을 닫아 버린' 사건의 이유 중의 하나는 될 수 있을 지언정, 직접적인 동기를 제공하는 사건이라고는 볼 수 없다.

이러한 논리를 증거할 만한 것은 (4a)는 쉽게 제시하고 있다.

즉 (4a)의 선행절과 후행절 사이에 '-다고'는 실제로는 "날씨가 추워서, 피부의 체감온도가 낮아져서, 추위를 느끼니까, 문을 닫게 되었다."는 명제를 함유하고 있다.5)

그러니까 (4a)의 후행문의 직접동기는 "추위를 느껴서" 즉 "몸이 추워서"이며, "날씨가 추운" 사실 자체는 간접 동기 유발인 것이다.

우리는 여기서 "일차적 이유"와 "이차적 이유"를 명징하게 분별해야 하는 의미론적 근거를 제시하게 되는 것이다.6)

그러니까 (4a)를 직접적이고 일차적인 이유의 표시 구문으로 나타내기 위해서는 다음과 같이 쓰는 것이 좋을 것이다.

---

5) Katz(1972)는 이러한 것들을 '조건이 되는 명제'라고 명칭하고 있다.
   Katz, Semantic Theory, New York, Harper and Row, 1972, pp. 209-211.
6) Fillmore C. J.(1971)은 이러한 것을 화자-청자와의 관계에서 규명하려고 했다.
   Fillmore C. J., Santa Cruz Lectures on Dexis, univ. of California, Berkeley, 1971, pp. 70-71.

(6) 몸이 추우니까 문을 닫아 버렸다.

일반적인 자연 법칙의 현상으로 보아서 보통 사람이 문을 닫게 되는 직접 근거는 자기의 체감온도가 떨어짐에서 비롯되는 것이기에 위 (6)은 '-니까'가 적당한 접속어미인 것이다.

이치가 이러하므로 위 (6)에서 '-니까' 대신에 '-다고'를 쓰면 얼마간 어색함을 느끼게 되는데, 그것은 선행문과 후행문의 자연법칙적 사실 현상을 문법적 단위가 제대로 뒷받침하지 못하고 있기 때문이다. 다음을 보자.7)

(7) ?몸이 춥다고 문을 닫아 버렸다.

물론 위의 (7)이 전혀 비문법적인 문장은 아니다. 그러나 화용상에서 위의 (7)의 발화가 상당히 어색하게 들리는 것은 사실이며, 그것은 (7)의 선행문과 후행문의 사건이 우리의 인식에 비추어 보아서 직접적인 동기 유발의 접속어미로 연결되어야 함에도 불구하고, 이차적인 이유를 나타내는 '-다고'로 연결된 데서 나오는 어색함인 것이다.

이상의 논리에서 보듯이 '-다고'는 일차적인 이유를 나타내는 '-다고'로 연결된 데서 나오는 어색함인 것이다.

이상의 논리에서 보듯이 '-다고'는 일차적인 이유를 나타내는 데는 쓰이지 아니하고 이차적인 이유를 제시하는 의미기능을 가지고 있다.

접속어미 '-다고'는 이차적인 이유를 나타내는 의미기능 이외에도, "보고적 공식전달체계"란 일정한 사회집단에서 가지게 되는 수직적 상하 관계에서의 의사전달 기능을 의미한다. 다음을 보자.

---

7) 이러한 화자 전체의 가정에 관해서는 Karttunen(1971) 참조.
　Karttunen, L., Implicative Verbs, Language 47, 1971, pp. 350-351.

(8) a. 그는 근무지를 이탈했다고 면직되었다.
　　 b. 파업에 가담했다고 불이익을 받았다.

위 (8a), (8b)에서 접속어미 '-다고'는 일정한 계층구조를 지닌 사회
집단에서 수직선 상하관계상의 보고를 취할 때 쓰일 수 있는 "공식성
(Official)"의 의미기능을 보이고 있다.

그러한 접속어미 "'-다고'의 보고적 공식 전달 체계"의 의미기능은 여
러 면에서 주목되는 의미기능으로 보이지만, 일상적인 담화 생활에서는
그다지 빈번히 보이지는 않는 것으로 간주되고 있다.[8]

접속어미 '-다고'의 통사적 기능을 잠시 논구해 보면, 먼저 현저하게
보여지는 기능은 '-다고'와 서법과의 관계이다.

먼저 주목되는 현상은 접속어미 '-다고'는 명령문과는 상응관계를 형
성하지 못한다는 점이다. 다음을 보기로 하자.

(9) a. *날씨가 춥다고 코트를 입어라.
　　 b. *물가가 비싸다고 물건을 사라.

위 (9a), (9b)에서는 접속어미 '-다고'가 명령형과 어울리지 못함을
보았는데, 그러나 뒤의 서법이 부정 명령이 되면 양상이 약간 불규칙하
게 나타난다.

(10) a. *남편이 죽었다고 슬퍼하라.
　　 b. *남편이 죽었다고 슬퍼하지 마라.

---

8) 이러한 '-다고'의 기능을 그것의 서술어와 깊은 관련을 가진 것으로 측정된다.
Lakoff(1970)에서 제기된 'higher predicate'의 문제와 결부되어 생각할 문제이다.
Lakoff, G., Pronominalization negation and the analysis of adverbs,
In R. A. Jacobs and P. S. Rosenbaum (eds)Readings in English Trans-
formational Grammer, Ginn and company, 1970, pp. 156-158.

위 (10a)는 명령형이어서 '-다고'가 쓰리지 못한 것에 비해서, 위 (10b)는 부정 명령형에 '-다고'가 자연스럽게 쓰이고 있다.

한편 '-다고'는 서술형, 의문형에는 매우 자연스럽게 연결된다.

(11) a. 날씨가 무덥다고 삼베옷을 입는다.
　　 b. 날씨가 무덥다고 삼베옷을 입느냐?

접속어미 '-다고'에서 주목할 만한 사실의 하나는 통사적 기능에서 나타난다. 먼저 '-다고'와 인간행위가 어떻게 반응하는지를 알아보기로 하자.

논리적인 견지에서 보아서 '-다고'가 취할 수 있는 경우는 4가지이다. 편의상 인간행위를 나타내는 기술을 [+human act], 그렇지 않은 것을 [-human act]로 쓰기로 하겠다.

(12)

	선 행 문	후 행 문
human act	+	+
	+	−
	−	+
	−	−

앞에서 보는 바처럼 접속어미 '-다고'가 인간행위와 어떻게 반응하고 있는 것인지 하는 것을 점검하기 위한 논리적 기준은 4가지이다.

이제 그 하나하나에 대해서 알아보기로 하겠다.

첫째로 선행문과 후행문이 공히 [+human act]를 나타내는 경우를 살펴보자.9)

---

9) 이러한 문제의 접근 인식은 양인석(1972)에서 힌트를 얻었다.

(13) a. 철수가 화를 낸<u>다고</u> 영희도 화를 낸다.
　　 b. 철수가 부산에 갔<u>다고</u> 영희가 섭섭해 한다.

위 (13a), (13b)는 선행문과 후행문이 공히 [+human act]인데 훌륭하게 쓰였다. 이제 [+human act]의 선행문과 [-human act]의 후행문의 경우를 살펴보자.

(14) *철수가 화를 낸<u>다고</u> 집이 울린다.

위 (14)에서 보듯이 후행문이 [-human act]인 경우에는 접속어미 '-다고'가 전혀 쓰이지 못하고 있다. 이제 [-human act]의 선행문과 [+human act]의 선행문의 경우를 살펴 보기로 하겠다.

(15) 날씨가 춥<u>다고</u> 영희가 부들부들 떤다.

위 (15)에서 보듯이 선행문이 비록 [-human act]일지라도 후행문이 [+human act]이면 '-다고'는 쓰이는 것으로 이해된다.
이제 선행문·후행문이 공히 [-human act]인 경우를 살펴보기로 하겠다.

(16) *날씨가 춥<u>다고</u> 나뭇잎이 떨어진다.

위 (16)에서는 선·후행문이 공히 [-human act]로 비문법적인 문장을 형성하고 있다.
여기서 우리가 상정할 수 있는 점인 접속어미 '-다고'는 후행문의 [-human act]를 동반하지 못한다는 사실이다.

양인석, 한국어의 접속화, 어학연구 8-2, 서울大 어학연구소, 1972.

이점은 접속어미 '-다고'의 통사적 사실 규명에도 매우 중요한 것일 뿐만 아니라, 의미적 기능에도 또한 중요한 시사를 하고 있다.

이점과 관련지어 접속어미, '-다고'의 다른 의미를 생각해 보기로 하겠다.

다음을 보자.

> (17) a. 장관이다고 그렇게 해서는 안된다.
>   b. 장형이라고 너무 폼내지 마라.

위 (17a), (17b)는 접속어에 '-다고'가 어떤 자격을 전제하는 데에 쓰이고 있는데, 이것은 '-다고' 후행문에 [-human act]를 허용치 않는 것과 관련지어 매우 흥미로운 의미자질이 아닐 수 없다.

(17b)의 "-고" 보문자 취급 여부에 관련 없이, (17a), (17b)의 '-다고'가 보여주고 있는 것은 명백히 자격을 표시하고 있다는 점이다.

"자격"이란 술어는 바로 인간 행위나 인간 행위에 관련된 위치에 쓰인다는 것을 상정해 볼 때, '-다고'가 자격을 지시하는 기능이 있음은 매우 중요한 것이 아닐 수 없다.[10]

이제 지금까지 살펴본 접속어미 '-다고'의 통사 · 의미 기능을 정리해 보겠다.

> (18) a. '-다고'는 후행문에 선행문이 이차적인 이유를 제공할 때 쓰인다. 다시 말해서 접속어미 '-다고'는 선행문에 이유를 제공하는 기능을 하기는 하지만, 그 직접적인 동기를 제공할 때에는 쓰이지 않는다.

---

10) 이 '자격'이라는 의미자질이 앞의 '다고'의 여러 의미자질과 어떤 연관성을 갖고 있는지는 앞으로의 논구할 과제이다.

    b. 접속어미 '-다고'는 일정한 계층구조를 지닌 사회 집단에서 수직적 상하관계 상의 보고를 취할 때 쓰이는 공식적 보고 체계의 의미기능을 지니고 있다.

    c. 접속어미 '-다고'는 명령형과는 상관관계를 맺지 못하며 부정 명령에 대해서는 불규칙한 양상을 보이나, 그 밖의 서법에 대해서는 자유롭게 쓰인다.

    d. 접속어미 '-다고'는 후행문의 [-human act]를 동반하지 못하며, 이러한 통사적 특징 때문에, '-다고'는 때로 자격을 나타내는 데도 쓰인다.

3. '-다만'의 分析

'-다만'의 제일 현저한 의미기능 가운데서 하나는 '-다만'이 "전제" 또는 "전제조건"을 나타내고 있다는 점이다. 다음을 보자.

    (19) a. 문제가 어렵기는 어렵<u>다만</u> 풀 수는 있다.
          b. 영화가 지루하<u>다만</u> 교훈적이긴 하다.

위 (19a), (19b)에서 우리가 목도할 수 있는 것은 선행문이 후행문의 어떤 전제가 되어 있고, 거기에 접속어미 '-다만'이 쓰이고 있다는 점이다.

그런데 문제는 의미론적 입장에서 '전제'에는 "순행전제"와 "역행전제" 두 가지가 있다는 사실을 인지해야 한다는 것이다.

"순행전제"란 선행문이 후행문의 결과에 당위성을 가지는 것을 말하며, "역행전제"란 선행문이 후행문에 반대적인 사태 다시 말해서 역행적인 사태를 제시하고 있다는 차이가 있다.

"역행전제"의 대표적인 접속어미는 바로 '-는데'를 대치시켜 봄으로써
'-다만'이 "순행전제"의 의미를 지닌 것인지에 대해서 알아보기로 하겠다.

　　(20) a. 문제가 어렵기는 어려운데 풀 수는 있다.
　　　　 b. 영화가 지루한데 교훈적이기는 하다.

　위 (20a), (20b)에서 볼 수 있는 것처럼 '-다만'은 '-는데'와 대치되
어 별다른 의미 상이를 가져오고 있지 않은데, 이것은 바로 '-다만'이 '-는
데'와 동일한 의미 범주에 즉 "역행전제"의 의미기능을 가지고 있기 때문
이다.

　그러나 '-다만'이 비록 '-는데'와 '역행전제'라는 면에서 동일한 의미
영역을 공유하고 있다고는 해도 통사적인 면에서는 몇 가지 상이점을 나
타내고 있으며, 그것은 곧 서법과의 관계에서 확실히 나타난다.

　다시 말해서 '-다만'은 명령형이나 청유형에 매우 자연스럽게 반응하
는 데 비해서 '-는데'는 그렇지 못한 반응을 나타내고 있어서 주목된다.

　다음을 보자.

　　(21) 날씨가 무덥다만 옷을 두텁게 입어라 {입자}.

　위 (21)은 '-다만'이 명령형·청류형과 자연스럽게 어울리고 있음을
보이고 있다.

　그러나 '-는데'는 결코 명령형이나 청류형에 쓰이지 못하며, 혹 억지
로 쓰일 경우가 있다 하더라도 매우 생경한 느낌을 지울 수는 없는 것으
로 이해된다. 다음을 보자.

　　(22) *(?)날씨가 무더운데 옷을 두텁게 입어라 {입자}

위에서 보는 바와 같이 '-는데'는 명령형, 청유형과 같이 쓰여 비문법적인 양상을 드러내고 있다. 접속어미 '-다만'의 의미기능 중에서 매우 중요한 것의 하나는 '가정적 판단'이라는 의미자질이다.

'가정적 판단'이라는 것은 문자 그대로 사실성에 관계없이 화자의 가정을 사실로써 일단 상정하는 것을 의미한다.11)

　　(23) a. 사과가 참 좋<u>다만</u> 값이 좀 비싸다.
　　　　 b. 성품은 청렴하<u>다만</u> 너무 고집이 센 것 같다.

위에서 볼 수 있는 것처럼 '-다만'은 가정적 판단을 지시하는 기능이 있다.

(23a)를 예를 들어 설명하자면, (23a)에서 실제로 '사과가 좋다'는 객관적인 판정의 근거에 관계없이, 화자의 주관적인 판단의 결과로 '사과가 좋다'고 가정하여 판단한 것에 접속어미 '-다만'이 쓰였다는 점이다.

이렇게 주관적인 화자의 가정 판단에 '-다만'이 쓰이기에, 접속어미 '-다만'은 무지칭 구(phrase)와는 공유되지 못한다.

무지칭 공유란 "누가 하나-", "무엇을 하나-", "언제 하나-", "-어디서 하나" 등을 이르는 말로 보편적 기능성을 이르는 말이다.

다음을 보자.

　　(24) a. *공부를 누가 한<u>다만</u> 잘 하지는 못한다.
　　　　 b. *공부를 언제 한<u>다만</u> 잘 하지는 못한다.
　　　　 c. *무엇을 한<u>다만</u> 잘 하지는 못한다.

---

11) 이러한 논구의 일단은 Jespesen(1954)의 'Since'의 분석에서도 보인다.
　　 Jespersen. O., *A Modern English Grammar on Historical principles*. part V(syntax), Geroge A. A. and Unwin Ltd, London, 1954, pp. 390-392.

접속어미 '-다만'이 무지칭 구인 "언제 하나~", "누가 하나~", "무엇을 하나~" 등과 잘 공유하지 못하는 사실은 하나의 통사적 현상이기는 하지만 그러나 '-다만'이 가정적 판단의 의미기능을 가지고 있다는 의미기능과 긴밀한 연관관계가 있다.

실제로 '-다만'이 무지칭 구들과 잘 연계되지 못하는 것은, '-다만'이 가정적인 판단이라는 화자 자신의 주관적 판단을 지시하는 데서 비롯되는 특성이다.

무지칭의 보편성을 가진 어떤 문법단위가 주관적인 자기 판단을 전제하는 자질과 공유될 수 없음은 당연한 이치이기 때문이다.

이제 이와 관련해서 접속어미 '-다만'의 통사적인 몇몇 특성에 대해서 살펴보기로 하겠다. 접속어미 '-다만'은 선행문의 서술어의 종류에 어떤 제약을 가지고 있는지를 알아보기로 하겠다.

(25) a. 열심히 공부는 했다만 결과는 모르겠다.
   b. 날씨가 춥다만 그래도 출근은 해야 한다.
   c. 그가 사람은 사람이다만 아직도 잘 모르겠다.

위 (25a), (25b), (25c)에서 보는 바와 같이 접속어미 '-다만'은 동사, 형용사 그리고 서술격어미와 잘 어울리는 성격을 보여 주고 있다. 이러한 무제약성은 접속어미 '-다만'이 후행문에 대한 전제성을 나타내는 접속어미임을 상정해 볼 때 매우 당연한 현상으로 이해된다.

이제 접속어미 '-다만'과 시상 접사들과의 관계를 살펴보기로 하자.

(26) a. 날씨가 추웠다만 그래도 출근은 했다.
   b. 날씨가 춥겠다만 그래도 출근을 하겠다.

위 (26a), (26b)에서 보는 바와 같이 접속어미 '-다만'은 '았' 및 "겠"

과 훌륭한 연계 관계를 형성하는 것으로 보인다.

이러한 연계 관계는 '-다만'의 의미기능이 상당히 다기함을 시사하고 있는 것으로 주목된다.

이제 접속어미 '-다만'이 가진 통사적 특성이 어떻게 의미적 특성과 접속될 수 있는지에 대해서 알아보기로 하겠다.

접속어미 '-다만'의 분석에 있어서 흔히 간과하기 쉬운 자질 중의 하나가 바로 "행위연속"의 자질이다. 다시 말해서 접속어미 '-다만'이 행위의 연속을 지시하는 기능이 있음을 상정한 논리이다.

이러한 논리의 근거를 이제부터 가설화해 보기로 하자.

실제로 '행위의 연속'이라는 의미자질을 정의할 때 우리는 두 가지의 방향을 생각해야 안다. 이것은 '정방향'과 '역방향'이다.12)

'정방향'의 행위 연속은 행위 (1)이 다음의 행위 (2)에 전초적인 역할을 하는 것을 말한다.

다음의 예를 통해서 이를 살펴보자.

(27) a. 물가가 비싸다.
　　 b. 살기가 어렵다.

위 (27a), (27b)에서 볼 수 있는 것처럼 (27a)의 사건은 (27b)의 사건이 발발하게 하는 데 어떤 전초기지의 역할을 하고 있다. 그러니까 화자가 (27b)처럼 발화하기 위한 전초적인 조건이 바로 (27a)에 있는 것이다.

그러니까 이러한 관계는 선행문이 후행문의 전제 조건이 되며, 이것이 접속어미에 의해 연결될 때는 '행위연속'이 되는 것이다.

---

12) 이것에 관해서는 Stevenson(1944)의 형식논리 가설에서 그 힌트를 얻었다. Stevenson, C. L., Ethics and Language, Yale univ. press, New Heaven 1944, pp. 26-27.

그림으로 그려보면 다음과 같다.

(28)   ⟶   conj. ⟶

     (선행문)   (후행문)

위 그림에서 살펴 볼 수 있는 것처럼 선행문과 후행문은 같은 담화 목적을 위해 전개되는 연속적인 기능을 행사하고 있다.

그래서 이러한 관계를 엮어주는 접속어미가 바로 행위연속의 접속어미이며, 이 부류의 가장 대표적인 접속어미가 '-아서'이다.[13]

이 '-아서'를 이용해서 앞의 (27a), (27b)를 접속해 보기로 하자.

(28)´ 물가가 비싸<u>서</u> 살기가 어렵다.

위 (28)´은 (27a), (27b)의 행위 연속적인 두 문장을 '-아서'로 연결시킨 것이다. 우리는 이 경우의 '-아서'를 '행위연속'으로 부르고 있으며, 더 정확히는 '정방향적 행위의 연속'인 것이다.

이제 '역방향적 행위의 연속'에 대해서 알아보기로 하겠다.

'역방향'의 행위의 연속은 선행문의 행위가 후행문의 행위에 연속되어 다른 반대 방향으로 연속되는 것을 말한다.

다음의 예문을 통해서 이것을 알아보기로 하겠다.

(29) a. 기회가 참 좋다.
    b. 마음이 내키지 않는다.

위 (29a), (29b)에서 쉽게 볼 수 있듯이 (29a)는 (29b) 와 긴밀히

---

13) 이러한 것을 논리적 형식에서 논구한 것은 남기심 · 루코프(1983) 참조.
  남기심 · 루코프, 논리적 형식으로서의 '-니까' 구문과 '-어서' 구문, 국어의 통사 · 의미론, 탑출판사, 1983, pp. 2-26.

연속되어 있는 것이 사실이지만, 그 향방이 정방향이 아니라, 역방향이다.

다시 말해서 (29a)에서 '기회가 참 좋다'는 사실과 그에 따른 일반적인 인식인 "그 기회를 잡자"는 사실이 상호 연결되지 못하고, 단지 역방향적인 기능으로 대변되어 있다.

그러니까 화자가 (29b)처럼 발화하기 위한 전초기지가 (29a)에 있는 것은 사실이지만, 그것은 '역방향'으로 방향하기 위한 전초점이라는 것에 우리는 주목해야 한다.

그러니까 이러한 관계는 선행문이 후행문의 전제조건이 되되, 역방향으로 기능하게 되는 것이며, 이러한 관계가 접속어미에 의해서 해결될 때는 역시 '행위의 연속'이 되는 것이다.

그림으로 그려보면 다음과 같다.

(30)

(선행문)
→ conj.
(후행문)

위의 그림에서 살펴볼 수 있는 것처럼 선행문과 후행문은 서로 상이한 역방향을 가지면서 연소되는 기능을 행사하고 있다.

그래서 이러한 역방향적인 관계를 이어주는 접속어미가 바로 행위의 연속의 접속어미이며, 이 부류의 가장 대표적인 접속어미가 바로 '-다만'이다.

이 '-다만'을 이용해서 앞의 (29a), (29b)를 접속해 보기로 하자.

(31) 기회가 참 좋<u>다만</u> 마음이 내키지 않는다.

위 (31)은 앞의 (29a), (29b)의 역방향적인 행위 연속적인 두 문장을 '-다만'으로 연결시킨 것이다.

우리는 이 경우의 '-다만'을 '역방향적 행위의 연속'이라고 개념화 하려 한다.

접속어미 '-다만'이 이와 같은 '역방향적 행위의 연속'의 기능을 가지고 있다는 것은 국어 접속어미 연구에 어떤 새로운 해석이 아닐 수 없다. 필자는 이 점에 대해서는 차후에 고를 달리해서 더 깊게 논구할까 한다. 다만 본고에서는 접속어미 '-다만'에 역방향적인 행위 연속의 의미기능이 있음을 강조하였다.

국어 접속어미 '-다만'을 분석함에 있어서 우리가 반드시 짚고 넘어가야 할 점은 '-다만'과 '-지만'의 관계이다.

다시 말해서 '-다만'과 '-지만'이 서로 상호 연계될 수 있는 논리적 지평은 무엇이며, 그러한 지평은 형식논리상 어떻게 체계화 될 수 있는지가 반드시 논의 되어야 한다.

4. '-다만'과 '-지만'의 比較分析

접속어미 '-다만'과 '-지만'이 통사적으로 명령형과 청유형에 공히 쓰일 수 있음은 주목할 만한 통사적 공통성이다. 다음을 보자.

(32) a. 하기 싫겠<u>다만</u>{지만} 공부를 계속하라.
   b. 피곤하겠<u>다만</u>{지만} 공부를 계속하자.

위 (32a), (32b)에서 보는 바처럼 접속어미 '-다만'과 '-지만'은 명령형과 청유형에 공유의 반응을 보인다.

이러한 통사적 공유성은 의미론적 입장에서도 공통으로 나타난다.

다시 말해서 '-다만'이 '역방향적인 행위연속'을 지시하는 것처럼 '-지만'도 동일한 의미범주를 나타낸다. 다음을 보자.

> (33) a. 밖은 춥다만 안은 매우 따듯하다.
> b. 밖은 춥지만 안은 매우 따듯하다.

위 (33a), (33b)의 '-다만'과 '-지만'에서 우리는 몇 가지 의미적 동일성에도 불구하고 한 가지 핵심적인 면을 간과하기 쉽다

다시 말해서 (33a)의 '-다만'의 구문이 (33b)의 '-지만'의 구문과 그 논리적 의미는 동일하다 하더라도, 그러나 활용적인 면에서 화자가 청자에 대해 무엇을 전제하고 있느냐 하는 것을 기준 삼게 되면 문제는 매우 복잡해진다.

(33a)에서 선행문의 '밖은 춥다'는 사실이 (33b)에 와서 그 양상이 달라 진 것은 아니다. 사실 자체는 여전히 불변이다.

그러나 (33a)에서는 화자는 '밖은 춥다'는 사실을 자기 판단적 양상에서만 제한시키고 있다. 다시 말해서 청자에게 '밖이 춥다'는 화자 자신의 판단을 주입시키거나, 그러한 판단에 동의를 구하고 있지 않다.

단순히 '밖이 춥다'는 사실을 청자에게 전하고 후행문으로 행위 연속시키는 기능을 '-다만'이 기능하고 있을 뿐이다. 그림으로 그려보면 아래와 같다.

(34)

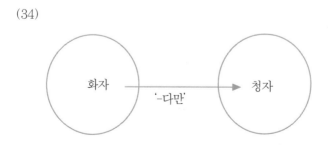

위의 그림에서 볼 수 있을 듯 '-다만'은 단순히 청자가 알고 있는 사실을 화자에게 전달하고, 그것을 청자에게 동의토록 강요하거나 이해를 기대하지 않는다.

그러나 '-지만'은 그 양상을 매우 달리한다.

물론 '-지만'을 사용한 (33b)의 선행문의 사실이 (33a)의 선행문의 사실과 배치되거나 변화된 것은 없다. (33b)에서 선행문의 '밖은 춥다'는 사실은 (33a)와 동일하며 여전히 불변이다.

그러나 (33b)의 '-지만' 구문에서 화자는 '밖이 춥다'는 선행문의 사실을 자기 판단적 양상으로만 제한시키지 않고, 청자에게 동의를 구하고 있는 형식을 취하고 있다.

다시 말해서 청자에게 '밖이 춥다'는 화자 자신의 판단을 주입시키거나 최소한 그에 대해 동의를 구하는 형식을 취하고 있다.

단순히 '밖이 춥다'는 사실을 청자에게 전달하고 후행문으로 행위연속시키는 '-다만'과는 달리, 선행문의 사실에 대해 청자의 동의를 구하는 양식을 '-지만'은 구하고 있는 것이 다르다.

다시 말해서 '-지만'은 화자가 자기 자신의 판단에 근거한 동일한 담화공간을 청자 자신도 가질 것을 요구하고 있는 것이다. 그림으로 그려보면 다음과 같다.

(35)

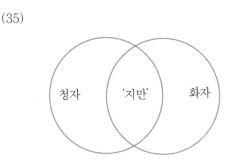

위의 그림에서 볼 수 있듯이 '-지만'은 화자가 알고 있거나 화자가 판단한 어떤 사실에 대해 청자도 동일하게 인식 할 것에 동의해 줄 것을 요구하는 형식을 띄고 있다.

이런 논리에서 볼 때 접속어미 '-다만'과 '-지만'은 그 의미론적 의미는 같다 하더라도, 청자에 대해 화자가 어떠한 입장을 취하고 있느냐에 상당한 차이가 있다.

이러한 논의는 실제로 화용론적인 입장에서 더 자세히 논구되어야 할 것으로, 더 깊은 연구를 필요하는 작업이다.

접속어미 '-다만'과 '-지만'의 공통적 의미의 양상 중에서 주목해야 하는 것은 둘 다 겸손적 요청을 나타낸다는 점이다. 겸손적 요청이란 다시 말해서 영어의 "please"나 "excuse me"에 해당되는 용법을 말한다. 다음의 예를 보자.

(36) a. 죄송합니다만 이것 좀 들어주십시요.
   b. 죄송하지만 이것 좀 들어 주십시요.

위 (36a), (36b)에서 보는 바와 같이 '-다만'과 '-지만'은 겸손적 요청을 상대방에게 기대하고 있는 의미기능을 행사하고 있다.

이러한 겸손적 요청의 의미기능은 다른 접속어미에서 쉽게 찾아 볼 수 없는 기능으로 주목된다. 이상에서 우리는 접속어미 '-다만'과 '-지만'의 비교론적 분석을 통해 보았다. 더 자세하고 깊은 연구를 기대한다.

5. 結 論

국어의 다양한 접속어미 중에서 지금까지 우리는 '-다고'와 '-다만' 그리고 '-다만'을 분석함에 있어 반드시 짚고 넘어가야 할 '-지만'이 있다는 사실을 강조한 바 있다.

다시 말해서 '-다만'과 '-지만'이 상호 연계될 수 있는 논리적 지평이 무엇이며, 이러한 지평은 형식논리상 어떻게 체계화될 수 있는가도 비교론적 입장에서 시도해 보았다.

본고에서 이제까지 살펴본 접속어미들은 그 순서에 의해서 통사 · 의미기능을 정리해 보겠다.

먼저 '-다고'는 후행문에 선행문이 이차적인 이유를 제공할 때 쓰인다. 다시 말해서 접속어미 '-다고'는 선행문이 후행문에 이유를 제공하는 기능을 하기는 하지만, 그 직접적인 동기를 제공할 때에는 쓰이지 않는다.

접속어미 '-다고'는 일정한 계층구조를 지닌 사회집단에서 수직적 · 상하관계 상의 보고를 취할 때 쓰이는 공식적 보고 체계의 의미기능을 지니고 있다.

접속어미 '-다고'는 명령형과는 상관관계를 맺지 못하여 부정명령에 대해서는 불규칙한 양상을 보이나, 그 밖의 서법에 대해서는 자유롭게 쓰인다.

접속어미 '-다고'는 후행문의 [−human act]를 동반하지 못하며, 이러한 통사적 특징 때문에, '-다고'는 때로는 자격을 나타내는 데도 쓰인다.

다음은 '-다만'에 대한 정리로, '-다만'의 현저한 의미기능으로서는 "전제" 또는 "전제조건"의 역할을 들 수 있을 뿐만 아니라 명령형과 청유형과는 잘 어울리며 가정적 판단을 지시하는 기능도 갖고 있다. 동시에 동사, 형용사, 서술격어미와 시제접미사들과 잘 어울리며 가정적 판단을 지시하는 기능을 갖고 있으며, "행위의 연속"자질을 함유하고 있는 것이 그 특성이라 하겠다.

또한 '-다만'은 '-지만'과 마찬가지로 통사상으로는 명령형과 청유형에 공히 쓰이는 특성을 지니고 있다 하겠다. 의미론적 입장에서도 '-다만'이나 '-지만'은 공통적으로 "역방향적 행위"를 지시하는 동일한 의미 범주를 나타내고 있다. 그러나 의미론적 기능은 같이한다고 하더라도 청자에 대해 화자가 어떠한 입장을 취하고 있느냐에 따라서 상당한 차이도 있다.

특히 '-다만'과 '-지만'의 공통적 의미양상 중에서 주목할 것은 겸손적 요청을 나타낸다는 것이라 하겠다. 주의 깊게 고려할 사항으로는, 접속어미 '-다만'과 '-지만'은 다른 접속어미들과는 달리 구조적인 입장에서 [ ]s 를 가지고 있다는 특성으로 주목되어 오던 접속어미들이다.

이들 접속어미의 분석에 있어서 가장 중요한 난점은 '-다만'과는 달리 '-지만'의 경우에 왜 선행문의 종결어미가 서술형으로 종결되지 않고, 의문형으로 종결되었는지 하는 점을 해석하는 일이다.

이 점은 앞으로의 과제이거니와 그러한 난제를 본고에서는 해결하지 못했다. 따라서 '-다만'을 한 형태소로 보는 비분석주의적 문법 형태인 인식 방법에 따라, '-지만'을 '-지'와 '-만'으로 분석하지 않고 '-지만'을 한 형태소로 보고 논의를 진행시켰다.

이러한 논의의 가설은 얼마간 불안한 것이 사실이지만 '-지만'을 '-지'와 '-만'으로 분석했을 때의 불안함보다는 훨씬 더 문법 위상상(位相上)의 안정을 기할 수 있어서, 본고는 분석적 방법을 취하지 않았다.

본고의 작성에 있어서 또 하나 문제는 '-다만'의 분석과 '-지만'의 분석에 있어서, 그 분석 방법의 동일성을 유지하는 문제였다.

실제로 언어 분석에 있어서 분석 방법론의 동일성은 매우 중요한 것이 아닐 수 없다.

┃ 參考文獻

강기진, "국어 접속어미의 의미기능", 이병주선생주갑론총, 이우출판사, 1981.

_____, "국어 접속어미 '-(으)나'의 분석", 어문론지 4·5, 충남대, 1985.

_____, "진행형 '-고 있다'의 의미", 홍익어문 4, 홍익대, 1985.

_____, "국어 접속어미 '-거니, -거니와, -거늘'의 연구", 덕남 김일근박사 화갑기념 어문학논총, 건국대, 1985.

_____, "국어 접속어미 '-니'와 '-니까'의 연구", 국어학 14, 국어학회, 1985.

_____, "국어 특수조사, '-나'의 의미기능", 선암 이을환교수 환갑기념논문집, 한국국어교육연구회, 1985.

_____, "'-며' 構文의 통사론", 약천 김민수박사 환갑기념 국어학신연구, 탑출판사, 1986.

_____, "비상태성 접속어머의 연구", 홍익어문 5, 홍익대, 1986.

_____, "'-(았)다가'의 연구", 한실 이상보박사 환갑기념논문집, 형설출판사, 1987.

_____, "전제성 접속어미에 대하여", 한남어문 13, 한남대, 1987.

_____, "직접목적성 접속어미의 연구", 난대 이응백박사 정년퇴임기념논문집, 한샘출판사, 1988.

_____, "상태변화 접속어미에 대하여", 송하 이종출박사화갑기념논문집, 태학사, 1988.

_____, "상태유지 접속어미의 연구", 현산 김종훈박사 환갑기념논문집, 집문당, 1991.

_____, "사실의 접속어미 연구", 도곡 정기호박사 환갑기념논총, 태학사, 1991.

_____, "접속어미 '-므로'의 의미기능", 국어국문학 109, 국어국문학회, 1993.

_____, "국어의 몇몇 접속어미에 대하여", 연산 도수희선생환갑기념논문집, 1994.

남기심·루코프, "논리적 형식으로서의 '-니까' 구문과 '-어서' 구문", 국어의 통사의미론, 탑출판사, 1983.

양인석, "한국어의 접속화", 어학연구 8-2, 서울대 어학연구소, 1972.

최현배, 우리말본, 정음사, 1957.

Chomsky, N.(1969), Deep structure, surface structure and semantic interpretation, In Steinberg & Jakobovits (eds), 1971.

Chafe. W. L., Givenness, contrastiveness, definiteness, subjects, topics & point of View. In Li, C. N.(ed), 1976.

Fillmore C. J., Santa Cruz Lectures on Deixis, univ. of California, Berkeley,

1971.

Jespersen, O., A Modern english grammar on historical principles, part V (Syntax), George A. A and unwin Ltd, London, 1954.

Karttunen, L., Implicative verbs, Language 47, 1971.

Katz, Semantic theory, New York, Harper and Row, 1971.

Kuno & Robinson, Multiple WH-Questions, Linguistic Inquiry 3, 1972.

Lakoff, G., Pronomination, negation and the analysis of adverbs, In R. A. Jacohs and p. S. Rosenbaum (eds) Readings in English Transformational Grammer, Ginn and Company, 1970.

국어의 몇몇 접속어미에 대하여

1. 問題의 提起

국어의 다양한 접속어미에 대하여 주시경(1910)의 '잇기', 김두봉
(1924)의 '잇' 등 모두 독립품사로 다룬 이래 최현배(1937)에 와서는 65
개의 어미목록을 제시하고 이를 독립품사가 아닌 어미로서 제기 되었다.

1960년대에 변형생성이론이 들어오면서부터 접속어미에 대해서도
본격적 차원에서 논의되기 시작했으며, 그러한 이론에서 서정수(1971),
양인석(1972), 장석진(1973), 남기심(1978) 등등의 형태, 의미, 통사론
적 입장에서 활발한 연구가 이루어졌다.

특히, 최근에 들어와서 현대 국어를 중심으로 한 학위논문으로 채련
강(1984), 유목상(1985), 정정덕(1986), 김진수(1987), 이상태(1988),
전혜영(1989), 윤평현(1989), 조오현(1991), 최재희(1991), 김종록(1993)
등의 논문에서 심도 있게 논의되었다.

본고는 다양한 국어의 접속어미 체계 수립의 일환으로 현재 진행중
인 강기진(1981, 1985a, 1985b, 1985c, 1985d, 1985e, 1986a, 1986b,
1987a, 1987b, 1988a, 1988b, 1991a, 1991b, 1993, 1994)의 논의 중에서
수정 보완한 것임을 아울러 밝혀 둔다.

2. 本 論

2.1. '-자'의 分析

먼저 '-자'는 상태 유지적인 양상을 보이는 접속어미로서 '-자'를 살펴보기로 하자.

2.1.1. '-자'의 意味機能

'-자'의 의미기능이 무엇인지를 알아보기 위해 다음 예를 살펴보자.

  (1) a. 까마귀 날자 배가 떨어졌다.
     b. 당신과는 정들자 이별인가 보다.

위의 예에서 우선 동작의 완료와 완료상태의 유지라는 두 가지 측면을 생각해 볼 수 있다.
따라서 다음과 같은 의미적인 기저구조를 갖고 있다고 해야 할 것이다.

  (2) a. 까마귀가 날아가 버리고 날아간 상태가 유지된 직후에 배가 떨어졌다.
     b. 당신과는 정들었고 정든 상태가 유지된 직후에 이별인가 보다.

위에서 알 수 있는 것은 적어도 동작 상태 A가 완료되고 그러한 완료상태가 유지된 다음, 다른 동작 상태 B가 계속되어야 한다는 순환론적인 관계이다.
이제 '-자'의 다른 의미를 찾아 보도록 하자.

(3) a. 철수는 K대학에 가고자 열심히 공부했다.
　　b. 그는 돈을 벌고자 무진 애를 썼다.

위 (3)은 앞에서 본 동작의 완료와 다른 동작의 계속을 지시하는 의미로서의 '-자'와는 다른 성격을 지니고 있다.

우선 목적 의도의 대치구를 넣어 보기로 하자.

(4) a. 철수는 K대학에 갈 목적으로 열심히 공부했다.
　　b. 그는 돈을 벌 목적으로 무진 애를 썼다.

(4)는 (3)의 '-자' 구문에 목적·의도를 나타내는 구 '-ㄹ 목적으로'를 대치한 문장인데 모두 문법적인 문장이 되었다.

이러한 의도·목적 지시적 '-자'의 의미론적 특성은 그것이 모두 외부적 요인에 의한 내적인 욕구에서 비롯되는 의도라는 점이다.

따라서 '-자'에는 동작완료의 '-자'와 의도·목적의 '-자' 두 가지 용법이 있음을 알았다. 그런데 동작완료의 '-자'와 의도·목적의 '-자' 사이에는 명백한 통사 차이가 보이지 않는다.

다만 동작 완료의 '-자'와 의도·목적의 '-자' 사이에는 화용론적인 문제가 결부되어 있는 것으로 보인다.

2.1.2. '-자'의 統辭機能

다음으로 '-자'의 통사기능에 대하여 살펴보기로 하자.

먼저 '-자'의 후행문이 종결어미의 종류에 대해 어떠한 제약을 보이는지에 대해 알아보자.

(5) a. 해 떨어지<u>자</u> 바람이 분다.

    b. 해 떨어지<u>자</u> 바람이 부니?

    c. *해 떨어지<u>자</u> 바람이 불자.

    d. *해 떨어지<u>자</u> 바람이 불어라.

위에서 보는 바와 같이 '-자' 구문의 후행문은 그 종결어미가 서술형, 의문형에서는 가능하지만, 명령형, 청유형에서는 가능하지 않다.

그러면 '-자' 선행문, 후행문이 모두 유정물인 주어를 갖는 문장을 보자.

(6) a. 그가 보이<u>자</u> 사람들이 왔다.

    b. 그가 보이<u>자</u> 사람들이 왔니?

    c. *그가 보이<u>자</u> 사람들이 왔어라.

    d. *그가 보이<u>자</u> 사람들이 왔자.

위에서 보는 바처럼 서술형, 의문형과는 적정하게 그 종결어미가 호응관계를 가질 수 있으나, 명령형, 청유형과는 그러한 호응관계가 가능하지 않다.

이제 '-자' 구문과 '-았-', '-겠-'과의 관계에 대해서 알아보자.

(7) a. 공항에 내리<u>자</u> 사람이 모여들었다.

    b. *공항에 내렸<u>자</u> 사람이 모여들었다.

    c. *공항에 내리겠<u>자</u> 사람이 모여들었다.

위에서 '-자' 구문은 그 선행문이 (7b)처럼 '-았-'과도 호응하지 못하고, (7c)처럼 '-겠-'과도 호응하지 못하는 것으로 간주된다. 그러나 후행문과는 호응할 수 있다.

이제 '-자' 구문의 선행문과 후행문이 어떠한 주어 제약을 보이는지에 대해서 알아보자.

    (8) a. 역으로 나오자 군중들이 환호했다.
        b. 서울에 도착하자 철수는 바로 영희를 찾았다.

(8a)에서는 선행문의 주어는 생략된 반면, 후행문의 주어는 '군중들'
로 나타나 있다. 또 (8b)에서도 선행문의 주어는 생략되어 있는 반면,
후행문의 주어는 '철수'로 나타나 있다.

(8)의 기저구조는 다음 (9)와 같이 상정될 수 있다.

    (9) a. (그가) 역으로 나오자 군중들이 환호했다.
        b. (철수가) 서울에 도착하자 철수는 바로 영희를 찾았다.

(9)는 '-자'의 선행문, 후행문이 서로 상이함에도 '-자' 구문의 구성이
가능함을 보여 주는 예라 할 수 있다.

결국 접속어미 '-자'는 그 선행문, 후행문의 주어 동일성 제약을 가지
지 않는다.

2.2. '-다가'와 '-다가는'의 分析

'-다가'와 '-다가는'은 상태변화의 양상을 보이는 접속어미로서 의미
적 특성과 통사적 특성을 분석해 보자.

2.2.1. '-다가', '-다가는'의 意味機能

'-다가'의 의미론적 기능을 파악하기 위해서는 어떤 층위의 설정이
필요할 수 있다. 그러한 층위로 우선 다음 3가지 단계를 생각해 볼 수

있다.

> (1) a. 상태의 지속.
>   b. 상태의 중단.
>   c. 상태의 시작.

> (2) 철수가 부산에 가다가 돌아왔다.

위 (2)에서 상태 a, 상태 b를 다음과 같이 상정해 보자.

> (3) a. 상태a — 철수가 부산으로 출발한 것.
>   b. 상태b — 철수가 부산에 이르기 전에 다시 원 출발지로 돌아
>   온 것.

위 (3)에서 보는 바와 같이 '-다가'는 최초의 상태 a가 중단되고 상태 b로 옮아가게 될 때 쓰이는 것으로 간주된다.

문제는 상태 a에 '-다가' 구문이 연결될 수 있으려면, 적어도 상태 a 는 '중단성'의 자질을 가지고 있어야 한다는 점이다.

이제 '-다가는' 의미기능에 대해서 알아보자.

> (4) a. 부산에 가<u>다가는</u> 서울로 되돌아 왔다.
>   b. 일이 잘 되어 나가<u>다가는</u> 비뚤어 졌다.
> (5) a. 잠만 자<u>다가는</u> 실패하기 쉽다.
>   b. 그렇게 먹어대<u>다가는</u> 배탈이 난다.

(4)에서 '-다가는'의 의미기능은 '-다가'와는 별반 상이점이 없어 보 인다. 그러나 (5)의 '-다가는'의 의미는 일종의 '경계'를 지시하고 있다.

따라서 '-다가는'의 특별용법으로는 '경계'의 의미기능이 포함되어 있다.

2.2.2. '-다가', '다가는'의 統辭機能

우선 '-다가'와 '-다가는'에 대해서 차이점을 논의해 보자.

> (6) a. 철수가 부산에 가다가 다시 돌아왔다.
> b. 일을 하다가 철수는 집에 가버렸다.

(6a)는 후행문, (6b)는 선행문의 주어가 생략되어 나타나 있다.
(6)의 '-다가' 구문에서 선행문과 후행문의 주어가 동일하다고 상정
한다면, 다음과 같은 기저구문을 얻을 수 있다.

> (7) a. 철수가 부산에 가다가 다시 돌아왔다.
> b. 철수가 일을 하다가 철수가 집에 가버렸다.

(7)은 (6)의 '-다가' 구문에서 생략된 선행문, 후행문의 주어를 각각
다시 복원시킨 구문인데, 보는 바와 같이 문법적인 구문이 되었다. 따라
서 '-다가' 구문은 주어 동일성의 제약을 갖는다.

> (8) a. 네가 그렇게 잠만 자다가는 성공할 수 없다.
> b. 일이 잘 되어가다가는 어그러졌다.

(8)에는 각각 선행문과 후행문의 주어가 생략되어 나타나 있다.
(8)의 '-다가는' 구문에서 선행문과 후행문의 주어가 동일하다는 가
설을 세워 본다면 다음과 같은 기저구조를 상정해 볼 수 있다.

> (8)′ a. 네가 그렇게 잠만 자다가는 너는 성공할 수 없다.
> b. 일이 잘 되어 가다가는 일이 어그러졌다.

(8)은 (7)의 '-다가는' 구문에서 생략되어 나타나 있던 선행문, 후행문의 주어를 각각 다시 복원시킨 구문인데, 앞에서 보는 바와 같이 문법적인 구문이 되었다. 따라서 '-다가는' 구문 역시 '-다가' 구문처럼 그 선행문과 후행문의 주어가 동일해야 한다는 가설을 얻을 수 있다.

이제, '-다가', '-다가는' 구문의 선행문과 후행문을 도치시켜 보자. 먼저 '-다가' 구문에 대해서 생각해 보자.

(9) a. 철수는 밥을 먹<u>다가</u> 그만 복통을 일으켰다.
    b. 영희는 학교에 가<u>다가</u> 그를 보았다.
(10) a. *철수는 그만 복통을 일으켰<u>다가</u> 밥을 먹었다.
    b. *영희는 그를 보았<u>다가</u> 학교에 갔다.

(10)은 (9)의 '-다가' 구문에서 그 선행문과 후행문의 순서를 서로 바꾼 것인데, 모두 비문법적인 문장이 되어 버렸다. 이것은 '-다가' 구문은 적어도 통시적인 관계가 의미론적인 심층과 긴밀히 연결되어 있음을 보여주는 예이기도 하다.

이제 '-다가는' 구문에 대해서 생각해 보자.

(11) a. 그렇게 돈을 낭비하<u>다가는</u> 망하기 십상이다.
    b. 빨리 밥을 먹<u>다가는</u> 망하기 십상이다.
(12) a. *망하기 십상이<u>다가는</u> 망하기 십상이다.
    b. *체하<u>다가는</u> 빨리 밥을 먹는다.

(12)는 (11)의 '-다가는' 구문에서 그 선행문과 후행문의 순서를 서로 도치시켜 본 것인데 비문법적인 문장이 되어 버렸다. 따라서 '-다가는' 구문은 그 선행문과 후행문의 의미론적 긴밀성이 인과관계적 성격이 있으며, 그 선행문과 후행문의 순서를 바꾸었을 때 보여 주는 비문법성

은 시간관계적 상에서 비롯된다.

이제 서법상에 나타나는 통사적 제약에 대해 알아보자.

> (13) a. 부산에 가다가 돌아오다.
> b. 부산에 가다가 돌아오니?
> c. 부산에 가다가 돌아오자.
> d. 부산에 가다가 돌아와라.

(13)에서 '-다가'의 후행문은 그 종결어미의 서법의 제약을 거의 받지 않는 것으로 보인다. 따라서 '-다가' 구문에서 그 후행문은 선행문보다 정보의 선택성이 더 많다는 것을 알 수 있다.

이제 '-다가는' 구문은 서법의 문제에 대해 어떠한 양상을 보이는지 알아보자.

> (14) a. 왼쪽으로 가다가는 위쪽으로 간다.
> b. 왼쪽으로 가다가는 위쪽으로 가라.
> c. 왼쪽으로 가다가는 위쪽으로 가니?
> d. 왼쪽으로 가다가는 위쪽으로 가자.

(14)의 '-다가는' 구문은 그 후행문에 서술형, 명령형, 의문형, 청유형이 모두 와도 무방하다. 이것은 결국 '-다가'나 '-다가는' 구문에 있어서 그 후행문의 정보 전달상의 자율성을 보여 주는 것이다.

이제 '-다가'와 '-다가는' 구문에 완료의 '-았-'과 추정의 '-겠-'이 부착될 수 있는지의 여부에 대해 알아보자.

> (15) a. 철수가 부산에 가다가 돌아오다.
> b. 철수가 부산에 갔다가 돌아오다.
> c. 철수가 부산에 가다가 돌아왔다.
> d. 철수가 부산에 갔다가 돌아왔다.

(16) a.　철수가 부산에 가<u>다가</u> 돌아오다.
　　　b. *철수가 부산에 가겠<u>다가</u> 돌아오다.
　　　c.　철수가 부산에 가<u>다가</u> 돌아오겠다.
　　　d. *철수가 부산에 가겠<u>다가</u> 돌아오겠다.

(15)에서 완료의 '-았-'은 '-다가' 구문에 있었서는 그 선행문과 후행문에 공히 부착될 수 있는 것으로 보인다. 그러나 (16)에서 추정의 '-겠-'은 비문법적인 문(16b, 16d)이 된다. 한 가지 공통점은 '-다가' 바로 앞에 있는 '-겠-'은 '-다가' 구문을 비문법적인 문장으로 만드는 데 중요한 구실을 담당하고 있다는 점이다.

2.2.3. '-(으)되'의 分析

'-(의)되'는 전제성 접속어미로서 분석하면 다음과 같다.

① '-(으)되'의 意味機能

'-(의)되'의 의미기능은 어떤 전제적인 기능을 행사하고 있는 것으로 다음 예에서 볼 수 있다.

(1) a. 비가 오<u>되</u> 너무나 많이 쏟아진다.
　　b. 돈을 건네주<u>되</u> 공손히 건네주어라.

그것은 '전제성'의 의미기능을 지닌 접속어미 '-는데'와 대치시켜 보면 쉽게 알 수 있다.

(2) a. 비가 오<u>는데</u> 너무 많이 쏟아진다.
　　b. 돈을 건네 주<u>는데</u> 공손히 건네 주어라.

따라서 '-(으)되'의 선행문은 전제단계를 담당하고 있으며 '-(으)되'의 후행문은 서술단계를 담당하고 있다고 볼 수 있다. 그러나 '-(으)되' 구문에 있어서 전제는 '서술'보다 그 외연이 커야 한다.

이제 '-(으)되'의 다란 의미기능에 대해 알아보자.

(3) a. 그 사람은 말은 잘하되 실행은 따르지 않는다.
　　 b. 영희에게 돈을 주되 너무 많이 주지 마라.

'-(으)되'의 후행문이 부정형으로 되어 있으며, 양보적인 의미기능을 띄고 있는 것으로 보인다.

(4) a. 그 사람은 말을 잘할지라도 실행은 따르지 않는다.
　　 b. 영희에게 돈을 줄지라도 너무 많이 주지 마라.

(4)는 (3)의 구문에 양보의 의미를 지닌 구(phrase) '-할지라도'를 대치시킨 문장인데, 모두 문법적인 문장이 성립되었다. 결국 접속어미 '-(으)되'의 의미 기능 중의 하나는 양보적 의미기능이다. 이 양보적 기능은 '-(으)되'의 후행문이 반드시 부정형일 것을 전제조건으로 하는 의미기능이다.

② '-(으)되'의 *統辭機能*

'-(으)되'의 선행문과 후행문에 올 수 있는 서술어의 종류에 대한 제약을 알아보자. 먼저 선행문의 서술어 제약에 대해 알아보자.

(5) a. 이 책을 건네드리되 공손히 드려라.
　　 b. 철수는 키는 작되 몸집이 크다.
　　 c. 선생은 선생이되 나쁜 선생이다.

(5a)에는 동사가, (5b)에는 형용사가, 그리고 (5c)에는 서술격어미로 각각 나타나 있다. 이것은 '-(으)되'의 선행문의 서술어로는 어떠한 성질의 서술어도 다 올 수 있음을 시사한 것으로 주목이 된다.

이제 '-(으)되'의 선행문의 서술어 제약에 대해 알아보자.

> (6) a. 비가 오되 너무 많이 온다.
>   b. 품질은 좋되 너무 값이 비싸다.
>   c. 칼은 칼이되 너무 무딘 칼이다.

(6a)에서는 '-(으)되'의 선행문의 서술어가 동사인 반면, (6a)에서는 형용사가 와 있고 (6c)에서는 서술격 어미가 와 있다.

이러한 사실은 '-(으)되'의 선행문은 그 서술어에 제약이 없음을 보인 것이다. 이제 '-(으)되' 구문에 있어서 그 선행문과 후행문의 관계에 대해서 알아보자. 먼저 '-(으)되' 구문의 선행문과 후행문을 도치시켜 보자.

> (7) a. 영희는 시골 출신이되 노시 출신같다.
>   b. 비가 오기는 오되 너무 적게 온다.
> (8) a. 영희는 도시 출신이되 시골 출신같다.
>   b. 비가 너무 적게 오되 오기는 온다.

(8)은 (7)의 구문에서 그 선행문과 후행문의 순서를 서로 바꾼 것인데 모두 문법적인 문장이 되었다. 물론 그 문법적인 층위가 달라졌으니 (7)과 (8)의 의미가 동일하다는 것은 아니다. 다만 (8)도 적정한 화용론적인 조건만 주어진다면 가능한 문장이 될 수 있다는 점이다.

이제 '-(으)되'의 다른 통사적 특성을 찾아보자.

(9) a. 밥을 먹되 점잖게 먹다.

　　b. 밥을 먹되 점잖게 먹니?

　　c. 밥을 먹되 점잖게 먹어라.

　　d. 밥을 먹되 점잖게 먹자.

'-(으)되' 구문의 후행문은 종결어미의 종류에 제약이 없음을 알 수 있다. 즉 (9a)에서는 서술형과 호응관계를 이루어 문법적인 문장이 되었고, (9b)에서는 의문형(9c)에서는 명령형, 그리고 (9d)에서는 청유형과 호응형관계를 이루어 문법적인 문장이 되었다.

이제 '-(으)되'에 완료의 '-았-'과 추정의 '-겠-'이 선행할 수 있는지의 여부에 대해 알아보자.

(10) a. 잠은 자되 깊은 잠은 못잔다.

　　b. 잠은 잤으되 깊은 잠은 못잤다.

　　c. 잠은 자겠으되 깊은 잠은 못자겠다.

'-(으)되'의 선행문, 후행문에 '-았-'과 '-겠-'이 자유로이 쓰임을 알 수 있다.

다음으로 '-(으)되'의 선행문과 후행문이 어떠한 주어의 양상을 보이고 있는지를 알아보자.

(11) a. 비가 오되 너무나 많이 온다.

　　b. 철수가 잠을 자되 깊은 잠은 못잔다.

위에서는 각각 후행문에 주어가 생략되어 나타나 있다. 따라서 (11)에서 그 선행문과 후행문의 주어가 동일하다고 상정한다면 다음과 같은 기저구조를 얻을 수 있다.

(12) a. 비가 오되 비가 너무나 많이 온다.

　　 b. 철수가 잠은 자되 철수가 깊은 잠은 못잔다.

　(12)는 (11)의 '-(으)되' 구문에서 생략된 후행문의 주어를 각각 다시 복원 시킨 구문인데, 보는 바와 같이 문법적 구문이 되었다.

　따라서 최소한 (12)의 경우에서 보았을 때 '-(으)되' 구문은 그 선행문과 후행문의 주어가 동일해야 한다는 가설이 가능하다.

　그러나 다음의 문장을 보자.

(13) a. *비가 오되 눈이 너무나 많이 온다.

　　 b. *철수가 잠은 자되 영희가 깊은 잠은 못잔다.

(14) a. 값은 싸되 품질은 우수하다.

　　 b. 돈은 없으되 인심은 후덕하다.

　(13)은 (12)에 각각 그 선행문과는 상이한 주어를 복원시킨 문장인데, 모두 비문법적인 문장이 되었다. 그런데 (14)에서는 '-(으)되' 구문이 선행문과 후행문의 주어가 서로 상이하게 나타났는데도, 모두 그 문법성을 유지하고 있다.

　이것은 '-(으)되' 구문에 있어서 그 선행문과 후행문의 주어 제약이 다소간 완화될 수 있음을 시사한 것으로 주목이 된다.

2.3. '-(았)다가'의 分析

　'-(았)다가'는 기본적으로 연속된 행위를 나타내는 접속어미라 하겠다.

2.3.1. '-(았)다가'의 意味와 統辭機能

접속어미 '-다가'와 '-았다가'는 그 의미적, 통사적 특성이 일반적으로 흡사한 것으로 이해되어 왔다. 즉 '-았다가'는 완료의 의미, '-다가'는 미완료의 의미를 나타낸다고 생각한다.

그러나 그러한 해석 논리는 다음 예에서 몇 가지 문제에 직면하게 된다.

> (1) a. 사람은 그렇게 살다가 그렇게 죽는 것이다.
>
> b. 사람은 그렇게 살았다가 그렇게 죽는 것이다.
>
> c. 약국에서 약을 사다가 주세요.
>
> d. 약국에서 약을 샀다가 주세요.

(1a)는 문법적인 문장이 된 반면 (1b)는 그렇지 못하다. 적어도 (1b)의 예를 비문법적이라고 단정해 버릴 수야 없다손 치더라도 확실히 어색하게 들리는 것만은 사실이다.

(1c)에서는 '-았-'에 의한 해석 논리에 따른다면 '-았다가'가 와야 할 텐데도 '-다가'가 자연스럽게 쓰이고 있다.

(1d)는 화용상의 조건만 구비되면 가능한 문장이다.

(1c)의 예야말로 (1a), (1b)의 예와 함께 완료에는 '-았다가'가 쓰이고 미완료에는 '-다가'가 쓰인다는 지금까지의 해석 논리를 수정해야 할 것임을 시사하고 있다.

'-다가', '-았다가'의 의미적 특성으로 우연의 일치, 결격자격 등을 들 수 있다. 우연의 일치란 '-다가', '-았다가'의 선행절과 후행절의 행위가 의도적인 측면을 보이지 않음을 의미한다.

> (2) a. 집에 가다가 큰 봉변을 당했다.
>
> b. 집에 갔다가 큰 봉변을 당했다.

위의 예들은 어떤 의도 하에 이루어진 행위나 현상을 나타내고 있다

기 보다는 우연한 행위나 현상을 기술하고 있는 것으로 보인다. 물론 '-
다가'나 '-았다가'의 선행절인 집에 가는 행위 자체는 의도적인 계획 하에
이루어진 행위일 수도 있다. 그러나 선행절의 의도 개입 여부에 관계없
이 후행절은 우연적인 한 행위 현상을 기술하고 있다.

이제 우연의 일치라는 용법 이외에 앞서든 용법, 즉 결격자격이라는
의미를 살펴보자.

> (3) a. 전과자에다가 현행법이기도 하다.
> b. 전과자였다가 현행법이기도 하다.

위에서 '-다가', '-았다가'는 주어의 사람으로써의 어떤 결격적 조건을
말해 주고 있다.

이제 이러한 것들이 통사적으로 어떻게 나타나는 지를 알아보자.

> (4) a. 부산에 가다가 돌아왔다.
> b. 부산에 가다가 돌아왔느냐?
> c. 부산에 가다가 돌아와라.
> d. 부산에 가다가 돌아오자.

(4)에서 접속어미 '-다가'는 서술형, 의문형, 명령형, 청유형의 문장
어미를 가진 후행절과 자연스러운 호응관계를 맺고 있는 것으로 보인다.

다음은 접속어미 '-다가'가 내포문에서 각각의 문장어미들과 어울려
있는 양상을 보이고 있다.

> (5) a. 부산에 가다가 돌아왔다고 말했다.
> b. 부산에 가다가 돌아왔느냐고 물었다.
> c. 부산에 가다가 돌아오라고 명령했다.
> d. 부산에 가다가 돌아오자고 부탁했다.

이러한 양상은 접속어미 '-았다가'도 마찬가지이다.

이제 접속어미 '-다가', '-았다가'가 주어나 서술어 또는 주어와 서술어의 같고 다름에 어떻게 관여하고 있는지를 살펴보자.

먼저 선행절과 후행절의 주어는 다르지만 서술어가 같은 경우부터 살펴보고, 각 경우에서 '-다가', '-았다가'의 의미가 어떻게 전이되고 있는지를 알아보자.

> (6) a. 아까는 비가 오<u>다가</u> 지금은 눈이 온다.
>   b. 아까는 비가 왔<u>다가</u> 지금은 눈이 온다.

이 경우에 '-다가', '-았다가'는 선행절의 행위가 그치고 후행절의 행위가 시작됨을 보이고 있다.

결국 이 경우의 의미는 연속된 행위를 보이고 있다고 할 것이다.

이제 선행절과 후행절의 주어는 같지만, 서술어가 다른 경우를 알아보자.

> (7) a. 고향에 가<u>다가</u> 옛 친구를 만났다.
>   b. 고향에 <u>갔다가</u> 옛 친구를 만났다.

이 경우 앞서 제시한 것처럼 '-다가'와 '-았다가'의 의미에 우연의 일치라는 용법이 추가되는 것으로 이해된다.

이제 주어와 서술어가 모두 다른 경우를 알아보자.

> (8) a. 철수가 밥을 먹<u>다가</u> 영희가 나갔다.
>   b. 철수가 밥을 먹<u>었다가</u> 영희가 나갔다.

이 경우에는 '-다가', '-았다가' 구문은 선행절과 후행절의 주어와 서술어가 각각 상이하면 성립되지 않는다는 통사적 특성을 갖고 있다. 그러나 자연현상의 기술에 있어서는 가능한 것으로 보인다.

자연현상이란 그 행위의 주체가 변환될 수도 있으며, 따라서 변환된 주체로서도 능히 연속된 행위를 나타낼 수 있기 때문이다. 문제가 되는 것은 선행절, 후행절의 주어가 인칭성을 띨 경우이다. 인칭 주어인 경우에는 주체의 변환은 곧 독자적 성격을 의미하기 때문이다.

    (9) a. *철수가 이 골목을 돌<u>다가</u> 영희가 되돌아 온다.
        b. *철수가 이 골목을 돌<u>았다가</u> 영희가 되돌아 온다.

결국 '-다가'와 '-았다가'의 선행절과 후행절의 주어는, 그 주어가 인칭성을 가질 때에는 동일해야 한다는 조건을 지닌다.

3. 結 論

위에서 논의한 바를 결론 삼아 순서대로 정리해 보이면,

(1) '-자'는 상태유지적인 양상을 보이는 접속어미로서,
    a. '-자' 구문에 있어서 서술형, 의문형과는 호응할 수 있으나 명령형, 청유형과는 불가능하다.
    b. '-자' 구문의 선행문은 '-았-', '-겠-'과 호응관계를 맺지 못한다.
    c. '-자' 구문은 그 선·후행문에 있어서 주어 동일성 제약을 갖지 않는다.
    d. '-자' 구문에는 '동작완료'와 '의도 목적'의 두 가지 기능이 있다.

(2) '-다가'와 '-다가는'은 상태변화의 양상을 보이는 접속어미로서,

a. '다가'와 '-다가는'의 구문은 주어 동일성의 제약을 갖지 않는다.

b. '-다가'는 시간적 긴밀성과 인과론적 긴밀성을 축으로 하여 그 선·후행문이 연결되어 있다.

c. '-다가'의 구문은 선행문에 미래의 시제 '-겠-'이 부착될 수 없고 후행문은 선행문보다 정보의 선택성이 상대적으로 더 많다.

d. '-다가'에는 '상태의 지속', '상태의 중단', '상태의 시작' 등등 세 단계가 필요하다.

(3) '-(으)되'는 전제성 접속어미로서,

a. '-(으)되' 구문은 선·후행문에 있어서 서술어 제약은 전혀 없다.

b. '-(으)되' 구문의 후행문은 그 종결어미의 서법상의 종류에 제약이 없다.

c. '-(으)되' 구문은 선·후행문에 있어 시제어미 '-았', '-겠'의 제약이 없다.

d. '-(으)되' 구문은 '양보적'인 의미기능을 갖고 있다.

(4) '-(았)다가'는 기본적으로 '연속된 행위'를 나타내는 접속어미로서,

a. '-다가', '-았다가'의 구문은 주어, 서술어의 선택 제한을 갖고 있다.

b. '-다가'는 미완료, '-았다가'는 완료의 의미를 나타낸다.

c. '-다가', '-았다가'의 의미적 특성으로 우연의 일치, 결격자격 등을 들 수 있다.

d. '-다가'와 '-았다가'는 구문상 선행절과 후행절의 주어와 서술어가 각각 상이하면 비문이 된다.

와 같다.

▌參考文獻

강기진, "국어 접속어미의 의미기능", 이병주선생주갑논총, 이우출판사, 1981.

_____, "국어 접속어미 '-(으)나'의 분석", 어문론지 4 · 5, 충남대, 1985a.

_____, "진행형 '-고 있다'의 의미", 홍익어문 4, 홍익대, 1985b.

_____, "국어 접속어미 '-거니, -거니와, -거늘'의 연구", 멱남 김일근 박사 환갑기념 어문학논총, 건국대, 1985c.

_____, "국어 특수조사, '-나'의 의미기능", 선암 이을환교수 환갑기념 논문집, 한국국어교육연구회, 1985e.

_____, "'-며' 구문의 통사론", 약천 김민수 박사 환갑기념 국어학신연구, 탑출판사, 1986a.

_____, "비상태성 접속어미의 연구", 홍익어문 5, 홍익대, 1986b.

_____, "'-(았)다가'의 연구", 한실 이상보박사 환갑기념논문집, 형설출판사, 1987a.

_____, "전제성 접속어미에 대하여", 한남어문 13, 한남대, 1987b.

_____, "직접목적성 접속어미의 연구", 난대 이응백박사 정년퇴임기념논문집, 한샘출판사, 1988a.

_____, "상태변화 접속어미에 대하여", 송하 이종출박사 환갑기념논문집, 태학사, 1988b.

_____, "상태유지 접속어미에 대하여", 현산 김종운 박사 환갑기념논문집, 집문당, 1991a

_____, "사실의 접속어미 연구", 도곡 정기호박사 환갑기념논총, 태학사, 1991b.

_____, "접속어미 '-므로'의 의미기능", 국어국문학 109, 국어국문학회, 1993.

_____, "국어 접속어미 '다고'와 '다만'의 분석", 박갑수교수 환갑기념논문집, 태학사, 1994.

남기심, "'아서'의 화용론", 말 3, 연세대 한국어학당, 1978.

김두봉, 김더 조선 말본, 새글집, 상해, 1924.

김종록, "국어 접속문의 통사론적 연구," 경북대 대학원, 1994.

김진수, 국어 접속조사와 어미 연구, 탑출판사, 1984.

서정수, "국어 용언 어미 {-어(서)}" 한글학회 50돌 기념논문집, 한글학회, 1971.

양인석, "한국어의 접속화," 어학연구 8-2, 서울대 어학연구소, 1972.

유목상, 연결서술어미의 연구, 집문당, 1985.

윤평형, 국어접속어미 연구, 한신문화사, 1989.

이상태, "국어접속어미 연구," 계명대 대학원, 1988.

장석진, "A Generative Study of Discourse, 어학연구 9-2, 서울대 어학연구소, 1973.

전혜영, "현대국어 접속어미의 화용론적 연구," 이화여대 대학원, 1989.

정정덕, "국어접속어미의 의미·통사론적 연구," 한양대 대학원, 1986.

조오현, 국어의 이유구문 연구, 한신문화사, 1991.

주시경, 국어문법, 박문서관, 1910.

채련강, "현대 한국어 연결어미에 대한 연구", 성균관대 대학원, 1984.

최재희, 국어 접속문 구성 연구, 탑출판사, 1991.

국어 조사 '-에'의 의미기능

1. 序 論

本稿는 國語의 助詞 '-에'의 意味를 生成意味論的 側面에서 規明해 보고, 그러한 意味들의 抽象化 可能性을 檢證해 보려는 데에 그 目的이 있다. 助詞 '-에'의 意味에 對해서는 그간 여러 論議가 있어 왔지만, 그들 論議의 大部分은 助詞 '-에'의 分布的 位置에 依據하여 '-에'의 意味를 推定하는 方法論에만 立脚해 있었던 것이 事實이다. 최현배(1971)로 代表되는 이러한 論議들은 따라서 '-에'의 分布的 位置가 가지는 意味를 重視한다.1)

최현배(1971)에 따르면 助詞 '-에'는 "에게, 한테, 더러" 등과 相關性을 이루면서 '落着點 處所格 助詞'의 意味的 特性을 보이고 있다고 했으며2), 그러한 格case 機能的 '-에'의 意味가 分布的으로 類推되어 句接續의 機能도 行한다고 보았다.3)

아래 (1)은 최현배(1971)에서 格機能的 助詞 '-에'가 分布的 類推에 힘입어 句接續의 機能을 行使한다고 보여지는 例이다.

---

1) 최현배, 우리말본, 정음사, 1971, pp. 620~623.
2) 최현배, 전게서, 1971, p. 621.
3) 최현배, 전게서, 1971, p. 649.

아래를 보자.

(0) a. 붓에 먹에 종이에 없는 것이 없다.

결국 최현배(1971)의 이러한 論議는 以後의 助詞 '-에'의 論議의 性格을 演繹的으로 規定해 버린 結果를 가져 왔다.4)

그러나 助詞 '-에'의 意味를 최현배(1971) 등의 傳統文法的 側面에서처럼 處所格이란 格機能과 그에서 分布的으로 類推된 句接續의 機能만을 行使하고 있다고는 말하기가 어렵다.

그것은 무엇보다도 助詞 '-에'가 많은 意味的 多機能을 行使하고 있기 때문이다. 아래는 바로 그러한 例들이다.

(1) a. 학교에 간다.
    b. 바람에 종이가 날린다.
    c. 허위 선전에 속지 마라.
    d. 도의에 어그러지다.
    e. 장미에 어떻게 대비를 하고 있느냐?

槪略的으로 말해 본다 하더라도 (1a)는 行動의 指向點을 標識하고 있으며, (1b)의 '-에'는 行動의 理由・原因標識 그리고 (1c)의 助詞 '-에'는 行動을 惹起하는 對象物을 指示하고 있다 할 수 있다.

또한 (1d)는 어떤 基準點을 (1e)는 環境이나 條件을 各各 이르고 있다고 할 수 있다.

앞의 이러한 用例들은 傳統文法的 見解로는 도저히 說明될 수 없는 것임은 너무나 自明하다. 그러나 또 하나 自明한 것은 이러한 生成意味論的 意味資質의 細分化에 따른 그것의 基本意味 摸索의 問題이다.

---

4) 최현배, 전게서, 1971, p. 649.

本稿는 물론 '-에'의 意味로 그간의 論議에서 看過되어 왔던 點을 集中的으로 摸索코자 한다.

그러나 그러한 摸索 作業은 同時에 그들 여러 意味 사이의 어떤 抽象化된 基本意味의 抽出作業을 含義하고 있다고 해야 할 것이다. 따라서 本稿는 生成意味論的 여러 意味 사이의 相關性에도 留意하고자 한다.

本稿는 現代 國語를 對象으로 한 共時的 論究이며 따라서 通時的인 知識이나 用例들은 檢討의 對象으로 삼지 않았다.

그러나 이들 通時的인 觀點의 受容이 助詞 '-에'의 意味를 더더욱 明徵하게 드러내어 줄 수 있음은 물론이다.

2. '-에'의 意味資質

2.1. 限定的 時間標識

助詞 '-에'의 意味 特性으로 가장 一般的으로 想定되고 있는 것의 하나는 '-에'가 時間을 指示하는 意味機能을 가지고 있다고 하는 이른바 '時間標識'의 機能일 것이다. 傳統文法的 側面에서 특히 重要視되어 온 助詞 '-에'의 이러한 '時間標識'에의 機能은 그러나 몇 가지 主意를 要하는 意味機能의 하나이다. 다음 例를 보자.

(1) a. 철수가 5시에 간다.
　　b. 아침에 다시 오마.

위 (1a), (1b)에서 助詞 '-에'가 顯示하는 바는 이미 傳統文法的 理論에서 指示된 그대로 時間을 나타내는 時間標識임은 自明하다. 그러나

'-에'의 意味特性이 '時間標識'에 있다고 單純히 記述해 버린 論議로는 다음의 예 (2)를 說明할 方法이 없다. 다음 (2)를 보자.

(2) a. *9시부터에 학교로 오너라.
b. *10시 사이에 학교로 오너라.

(2a), (2b)의 非文法性은 물론 여러 側面에서 檢討될 수 있겠지만, 그러나 가장 顯示的인 理由는 (2a), (2b)로 나타내지는 이른바 時間標識가 固定的이 아닌 流動的인 時間標識를 보이고 있다는 點과 결코 無關하지 않을 것이다.

(2a)에서 '9時부터'의 時間標識가 顯示하는 바의 意味는 自明하다. '9시부터' 즉 '9時'라는 시점부터 그 以後의 모든 時間, 以後의 自然時間 모두를 包含하는 것이며 同時에 流動的인 時間標識이기 때문이다.

(2a)를 圖式化해서 생각해 보면 그러한 點은 더 더욱 明白해진다.

(3)

(3)에서 볼 수 있는 것처럼 自然時間 t가 繼續되는 流動體인 한, '9時부터'가 顯示하는 時間 t′도 역시 t와 계속되는 流動體임은 말할 나위도 없다.

따라서 固定的인 時間標識를 그 屬性으로 하고 있는 '-에'가 여기에 附着될 수 없음은 自明한 論理의 歸結이다. 流動體的인 時間標識 즉 限定的이고 固定的인 時間標識에는 助詞 '-에'가 附着될 수 없음은 (2b)에서도 나타난다.

(2b)에서의 '10시까지'에도 助詞 '-에'가 附着되면 역시 非文法的인 文章이 되는데, 이것 역시 '10時 사이'가 指示하고 있는 時間標識가 固定的인 것이 아니기 때문이다. 즉, '10時 사이'는 '10時'로 指稱되는 時點을 包含한 그 以前의 모든 時間帶를 流動的으로 包括하고 있으며, 따라서 固定的인 時間標識일 수가 없다.

이 점 역시 圖式化해 보면 더 自明해진다. 다음 (4)를 보자.

(4)

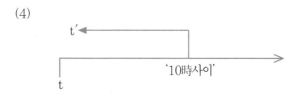

自然時間을 指示하는 t가 流動的이어서 다른 말로 어떤 限定的, 固定的, 單位를 나타내는 것이 아닌 한, t′ 역시 固定的 時間單位로 看做될 수 없는 것이며, 따라서 '10時 사이'에 助詞 '-에'가 附着될 수 없음은 自明한 論理의 歸結이 아닐 수 없다.

助詞 '-에'가 固定的이고 限定的인 時間單位를 指示함은 다음 (5)에서 確證的으로 想定될 수 있다. 다음을 보자.

(5) 9시부터 10시 사이에 학교로 오너라.

(5)가 나타내는 바는 明白하다. '9時부터'나 '10時 사이'라는 時間標識의 句phrase들이 流動的인 槪念들이어서 여기에 助詞 '-에'가 附着될 수 없음과는 相對的으로 '9時부터 10時 사이'라는 時間單位에는 '-에'가 附着될 수 있는데 이것은 '9時부터 10時 사이'가 이미 하나의 固定된 限定時間 單位를 이루고 있어 여기에는 助詞 '-에'의 附着이 可能한 것으로

看做된다.

이것을 다음의 (6)으로 圖式化해서 보면 더 明白해진다. 다음을 보자.

(6)

自然時間을 指示하는 t는 固定的인 時間單位를 이루고 있지 못함에 反하여 t′는 '9時부터 10時 사이'라는 固定的이고 限定的인 時間標識를 나타내고 있기 때문에 t′에는 助詞 '-에'의 附着이 可能한 것으로 보인다.

따라서 助詞 '-에'의 時間標識上의 意味資質은 (7)처럼 나타내질 수 있다.

(7) 助詞 '-에'는 限定的 時間標識를 指示한다.

위 (7)과 같은 假說이 가지고 있는 屬性에 비추어 볼 때, 本 論文의 앞에서 提示되었던 (1b)와 같은 例는 몇몇 疑懼心을 불러 일으킬 수도 있다. 먼저 (1b)를 다시 적어 보자.

(1) b. 아침에 다시 오마.

論議에 따라서는 (1b)의 '아침'은 결코 固定的 時間標識가 아니며, 따라서 固定的, 限定的 時間標識가 아님에도 不拘하고 助詞 '-에'가 附着되어 그 文法性이 損傷되지 않은 것은 '-에'에 對한 지금까지의 論議가 精密하지 못한 때문이라고 主張할 수 있다.

그러나 그것은 예컨대 (1b)에서 (1b)의 話者는 '아침'을 自然時間 그대로 認識해서 發話한것이라기보다는 하나의 限定的인 時間單位로 보고 거기에 助詞 '-에'를 附着시킨 것으로 보아야 한다. 이것을 좀 細密히 보면 다음과 같다.

> (8) a. 自然時間 '아침' —— 流動的
> b. 話者의 '아침' 認識 —— 固定的
> c. 助詞 '-에' 附着

위 (8a)와 (8b)에서 보는 것처럼 自然時間의 '아침'이 指示하는 時間帶 自體가 確定的으로 固定的·限定的 時間標識라고는 斷定할 수 없다손치더라도 그것은 自然 時間帶에서의 意味일 뿐이다. 話者가 自然時間 自體로는 流動的인 時間標識일지도 모르는 '아침' 自體에 助詞 '-에'를 附着시킬 수 있었던 것은 '아침' 自體에 對한 話者의 認識이 (8a)에서 (8b)로 轉移되었음을 보여 주었다고 假說的으로 推論할 수 있다.

따라서 (1b)의 '아침'과 같은 類의 時間 名詞들은 모두 위와 같은 話者의 意圖 過程을 거쳤다고 보는 것이 妥當할 것이다. 아래 例는 그것들이다.

> (9) a. 점심에 다시 오마.
> b. 저녁에 가거라.
> c. 가을에 떠난 사람.

결국 위의 例들은 앞서와 같은 意味意圖化 過程이 話者의 言語使用 直前에 行해졌다고 할 수 있다.

2.2. 空間標識

助詞 '-에'의 意味資質로 또 하나 提起될 수 있는 것의 하나는 그것이

이른바 空間標識를 提示하고 있다는 點이다.

다음 例들은 그것이다.

> (10) a. 철수가 학교에 있다.
> b. 거리에 사람이 있다.

(10a), (10b)는 助詞 '-에'가 空間標識의 機能을 가지고 있음을 보이는 가장 顯著한 예 中의 하나이다.

그러나 그렇다고 해서, (10a), (10b)가 助詞 '-에'의 空間標識的 機能을 모두 含義하고 있는 것은 아니다. 그것은 (11)과 같은 制限的인 예가 存在할 수 있기 때문이다.

> (11) ?*철수가 서울과 부산에 있다.

(11)의 '철수'가 自然人인 한 사람을 指示하는 한, 즉 '철수'가 同名異人이 아닌 한 (11)의 例는 確實히 非文法的이거나 어색하게 여겨진다.

(11) 例의 非文法性 내지는 어색함은 어떠한 데서 起因하는 것일까? 우선 問題의 解釋을 위해 (11)의 基底構造 *underying structure* 몇 가지를 아래와 같이 想定해 볼 수 있다.

> (12) a. 철수가 서울에 있다.
> b. 철수가 부산에 있다.

(11)의 基底構造를 (12)와 같이 잡거나 아니면 (13)처럼 잡을 수가 있다.

> (13) ?* 철수가 서울과 부산에 있다.

(11)의 基底構造를 (12)로 잡는 것은 (11)이 文接續文임을 顯示하고 있으며 (13)과 같이 잡는 것은 (11)이 句接續文임을 想定하고 있음을 意味하는 것이다.

문제는 (11)의 基底構造를 (12)와 같은 文接續으로 보든지, 아니면 (13)과 같은 句接續으로 보든지에 關係없이 '서울과 부산'에 助詞 '-에'가 附着되어 (11)과 같은 어색한 文章이 되었다는 것은 '서울과 부산'이 顯示하는 內容과 助詞 '-에'가 顯示하는 것 사이의 어떤 文法的 不一致를 想定해 볼 수 있다.

그러한 文法的 不一致는 話用上의 條件에서 發見된다.

다음을 보자.

> (14) a. 철수는 자연인이다.
>
> b. 自然人은 동일시점에 서로 다른 지점에 존재할 수 없다.

(14a), (14b)의 2가지 話用上의 要件들은 (11)의 文章의 어색함을 그런데로 說明해주고 있다.

즉 '서울과 부산'에 '철수'라는 自然人이 同時에 存在할 수는 없으며, 그것은 따라서 '철수'라는 '自然人'을 基準삼아 볼 때 固定的·限定的 空間이라고 看做할 수 없으며 따라서 空間的 標識 特히 固定的 限定的 空間標識의 資質인 助詞 '-에'가 附着되어 어색함을 보이는 것은 當然한 論理的 歸結이라 할 수 있다.

따라서 助詞 '-에'의 空間標識에서의 意味資質은 (14')처럼 假設化될 수 있다.

> (14') 助詞 '에'는 限定的 空間標識를 指示한다.

2.3. 接續標識

助詞 '-에'가 接續標識의 機能을 行事하고 있음은 傳統文法에서 이미 提起된 바가 있음은 周知의 事實이다.

다음을 보자.

(15) 사과에 포도에 앵두 등을 많이 먹었다.

(15)의 基底를 이루는 構造는 대충 아래와 같이 想定될 수 있다. 아래를 보자. 아래는 그러한 例의 일단이다.

(16) a. 사과를 많이 먹었다.
    b. 포도를 많이 먹었다.
    c. 앵두를 많이 먹었다.

(16) a, b, c가 (15)의 基底的인 構造를 이룬다고 想定해 볼 때, (16) a, b, c에서 (15)가 誘導되어 나오는 過程이 問題視되지 않을 수 없다. (16)의 樹型圖로 이 점을 살펴 보자.

다음 (17)은 (16)의 樹型圖를 基底에서 본 모양이다.

(17)

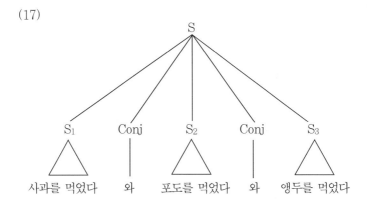

(17)의 基底構造가 顯示하는 바는 自明하다. 그것은 아직 助詞 '-에'의 出現條件조차도 完備하지 못하고 있다.

그것은 S_1, S_2, S_3 사이의 接續子가 '와'로 나타나 있기 때문이다. 따라서 (17)은 몇 가지 中間段階를 前提하고 있음을 알 수 있다.

우선 생각할 수 있는 中間段階의 하나는 同一 動詞句 削除規則을 (17)에 適用하는 作業이 될 것이다. 아래 (18)은 그것이다.

(18)

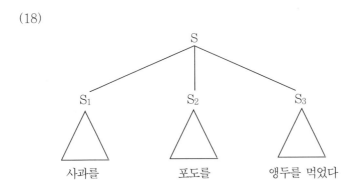

(18)은 (17)에 同一 動詞句 削除規則을 適用한 것이다. 이제 이 (18)의 構造는 일단 助詞 '-에'의 揷入을 위한 條件으로 變形되어야 한다.

(19)

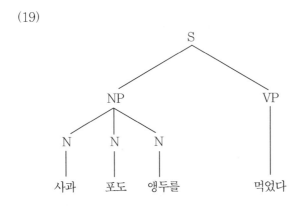

(19)의 構造에 와서야 助詞 '-에'는 挿入될 수 있으며, 이 助詞가 挿入된 후의 構造는 (20)과 같다.

(20)

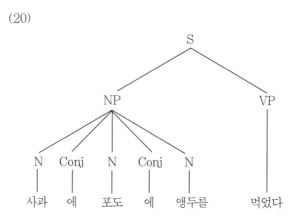

(20)은 그러나 助詞 '-에'가 몇 단계의 中間段階를 거친 후에 이 形態가 挿入되고 있음을 보여 주고 있는 것 以外에 한 가지 重要한 問題를 內包하고 있다.

그것은 中間段階를 거친 후에 挿入되는 것이 助詞 '-에'의 生成過程이라면 助詞 '-에'의 固有意味 有無 自體가 問題視되기 때문이다.

그러나 生成意味論的 立場에서 그러한 問題는 節次上의 問題에 지나지 않는 것으로 看做되기 때문에 그것은 그리 큰 問題를 惹起시킬 것 같지는 않다.

本稿는 生成意味論의 論理的 基底의 是非를 가리는 것이 그 目的이 아니므로, 그것에 對한 言及은 더 以上 하지 않기로 한다.

이제 助詞 '-에'의 性格을 다음과 같이 假說化할 수 있다.

아래 (21)로 그것을 살펴보기로 한다.

　(21) 助詞 '-에'의 意味機能의 하나로 接續標識를 想定할 수 있다.
　　　 그리고 接續의 '-에'는 文接續을 그 基底構造로 한다.

2.4. 行動의 指向點 標識

　助詞 '-에'가 行動의 指向點을 提示하고 있음은 다음 예 (22)에서 쉽
게 알 수 있다.[5]
　다음을 보자.

　　(22) 철수가 학교에 간다.

　(22)가 顯示하는 바는 明白하다. 그것은 助詞 '-에'가 '가다'라는 行
動의 指向點을 指示하고 있기 때문이다.
　(22)는 따라서 '-쪽으로'라는 副詞句와 代置*paraphrase* 될 수 있다.
즉 아래 (23)은 바로 그것이다.

　　(23) 철수가 학교쪽으로 간다.

　(22)와 (23)의 眞理値的 意味가 同一하다고 보는 限에 있어서는
(22)의 '-에'의 '-쪽으로'에의 代置는 確實히 自由變異의 樣相을 보이고
있는 것이 事實이다.
　여기서 한 가지 檢討되어야 할 事實은 助詞 '-에'가 行動의 指向點을
指示하려면, 그것의 敍述語가 行動指向動詞, 또는 移動動詞이어야 한다
는 點이다.
　行動의 指向點은 行動의 指向의 動詞를 前提하기 때문이다.
　따라서 (24)의 非文法性은 그러한 呼應關係의 不一致를 內在하고

---

5) 成光秀, 國語助辭에 대한 硏究, 螢雪出版社, 1978, 參照.

있기 때문이다. 다음을 살펴보기로 하자.

    (24) *철수가 학교에 닮았다.

    (24)의 非文法性이 너무나 明白한 論理的 歸結인 것은 (24)의 助詞
'-에'와 그 叙述語 '닮았다'가 行動指向性이란 點에서 不一致를 보이고 있
다는 點에서 豫見될 수 있는 文法事實이다.
    따라서 本稿는 助詞 '-에'가 서로 呼應關係를 맺을 수 있는 叙述語를
選擇的으로 辨別하고 있음에 注意하지 않을 수 없었다. 그것은 叙述語를
어떤 分類로 가를 수 있는 契機를 提供하고 있기 때문이다.
    다음을 보자.

    (25) 철수가 학교에 오다.

    (25)의 例는 行動指向性의 助詞 '-에'가 動作動詞 *action verb* '오다'와
呼應關係를 보이고 있음을 나타내고 있다.

    (26) *철수가 학교에 검었다.

    (26)의 例는 行動指向性의 助詞 '-에'가 狀態動詞 *stative verb* '검다'
와 呼應關係를 이루지 못해 非文法的인 文章이 되었음을 보이고 있는 例
이다.
    한편,

    (27) *철수가 학교에 이다.

    (27)의 例는 叙述格 '이다'가 行動指向性의 助詞 '-에'와 呼應關係를

이루지 못해 非文法的인 文章이 되었음을 나타내 주고 있다.

　　결국 行動指向性의 助詞 '-에'는 動作動詞와만 呼應關係를 이룰 뿐 狀態動詞나 敍述格과는 呼應關係를 이루지 못함이 自明해진 셈이다.

　　이러한 사실은 다음과 같이 整理될 수 있다.

　　　(28) 行動指向性 標識 助詞 '-에'는 [-stative]의 資質과 相關關係를 形成하며 [+stative]와는 呼應關係를 맺지 못한다.

　　(28)의 假說이 물론 [-stative]의 動詞라 하더라도 더 下位의 細分化가 있어야 한다는 前提가 남아 있음에도 불구하고 本稿는 일단 行動指向性의 助詞 '-에'의 敍述語 呼應을 (28)처럼 想定하기로 한다.

　　이것은 또 (29)처럼 形式化될 수 있다.

　　　(29) 行動指向性 助詞
　　　　　'-에'　　　　[-stative]
　　　　　　　　　　　[+motion]

2.5. 基準點 標識

　　助詞 '-에'의 意味資質의 하나로 想定될 수 있는 것은 이른바 基準點의 問題이다. 다시 말해 助詞 '-에'가 어떤 現象의 基準點을 나타내는 意味機能을 하고 있다는 點이다.

　　다음의 例는 基準點의 助詞 '-에'의 例를 보인 것이다.

　　　(30) 그러한 짓은 도의에 어그러진다.

　　(30)에서 基準의 對象이 되는 것은 '그러한 짓'이고 그것을 가늠하고

있는 基準點은 '도의'이다. 즉 '도의'라는 基準點을 問題 삼을 때 '그러한 짓'의 評價를 (30)의 文章은 내리고 있다.

(30)은 따라서 '-은 기준 삼아' 또는 '-을 基準으로 해서'라는 副詞句와 代置될 수 있다.

다음은 그러한 例이다.

(31) 그러한 짓은 도의를 기준삼을 때 어그러진다.

그런데 여기서 提起되는 問題點의 하나는 이른바 基準點의 助詞 '-에'가 呼應關係를 맺을 수 있는 動詞의 種類가 制限的이라는 點이다.

다음을 보자.

(32) 그것은 법에 위반된 행위이다.

(32)에서 보는 바와 같이 基準의 對象이 되는 것은 '그것은'이고 基準이 되는 것은 '법'이다. 그리고 (32)은 '그것이' '법'에 '위반됨'을 보이고 있다.

그러나 動詞의 種類가 달라지면, 다시 말해 '위반하다'類의 判斷·判定 動詞가 아닌 다른 動詞가 오면 이것은 基準點의 助詞 '-에'와 文法的 呼應關係를 이루지 못해 非文法的인 文章이 되고 만다.

(33) *그것은 법에 청렴하다.

(33)은 基準點의 助詞 '-에'가 [+stative]에 가깝다고 할 수 있는 '청렴하다'와 呼應關係를 이루지 못해 非文法的인 文章이 되고 말았다.

결국 基準點의 助詞 '-에' 역시 叙述語의 種類를 選擇的으로 辨別하고 있음을 보여 주고 있다.

基準點의 助詞 '-에'가 어떠한 種類의 叙述語와 呼應關係를 맺고 있느냐 하는 것을 假說化하면 다음과 같이 될 것이다.

(34) 基準點의 助詞 '-에'는 判斷·判定動詞이어야 한다.

2.6. 數量單位 標識

助詞 '-에'의 意味資質 中 매우 示唆的인 機能의 하나는 '-에'가 單位 즉 數量單位의 基準點을 形成하고 있다는 點이다.[6]

다음의 例는 그러한 點을 明示的으로 보여 주고 있다.

(35) a. 한 철에 한 번씩 그러한 사고가 있었다.
　　 b. 10개에 100원이다.

(35a), (35b)에서의 助詞 '-에'의 意味機能이 數量單位의 基準이라고 앞서 言及했거니와, 그 點을 좀더 면밀히 檢討해 보기로 한다.

다음 例를 보자.

(36) 사과 1개에 100원이다.

(36)에서 數量單位로 나타나 있는 것은 '사과 1개'이다. 이 '사과 1개'를 數量化하는 데 必要한 것으로 第 1條件으로 想定될 수 있는 것이 助詞 '-에'이다.

助詞 '-에'는 일단 個體化된 '사과 1개'를 數量化시키는 機能을 行하고 있다. 그러나 助詞 '-에'의 그러한 機能이 助詞 '-에'의 內在的 機能認知의 與否는 좀더 檢討되어야 한다. 그것은 (37)과 같은 例를 想定해 볼

---

6) 김영희, 한국어의 격문법 연구, 연세대 대학원 석론(油印), 1973, 參照.

수 있기 때문이다.

　　(37) 사과 한 개 100원.

　(37)에서 '사과 한 개'와 그에 後行하는 句*phrase* 사이에 어떤 休止*pause*를 想定할 수 있는 한 (37)은 文法的인 文章이다.
　즉 (37)은 (36)에서 助詞 '-에'가 削除된 것으로 理解되는데, 물론 (37)의 基底構造는 (36)으로 보아야만 할 것으로 보인다.
　樹型圖로 나타내 보이면 (38)과 같다.

　(38)

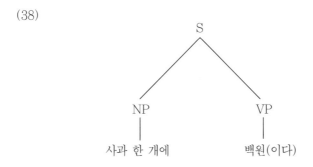

　(38)의 樹型圖를 (37)과 比較해 보면 그 差異는 스스로 明白해진다. 數量單位의 基準點을 形成하는 助詞 '-에'의 出現, 非出現의 差異가 바로 그러한 것이기 때문이다.
　그러나 助詞 '-에'의 出現이 顯示하는 內容과 助詞 '-에'가 削除된 것이 顯示하는 內容上의 辨別點은 결코 意味에 있지는 않을 것이다. 더 直接的으로 말하면, 助詞 '-에'가 나타나 있는 (36)와 그것이 削除되어 있는 (37)과는 그 眞理値的 意味가 결코 相異하다고는 할 수 없는 것이다. 그러면 問題는 매우 簡明해진다.
　그것은 數量單位의 基準點이 되는 助詞 '-에'는 削除되어 나타나도

무방하다는 것이 될 것이다.7)

本稿는 따라서 數量單位의 基準點이 되는 助詞 '-에'의 意味機能을 아래와 같이 일단 想定하기로 한다.

　　(38′) 數量單位의 基準點을 提示하는 助詞 '-에'는 그 削除가 選擇的이다.

(38′)에 따라서 다음의 (39)의 例들은 모두 助詞 '-에'가 削除된 形態 (39)로 나타날 수가 있다.

　　(39) a. 사과 한 개에 70g.
　　　　 b. 한 사람에 입장료 200원.
　　　　 c. 1개에 6m.
　　(40) a. 사과 한 개 70g.
　　　　 b. 한 사람 입장료 200원.
　　　　 c. 1개 6m.

(39)과 (40)의 自由變異는 助詞 '-에'의 數量單位的 機能을 더 더욱 明徵하게 드러내어 주고 있다.

2.7. 縮約標識

助詞 '-에'의 縮約標識的 機能은 傳統文法에서 거의 論議된 적이 없는 項目으로, 實際로 看過되어 왔던 것이 사실이다.

다음 例 (41)을 보자.

---

7) 김영희, 한국어 셈숱화 구문의 통사론, 탑출판사, 1984, 參照.

(41) a. 서울에 대한 평.
　　b. 서울에 대하여 평하다.
　　c. 서울에 평하다.

(41)의 각 a, b, c들이 意味하는 바는 '-에'가 결코 '-에 대하여' '-에 대한' 등의 修飾句와 分離的인 것이 아니라는 점이다.

그것은 '-에 대하여', '-에 대한'에서 '-에'를 形態素 分析하는 것의 어려움을 잘 示唆해 주고 있으며, 그러한 示唆는 (41c)로 더 自明해진다.

따라서 '-에 대하여', '-에 대한' 등에서 '-에'를 따로 分離해서 形態分析을 試圖할 것이냐 하는 것은 다른 類와 결부시켜 論議해야 한다.

(42) a. 철수에 관한 소문.
　　b. 철수에 관하여 소문이 있다.
　　c. *철수에 소문.
(43) a. 위기에 처한 조국.
　　b. 조국이 위기에 처해 있다.
　　c. 위기에 조국.

결국 '-에' 自體의 形態素 分離 與否는 '-에 대하여', '-에 處하여', '-에 관하여', '-에 있어서' 등과의 修飾語 全部의 相關性에서 考究되어야 할 것으로 보인다.

本稿는 '-에'와 '-에' 結附體에 對한 어떤 形態分析을 期하는 자리가 아니기 때문에 더 자세한 言及은 하지 않기로 한다.

다만 假說的으로나마 '-에 관하여', '-에 대하여', '-에 있어서', '-에 처하여' 등의 形態를 縮約한 것이 '-에'라고 보는 立場에서 論議를 展開한다.

圖式化하면 (44)과 같다.

(44)

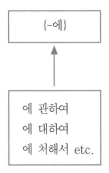

그러나 이러한 圖式은 通時的 事實과 함께 더 상세히 考究되어야 할 것이다

2.8. 行動의 理由・原因標識

助詞 '-에'의 意味의 하나로 想定될 수 있는 것은 行動의 理由・原因 을 指示하는 意味機能이다. 이것은 助詞 '-에'가 그 앞 名詞句(NP)와 함 께 叙述語의 理由・原因을 提示한다는 意味이다.

다음 例를 보자.

(45) a. 바람에 옷자락이 날리다.
　　 b. 불에 전재산이 날아가다.

(45a), (45b)에서의 '-에'는 本稿에서 理由・原因의 '-에'로 指示되 었지만, 이러한 論理는 (45a), (45b)의 '-에'를 理由・原因의 添辭와 代 置해 보면 確認될 수 있다.

다음을 (46)를 보자.

(46) a. 바람때문에 옷자락이 날리다.
b. 바람탓에 옷자락이 날린다.

위 (46a), (46b)는 (45a)의 助詞 '-에'를 理由·原因을 나타내는 添辭 '- 때문에', '-탓에'로 代置시켜 본 文章이다. 이러한 代置의 결과 (45a)와 (46a), (46b)는 그 眞理値에 아무런 異質性도 보이고 있지 않다.

이것은 (45a)의 '-에'가 理由·原因의 機能을 行使하고 있음을 보이고 있는 例이다. (45a)와 마찬가지의 論理가 (45b)에 對해서도 可能하다.

아래 例를 보자.

(46) a. 불 때문에 전재산이 날아가다.
b. 불 탓에 전재산이 날아가다.

(46a), (46b)는 (44b)의 助詞 '-에'에 理由·原因의 機能을 가진 添辭 '- 때문에' '-탓에'를 代置한 것이다.

그러한 代置의 結果 (46a), (46b)는 (44b)와 아무런 眞理値上의 異質性도 보이지 않고 있다. 이것은 結局 (44a), (44b)에서의 助詞 '-에'가, '- 때문에', '-탓에' 등과 同質的인 意味機能을 가지고 있음을 示唆하는 同時에, '-에'의 意味機能이 理由·原因에 있음을 보여 주는 例이기도 하다.

本稿는 따라서 助詞 '-에'의 意味機能을 다음과 같이 想定할 수 있다.

(47) 助詞 '-에'는 理由·原因을 그것의 意味機能으로 가지고 있다.

(47)과 같은 斷定的인 假說에도 不拘하고 理由·原因의 '-에'는 '名詞句(NP) +에'를 基底構造上 어떤 것으로 把握할 것인가 하는 問題가

남아 있다고 할 수 있다. 지금으로서는 本稿는 理由·原因의 '-에'는 基底構造上 副詞句를 形成한다고 보는 것이 가장 適切할 것 같다.

2.9. 道具·方便標識

助詞 '-에'의 意味機能으로 들 수 있는 것의 하나가 이른바 道具·方便의 機能이다. 다음 例를 보자.

  (48) 연탄불에 밥을 짓다.

(48)에서 '-에'는 (49)에서처럼 道具의 '로써'나 '-을 가지고' 등의 添辭와 自由變異를 이루고 있다.

  (49) a. 연탄불로써 밥을 짓다.
      b. 연탄불을 가지고 밥을 짓다.

(48)의 '-에'가 (49a), (49b)의 添辭 '-로써' '-을 가지고' 등과 代置되어도 아무런 意味上의 異質性을 가져 오지 않는다는 事實은 (48)의 '-에'가 道具·方便의 意味機能을 行使하고 있음을 보여 주는 것이라 할 수 있다. 곧 助詞 '-에'의 道具·方便의 意味機能은 그 內在的인 意味임을 (48), (49)에서 確認할 수 있다.
  그러한 點은 다음 (50)에서도 역시 確認된다. 다음 (50)을 보자.

  (50) 철수가 회장에 당선되다.

(50)의 '-에'의 意味機能의 産出을 위해 (50)의 '-에'에 道具·方便의 添辭 '로서'를 代置시켜 보자. 다음의 (51)은 바로 그것이다.

(51) 철수가 회장으로서 당선되다.

(50)과 (51)의 自由變異的 性格은 (50)의 助詞 '-에'가 道具 · 方便의 意味를 行使하고 있음을 보이는 또 하나의 例이기도 하다.

本稿는 따라서 道具 · 方便에 關聯된 '-에'의 意味를 다음 (52)처럼 假說化하기로 한다.

> (52) 조사 '-에'의 意味資質의 하나로 道具 · 方便의 標識가 있으며,
> 이러한 것들은 道具 · 方便을 指示하는 添辭와 自由變異의 要件
> 을 이룬다.

(51)에도 불구하고 道具 · 方便의 '-에'의 基底構造의 問題는 여전한 考究의 對象으로 남게 된다.

그러한 문제들은 稿를 달리해서 다루기로 하겠다.

3. '-에'의 基本意味 摸索

第2章에서 살펴본 바의 '-에'의 여러 生成意味論的 意味가 과연 抽象化된 어떤 하나의 單一한 意味에서 導出된 것이냐 하는 問題는 現在의 단계로선 至難한 作業이 아닐 수 없다. 그것은 '-에'의 生成意味論的 意味들 사이의 差異가 그러한 抽象化 過程을 容認할 수 없을 程度로 큰 것들이 發見되었기 때문이기도 하다.

따라서 本稿는 그러한 意味들 사이의 抽象化의 可能性을 打診해 보는 程度로만 論議의 起點을 펴고자 한다.

'-에'의 基本意味는 果然 무엇일까? 本稿는 그것을 일단 '接觸'이라고

본다.

    (53) '-에'의 基本意味는 '接觸'이다.

(53)의 基本意味에 의해 이제 몇 가지를 살펴 보자.

    (54) a. 바람에 옷자락이 날린다.
         b. 철수가 3시에 왔다.
         c. 철수가 학교에 간다.
         d. 연탄불에 밥을 짓다.

    (54a), (54b), (54c), (54d)는 第 2章에서 본 典型的인 '-에'의 여러 意味들이다. 그러한 意味들이 '接觸'이라는 基本意味와 어떠한 派生關係에 있는 것일까?

    문제는 (54a), (54b), (54c), (54d)의 두 樣相을 세밀히 檢討해 보면 매우 自明해진다.

    (54a)는 '바람'이 '옷자락'에 接觸되어, '옷자락이 바람에 날리는' 현상을 가져 왔고 (54b)는 '철수'가 '3時'라는 時點에 時間的으로 '接觸되었다고 想定하면 되는 것이다.

    같은 論理로 (54c)는 '철수'라는 自然人이 '학교'에 場所的으로 接觸되었다고 設定하면 되고 (54d)는 '연탄불'이라는 個體가 '밥'에 接觸되었다고 想定하면 되는 것이다.

    따라서 本稿는 '-에'의 基本 意味를 '接觸'으로 보고 '-에'의 여러 生成意味論的인 意味 즉 '限定的 時間標識', '空間標識', '接續標識', '行動의 指向點 標識', '基準點 標識', '縮約標識', '行動의 理由·原因標識', '方便·道具標識' 等의 派生意味는 '接觸'이라는 '-에'의 單一意味에서부터 派生된 것으로 본다.

4. 結 論

지금까지 本稿에서 '-에'의 여러 意味를 生成意味論的 입장에서 檢討해 보았다. 結果로 '-에'는 다음과 같은 9가지의 意味를 지닌 것으로 想定되었다.

1) 限定的 時間標識
2) 空間標識
3) 接續標識
4) 行動의 指向點 標識
5) 基準點 標識
6) 縮約標識
7) 數量單位標識
8) 行動의 理由·原因標識
9) 方便·道具標識

한편 本稿에서는 위와 같은 '-에'의 9가지 意味가 하나의 單一한 基本意味에서 派生되어 나온 것으로 看做하고 '-에'의 基本意味는 '接觸'이다 라고 結論지어 보았다. 그리고 '-에' 관련된 通時的 論究의 作業이 '-에'의 여러 現象을 統一的으로 規明해 줄 것으로 보고 그러한 作業을 앞으로의 課題로 삼는다.

▌參考文獻

金敏洙, 「國語의 格에 對하여」, 『국어국문학』 49~50, 국어국문학회, 1970.

김승곤, 「한국어의 格理論」, 『人文科學論叢』 13, 建國大, 1980.

_____, 韓國 助詞의 通時的 硏究, 大提閣, 1978.

김영희, 한국어의 격문법 연구, 연세대 대학원 석론(油印), 1973.

_____, 「한국어의 「주관동사」에 대하여」, 『연세어문학』 4, 연세대, 1973.

_____, 한국어 셈숱화 구문의 통사론, 탑출판사, 1984.

朴良圭, 「國語의 處格에 대한 硏究」, 『國語硏究』 27, 國語硏究會, 1972.

_____, 「所有와 所在」, 『國語學』 3, 國語學會, 1975.

成光秀, 國語助辭의 硏究, 螢雪出版社, 1978.

송석중, 「조사 과, 를, 에의 의미 분석」, 『말』 7, 연세대, 1982.

신익성, 「격에 관하여」, 『한글』 141, 한글학회, 1968.

安明哲, 「處格 '에'의 意味」, 『冠嶽語文』 7, 서울大, 1982.

양동휘, "Inner and out Locative in Korean", 『國語硏究』 9-1, 서울大, 1973.

이기동, 「조사 '에'와 '에서'의 기본 의미」, 『한글』 173~4, 한글학회, 1981.

李南淳, 「樣式의 '에'와 素材의 '에서'」, 『冠嶽語文』 8, 서울大, 1983.

_____, 「'에'와 '로'의 통사와 의미」, 『언어』 8-2, 한국언어학회, 1783.

洪允杓, 「方向性 표시의 格」, 『國語學』 6, 國語學會, 1978.

최현배, 우리말본, 정음사, 1971.

Chomsky, N., *Syntactic Stuructures*, The Hague: Mouton and Co, 1959.

_____, *Aspects of Theory of Syntax*, Cambridge: M.I.T. press, 1965.

Fillmore, C.J., "Toward A Modern Theory of Case", Reprinted in *Modern Studies in English: Reading in Transformational Grammar*, ed. Reibel, D.A & Schane, S.A., 1969 : 361~75, New Jersey: Prentice-Hall, 1966.

_____, "Case for Case", *Universals in Linguistic Theory*, ed. Bach, E. & Harms, R.T., 1968 : 1~88, New York: Holt Rinehart and Winston, 1968.

_____, "Some Problems for Case Grammar", Working Papers in Linguistics, The Ohio state University, 1971.

Langacker, R.W., *Fundamental of Linguistic Analysis*. Harcourt brace Jovanovich, Inc. New york, 1972.

_____, *Language and its Structure*, Some Fundamantar linguistic Concepts. Harcourt Brace Jovanovich, Inc. New york, 1973.

국어 특수조사 '-나'의 의미기능

1. 問題의 提起

本 小論은 國語 特殊助詞 '나'의 意味機能을 檢討해 보고 그것을 形式化해 보려는 데에 그 目的이 있다. 特殊助詞 '-나'는 接續語尾 '-(으)나'와 결부되어 같은 語源에서 출발된 形態素로 볼 수도 있으나 本 小論에서는 그러한 方法論은 취하지 않고 다만 '-나'의 接續語尾와 分離시켜 把握하는 立場을 취하기로 한다.

本 小論의 論議는 다음과 같은 順序로 進行된다. 먼저 '-나'의 意味機能을 把握하는 作業을 하게 되는데 이 過程에서 최현배(1971), 成光秀(1979), 洪思滿(1982) 등의 論議가 皮相的으로나마 檢討된다.

이러한 比較·檢討의 過程을 바탕삼아 다음에는 조사 '-나'의 意味機能을 여러 角度에서 파헤쳐 보기 위한 作業이 進行된다. 이 過程에서는 '-나'의 여러 가지 統辭的 特性도 아울러 檢討가 된다.

2. '-나'의 意味機能

'-나'의 意味機能에 對한 최현배(1971), 成光秀(1979), 洪思滿(1982)

등의 見解를 살펴보기로 하자.

최현배(1971)는 '-나'의 意味機能을 '가림(선택)', '어림(개산)', '느낌
(감탄)'의 3가지로 보고 다음과 같은 예를 보였다.[1]

> (1) a. 그런 짓 하지 말고 글이나 읽어라.
>   b. 돈을 얼마나 주었니?
>   c. 벌써 두 시나 되었군?

위에서(1a)의 '-나'는 '가림'을, (1b)는 '어림'을, 그리고 (1c)는 '느
낌'을 各各 指示하는 것으로 최현배(1971)는 보았다.[2]

최현배(1971)에서는 '가림', '어림' 그리고 '느낌'이라는 '-나'의 3가지
意味機能 中에서 '가림'이 가장 主된 意味機能임을 示唆하고 있는데 특히
다음과 같은 예에 注目하고 있다. 다음을 보자.

> (2) 떡이나 감이나 먹어라.[3]

위 (2)의 예문에 대해 최현배(1971)는 다음과 같은 陳述을 加하고
있어 示唆하고 있는 바가 크다.

> (3) 위에서(─線 筆者 添加) '떡과 감 가운데에서 어떤 것을 먹어도
>   괜찮다'는 것은 단안의 뜻이지마는; '떡과 감' 가운데에서 반드시
>   한가지를 가려서 먹으란 것이 그 토가 보이는 뜻이다.[4]

위의 示唆는 결국 特殊助詞 '-나'의 意味機能 가운데 '가림'의 重要性
을 부각시킨 것이라고 할 수 있다.

---

1) 최현배, 우리말본, 1971, pp. 642~644.
2) 최현배, 前揭書, 1971, p. 642~643.
3) 최현배, 前揭書, 1971, p. 643의 例.
4) 최현배, 前揭書, 1971, p. 643.

그러나 최현배(1971)의 理論으로는 다음의 예를 說明할 수 없는 難點이 있다.

 (4) a. 열 개나 가져와서 무슨 소용이 있겠느냐?
   b. 벌써 이틀이나 지났는데 왜 안 올까?

위의 (4a), (4b)의 '-나'는 '어림'이나 '가림' '느낌'의 어느 쪽으로도 그 解釋이 可能하지 않다.

이러한 최현배(1971)의 難點을 克復한 것이 成光秀(1977), 洪思滿 (1982)의 論議이다.

특히 洪思滿(1982)의 論議는 注目이 되는데 그것은 洪思滿(1982)의 論議가 '-나'를 '關係意味的 樣相' 안에서 把握하는 努力을 보이고 있기 때문이다.5)

洪思滿(1982)에서의 關係意味的 樣相이란 方法論은 助詞 '-나'의 統合關係 成分을 意味的으로 分析해 내서 그것을 '-나'의 意味와 聯關짓는 方法이라 할 수 있다.

그러나 洪思滿(1982)의 이러한 方法論은 최현배(1971)에서 提起되었던 方法論上의 難點을 克服하는 데 있어서 有效한 基準을 提供한 것임에는 分明하나 '-나'가 가진 여러 周邊的 意味가 너무 많아진다는 文法 記述上의 問題를 던지고 있다.

특히 이른바 添辭的 또는 後置詞的 機能을 지닌 것으로 알려져 내려온 用言의 副詞形 아래 쓰이는 '-나'의 意味機能을 效果的으로 抱括할 수 없는 것으로 보인다.

특히 副詞形 아래 쓰이는 '-나'는 變形理論의 입장에서는 接續語尾 또는 補文子 등으로 취급될 수도 있어 論難이 있으나, 本 小論에서는 添

---

5) 洪思滿, 助詞 '-나'의 意味分析, 肯浦趙奎卨敎授華甲紀念 國語學論叢, 1982.

辭的 機能을 지닌 特殊助詞로 보기로 한다.

'-나'의 이러한 添辭的 機能은 '은, 는, 만, 한, 도' 등의 特殊助詞에도 共有된 機能이어서 文法的으로도 普遍性이 있는 處理라 할 수 있다. 다음을 보자.

(5) a. 맛이 어떤가 먹어나 봅시다.
b. 서울에 빨리 달려 가나 봅시다.

위 (5)에서 '-나'의 文法的 位置는 매우 독특한 樣相을 보여 주고 있다. 즉 (5a)에서는 副詞形 '먹어-'뒤에 그리고 (5b)에서는 副詞形 '가-' 뒤에 각각 位置하고 있는데 우선 注目되는 것은 副詞形 뒤의 '-나'는 그 位置가 自由롭다는 것이다. 다음을 보자.

(6) a. 맛이나 어떤가 먹어 봅시다.
b. 맛이 어떤가나 먹어 봅시다.
c. 맛이 어떤가 먹어나 봅시다.
d. 맛이나 어떤가나 먹어나 봅시다.
e. (?)맛이 어떤가 먹어 봅시다나.6)

위 (6)에서 보는 바와 같이 特殊助詞 '-나'가 副詞形 뒤에 붙어 있는 것일 때 '-나'는 (6e)에서처럼 終結語尾를 除外한 모든 文章成分에 自由로이 移動附着될 수 있는 것으로 여겨진다.

그렇다면 이 경우의 '-나'의 意味는 '副詞性 選擇'으로 規定해 볼 수 있다.

'副詞性 選擇'이란 다음과 같이 定義될 수 있다.

---

6) (6) e도 可能할 수 있다. 그러나 그것은 方言에 依해서일 뿐이다.

(7) '副詞性 選擇'의 '-나'는 반드시 副詞形 아래에 附着되며, 또 終結
　　語尾를 除外한 文章 內의 모든 成分에 自由로이 移動·附着되는
　　것으로 非强要的 選擇의 意味機能이 있다.[7]

副詞性 選擇의 '-나'가 非强要的 選擇의 意味機能이 있다는 것은 이
들 構文에 '必須的으로' '반드시' 등의 副詞를 넣어 보면 쉽게 알 수 있다.

(8) a. ?(*)반드시 어떤가 먹어나 봅시다.
　　b. ?(*)필수적으로 서울에 빨리 달려 가나 봅시다.

위의 (8a), (8b)가 쉽사리 받아들일 수 없는 構文으로 看做되는 것
은 必須의 意味機能을 지닌 副詞 '반드시', '필수적으로' 등과 '-나'의 意味
機能이 서로 相馳되기 때문으로 여겨진다.

이제 다른 意味機能을 지닌 '-나'에 대해서 알아보기로 하자. 다음을
보자.

(9) a. 술잔이나 기울였겠다.
　　b. 닭마리나 잡았다.
　　c. 밭마지기나 부친다.

위에서의 '-나'는 우선 位置的으로 副詞性 選擇의 '-나'처럼 自由로 移
動附着되지 못하는 文法的 特性을 보이고 있다. 다음이 그것이다.

(10) a. *술이나 잔 기울였겠다.
　　 b. *닭이나 마리 잡았겠다.
　　 c. *밭이나 마지기 부친다.

---

7) 非强要的이란 것은 非必須的인 것과 同義語로 썼다.

(10)의 非文法成은 결국 '-나'가 '술'이나 '닭', '밭' 등에 관계되는 것이 아니라 그 뒤에 附着되어 있는 分類詞 '잔', '마리', '마지기' 등에 附着되어 있는 것으로 看做하는 解釋을 불러 일으키고 있다.

그렇다면 (9a), (9b), (9c)의 基底的인 構造는 다음 (11)같이 看做할 수도 있다.

> (11) a. 술 몇 잔 기울였겠다.
> b. 닭 몇 마리 잡았겠다.
> c. 밭 몇 마지기 부친다.

결국 '-나'의 또 다른 意味機能으로 '複數性'이란 意味를 (11a), (11b), (11c)는 보여 주고 있다. 그리고 (11)의 a, b, c 등은 다음 (12)와 같이 冠形格인 構文으로 變形될 수도 있어서 '-나'의 意味機能 中의 하나로 '複數性'을 드는 것을 反證해주고 있다.8)

> (12) a. 몇 잔의 술을 기울였겠다.
> b. 몇 마리의 닭을 잡았다.
> c. 몇 마지기의 밭을 부친다.

결국 '-나'의 다른 意味의 하나를 다음과 같이 整理할 수 있다.

> (13) '나'의 意味機能 中의 하나는 '複數性'이다. '複數性'의 '-나'는 그
> 基底構造에 複數의 副詞 '몇'을 包含하는 것으로 看做된다. '複數
> 性'의 '나'는 分類詞와 그 呼應關係를 自然스럽게 가진다.

---

8) 이러한 見解는 김영희(1984:84-92)에서도 披瀝된 바 있다. 한국어 셈숱화 구문의 통사론, 탑출판사.

이제 다음의 예를 通해서 '-나'의 다른 意味를 살펴보기로 하자.

    (14) a. 열명이나 와서 무엇하겠느냐?
        b. 세개나 사서 어디에 쓰겠느냐?
        c. 벌써 열개나 먹었다.

위의 '-나'는 어느 程度를 超過한 數量에 대해 指示하고 있는데, 이러한 '-나'의 意味機能은 (14)의 '-나'에 '-이상'을 代置해 보면 더 더욱 확실해진다. 다음을 보자.

    (15) a. 열명 이상 와서 무엇하겠느냐?
        b. 세개 이상 사서 어디에 쓰겠느냐?
        c. 벌써 열개 이상 먹었다.

(15a), (15b), (15c)는 (14)의 '-나'에 '이상'을 代置해 넣은 것인데 모두 文法的인 文章이 되었다. 결국 '-나'의 다른 意味機能은 다음과 같이 整理될 수 있다.

    (16) '-나'의 意味機能 中 하나는 '超過性'에 있다. 즉 어떤 想定된 豫想
        數量의 程度를 넘어선 것에 이르는 用法을 '-나'는 가지고 있다.

이제 '-나'의 다른 意味機能을 찾아보기로 하자.

    (17) a. 강도나 만난 듯 떤다.
        b. 어머님이나 만난 듯 기뻐하고 있다.
        c. 실수나 하지 않을까 걱정이 된다.

위 (17a), (17b), (17c)의 意味把握을 위해서는 우선 필요한 것이

'-나'가 基底에서 어떤 格(case)이 나타날 수 있느냐 하는 點이다.

우선 主格助詞를 넣어 보기로 하겠다.

> (18) a. [?]강도가 만난 듯 떤다.
>
> b. [?]어머님이 만난 듯 기뻐하고 있다.
>
> c. ^{?(*)}실수가 하지 않을까 걱정이다.

위 (18a), (18b), (18c)는 앞의 例에서 '-나' 대신 主客의 '가/이'를 代置해 넣은 構文인데, 모두 非文法的인 文章이거나 적절히 받아들이기 힘든 文章으로 나타나 있다.⁹⁾

이것은 결국 '-나'의 基底上의 格이 主格이 될 수 없음을 보인 것이다. 이제 對格의 '을/를'을 살펴보기로 하겠다. 다음을 보자.

> (19) a. 강도를 만난 듯 떤다.
>
> b. 어머님을 만난 듯 기뻐하고 있다.
>
> c. 실수를 하지 않을까 걱정이 된다.

위 (19)의 文法性은 (17)의 '-나'의 基底上의 格이 對格이거나 對格에 상당한 것임을 보여주고 있는 것으로 想定된다. 그렇다면 對格으로 代置될 수 있는 (17)의 '-나'의 意味機能은 무엇일까가 問題이다.

우선 (17)의 '-나'를 削除(deletion)해 보기로 하자. 만일 削除해도 그 意味가 論理的으로 損傷되지 않는다면 '-나'의 機能은 强調에 있을 것이기 때문이다.

> (20) a. 강도 만난 듯 떤다.
>
> b. 어머님 만난 듯 기뻐하고 있다.
>
> c. 실수하지 않을까 걱정이 된다.

---

9) (18)의 예들이 설혹 文法的이라 하더라고 그 意味는 (17)과 다른 것이다.

위 (20)은 (17)의 '-나'를 削除한 構文인데 '-나'의 削除에도 불구하고 모두 文法的인 面에서는 損傷을 입고 있지 않았다. 결국 '-나'는 選擇的인 要素이며, 따라서 '-나'의 意味機能은 强調性에 있다는 想定이 可能하다.

> (21) '-나'의 또 하나의 意味機能은 앞선 體言을 强調하는 데에 있다. 이러한 强調性의 機能으로 말미암아 '-나'의 削除는 選擇的이다.

그러나 (17)에서 誘導될 수 있는 意味는 '强調性' 뿐만 아니다. 그것은 (17)에 讓步의 副詞 '마치'를 넣어 보면 알 수 있다. 다음을 보자.

> (22) a. 마치 강도나 만난 듯 떤다.
> b. 마치 어머님이나 만난 듯 기뻐하고 있다.
> c. 마치 실수나 하지 않을까 걱정이 된다.

위 (22)는 (17)의 '-나' 構文에 讓步의 副詞 '마치'를 揷入(insertion)시킨 것인데, 모두 文法的인 文章이 되었다. 이러한 文法性이 意味하는 것은 결국 '-나'에 讓步性의 屬性이 있어 이러한 屬性이 '마치'라는 副詞의 그것과 一致하였기 때문이다.

> (23) '-나'의 意味의 하나로 '讓步性'을 들 수 있다. '讓步性'의 資質은 '-나'에 內在해 있는 資質로 理解된다.

이제 '-나'의 다른 意味를 찾아 보기로 한다. 다음을 보자.

> (24) a. 너나 나나 마찬가지이다.
> b. 여름이나 겨울이나 똑 같다.
> c. 철수나 영희나 다 공부한다.

위 (24a),(24b), (24c)에서 '-나'가 顯示하는 意味는 무엇일까? 이 문제를 풀기 위해 우선 두 가지 文法的 檢證을 해보기로 하자. 즉 '-나'에 先行·後行하는 體言을 서로 바꾸어 보는 檢證과 '-나'에 앞서는 體言의 種類를 바꾸어 보는 檢證이다.

먼저 '-나'에 先行·後行하는 體言을 서로 바꾸어 보기로 하자.

(25) a. 나나 너나 마찬가지 이다.
   b. 겨울이나 여름이나 똑 같다.
   c. 영희나 철수나 다 공부하고 있다.

위 (25a), (25b), (25c)는 앞서의 (24) '-나' 構文에서 그 體言의 順序를 서로 뒤바꾸어 놓은 構文으로 그 文法性에는 아무런 損傷도 입혀지지 않고 있다.

이러한 사실은 '-나'가 적어도 先行·後行 體言과 맺는 관계가 對等的임을 나타내고 있는 것이라고 解釋할 수가 있다.

이러한 '-나'의 對等性에 관련하여 이러한 對等性이 叙述語에 어떠한 影響力을 行使하고 있는지에 대해서 알아보기로 하자.

우선 (24a)에 대해서 살펴보기로 하자.

(26) a. ⁇네가 마찬가지다.
   b. ⁇내가 마찬가지다.

(26a), (26b)는 위 (24a)를 叙述語에 相應하게 對應시켜 본 것인데, 보는 바처럼 받아들이기에 매우 不適切한 文章이 되었다. 이것은 곧 叙述語의 問題에서 비롯되는 것으로 보인다. 즉 叙述語가 이른바 對稱叙述語이기 때문으로 간주된다.10)

이제 (24b)에 대해서 이 點을 檢討해 보기로 하자.

(27) a. [?]겨울이 똑 같다.
     b. [?]여름이 똑 같다.

(27a), (27b)가 역시 적절히 받아들이기 어려운 文章이 된 것은 '같다'라는 對稱叙述語 때문으로 理解된다.

그러나 對稱叙述語를 갖지 아니한 (24c)는 다음 (28)처럼 完全한 文章으로 남아 있게 되어 지금까지의 論議가 有效함을 反證해 주고 있다. 다음을 보자.

(28) a. 영희가 공부한다.
     b. 철수가 공부한다.

즉 (28a), (28b)에서는 그 叙述語가 非對稱 叙述語이기 때문에 그리된 것으로 理解된다.

이제 '-나'에 先行하는 體言의 資質에 대해 알아보기로 하자. 편의상 우선 [+animate]의 資質을 가진 名詞 즉 有情名詞와 [−animate]의 資質을 가진 名詞 즉 無情名詞와의 관계를 살펴보기로 하겠다.

(29) a. 영희나 만나러 가야겠다.
     b. 소나 돼지나 다 마찬가지이다.
     c. 아버지나 어머니나 같은 의견이시다.

(29a), (29b), (29c)에서 보는 바와 같이 有情名詞에 '-나'가 잘 附着되어 있어 '-나'는 有情名詞와의 呼應關係 形成에 아무런 無理가 없는 것으로 보인다.

이제 無情名詞의 경우를 살펴보기로 한다. 다음을 보자.

---

10) '와'에도 이런 性質이 있다. 金完鎭, 文接續 '와'와 句接續의 '와', 語學研究 6-2, 1970.

(30) a. 하늘이나 땅이나 다 자연계에 속한다.
     b. 풀이나 나무나 다 타버렸다.

위 (30a), (30b)에서 '하늘', '땅', '풀', '나무' 등의 體言은 모두 [−Animate]의 資質을 가진 것으로 '−나'와 自然스런 呼應關係를 形成하고 있어 '−나'가 결코 體言에 대해서 選擇的 辨別力을 行使하고 있지 않음을 보여주고 있다.

결국 '−나'는 다음과 같은 意味資質을 가지고 있는 것으로 보인다.

(31) '−나'는 '選擇性'의 意味機能과 아울러 先行體言을 모두 通稱하는 通稱性의 意味機能을 가지고 있다.

3. 結 論

지금까지 論議해 온 바를 要約하면 다음과 같다.

(1) 副詞性 選擇의 '−나'는 반드시 副詞形 아래에 附着되며 또 終結 語尾를 除外한 文章 內의 모든 成分에 自由로이 移動 附着되는 것으로 非強要的 選擇의 意味機能이 있다.

(2) '−나'의 意味機能 中의 하나는 '複數性'이다. '複數性'의 '−나'는 그 基底構造에 複數의 副詞 '몇'을 包含하는 것으로 看做된다. '複數性'의 '−나'는 分類詞와 그 呼應關係를 自然스럽게 가진다.

(3) '−나'의 意味機能 中의 하나는 '超過性'에 있다. 즉 어떤 想定된 豫想數量의 程度를 넘어선 것에 이르는 用法을 '−나'는 가지고 있다.

(4) '−나'의 意味機能 中 하나는 先行體言을 強調하는 데에 있다. 이

러한 '强調性'의 機能으로 말미암아 '-나'의 削除與否는 選擇的이
된다.

(5) '-나'의 意味機能 中의 하나는 '讓步性'을 들 수 있다. 이 '讓步性'
  의 資質은 '-나'에 內在해 있는 資質로 理解된다.

(6) '-나'는 '選擇性'과 아울러 先行體言을 包括하여 指示하는 '通稱性'
  의 意味機能을 가지고 있다.

지금까지 國語의 特殊助詞 '-나'의 意味機能에 대해서 論究해 보았다.
여러 未備한 點은 다음에 稿를 달리하여 補完할 것을 다짐한다.

▌ 參考文獻

高永根, "特殊助詞의 意味分析", 문법연구 3, 문법연구회, 탑출판사, 1976.

金吉鎔, "名詞의 後につく「나」의 文法機能", 朝鮮學報 76, 朝鮮學會, 1975.

金完鎭, "文接續의 '와'와 句接續의 '와'", 語學研究 6-2, 서울大, 1970.

김영희, '한국어 조사류의 연구', 문법연구 1. 문법연구회, 탑출판사, 1974.

_____, 한국어 셈숱화 구문의 통사론, 탑출판사, 1984.

成光秀, 國語助辭에 대한 研究, 螢雪出版社, 1979.

梁璉錫, *Koren Syntax*, 百合社, 1973.

_____, "Semantics of Delimiters in Korean", 語學研究 9-2, 서울大, 1973.

연선모, "한정사 연구", 배달말 3, 배달말학회, 1978.

李翊燮, 任洪彬, 國語文法論, 學研社, 1984.

李熙昇, 새고등문법, 一潮閣, 1957.

임지룡, "상대성 접속어미 연구", 국어통사론, 진명문화사, 1985.

蔡琬, 現代國語特殊助詞의 研究, 國語研究 39, 國語研究會, 1977.

최현배, 우리말본, 정음사, 1971.

洪思滿, 國語特殊助詞論, 學文社, 1983.

Ramstedt., G.J, *A Korean Grammar*, Helsinki, 1939.

진행형 '-고 있다'의 의미

1. 序 論

國語 進行形 '-고 있다'가 지니고 있는 意味를 相(Aspect)의 側面에서
考察해 보고, 그러한 側面에서 '-고 있다'가 지니고 있는 基本意味와 그
리고 時間副詞와의 어떤 有機的인 關係에 있는가 하는 것이 本 論文의
主要 目的이다. 進行形 '-고 있다'에 對해서는 최현배(1959)에서 最初로
動作의 進行을 나타내는 時制形態로 定義된 이래 張奭鎭(1973)에서 動
作의 進行 狀態의 繼續을 意味하는 것으로 規定되었고, 李基東(1978)에
서 暫定的 狀況·狀態로 定義되었을 뿐1), 다른 時制形態에 比해 많은
注目을 받지 못하여 온 것도 事實이다.

　　(1) 밖에 비가 오고 있다.

---

1) 최현배, 우리말본, 1959, pp. 451~454.
　　張奭鎭, 時相의 樣相: 「繼續」·「完了」의 生成的 考察, 語學研究 9-2, 1973, pp.
　　58~70.
　　이기동, 조동사 '있다'의 의미연구, 눈뫼 허웅박사환갑기념논문집, 1978, pp.
　　365~385.

(1)의 '-고 있다'에서 抽出해 볼 수 있는 意味로는 첫째, 發話時 現在 비가 오고 있다는 것, 둘째, 비가 오는 狀況이 永遠히 繼續되는 것이 아니고 어떤 限定된 期間 안에서만 비가 오는 狀況이 持續된다는 것, 셋째 비가 언젠가 그치리라는 期待를 가질 수 있다는 것 등이 될 것이다.

(1)의 '-고 있다'의 위와 같은 몇 가지 意味 中 가장 重要한 意味는 물론 두 번째 意味와 세 번째 意味일 것이다. 즉 限定된 時間 동안만 어떤 狀態·狀況이 繼續되고, 그 限定된 時間이 끝남과 同時에 그 狀態·狀況도 中止되어 또 다른 狀態·狀況으로 變化를 要求받게 된다는 것이 '-고 있다'의 가장 核心的인 意味가 될 것이다.[2]

'-고 있다'의 이런 意味는 이른바 狀態動詞(Stative Verb)가 '-고 있다'와 어울릴 수 없는 重要한 理由를 形成하는 것으로 보인다.

　　*(2) 한라산이 높고 있다.
　　*(3) 진달래꽃이 매우 예쁘고 있다.
　　*(4) 영희가 아름답고 있나.

(2), (3), (4)는 狀態動詞 '높다', '예쁘다', '아름답다'가 각각 進行形 '-고 있다'와 어울려 非文法的인 文章이 되고 말았는데, 이것은 進行形 '-고 있다'의 意味와 狀態動詞 '높다', '예쁘다', '아름답다'의 意味가 서로 排他的이어서 共起關係(co-occurrence relation)를 形成하는데 失敗했기 때문으로 보인다.

즉 進行形 '-고 있다'는 限定的 資質을 가지고 있는데 反해, 이들 狀態動詞는 非限定的 資質을 가지고 있기 때문이다.

'-고 있다'가 限定的 資質을 가지고 있다는 點은 이른바 時間副詞와

---

2) 李基東, 前揭論文, 1978, p.366에서는 進行形 '-고 있다'의 核心的인 意味를 暫定性으로 보았다.

의 關係에서도 드러난다.

    (5) 비가 하루동안 오고 있다.
    *(6) 한라산이 하루동안 높고 있다.

(5)에서는 限定된 期間을 가리키는 時間副詞 '하루동안'이 進行形 '-고 있다'와 함께 쓰여 文法的인 文章이 된 것을 보면 '-고 있다'의 意味 中에서 限定性이란 意味가 갖는 重要性을 理解할 만하다.

'-고 있다'의 考察에 또 하나 重要하게 參照해야 될 事實은 '-고 있다'가 어떤 狀況·狀態에 對해 取하고 있는 側面이다.3)

다시 말해서 어떤 狀況·狀態는 그 狀況·狀態의 밖에서 그것을 하나의 全體로 볼 수도 있으며, 또 그 狀況·狀態의 內部에서 그것을 全體에 對한 하나의 部分으로 볼 수도 있다.

    (7) 비가 온다.
    (8) 비가 오고 있다.

(7)은 비가 오는 狀況·狀態를 하나의 全體로 본 것이며, (8)의 '-고 있다'는 비가 오는 狀況·狀態 中에 들어가서 그 狀況·狀態 中의 한 部分만을 捕捉한 것으로 보인다.4)

筆者는 進行形 '-고 있다'가 狀況·狀態를 部分的 側面에서 捕捉하는

---

3) 時制問題에 있어서의 側面의 問題는 Comrie, B.(1976)에서 提起되었다.
   Comrie, B., *Aspect: an Introduction to the study of Verbal Aspect and Related Problems*, 1976, pp. 4~17, 參照.
4) Comrie, B., 前揭書, 1976, pp. 4~9에서는 英語 進行形이 이러한 側面을 取한다고 論議하고 있다.
   a. He was reading.
   b. The bus is stopping.

機能을 갖고 있음을 主張한다. 따라서 本 論文은 進行形 '-고 있다'의 意味 資質 中 時間의 限定性과 側面의 部分性에 焦點을 맞추어 記述된다.

時間의 限定性은 다른 말로 時間의 非持續性, 非繼續性으로 表現될 수 있겠고, 側面의 部分性은 部分의 捕捉, 部分 重視 또는 過程性 捕捉 等의 表現으로 對峙(paraphrase)가 可能하겠다.

本 論文은 記述은 일단 共時的이며 따라서 通時的인 事實은 參照하지 않았다.

2. '-고 있다'와 相(Aspect)

'-고 있다'의 基本意味는 우선 時間性과 側面性이라는 두 가지 方法論에 依해 摸索되어야 할 것 같다.

'-고 있다'가 時間性의 方法論에 依해 接近되어야 한다는 것은 國語 時制 問題에 對한 한 基本的인 룰(Rule)로 알려져 있다. 물론 進行形 '-고 있다'를 時制(tense)로 보아야 할 것인지 아니면 相(Aspect)으로 보아야 할 것인지는 아직 是非거리이긴 하지만, '-고 있다'의 意味가 時間의 問題를 떠나서도 把握될 수 있다고는 생각하지 않는다. 狀況이나 狀態 역시 時間性을 內包하고 있는 概念이기 때문이다.

한편 進行形 '-고 있다'의 意味를 側面性의 方法論에 依해 推定해야 한다는 주장은 아마도 本 論文이 처음이 아닌가 한다.

筆者가 進行形 '-고 있다'의 意味를 摸索하는 데에 있어서 側面性의 方法論을 援用하고자 하는 것은, 첫째 '-고 있다'의 意味가 단지 時間性만을 指稱한다고 보기에는 그 意味幅이 너무 多樣한 것 같고 둘째, 한 狀況ㆍ狀態에 屬하는 것이라 할지라도 話者(speaker)가 어느 側面을 取하느냐에 따라 時制 形態素가 相異하게 나타나기 때문이다. 다시 말해 同一한 狀況·狀態이더라도 話者가 갖는 側面에 따라, 時制表現 方法이 다르기 때문에, 進行形 '-고 있다'의 基本意味 摸索에 側面性의 問題가 考慮되어야 한다는 것이다.5)

다음 例를 보자. 다음 例는 進行形 '-고 있다'의 意味 摸索에 側面性의 問題가 반드시 考慮되어야 함을 示唆해 주고 있다.

(9) a. 그가 책을 읽고 있다.
    b. 그가 책을 읽는다.

(9a), (9b)는 모두 話者의 發話時보다 먼저 일어난 過去의 狀況, 즉 '그가 책을 읽다'라는 狀況을 다루고 있지만, 하나는 '-고 있다'로 나머지 하나는 '-ㄴ다'6)로 記述되고 있다.

같은 狀況이 두 가지 時制形態素에 依해 記述되었는데, 差異는 무엇일까?

筆者는 그 理由를 側面性의 問題에서 찾고 싶다. 즉 (9b)는 책을 읽는 狀況을 하나의 全體로 把握하고 있고, (9a)는 그 狀況의 內部에 들어가서 그 狀況의 過程 中에 한 部分만을 捕捉하고 있는 것으로 理解된다. 즉 (9b)가 全體側面을 取하고 있는 데 反해, 進行形 '-고 있다'가 쓰인 (9a)는 部分側面을 取하고 있고, 따라서 (9a), (9b)는 全體側面이냐 部分側面이냐 하는 點에서 區別된다.

'-고 있다'의 이러한 意味資質은 이 時制形態를 相(Aspect)으로 보아야 하는 根據를 이루고 있다.7)

---

5) Comrie, B., 前揭書, 1976, pp. 4~5, 參照.
6) 서정수(1976)에서는 形態素 'ㄴ다'를 '는다'로 代表시켰으나, 여기서는 'ㄴ다'로 統一시킨다.
    서정수, 시상형태의 의미분석, 문법연구 3, 1976, pp. 83~93.

왜냐하면 時制는 言及되는 狀況·狀態를 發話詩와의 關聯 아래서 把握하는 것임에 比해 相(Aspect)은 時間上의 關聯보다는 狀況·狀態를 어느 側面에서 보느냐 하는 側面과 狀況·狀態를 關聯시키는 것이기 때문이다.

Comrie(1976)에서는 이러한 相을 다음과 같이 分類化하고 있다.8)

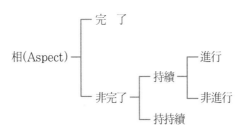

Comrie(1976)에 依하면 相(Aspect)은 非完了, 持續의 不位問題로 理解된다.

3. '-고 있다'의 基本意味

어떤 한 狀況·狀態는 一直線上에서 하나의 空間體로 把握될 수 있을 것 같다.9)

---

7) 英語에서도 Zand Voort(1970), Leech(1970), Comrie(1976) 等이 進行形을 相(Aspect)으로 보고 있다.
　　Zand Voort, *A Handbook of English Grammar*, 1970, pp. 37~43.
　　Leeche, G., *Meaning and the English Verb*, 1971, pp. 14~29,
　　Comrie, B., 前揭的, 1976, pp. 4~9.
8) Comrie. B., 前揭書, 1976, pp. 4~5.
9) 이것은 事件時라고 부르기도 한다.

이 空間體로 表現되는 한 狀況·狀態가 發話時와 같은 座標를 占보할 수도 있고, 發話時보다 앞선 것일 수도 있고, 또 發話時보다 後에 일어나는 것일 수도 있겠다.

時制體系에서는 그 狀況·狀態의 空間體가 發話時와 같은 座標를 차지하면 現在, 發話時보다 먼저일 때는 過去, 또 發話時보다 後에 일어나게 될 때는 未來를 指稱한다고 理解되어 왔다.10)

狀況·狀態

(10) a. 책을 읽었다.
　　 b. 책을 읽는다.
　　 c. 책을 읽겠다.

(10a)를 時制體系上의 一直線으로 圖式化하면 다음과 같이 될 것이다.

發話時
狀況·狀態

(10a)는 發話時보다 '책을 읽은' 狀況이 먼저로 圖式化되므로 傳統文法的 見地에서 '過去'로 理解되어 왔다.

---

10) Jespersen, O., *Essentials of English Grammar*, 1933, pp. 263~282.
　　최현배, 前揭書, 1959, pp. 448~450.

(10a), (10b), (10c)의 各 形態素 '었', '는', '-겠' 等의 意味資質에 對한 그간의 여러 論議에 關係 없이, 이들 形態들은 全般的인 共通點을 하나 內在하고 있는 데 그것은 狀況·狀態를 全體的인 側面에서 把握하고 있다는 點이다.

한 狀況·狀態를 全體的 側面에서 把握하고 있다는 點에서, 이들 形態素들이 過去時制(past tense), 現在時制(present tense), 未來時制(future tense)로 各各 불리어 온 것이다.

이에 比하여 進行形 '-고 있다'는 全體的인 側面을 取하지 않는다. '-고 있다'는 狀況·狀態를 全體的 側面에서 把握하지 않고 다만 그 狀況·狀態의 안에 들어가서 그 內部에서 外部를 認識하는 것이다.

따라서 進行形 '-고 있다'는 基本的으로 어떤 狀況·狀態를 '全體'로 보는 것이 아니라 '部分'으로 理解하며, 따라서 限定된 期間 안에서만 '-고 있다'는 그 機能을 發揮할 수 있다.

앞서의 例文을 다시 들어보자

*(2) 한라산이 높고 있다.

앞서도 論議가 되었지만 (2)의 例文이 非文法的인 文章이 된 것은 根本的으로는 限定된 期間 안에서만 그 機能을 發揮할 수 있는 '-고 있다'가 非限定資質의 狀態動詞 '높다'와 함께 쓰였기 때문으로 理解된다.

이제 이러한 點을 바탕으로 '-고 있다'의 意味를 檢討해 보자.

다음 例文 (11a), (11b)에서 進行形 '-고 있다'는 어떤 狀況·狀態가 주어진 時間보다 먼저 시작되어, 다시 말해 發話時보다 먼저 시작되어 發話時 現在 繼續되고 있고, 또 發話時 以後의 어느 時點에서 그 狀況·常態가 끝날 것임을 意味하고 있다.

(11) a. 아이들이 놀고 있다.
　　　b. 철수가 탁구를 치고 있다.

　(11a)에서 아이들이 놀고 있는 狀況은 하나의 完結된, 즉 全體的인 立場에서 把握되고 있는 것이 아니라 놀고 있는 過程 中의 어느 한 部分만을 捕捉하고 있는 것으로, 아이들이 놀고 있는 狀況·狀態는 (11a)의 發話時보다 먼저 시작되어 그 以後에도 限定된 期間 동안 繼續되는 것이다.
　(11b)에서도 철수가 卓球를 치고 있는 것을 그 過程 中에서 部分的으로 보여 주고 있는 것으로서 話者의 發話時點의 앞·뒤로 해서 狀況·狀態가 限定된 期間동안만 擴大되어진다.
　다음의 경우를 보자.
　다음에서도 進行形 '-고 있다'가 나타나는 狀況·狀態는 發話時 現在 進行中에 있으나 限定된 期間만 지나면 그 狀況·狀態가 끝나게 될 것으로 期待된다.

(12) a. 철수는 현재 방직회사에서 일하고 있다.
　　　b. 영희는 지금 부산에서 살고 있다.
　　　c. 우리가 탄 버스는 지금 한강을 건너고 있다.

　(12a), (12b), (12c)에서 共通으로 認識할 수 있는 事實은 發話時 現在 '일하다', '살다', '건너다' 等의 狀況·狀態가 끝나지 않고 있다는 點이다. (12c)를 먼저보자.
　(12c)에서 버스가 한강을 건너는 일은 아직 未完了의 狀況이다. 그러나 그러한 狀況은 限定된 期間만 持續되고 그 限定된 期間이 지나면, 버스는 한강을 通過하게 될 것임을 알 수 있다.
　이처럼 進行形 '-고 있다'는 限定된 期間 동안에만 繼續되는 狀況·常態에만 쓰인다.

(12c)에서 또 하나 理解되어야 할 點은 部分性의 問題이다.

즉 버스가 한강을 건너기 위해서 한강 다리의 처음부분에 들어설 때부터 한강 다리의 마지막 부분을 다 지나갈 때까지를 하나의 全體로 볼 수 있다면, (12c)가 意味하는 部分은 그 全體 中의 한 部分만을 指稱하는 것이 될 것이다.

'-고 있다'의 重要한 意味中의 하나가 部分性임은 위와 같은 性格때문일 것이다.

이제 圖式으로 살펴보자.

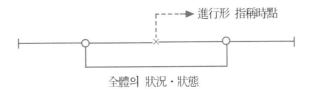

全體의 狀況 · 狀態

×표 한 地點은 進行形 '-고 있다'가 指稱하는 部分으로, 비스는 아직 한강다리를 건너는 일을 未完了하고 있음을 나타내어 주고 있다.

(13) a. 버스가 멈춘다.
　　 b. 버스가 멈추고 있다.

(13a)에서는 버스가 막 停車한 狀況 · 狀態를 이르고 있으나 (13b)에서는 話者가 (13b)를 發話한 現在 버스는 停車된 것이 아니라 停車를 위하여 速度나 速力이 漸次로 늦추어지고 있는 狀況 · 狀態를 이른다.

(13b)는 다음과 같이 說明된다.

즉 버스가 하나 있는데 이 버스는 달리는 途中에는 速度를 갖는다. 그런데 이 버스가 멈추기 위해서는 적어도 세 가지 段階가 必要하다. 첫째, 브레이크를 作動시키는 段階와 둘째 브레이크의 作動으로 因하여 버

스의 速度가 0/kmh으로 向해 점점 줄어드는 段階, 그리고 마지막 段階
로 버스가 멈추는 段階가 그것이다.

이 세 段階를 하나의 전체로 보았을 때 (13b)의 進行形 '-고 있다'가
指稱하고 있는 部分은 이 全體의 過程中 어느 한 部分만일 것이다.

따라서 그 部分에서는 버스는 아직 멈추어지지는 않겠지만, 버스가
멈추기 위한 作動은 이미 그 전에 시작되었고, 그리고 얼마 안가 즉 限定
된 期間 안에 버스는 멈추게 될 것이다.

따라서 (13b)의 發話時 現在 버스는 아직 멈추어지지는 않았다.

(13b)가 이와 같이 버스가 멈추는 狀況·狀態를 過程性으로 생각하
여 그 過程性 中에 어느 한 部分을 指稱하는 데 反해 (13a)는 버스가 멈
추기 위한 諸般 段階를 하나의 全體로 把握하는 機能을 갖고 있다.

따라서 進行形 '-고 있다'의 基本意味로 우리는 限定된 時間性, 그리
고 部分性을 提示하기로 한다.

(14) 그 광부가 매몰되었다.
(15) 그 광부가 매몰 되고 있었다.

(14)와 進行形 '-고 있다'가 쓰인 (15)의 意味는 매우 相異하다.
(14)에서는 鑛夫는 이미 埋沒되어 버린 것으로 理解되지만 (15)에서는
埋沒되는 狀況·狀態가 다른 사람에 依해 沮止되거나 停止되어 그 鑛夫
가 埋沒되지 않았을 可能性이 있을 수도 있다.

이와 비슷한 것을 다음 例에서도 찾아볼 수 있다.

(16) 철수가 사과를 먹었다.
(17) 철수가 사과를 먹고 있었다.

(16)에서는 철수가 사과를 다 먹어 버려 사과가 남지 않았다는 것을

意味하나 (17)에서는 철수가 사과를 먹고 있는 것은 事實이지만, 사과가 아직 남아 있을 可能性을 말하고 있다.

(15), (17)에 쓰인 이러한 性格 즉 未完了性은 根本的으로 進行形 '-고 있다'가 狀況·狀態를 그 過程中에서 部分만을 指稱하는 데서 나온 用法으로 理解된다.11)

결국 進行形 '-고 있다'의 基本意味로는 限定된 期間의 時間性, 그리고 側面의 部分性이 있다. 이제 이러한 基本意味가 어떻게 다른 意味로 轉移되는지를 알아보자.

4. '-고 있다'의 派生意味

一般的으로 '-고 있다'의 基本意味로는 第3章에서 論議한 바와 같은 意味, 즉 限定된 期間性이라든가 側面의 部分性들을 들 수 있다. 問題는 이러한 '-고 있다'의 基本的인 意味가 여러 派生意味를 띄기도 하는데, 그것을 形式化하는 것이다.

'-고 있다'의 이러한 派生意味는 動詞의 意味資質과 깊은 關係를 갖고 있는 것으로 理解된다.

實際로 Inoue(1978)에서는 時制問題와 關係되는 側面에서 動詞를 行爲動詞(activity-verb), 完成動詞(accomplishment-verb) 成就動(achievement-verb) 그리고 狀態動詞(state-verb) 等으로 分類했는데12), Inoue(1978)의 이러한 分類는 動詞의 意味 資質이 時間問題 또는 時制(tense)나 相

---

11) 李基東, 前揭論文, 1978, pp. 366~379.
12) Inoue, K., How Many Senses Does the English Present Perfect Have? *Papers from The Fourteenth Regional Meeting*, George Allen and Unwin, 1978, pp. 167~178.

(Aspect)의 問題에 있어서 重要한 機能을 하고 있음을 밝힌 것으로 理解된다.13)

進行形 '-고 있다'의 意味도 따라서 일단은 앞에 附着되는 動詞의 意味資質과 重要한 關聯이 있으리라는 것은 充分히 豫想할 수 있는 問題이다.

> *(18) a. 한라산이 높고 있다.
>   b. 철수가 서울에서 살고 있다.
>   c. 영희가 뛰고 있다.
>   d. 철수가 돈을 받고 있다.

(18a)에서는 進行形 '-고 있다'가 '높다'와 같이 쓰여 非文法的인 文章이 되었다. 이것은 앞의 論議에서 充分히 얘기된 바와 같이 '-고 있다'의 意味資質과 '높다'의 意味資質이 서로 背馳되기 때문으로 理解된다.

'-고 있다'는 따라서 '높다'와 같은 狀態動詞와는 어울릴 수 없다. 狀態動詞가 進行形 '-고 있다'와 어울릴 수 없다고 하는 點은 매우 重要한 特性이다.

이것은 곧바로 進行形 '-고 있다'의 意味가 가지는 限定性을 말해주고 있기 때문이다.

다음 예 (19)는 '-고 있다'가 狀態動詞와 전혀 어울리지 못함을 보여주는 또 다른 例이다.

> *(19) a. 비가 와서 땅이 질고 있다.
>   b. 눈이 와서 날씨가 매우 춥고 있다.
>   c. 너무 과로해서 그가 피로하고 있다.
>   d. 철수가 너무 바쁘고 있다.

---

13) Inoue, 前揭論文, 1978, pp. 172~178.

따라서 (18a)나 (19)의 例들은 '-고 있다'의 重要한 意味, 즉 '-고 있다'는 期間의 制限性을 意味한다는 것을 결국 示唆하고 있는 셈이다.

이제 (18b)를 보자.

(18b)는 進行形 '-고 있다'가 暫定動詞 '살다'와 어울리고 있다. 즉 (18b)에서 發話時 現在 철수는 서울에서 살고 있는데, 철수가 서울에서 살고 있는 狀況은 自體發話時보다 前에 일어난 것이며, 또한 이 狀況이 언젠가 끝날 것을 示唆해 주고 있다.

(18b)를 다음 (20)과 比較해서 살펴보면 더 더욱 '-고 있다'의 意味가 確然해질 것이다.

(20) 철수가 서울에서 산다.

(18b)의 '살고 있다'와 (20)의 '산다'와의 差異는 무엇일까? 이 差異가 곧 進行形 '-고 있다'의 意味에 重要한 示唆點을 던질 수 있는 것은 물론이다.

(18b)와 (20)의 差異點은 철수가 서울에서 살고 있다는 그 狀況·狀態를 하나의 全體에 있어서 過程을 이루고 있는 部分으로 理解하느냐의 差異이다.

즉 (20)은 철수가 서울에서 사는 狀況 自體를 하나의 全體로 把握하고 있지만 (18b)는 '-고 있다' 進行形을 써서 그 狀況·狀態를 部分的으로 捕捉하고 있다.

이러한 '-고 있다'의 性格은 多分히 動詞의 性格과 緊密한 關係를 가지고 있는 것으로 理解된다. 즉 '살다' 같은 動詞는 적어도 세 段階를 가지고 있는 動詞인데 첫째 사는 狀況이 最初 시작되는 段階, 둘째 最初 사는 狀況이 시작되어서 그 사는 狀況이 進行되는 段階, 그리고 사는 狀況이 끝이 나는 段階가 바로 그것이다. 이러한 段階는 물론 더 細分化될 수는 있겠지만, 그러한 細分化와 關係없이 이러한 動詞들은 自體에 어떤 段階를 가지고 있고, 그 段階가 限定的 時間안에서 行해지고 있다는 特性을 가지고 있는 것만은 틀림없는 事實이다.

  *(21) 철수가 영원히 서울에서 살고 있다.

  (21)이 非文法的인 文章이 된 것은 두 가지 側面에서 說明될 수 있다. 첫째 '-고 있다'의 意味資質과 時間副詞 '영원히'의 意味資質이 서로 排他的이어서 (21)의 문장이 非文法的인 것이 되었다고 說明할 수도 있다. 즉 앞서 본 것처럼 '-고 있다'의 意味資質은 限定的인 時間에서만 그 機能을 發揮할 수 있는데, 이것은 時間副詞 '영원히'가 가지는 非限定的인 時間性 즉 永遠性과 어울리지 못하기 때문에 (21)이 非文法的인 文章이 된 것이다.

  (21)의 非文法性은 또 動詞 '살다'의 意味資質과 關聯시켜 설명해 볼 수도 있다.

  즉 '살다'라는 暫定動詞는 限定性의 時間을 全體로 하고 있으며, 따라서 時間副詞 '영원히'가 갖는 非限定性의 時間과 呼應關係를 이루지 못하여 (21)이 非文法的인 文章이 된 것으로 理解된다.

  (21)에서 非限定性의 資質을 갖고 있는 時間副詞 '영원히' 代身에, 限定的인 意味資質을 갖고 있는 時間副詞 例컨대 '10년 동안' 같은 것을 對峙(paraphrase)시켜보면 (21)은 다음과 같이 훌륭한 文章이 되는데, 이것은 '-고 있다'의 特性을 잘 說明해 주는 例가 된다.

  (22) 철수가 10년 동안 서울에서 살고 있다.

  結局 進行形 '-고 있다'가 暫定動詞와 잘 어울릴 수 있다든가 또는 暫定的인 期間을 나타내는 時間副詞와 呼應關係를 가질 수 있다는 點은 進

行形 '-고 있다'의 意味를 잘 規定해 주고 있다.

이제 (18c)을 보자.

便宜上(18c)을 다시 적어보기로 한다.

    (18) c. 영희가 뛰고 있다.

(18c)에서 물론 暫定性의 意味를 찾아 볼 수 있다. 즉 영희가 뛰고 있는 狀況은 어떤 限定된 時間 안에서만 벌어지고, 그 限定된 時間이 끝나면 영희가 뛰는 狀況·狀態로 끝날 것이다.

그러나 (18c)는 위의 意味 外에도 反復의 意味를 內包하고 있는 것으로 理解된다.

즉 어떤 限定된 時間 동안 뛰는 狀況이 反復되고 있다는 意味이다.

(18c)를 圖式化하면 다음과 같이 될 것이다.

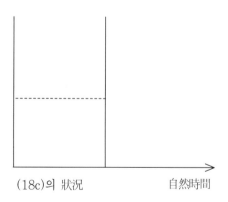

(18c)의 狀況   自然時間

(18c)가 가지는 이러한 反復性은 '-고 있다' 自體가 가지고 있는 意味라기보다는 '-고 있다'에 先行하는 動詞의 意味特性에 起因하고 있는 것으로 보인다.

그러나 이러한 點은 逆으로도 생각해 볼 수 있다. 즉 '뛰다'와 같은 瞬間性의 意味를 가진 動詞를 進行形 '-고 있다'가 受容할 수 있다는 事實은 '-고 있다'의 意味 中에 反復性의 意味도 包含되어 있으리라는 斷定을 낳게 한다.

다음 (23)의 例들은 '-고 있다'와 瞬間動詞와의 調和를 보여주고 있는 例들이다.

　　(23) a. 물결이 출렁거리고 있다.
　　　　 b. 그가 꿈틀대고 있다.
　　　　 c. 촛불이 가물거리고 있다.

(23)에서 確認할 수 있는 事實의 하나는 '-고 있다'의 派生意味 中의 하나로 反復性을 생각할 수 있다는 點이다.

그러나 '-고 있다'의 이러한 反復性의 意味는 全的으로 反復動詞와 呼應關係를 이룰 때만 나타나는 派生意味라는 點이다.

　　(24) a. 영희가 연거푸 뛰고 있다.
　　　　 b. 물결이 연거푸 뛰고 있다.

(24)의 a, b 두 文章에서는 모두 反復副詞語 '연거푸'가 進行形 '-고 있다'와 같이 쓰이고 있는데, 이것은 '-고 있다' 自體의 意味屬性에 起因하는 것으로 보기보다는, 動詞 '뛰다' '출렁거리다'의 意味屬性에 起因한다고 보는 편이 훨씬 合理的일 것 같다.

　　(25) ^{?(*)}철수가 연거푸 서울에서 살고 있다.

(25)에서는 '연거푸'가 暫定動詞 '살다'와 같이 쓰이지 못하고 非文法

的인 文章이 되었다.

이것은 '연거푸'의 意味資質과 '살다'의 意味資質이 서로 相反되는 데서 나온 結果로 理解된다. 따라서 (25)의 文章이 非文法的인 文章이 된 것은 '연거푸'가 '-고 있다'와 어울리지 못해서 그렇게 됐다고 보는 것보다는 動詞 '살다'와 呼應關係를 이루지 못해서 그렇게 되었다고 보는 편이 더 合理的일 것 같다.

이 말은 곧 反復性 自體는 '-고 있다'의 基本意味로 理解될 수 없고 그것은 다만 動詞의 意味資質에서 派生되어 나온 派生意味로 理解된다는 것을 示唆하고 있다.[14]

이제 (18d)에 대해서 생각해 보기로 하자.

便宜上 다음에 다시 한 번 적기로 한다.

(18) d. 철수가 돈을 받고 있다.

(18d)에서 認識할 수 있는 進行形 '-고 있다'의 意味는 瞬間的인 狀況·狀態이다.

그것은 돈을 받는 行爲自體가 瞬間的인 屬性을 띠고 있기 때문에 派生되는 意味로 理解된다.

'-고 있다'가 瞬間動詞와 어울리면 瞬間性만을 意味할 뿐 反復性의 意味는 없다.

以上의 論議에서 進行形 '-고 있다'의 派生意味로 瞬間性과 反復性이 있음을 알았다. 앞서 얘기된 것처럼 이러한 瞬間性과 反復性이라는 派生意味는 '-고 있다'의 基本意味는 아니고, 다만 '-고 있다'와 附着되어 있는 動詞의 意味特性과 깊은 關聯이 있음을 알았다.

이제 '고 있다'의 이런 派生意味가 基本意味와 어떤 관계를 가지고 있

---

14) 李基東, 前揭論文, 1978, pp. 732~733.

으며 基本意味에서 이러한 派生意味를 어떻게 有效해 낼 수 있는 지에
對해 檢討해 보자.

　第 3章에서 進行形 '-고 있다'의 基本意味로 限定的 時間과 側面의
部分性을 들었다.

　그리고 第 4章에서는 '-고 있다'의 派生意味로 反復性과 瞬間性을 들
어 보았었다.

　이런 '-고 있다'의 基本意味와 派生意味를 圖式化하면 다음과 같을
것이다. 다음 圖式은 '-고 있다'의 基本意味인 限定性과 部分性에서 그
派生意味인 瞬間性과 反復性이 導出되어 나오고 있음을 보여주고 있다.

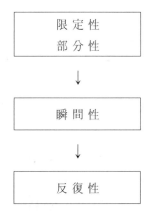

　그러나 '-고 있다'의 위와 같은 基本意味와 派生意味의 關係가 自動
的으로 形成되는 것은 아니다. 基本意味에서 派生意味로 轉移(transfer)
되려면, 하나의 基本的이고도 重要한 條件이 있는데, 그것은 動詞의 意
味資質이다.

　즉 '-고 있다'의 派生意味는 動詞의 意味資質에 依해 決定됨을 알 수
있다.

5. '-고 있다'와 時間副詞

'-고 있다'의 意味와 時間副詞와의 關係에 對해서 생각해 보기로 하자. 時間副詞는 '-고 있다' 뿐만 아니라, 一般的으로 時制問題에 깊숙이 關與하고 있는 것으로 알려져 있다.15)

時間副詞를 分類化하는 方法에는 여러 가지가 있지만 여기서는 便宜上, 非限定副詞, 限定副詞, 反復副詞, 瞬間副詞 등으로 나누어 본다.

非限定副詞에는 '항상', '영원히'같은 것이 있는데, 이들 副詞는 限定된 時間만 쓰이는 것이 아니라, 非限定된 時間에 쓰인다.

(26) *철수가 항상 착하고 있다.

(26)에서 非限定副詞 '항상'은 進行形 '-고 있다'와 같이 쓰이지 못하고 非文法的인 文章이 되었다.

이것은 '항상'의 意味資質과 進行形 '-고 있다'의 意味資質이 서로 排他的이어서 呼應關係를 形成하지 못하기 때문으로 보인다.

즉 非限定副詞 '항상'의 意味는 이름 그대로 非限定的인 時間을 指稱하나, '-고 있다'는 앞서 檢討해 본 바처럼 限定性의 意味資質을 가지고 있기 때문에, 이들은 서로 어울리지 못하고 있는 것으로 理解된다.

(26)이 非文法的인 文章이 된 것은 다른 側面에서도 그 說明이 可能하다. 즉 '-고 있다'에 先行하고 있는 動詞 '착하다'가 狀態性을 나타내고 있는 動詞이고, 이 狀態動詞는 그 基本的인 意味資質이 進行形 '-고 있다'와는 排他的이기 때문이라고도 說明할 수 있다.

이제 限定副詞에 對해 알아보자.

---

15) Kiparsky, P., 'Tense and Mood in Indo-European Syntax', *Foundation of Language*, 1968, 參照.

限定副詞란 '10년 동안' '얼마동안' 等 그 持續期間이 限定的인 副詞를 이른다.

이 限定副詞는 '-고 있다'와 그 意味資質이 同一하므로 '-고 있다'와 다 훌륭한 呼應關係를 形成한다.

  (27) a. 철수가 10년 동안 서울에서 살고 있다.
       b. 물결이 10분 동안 출렁거리고 있다.
       c. 철수가 10분 동안 뛰고 있다.

限定副詞는 어느 限定된 期間만을 對象으로 하고 있기 때문에, 非限定的인 動詞와 어울릴 수 없음은 물론이다. 다음 例는 바로 그것이다.

  *(28) 철수가 10년 동안 착하고 있다.

(28)의 文章이 非文法的인 文章이 된 것은 限定副詞 '10년 동안'이 進行形 '-고 있다'와는 그 意味資質이 同一하므로 서로 呼應關係를 形成할 수 있었으나, '10년 동안'이 狀態動詞(Stative Verb) '착하다'와는 그 意味資質이 서로 相異하여 呼應關係를 이룰 수 없었기 때문에 非文法的인 文章이 된 것으로 理解된다.

이제 反復副詞와 '-고 있다'가 어떻게 어울릴 수 있는 것인지에 對해서 알아보자. 反復副詞란 어떤 限定된 期間안에 어떤 狀況 · 狀態가 거듭되는 것을 指稱하는 副詞이다.

代表的으로 '거듭', '반복적'으로 等이 있다.

  (29) *철수가 반복적으로 착하고 있다.

(29)가 非文法的인 文章이 된 것은 첫째, 反復副詞 '반복적으로'의

意味資質이 '-고 있다'의 意味資質과 相異하기 때문이다. 둘째 反復副詞 '반복적으로'가 狀態動詞 '착하다'와도 그 意味資質이 相異하기 때문으로 說明될 수 있다.

(30) *철수가 서울에서 반복적으로 살고 있다.

(30)의 文章은 反復副詞의 意味資質이 '-고 있다'의 意味資質과 서로 같은 範疇에 있어서 呼應關係를 形成할 수 있는 듯이 보이나, 이 反復副 詞가 限定動詞 '살다'와 呼應關係를 보이지 못하여 非文法的인 文章이 되 고 말았다.

(31) a. 물결이 반복적으로 출렁이고 있다.
     b. 철수가 반복적으로 뛰고 있다.

(31)의 a, b 文章은 文法的인 文章이기는 하지만 상당히 어색하게 들리는 것이 事實이다.

이것은 反復副詞 '반복적으로'의 意味資質이 反復動詞 '출렁거리다'의 意味資質과 같은 것이어서, 그 意味資質이 重復되기 때문으로 理解된다.

즉 같은 두 개의 意味資質이 겹침으로 해서, 두 개 중 하나는 削除 (deletion)되어도 무방한 剩餘資質임을 示唆하고 있는 것으로 理解된다.

(31b)에서도 '반복적으로'와 '뛰다'의 意味資質이 똑같이 反復의 意 味를 가지고 있어, 하나는 削除되어도 무방한 것으로 理解된다.

(32) a. 물결이 출렁이고 있다.
     b. 철수가 뛰고 있다.

(32a), (32b)는 (31a), (31b)에서 剩餘資質인 反復副詞를 削除한 文章인데, 매우 自然스럽게 들린다.

결국 (31a), (31b)가 (32a), (32b)의 基底構造(deep structure)로 理解된다. 基底構造인(31a), (31b)의 文章에서 剩餘的인 資質 '반복적으로'가 各各 削除되어 表面構造(surface structure) (32a), (32b)가 誘導되어 나온 것으로 볼 수 있다.

즉 (31a), (31b)에서 (32a), (32b)를 이끌어 내려면 하나의 變形規則(Transformational Rule)만이 必要하여 言語學 理論上으로도 매우 經濟的이다.

同一意味資質을 가진 形態를 削除하는 規則은 다른 構文에서도 普遍的으로 目睹되는 現象이어서 어색한 規則은 아니다.

이제 瞬間副詞와 進行形 '-고 있다'에 對해서 알아보기로 하자.

(33) *철수가 순간적으로 착하고 있다.
(34) *물결이 순간적으로 출렁거리고 있다.

(33), (34)의 文章이 非文法的인 文章이 된 것은 瞬間副詞 '순간적으로'의 意味資質이 動詞 '착하다', '살다'와 呼應關係를 이루지 못하기 때문으로 理解된다.

지금까지 進行形 '-고 있다'와 時間副詞, 즉 非限定副詞, 限定副詞, 反復副詞, 瞬間副詞와의 相關關係에 對해서 살펴보았다.

進行形 '-고 있다'의 意味把握에 또 하나 考慮되어야 할 問題는 '-고

있다'의 主語 또는 目的語로 쓰이고 있는 名詞(句)와의 相關關係이다.

지금까지의 時制問題 論議에서 主語 또는 目的語가 時制問題에 直接·間接으로 介入하고 있다는 點은 소홀히 看過되어 왔다.

그러나 '-고 있다'의 主語 또는 目的語로 쓰이고 있는 名詞(句)는 時制問題에 깊숙이 介入하고 있는 것으로 보인다.

다음의 例를 보자.

> (35) a. 그가 인기를 잃고 있다.
>   b. 그가 사랑을 잃고 있다.
> *(36) a. 그가 지갑을 잃고 있다.
>   b. 그가 책을 잃고 있다.

(35)와 (36)에서 動詞는 모두 '잃다'인데, (36)에서는 非文法的인 文章이 되고 말았다.

(35)와 (36)의 差異란 결국 目的語로 쓰이고 있는 名詞(句)의 差異로 歸結되고 있다. (35)에서는 進行形 '-고 있다'가 어울리지 못하고 있느냐 하는 質問에 對해 지금으로써는 그 理由를 目的語로 쓰이고 있는 名詞(句)에 물을 수밖에 없다.

(35)의 目的語인 '인기' '사랑'과 (36)의 目的語인 '지갑'과 '돈'의 差異는 무엇일까?

'인기', '사랑'은 어떤 過程性을 想定해 볼 수 있는 名詞인데 反해, '지갑', '돈'에서는 그러한 過程性을 생각해 볼 수 없다.

'인기', '사랑'은 그 狀況의 發端이 되는 段階가 있고, 또 그러한 狀況·狀態가 持續되는 段階도 있고, 그리고 그러한 狀況이 매듭지어지는 끝 段階도 있다. 즉 '인기', '사랑'은 비록 限定된 時間 안에서나마 어떤 過程性을 생각해 볼 수 있는 名詞들이다.

이에 反해 '지갑', '돈'에서는 이러한 過程性을 생각해 볼 수조차 없다.

앞서의 論議에서 進行形 '-고 있다'의 意味의 하나로 過程性을 想定했는데, (35)의 '인기', '사랑' 같은 名詞들은 自體에 그러한 意味屬性을 지니고 있어 '-고 있다'와 自然스럽게 어울릴 수 있는 反面, (36)의 名詞들은 그렇지 못하여 非文法的인 文章이 된 것으로 理解되고 있다.

이 問題는 本 論文에서 問題만 提起하는 데서 그치고, 다른 論文에서 分析的으로 論議할 機會를 갖기로 한다.

分明한 것은 時制問題의 取扱에 있어 앞뒤에 쓰이고 있는 名詞(句)의 資質도 깊이 考慮되어야 한다는 點이다.

6. 結論

지금까지의 論議를 다음과 같이 要約한다.

進行形 '-고 있다'의 基本意味는 限定的인 時間性과 側面의 部分性을 想定할 수 있다. 이러한 '-고 있다'의 基本意味는 動詞의 意味資質에 따라 여러 派生意味를 띠게 된다.

즉 瞬間性, 反復性 等이 그러한 '-고 있다'의 派生意味가 될 수 있다.

進行形 '-고 있다'는 狀態動詞와는 어울릴 수 없는데, 이것은 '-고 있다'의 意味資質과 狀態動詞의 意味資質이 排他的이기 때문으로 理解된다.

進行形 '-고 있다'의 意味把握을 위해서는 動詞의 意味資質, 時間副詞의 使用을 理解하는 것도 重要한 일이 되겠지만, '-고 있다'의 主語나 目的語로 쓰이는 名詞(句)의 意味資質도 깊이 考慮되어야 한다.

▌參考文獻

김차균, 「-아 있」과 「-고 있」의 의미, 「언어」 창간호, 충남대, 1980.

_____, 「있다」의 의미 연구, 「언어학 5」, 한국언어학회, 1982.

남기심, 「국어문법의 시제문제에 관한 연구」, 탑출판사, 1978.

서정수, 「시상형태의 의미분석」, 문법연구 3, 1976.

이기동, 「조동사 '있다'의 의미 연구」, 「눈뫼 허웅박사 환갑 기념논문집」, 과학사, 1978.

_____, Toward an Alternative Analysis of the Connective ko in korean, 人文科學 44, 1980.

이기갑, '씨끝 '-아'와 '-고'의 역사적 교체', 語學硏究 17-2, 1981.

이기용, '시상에 관한 의미공준의 설정', 語學硏究 11-2, 1975.

張奭鎭, '時相의 樣相: 「繼續」·「完了」의 生成的 考察, 語學硏究 9-2, 1973.

최현배, 「우리말본」, 정음사, 1959.

Comrie, B., *Aspect: an Introduction to the study of Verbal Aspect and Related Problems*, Cambridge Univ. Press, 1976.

Inoue, K., 'How Many sense Does the English Present Perfect Have?', *Papers form the Fourteenth Regional Meeting*, Chicago Univ. Press, 1978.

Jespersen, O., *Essentials of English Grammar*, George Allen and Univ, 1933.

Leech, G., *Meaning and the English Verb*, London Longman, 1971.

Kiparsky, P., Tense and Mood in Indo-European Syntax, *Foundation of Language*, 1968.

Zand Voort, *A Handbook of English Grammar*, Western Printing Servies, 1970.

국어 보조동사의 통사적 특성

1. 序 論

국어의 여러 文法的 현상 가운데서, 이른바 補助動詞(auxiliary verb)
의 문제는 많은 論議와 是非를 가져온 문제 중의 하나이다.[1] 輔助動詞
에 대한 그 간의 여러 논의와 논의의 거듭을 통해서, 국어의 보조동사가
英語의 助動詞[2]나 日本語의 助用詞와는 다른 文法現象임이 밝혀지기도
했지만, 方法論的 硬直性 때문인지는 몰라도 국어의 보조동사의 문제는
밝혀진 것보다는 아직 밝혀지지 않은 것이 더 많은 형편이다.

보조동사의 문제와 현상은 또 合成動詞(compound verb)등의 문제와
결부되어 파악되기도 했지만, 이것 또한 문제의 外廓에만 머문 느낌이
다.[3] 일부 變形生成理論을 따르는 理論家들에 의해 행해진 이 試圖는
보조동사와 합성동사의 문법적 현상을 한 가지의 이론적 틀에 의해 설
명하려는 의욕은 좋았지만, 이 두 현상의 공통적 資質에만 초점을 맞추

---

1) 補助動詞에 대한 포괄적인 共同硏究에 대해서는, 서정수, 언어 3-2, 한국언어학회,
　1978의 조동사에 관한 논의를 참조할 것.
2) 英語의 助動詞에 대해서는 Ross, J., "Auxiliaries as Main Verb", *Current
　papers in Linguistic*, 光文社, 1975, 參照.
3) 合成動詞는 複合動詞라고도 하는데 모두 Compound Verb의 번역이다.

었기 때문에, 보조동사와 합성동사가 제각기 가지고 있는 뚜렷한 個體
現像을 포착하지 못하고 있다.4)

> (1) a. 나는 그것을 먹어보았다.
> b. 나는 학교에 뛰어갔다.

(1)a의 '보다'와 (1)b의 '가다'는 최현배(1955)에서 각각 '해보기 도
움움직씨(시행보조동사)', '나아감 도움움직씨(진행보조동사)'로 다루어진 것
이다.5)

또 양인석(1972)등 일부 변형생성이론가들은 이것들을 합성동사를
형성하는 것으로 파악했다.6) 그러나 (1)의 a · b '보다 · 가다'에 대한
최현배(1955), 양인석(1972) 등의 논의는 어느 한 측면에서의 시각만을
강조했을 뿐, 이들이 基底構造에서 顯著히 다른 특성을 보이고 있다는
異質性을 제 때 설명해 내지 못하고 있다.

뒤에서 자세히 논의되지만 간단한 統辭的 變形은 (1)a와 (1)b를 같
은 문법적 현상으로 파악하는 것이 얼마나 不自然스러운가를 示唆해 주
고 있다.

(1)a · (1)b에 각각 pseudo-cleft를 해보자.7)

> (2) a. 내가 해본 것은 그것을 먹은 것이다.
> *b. 내가 해간 것은 학교에 뛴 것이다.

---

4) 양인석, Korean Syntax, 白合出版社, 1972.
  양인석, "Progressive and perfective Aspects in Korea", 언어 2-1, 1976.
5) 최현배, 우리말본, 1955, pp. 400~407, 參照.
6) 양인석, 前揭書, 1972, pp. 117~127.
7) pseudo-cleft에 대해서는 Stokwell, R., Foundation of Syntactive Theory,
  1977, pp. 157~158, 참조.

(2)a는 (1)a에 pseudo-cleft한 것이고, (2)b는 pseudocleft를 한 것인데, (2)a는 文法的인 문장이 된 반면, (2)b는 非文法的인 문장이 되었다.

결국 (1)a와 (2)b의 통사적 특성이 서로 다름을 pseudo-cleft는 보여주고 있으며, 이것을 한 현상으로 파악하려는 시도가 얼마나 어색한 것인가 하는 것을 동시에 보여 주고 있다.

결국 (1)a와 (1)b는 그 統辭構造가 다른 것임이 분명하고, 따라서 자연히 그 意味構造도 달리하고 있는 것으로 이해하여야 한다.

本 論文에서는 (1)a의 '먹어보다'를 補助動詞構文으로 (1)b의 '따라가다'를 合成動詞構文으로 파악한다. 따라서 (1)a의 '보다'는 보조동사이나, (1)b의 '가다'는 보조동사 현상과는 다른 文法範疇, 곧 합성동사의 後行成分으로 이해된다.

본 논문은 결국 국어 서술부에 나타나는 $V_1+V_2(動詞_1+動詞_2)$의 현상을 보조동사구문과 합성동사구문으로 나누어 보고, 이 현상들의 각각의 특성을 포괄적이고 통일적으로 설명하려는 목적을 지니고 있다.

V_1+V_2의 현상을 이전의 논의와는 달리, 나누어 파악하고자 하는 시도는 문법적 간결성과는 相衝되는 일면이 있기는 하지만, 문법적 간결성이 언어현실을 歪曲시키는 일은 없어야 한다는 측면에서 시도한 것이다.

결국 V_1+V_2의 현상을 나누어 설명하는 것이, 母語話者(native speaker)의 言語直觀을 자연스럽게 설명하는 것이 되며, 아울러 言語能力(linguistic competence)에 근거하는 心理的 實在(psychological Reality)라고 생각한다.

本 論文은 共時的이며 따라서 通時的인 論議는 參考하지 않는다.

2. 問題의 檢討

보조동사의 문법적 현상에 관한 지금까지의 논의는, 그 논의의 배경이 되는 이론이 무엇이냐에 따라 크게 세 가지로 나눌 수 있다.

첫째는 최현배(1955) 등으로 대표되는 傳統文法的 接近法이다. 이것은 보조동사를 그 쓰이는 의미에 따라 여러 가지로 분류하고 그 용법을 설명하는 식의 논의이다.8) 崔光玉(1908)의 '大韓文典'이나9), 朴勝彬(1935)의 논의도 여기에 속하나10), 최현배(1955)의 分析的 作業을 크게 넘어서지 못하고 있다.

보조동사라는 문법범주의 대표적 설명으로는 보통 최현배(1955)의 논의를 들고 있지만, 최현배(1955)의 논의는 그 방법론적 細心性과 分析의 多樣性에도 불구하고, 과연 $V_1 + V_2$에서 보조동사 V_2가 주동사 V_1의 의미를 보조만 하는 機能을 지녔느냐 하는 회의가 제기된다.

예컨대 $V_1 + V_2$에서 V_2가 V_1의 意味를 도와서 그 기능을 완선하게 하는 것이 보조동사라면, 역으로 V_1이 V_2를 意味的으로 보충하여 주는 현상도 보이는데, 이 현상을 무엇이라고 해야할 것인가가 문제된다.

'먹어보다', '도와주다' 등에서는 물론 뒤의 V_2가 앞의 V_1을 도와주는 기능을 가지고 있지만, '뛰어가다'·'기어가다'의 경우 가기는 가는데 어떻게 가느냐. 곧 '뛰어서 가느냐'·'기어서 가느냐'하는 樣態(manner)的인 문제가 제기된다. 이 경우는 오히려 앞의 V_1이 뒤의V_2를 意味的으로 돕고 있는 결과가 되어, '가다'를 '나아감도움움직씨'로 설명한 최현배(1955)의 논의는 설득력이 얼마간 상실되고 있다.

---

8) 최현배, 前揭書, 1955, pp. 390~408.
9) 崔光玉, 大韓文典, 1908, pp. 33~34.
10) 朴勝彬, 朝鮮語學, 1935, pp. 290~310.

곧 의미적으로 V_2가 V_1을 돕고 있다는 보조동사에 대한 설명이 상당한 무리가 있음을 최현배(1955)의 논의에서는 발견할 수 있다.

또 실제로 최현배(1955)에서는 보조동사를 그 붙어 쓰이는 앞 동사, 곧 V_1의 종류에 따라 (1) 으뜸 움직씨[주동사]의 뒤에 쓰이는 것, (2) 으뜸 움직씨와 으뜸 그림씨[주형용사]의 뒤에 두루 쓰이는 것, 그리고 (3) 으뜸 움직씨·으뜸 그림씨·잡음씨[지정사]의 뒤에 주로 쓰이는 것으로 분류하고 있는데,11) V_1+V_2의 문법현상에서 V_2에 최현배(1955)에서 設定한 동사들이 位置하기만 하면, 곧바로 그것을 보조동사로 보는 데에는 많은 難點이 있다.

앞의 예 (1)b에서처럼 V_2를 도저히 보조동사로 볼 수 없는 문법적 사실이 나타나 있음에도 불구하고, 뒤에 오는 V_2를 모두 보조동사로 보는 것은, 첫째는 최현배(1955)의 보조동사에 관한 설명에 무리가 있음을 立證하는 것이며, 둘째로는 따라서 V_1+V_2의 構成에서 V_2의 구성성분을 더 下位分類해야만 되는 근거가 되기도 한다.

V_1+V_2의 구성이 근본적으로는 그 基底構造(deep structure)에서 두 가지로 하위분류됨은 다음 장에서 논의하겠거니와, 최현배(1955)의 보조동사에 관한 해석은 확실히 이론적 체계를 고집하다가, 국어의 귀중한 언어현상을 제때 포착치 못한 것이 아닌가 하는 우려가 따른다.

그럼에도 불구하고 최현배(1955)의 보조동사에 관한 논의와 해석은, 그것이 보조동사란 국어 나름의 독특한 특성에 최초로 分析的인 연찬을 가했다는 점에서 여러 의미를 지니고 있다.

더 세세한 것은 뒷 장에서 다루겠다. 보조동사에 관한 논의로서 최현배(1955) 다음으로 우리가 검토해 볼 수 있는 업적은, 양인석(1972)·박병수(1974) 등으로 대표되는 變形生成文法的 接近法이다.12)

---

11) 최현배, 前揭書, 1955, pp. 391~394.

양인석(1972) · 박병수(1974)의 보조동사에 관한 논의의 理論的 基盤은 原初的으로 Rosenbaum(1974), Fillmore(1963) 등에서 비롯되는 것으로 이해되고 있다.

　　(3) 존이 김치를 먹어 보았다.

　　(3)의 예문은 양인석(1972)에서 빌려온 것이다. 양인석(1972) · 박병수(1974)의 보조동사에 대한 논의는 근본적으로는 V_1+V_2의 構成에서 V_1을 補文(complementation)의 內包動詞로 보고, V_2를 이 보문을 이끄는 補文動詞로 본 점이다. 그리하여 보문 내포동사 V_1과 보문동사 V_2가 變形規則(transformational rule)에 의하여 合成動詞(compound verb)를 형성한다고 보았다.13)

　　예문 (3)을 빌려 말한다면 '존이 김치를 먹어'는 보문이고, '보았다'는 이 보문을 이끄는 보문동사라는 것이다.

　　(3)의 '존이 심치를 먹어'가 보문이라면, 補文者(complementizer)가 무엇이냐 하는 문제가 생기는데, 박병수(1974)는 이 경우 보문자는 '아'라고 했다.14)

　　다만 양인석은 (3)에서 '존이 김치를 먹어'를 名詞句補文(Noun phrase complementation)으로 본 데 비해서, 박병수(1974)는 이것을 動詞句 補文(Verb phrase complementation)으로 본 것이 차이질 뿐이다.

　　'존이 김치를 먹어'를 명사구보문으로 보든, 아니면 박병수(1974)처럼 동사구 보문으로 보든 간에, V_1에 해당하는 '먹어'를 보문 내포동사

---

12) 박병수, *Complement Structure in Korean*, 百合出版社, 1974, 參照.
　　양인석, *Korean Syntax*, 百合出版社, 1972, 參照.
13) 양인석, 前揭書, 1972, pp.116~224.
　　박병수, 前揭書, 1974, pp.25~57.
14) 박병수, 前揭書, 1974, pp. 32~43, 參照.

로 V₂에 해당하는 동사 '보았다'를 보문을 이끄는 보문동사로 본 점은, 그 간의 전통문법적 견해와는 그 방법론적 인식을 달리한 것임에는 틀림이 없다.

그리하여 이들 논의에서는 예문 (3)의 기저구조를 다음 (4)와 같이 보이고 있으며, 이것이 변형규칙을 거쳐 합성동사를 형성하게 된다고 설명하고 있다.15)

(4)

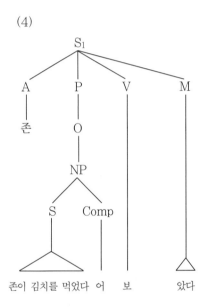

양인석(1972)·박병수(1974) 등의 논의가 (3)의 예문에서 '먹어'를 보문내포동사로, '보았다'를 보문동사로 보는 이유에는 그만한 이유가 있다.

즉 '존이 김치를 먹어'가 보문이 아니라면 다음 (5)의 예문을 설명할

---

15) 양인석, 前揭書, 1972, pp. 117~127.

수가 없다는 것이다.

    (5) 존이 김치를 먹어를 보았다.

  (5)는 예문 (3)의 '먹어보았다'에서 '먹어' 다음에 보조사 '를'이 揷入된 현상이다.

  만약 이것이 보문이 아니라면 補助詞 '를'의 개입을 설명할 수가 없다는 것이 양인석(1972) · 박병수(1974)의 논의의 중심이다.

  사실로 국어에서 보문구조로 취급되고 있는 현상에는 그 보문구조 뒤에 보조사의 개입을 허용하고 있다는 점에서 양인석(1972) · 박병수(1974)의 논의는 說得力이 있다.

  다음 예를 보자.

    (6) 철수가 학교에 가기 싫어한다.
    (7) a. 철수가 학교에 가기를 싫어한다.
       b. 철수가 학교에 가기는 싫어한다.
       c. 철수가 학교에 가기도 싫어한다.
       d. 철수가 학교에 가기만 싫어한다.

  (6)의 '철수가 학교에 가기'는 '기'보문자(complementizer)에 의한 보문구조이다. (7)은 (6)의 보문구조에 보조사가 介入된 것을 보이고 있다. 곧 (7)a · (7)b · (7)c · (7)d에는 각각 '를' · '는' · '도' · '만' 등의 보조사가 개입되어 있다.

  따라서 보문구조 뒤에 보조사의 개입이 보문의 당연한 문법현상의 하나라면, (5)에도 '김치를 먹어' 다음에 보조사 '를'이 개입되어 있으니, '김치를 먹어'를 보문으로 파악한 양인석(1972), 박병수(1974)의 논의는 상당한 설득력이 있기는 하다.

　그러나 양인석(1972), 박병수(1974)의 이러한 논의는 몇 가지의 疑問點이 提起된다. 그 중 하나는 보문 뒤의 보조사 개입이 과연 기저구조의 현상이냐 하는 점이 된다.

　곧 예문 (5)의 '존이 김치를 먹어를'에서 '를'은 어쩌면 국어의 여러 문법 현상에도 나타나는 表面構造上의 현상일지도 모른다.

　왜냐하면 '를'이 없는 예문 (3)과 '를'이 개입된 예문 (5) 사이에는 약간의 文體論的 기분을 제한다면 어떠한 의미 차이를 발견할 수가 없다. 예문 (3)과 (5)의 의미 차이를 찾을 수 없다는 것은 결국 (3)과 (5)가 同義의 문장이라는 점이 되는데, 그렇다면 보조사 '를'은 기저구조에 設定된 것이 아니라, 변형규칙에 의해서 표면구조에만 나타난 것으로 이해되기 때문이다.

　'를'이 기저구조에서 설정된 것이라면, (3)과 (5)의 기저구조는 달라야 하고, 따라 기저구조(deep structure)가 서로 다른 (3)과 (5)는 그 의미가 달라야 하는데도, (3)과 (5)는 의미차이를 보이지 않는 동의의 문장이니까 '를'은 기저구조에서 설정된 것이 아니라, 단순한 변형에 의한 표면구조상의 현상이라야 한다.

　양인석(1972)·박병수(1974)의 논의가 단지 표면적인 현상 '를'에 지나치게 집착한 것이 아닌가 하는 느낌이 든다. 결국 (3)의 '존이 김치를 먹어'에 '를'이 개입하고 안하고는 '존이 김치를 먹어'가 보문이라는 데에 아무런 증거가 될 수 없으며, 따라서 양인석(1972)·박병수(1974)의 논의는 그 설득력의 원초적인 기반을 송두리째 잃게 되는 셈이다.

　또 양인석(1972)·박병수(1974)의 논의에서 보문의 증거로 강조되어 채택되었던 보조사의 개입현상은 비단 보문구조에서만 목격할 수 있는 현상은 아니다.

(1) a. 나는 그것을 먹어보았다.
  b. 나는 학교에 뛰어갔다.

(1)a는 본 논문에서 보조동사구문으로 보려는 예문이고, (1)b는 합성동사구문으로 보려는 것이다. 그러나 이들 (1)a · (1)b에도 보조사가 개입될 수 있다.

(8) a. 나는 그것을 먹어를 보았다.
  b. 나는 그것을 먹어는 보았다.
  c. 나는 그것을 먹어만 보았다.
(9) a. 나는 학교에 뛰어를 갔다.
  b. 나는 학교에 뛰어는 갔다.
  c. 나는 학교에 뛰어도 갔다.

(8)과 (9)에는 각각 보조사가 개입되어 있다. 또 다음 (10)의 예문을 보자.

(10) a. 나는 서울에 가보았다.
  b. 나는 서울에를 가보았다.

(10)b에는 '나는 서울에'에 보조사 '를'이 개입되어 있다. 양인석(1972) · 박병수(1974)의 논의대로라면, '나는 서울에'도 보문구조라는 논리가 성립되는데, '나는 서울에'는 보문과는 전혀 거리가 먼 문법현상이니, 양인석(1972) · 박병수(1974)의 논의는 난점을 지니게 된다.

결국 양인석(1972) · 박병수(1974)의 논의는 보조사의 개입 여부로 V_1+V_2의 구문을 보문구조로 파악하려 했지만, 어떠한 경우에도 보조사의 개입 여부는 보문구조를 판단하는 기준이 될 수 없음을 위에서 보았다.

특히 박병수(1974)는 'V₁아·V₂고·V₁게' 등에서 '아'·'고'·'게'
등이 보문자라고 했다.16)

> (11) a. 사과를 먹어 보다.
>   b. 철수가 죽게 되다.
>   c. 사과를 먹고 싶다.

곧 (11)a, b, c에서 '어'·'게'·'고' 등이 보문 '사과를 먹'·'철수가
죽'·'사과를 먹' 등을 이끄는 보문자라고 이해한 것이 박병수(1974)의
논의의 특징이다.

그러나 '아'·'게'·'고' 등을 보문자라고 한다면, 다음 (12)를 어떻게
설명해야 할지가 의문이다.

> (12) a. 집에서 나와 학교에 갔다.
>   b. 따뜻하게 음식을 데워라.
>   c. 나는 오고 너는 가거라.

(12)a·b·c에서의 '아'·'게'·'고' 등을 보문자라고는 할 수 없으
니, (12)에 맞는 '아'·'게'·'고'의 用法을 따로 설정해야 할 것이다.

한 形態에 대한 여러 用法의 설정이 萬能은 아니다. 다양한 표면현
상의 기저 구조를 분석하여, 그것의 공통적인 자질과 용법을 포착하는
것은, 어쩌면 言語記述에 있어서 기본이다.

'어'·'게'·'고' 등 동일한 형태가 (11)에서는 보문자로 규정되고,
(12)에서는 또 다르게 예컨대 接續語尾로 설정된다면, 어떤 조건에서
이렇게 용법이 달라지는지 하는 것에 대한 설명이 있어야 한다. 이것은
문법을 너무 ad hoc하게 처리하는 것이 될 것이다.

---

16) 박병수, 前揭書, 1974, pp. 25~57.

Bolinger(1977) 같은 試圖, 곧 同一한 형태에 대해서는 되도록 동일한 문법범주를 설정하는 식의 노력이 필요하다 하겠다.17) 어쨌거나 보조동사의 기저구조를 보문구조로 파악하고, 이것에 변형규칙을 적용해서 이것에서 합성동사를 유도해 내는 것을 중요 要旨로 삼고 있는, 변형생성문법적 접근론은 국어의 언어현실을 영어의 硏究動向에 너무 가까이 맞추려고 하다가, 국어의 중요한 문법현상과 언어현실을 놓치게 되지 않았나 하는 회의가 든다.

그러나 양인석(1972)·박병수(1974)의 보조동사에 대한 논의에서, 그 방법론적 다양성은 기억되어야 할 것이다.

보조동사에 대한 논의의 가장 주목을 끌고 있는 것의 하나가 손호민(1976)의 意味論的 接近論이다.18)

손호민(1976)에서는 V_1+V_2의 구성에서 이것들이 보조동사 구문이냐 합성동사구문이냐 하는 것은 이미 중요한 문제가 아니다. 왜냐하면 손호민(1976)에서는 V_1+V_2의 구성을 합성동사구문이라고 先驗的으로 파악하고 들어가기 때문이다. 따라서 손호민(1976)에서 중요한 것은 V_1+V_2라는 문법현상의 槪念規定이 아니라, 이것들이 어떻게 결합하는가 하는 結合樣相이 중요한 과제가 된다.

손호민(1976)은 결국 V_1+V_2는 'activity→direction→motion→psychological'의 順序로 配列되며,19) 따라서 V_1+V_2의 구성뿐만 아니라 $V_1+V_2+V_3$나 $V_1+V_2+V_3+V_4$의 生成(Generative)까지 가능하다고 보았다.

다음 예문을 보자.

---

17) Bolinger, D., *Meaning and form*, 1977, 參照.
18) 손호민, "Semantics of Compound Verbs in Korean". 언어 1-1, 한국언어학회, pp. 142~150, 1976.
19) 손호민, 前揭書文, 1976, p. 146.

(13) 그 사과를 먹어 보았다.

(13)의 예문은 손호민(1976)에서 빌려온 것이다. (13)에서 '먹다'는 activity의 資質을 가지고 있고, '보다'는 psychological의 자질을 가지고 있다. (13)이 문법적인 문장이 된 것은, 손호민(1976)에 의하면 'activity→direction→motion→psychological'의 결합 순서를 지켰기 때문이라고 설명하고 있다.

따라서 이러한 결합 순서를 어긴 (14)는 비문법적인 문장이 된다고 손호민(1976)은 설명하고 있다.

*(14) 그 사과를 보아 먹다.

그러나 손호민(1976)의 이 방법론에도 몇 가지 문제가 있다. 다음 예문 (15)를 보자.

(15) 기어이 가보아버렸다.

(15)에서 '가'는 이른바 activity 자질이고 '보다', '버리다'는 다같이 psychological 자질을 가지고 있다. 곧 '보다', '버리다'와 같이 같은 psychological 자질이 동시에 나타나고 있다. 이 경우 '보다'·'버리다'의 결합순서를 바꾼 (15)′도 역시 문법적인 문장이 된다.

(15)′ 기어이 가 버려 보았다.

(15)와 (15)′는 두 가지의 의문을 제기하고 있다. 하나는 '보아 버렸다'나 '버려 보았다'나 다 마찬가지로 psychological 자질의 연속인데, 그렇다면 같은 psychological 자질 사이의 결합순서는 어떻게 매기

느냐 하는 문제이고, 또 하나는 (15)와 (15)′는 결코 그 의미가 동일하다고 볼 수 없는데, 이것을 어떻게 構造化하느냐 하는 문제이다.

첫 번째 문제는 물론 두 번째 문제와 긴밀히 對應되는 의문이다. 곧 '보아 버렸다'와 '버려 보았다'의 의미가 동일하다면 몰라도, 이들의 의미 차이가 확연한 이상, psychological 자질에 같이 속해 있다해서 자유롭게 결합 순서를 바꿀 수는 없는 일이다.

다른 말로 하면 같은 psychological 자질에 속한 동사들의 하위분류가 문제가 되는데, 손호민(1976)에서는 이 점에 대해서는 전혀 언급이 없다.

곧 psychological 자질을 가지고 있는 동사 사이의 결합순서가 다시 분류되지 않는 한, 두 번째 문제, 곧 (15)와 (15)′의 의미 차이를 설명할 수가 없다.

이 경우 우리는 손호민(1976)이 설정한 이른바 동사의 意味領域 (semantic scope), 곧 'activity→direction→motion→psychological'의 순으로 결합된다는 그의 가설을 의심하거나, 아니면 그의 이러한 가설은 타당성있게 받아 들이는 대신에, V_1+V_2의 구조를 선험적으로 합성동사라고 판단한 그의 원초적 시발점을 의심하게 된다.

본 논문은 바로 두 번째 의심 위에 선다. 곧 손호민(1976)의 결합순서에 대한 가설은 비교적 타당성 있는 것으로 이해하고, 대신 그의 V_1 $+V_2$ 구조에 대한 시발점에의 인식에 어떤 문제가 있으리라는 점이다.

다시 말한다면 V_1+V_2의 구조를 손호민(1976)은 합성동사로 이해했지만, 이 이해에 문제가 있었기 때문에, (15)와 (15)′에서 나타난 의문을 풀 수 없었으리라고 본 論文은 생각한다.

3. 補助動詞의 統辭的 特性

本章에서는 V_1+V_2의 구성을 최현배(1955)에서나, 양인석(1972)·
박병수(1974) 등에서와 같이 일률적으로 파악하려는 시도에는 여러 가
지 문제점이 있음을 지적한 앞 장의 검토를 기반으로 하여, V_1+V_2의
구성을 보조동사구문과 합성동사구문으로 나누어 본다.

그리고 보조동사구문의 여러 가지 統辭的 특성을 이해하고, 그것이
합성동사구문과 어떠한 차이를 지니는 것인지에 대해서 논의한다.

V_1+V_2의 구성에서 부조동사의 통사적 특성을 밝혀내기에 가장 좋
은 변형규칙(Transformational Rule)의 하나가 pseudo-cleft이다.

Stockwell(1977) 등에서 분석적으로 논의되기 시작한 pseudo-
cleft는 일반적으로 V_1+V_2의 구성에서 V_2를 '하다' 동사에 부착시켜 主
語部(NP)로 보내고, V_1은 叙述部로 보내는 등 V_1+V_2를 갈라놓는 기능
을 갖는다.

물론 V_1+V_2의 구성이 아닌 V_1의 구성에는 대동사로 '하다' 동사만
주어부로 나가게 된다.

    (16) a. 철수가 잠을 잤다.
        b. 철수가 한 것은 잠을 잔 것이다.

(16)b는 (16)a의 예문에 pseudo-cleft 변형규칙을 적용한 것이
다. 가령 V_1+V_2의 구성에서 V_2가 V_1의 의미를 보조하는 보조동사라면
V_2는 의미적인 측면에서 V_1보다는 周邊的이다. 곧 이 경우 V_1은 叙述
의 本質部이고, V_2는 叙述의 周邊部라고 말할 수도 있다.

pseudo-cleft는 V_1+V_2의 구성에서 서술의 주변부와 서술의 본질
부를 서로 분리시키는 통사적 변형규칙이므로, V_1+V_2의 구성이 어느 한

쪽이 어느 한 쪽을 의미적으로 보조하는 보조동사구문이라면, pseudo-cleft 변형규칙을 적용해도 문법적인 문장으로 남겠지만, 그 의미 구성이 대등한 합성동사의 경우에는 pseudo-cleft 변형규칙을 적용하면 비문법적인 문장이 되어 버리게 된다.

(17) a. 그는 서울에 가버렸다.
b. 그가 해버린 것은 서울에 간 것이었다.

(17)a의 '가버렸다' 구문이 보조동사구문인지, 아니면 합성동사구문인지를 알기 위해서는, 따라서 우선 pseudo-cleft적용이 필요하다. (17)a에 pseudo-cleft를 적용한 (17)b는 문법적인 문장이 되므로, (17)a의 '가버렸다' 구문은 보조동사구문이고, 따라서 '버리다'는 보조동사임이 확인된다.

(17)a의 문장은 따라서 합성동사구문이 아니며, 만일 이것을 다음과 같이 합성동사의 기저구조(deep structure)로 이해되고 있는 동사구로 분해하면 비문법적인 문장이 되어 버린다.

*(17) c. 그는 서울에 가 서울에 버렸다.

결국 (17)a의 구문은 보조동사구문이 되는 셈이다.
다음 예문을 보자.

(18) a. 철수는 학교에 뛰어갔다.
*b. 철수가 해간 것은 학교에 뛴 것이다.

(18)a에 pseudo-cleft 변형규칙을 적용한 (18)b는 비문법적인 문장이 되어 버렸다. 결국 (18)a의 '뛰어갔다' 구문은 보조동사구문인 셈이다.

이것이 보조동사구문이라면, (18)a의 구문은 다음과 같이 動詞句構
文으로 分解해도 문법적인 문장이 된다.

(18) c. 철수는 학교에 뛰어 학교에 갔다.

(18)c는 (18)a의 기저구조로 이해되고 있는데, (18)c에서 (18)a
의 합성동사(compound verb)를 유도하는 데에는 그리 큰 어려움은 없다.

즉 (18)c에서 '학교에'가 반복되어 있으므로, 同一 名詞句削除規則
(Identical Noun Phrase deletion rule)에 의해 뒤의 '학교에'를 삭제하면,
곧바로 (18)a를 얻을 수 있다.

(18)c에서 '어'는 '어서'로 바꾸어도 큰 의미변화를 가져오지 않는데,
이것도 (18)a가 합성동사구문임을 입증하는 것이 된다.

(18) d. 철수는 학교에 뛰어서 학교에 갔다.

'서'가 나타나있지 않은 (18)c와 '서'가 나타나 있는 (18)d의 의미가
同義라는 점은 '서'가 選擇的(optional) 要素임을 알려주고 있다.

pseudo-cleft 변형규칙은 보조동사구문의 判別에 상당한 도움을 주
고 있다.

그러나 pseudo-cleft 변형규칙 이외에도 보조동사구문의 판별에 많
은 근거를 제시하고 있는 것들이 많은데, 그 중 하나가 Chomsky(1965)
가 말하는 이른바 嚴密下位分類區分規則 (strict subcategorization rule)
이다.20)

Chomsky(1965)에서는 엄밀하위분류구분을 다음과 같이 시도하고
있다.

---

20) Chomsky, N., *Aspect of the Theory of Syntax*, 1965, p. 94.

(19)

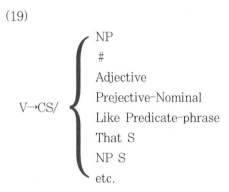

$$V \rightarrow CS/ \begin{cases} NP \\ \# \\ Adjective \\ Prejective\text{-}Nominal \\ Like\ Predicate\text{-}phrase \\ That\ S \\ NP\ S \\ etc. \end{cases}$$

앞 (19)에서 보는 것과 같이 엄밀하위분류구분규칙(strict subcategorization rule)은 文章相互成分間의 共起關係(co-occurrence)를 나타내는 규칙이다.

$V_1 + V_2$의 구성에서 이것이 보조동사구문이라면, V_1, V_2가 다 같이 앞 성분－주로 명사구(Noun phrase) 성분이지만－과 공기관계를 가질 필요는 없다. V_1만 앞 명사구 공기관계를 형성해도 의미상 그리 큰 變異를 가져 오지는 않기 때문이다.[21]

이에 비해 $V_1 + V_2$구성이 합성동사구문이라면, 이 경우에는 V_1, V_2가 모두 앞 문장성분과 공기관계를 형성하여야 한다.

왜냐하면 합성동사구문은 기저구조(deep structure)에서는 動詞句接續文으로 나타나기 때문이다.

(17) a. 그는 서울에 가버렸다.
(20) a. 그는 서울에 갔다.
　　*b. 그는 서울에 버렸다.

---

21) Chomsky, N, 前揭書, 1965, 參照.

(17)a는 앞에서 pseudo-cleft에 의해서 보조동사구문으로 이해된 문장이다. 곧 (17)a의 '가버렸다'는 보조동사 구성이기 때문에, V_1 '가 다'는 엄밀하위분류구분이 가능하나, V_2 '버리다'는 엄밀하위분류구문을 하면, (20)b와 같이 비문법적인 문장이 되어 버린다.

그러나 V_1+V_2가 합성동사구문인 경우는 V_1, V_2 모두 엄밀하위분류구분을 한다.

(18) a. 철수는 학교에 뛰어갔다.
(20) a. 철수는 학교에 뛰었다.
　　 b. 철수는 학교에 갔다.

(18)a는 앞에서 pseudo-cleft에 의해서 합성동사로 규정된 예문인데, 이것은 따라서 기저구조(deep structure)에서 동사구(verb phrase) 접속이었으므로, 당연히 V_1 '뛰다'도 V_2 '가다'도 다 같이 엄밀하위분류구분을 형성한다.

앞에서도 지적했지만 보조동사구문이 엄밀하위분규구분을 V_1, V_2가 다 같이 형성하지 않는다는 사실은 어쩌면 당연한 귀결인지도 모른다.

왜냐하면 V_1+V_2의 보조동사구문에서 V_2가 V_1을 의미적으로 보조한다면, V_1만 앞 성분과 엄밀하위분류구분을 형성해도, V_2는 그 결과의 영향을 입은거나 마찬가지이기 때문이다.

또 V_2도 앞 성분과 엄밀하위분류구분을 형성한다고 해도, 이미 V_1에서 형성한 이후이기 때문에, V_2의 앞 성분과의 엄밀하위분류구분 (strict subcategorization)은 剩餘的(Redundancy)이며, 따라서 하나는 削除(deletion)되는 것이 논리적인 이치이다.

그러나 합성동사구문은 의미적으로 V_1, V_2의 독립성이 유지된 상태이기 때문에 V_1, V_2 둘 다 모두 앞 성분과 엄밀하위분류구분을 형성해야 하며, 만일 이것을 어길 때는, 그것은 비문법적인 문장이 되어 버린다.

앞에서는 名詞句(NP)와의 엄밀하위분류구분 형성을 보았는데, 다른 성분과의 형성관계도 살펴보자.

대표적으로 副詞語와의 엄밀하위분류구분을 보자.

(22) a. 끝끝내 이겨 내었다.
    b. 끝끝내 이겼다.
  *c. 끝끝내 내었다.

(22)b에서 '이겼다'는 부사어 '끝끝내'와 엄밀하위분류구분을 형성하고 있으나, (22)c에서는 '내었다'가 부사어나 엄밀하위분류구분을 형성하고 있지 않고 있다.

결국 (22)a의 구문의 보조동사구문인 셈이다.

다음을 보자.

(23) a. 사업이 잘 되어간다.
    b. 사업이 잘 된다.
  *c. 사업이 잘 간다.

(23)a의 '되어간다'는 보조동사구문이며, '가다'는 따라서 보조동사이다. 왜냐하면 (23)b에서는 '되다'가 엄밀하위분류구문을 형성하나, (23)c에서는 '가다'가 '잘'과 엄밀하위분류구분을 형성하지 않기 때문이다.

그러나 합성동사구문은 V_1, V_2가 모두 다 부사어와 엄밀하위분류구분을 형성한다.

(24) a. 빨리 뛰어간다.
    b. 빨리 뛴다.
    c. 빨리 간다.

(24)b, (24)c는 모두 엄밀하위분류구분을 형성하고 있음을 보여주는 예이다.

우리는 (23)과 (24)에서 매우 중요한 문법적 현상을 목격하게 된다. 그것은 동사 '가다'가 (23)에서는 엄밀하위분류구분을 형성하나, (24)에서는 엄밀하위분류구분을 형성하지 않는다는 사실인 것이다.

곧 동사 '가다'가 (23)에서는 보조동사로, (24)에서는 합성동사를 형성하고 있는 사실은 매우 중요한 문법적 현상을 시사하고 있다.

그것은 보조동사에 관한 형태(form)적인 기준을 세울 수 없다는 점이다. 곧 어떤 동사가 보조동사(auxiliary verb)이냐, 합성동사(compound verb)이냐 하는 것은 형태상으로 구분되는 것이 아니라, 통사적 기능과 특성에 의해 구분된다는 점이다.

최현배(1955)에서는 예컨대 나아갈 도움 움직임씨로는 '가다', '오다'가 있고, 섬김도움 움직씨로는 '주다', '드리다', '바치다'가 있다는 등의 분류를 시도하였지만, 그러한 시도는 이것들이 꼭 보조동사로 쓰인다는 前提에서만 가능한 것이다. 그러나 앞의 (23), (24)에서 보듯이 어떤 한 형태가 (23)에서는 보조동사로, (24)에서는 합성동사로 쓰이는 등, 그 넘나듦이 자유로운 언어현실 앞에서는 그 넘나듦의 조건을 明示해 주지 않는 한, 그러한 시도는 그 의미가 크게 損失될 것임은 물론이다.

다른 말로 최현배(1955)에서 보조동사로 설정한 동사들은 앞서의 논의에서처럼, pseudo-cleft 변형규칙을 적용해도 문법적인 문장이 되어야 하고, 先行成分과 엄밀하위분류구분(strict subcategorization) 형성에 制約이 있어야 함에도 불구하고, 이러한 두 통사적 조건들에 어긋나는 예들이 적지 안다는 사실은, 최현배(1955)의 보조동사에 관한 시도에 문제가 있음을 상기시켜 주고 있다.

그러나 이것은 그렇다고 해서 보조동사라는 문법적 범주자체를 設定

할 必要가 없음을 示唆하는 것은 아니다.

보조동사라는 문법범주 설정의 필요성은 이미 최현배(1955)에서도 논의되었고, 본 논문의 앞에서도 주장된 바가 있지만, 문제는 보조동사라는 문법범주는 설정하되, 보조동사를 語彙部(lexicon)에 指定하여 놓는 시도는 문제가 있으니, 그것을 統辭的 次元에 맡기자는 것이 본 논의의 주장이다.

V₁+V₂의 구성에서 어떤 한 動詞形態가 보조동사가 되기도 하고, 합성동사가 되기도 한다는 사실은, 곧 보조동사와 합성동사 사이의 넘나듦이 環境的 要因에 選擇的으로 근거하고 있다는 사실을 시사하고 있는데, 이것은 결국 보조동사의 話用論(pragmatics)적 처리의 가능성과, 樣相(modality)적 처리의 가능성을 시사해 주고 있다.22)

본 논문은 보조동사의 통사론적 접근법을 논의하고 검토하는 자리이므로, 화용론적, 양상적 처리에 대해서는 언급하지 않지만, 확실히 화용론적, 양상적 처리 방법은 보조동사에 관한 한, 어떤 새로운 視角을 열어 줄지도 모르는 방법론임에는 틀림 없는 것 같다.

앞의 제 2장에서도 논의했지만, 보조동사에 관한 논의 중에서 가장 오해를 사고 있는 부분이 이른바 보조사 介入의 문제이다.

양인석(1972), 박병수(1974)로 대표되는 변형생성문법적 처리가 보여준, 보조사개입을 근거로 한 보조동사의 보문 처리가 확실한 방법론적 新鮮感에도 불구하고, 보조사라는 表面現象에 집착하여 문제를 크게 만들었음은 앞에서 이미 지적한 그대로이다.

보조사는 그러나 보조동사구문이나 합성동사구문 모두가 다 그 개입을 허락하고 있다.

다음 예를 보자.

---

22) Ross, J., 前揭書文, 1975, 參照.

(25) a. 문을 열어 놓았다.
　　b. 문을 열어는 놓았다.
　　c. 문을 열어를 놓았다.
　　d. 문을 열어만 놓았다.
　　e. 문을 열어도 놓았다.

(25)의 예는 보조동사구문에 보조사가 쓰이고 있음을 보이고 있다. (25)a는 보조동사구문이며, (25)b·(25)c·(25)d·(25)e에는 각각 보조사 '는'·'를'·'만'·'도'가 쓰이고 있다.

합성동사 동사구문 역시 보조동사구문과 마찬가지로 보조사의 개입을 허락한다.

다음은 그러한 것을 보여주는 예이다.

(26) a. 철수는 학교에 뛰어갔다.
　　b. 철수는 학교에 뛰어는 갔다.
　　c. 철수는 학교에 뛰어를 갔다.
　　d. 철수는 학교에 뛰어만 갔다.
　　e. 철수는 학교에 뛰어도 갔다.

(26)의 예는 합성동사구문에 보조사가 쓰이고 있음을 보이고 있다. 곧 (26)a는 합성동사구문이며, (26)b·(26)c·(26)d·(26)e에는 보조사 '는'·'를'·'만'·'도'가 쓰이고 있다.

앞에서 합성동사구문의 기저구조(deep structure)는 동사구접속이라고 했거니와, 동사구접속문에 보조사가 쓰이면, 아래 (26)f와 같이 비문법적인 문장이 되고 만다.

*(26) f. 철수는 학교에 뛰어도 학교에 갔다.

이것은 결국 보조사의 쓰임이 기저구조(deep structure)의 현상이 아니라, 표면구조(surface structure)상의 현상임이 다시금 立證되는 根據의 하나를 이룬다.

4. 結 論

지금까지 論議해 온 바를 다음과 같이 要約하고, 앞으로의 補助動詞에 관한 나름대로의 논의의 方向을 設定해 보는 것으로 本 論文을 마무리하기로 한다.

첫째, 국어의 $V_1 + V_2$의 文法的 현상을 설명하는데에 있어서, 이론적 설명의 간결성을 고집하는 것이, 국어의 언어현실을 看過하는 일이 되어서는 안되겠다는 것을 本 論文은 주장했다. 곧 $V_1 + V_2$의 현상의 설명에 있어서 최현배(1955)에서는 V_2가 V_1을 意味的으로 도와주는 補助動詞라고 했으나, '뛰어가다' 같은 예에서는 오히려 V_1이 V_2를 樣態意味的으로 도와주고 있음이 문제되었고, 양인석(1972)·박병수(1974)에서는 V_1을 補文內包動詞로, V_2를 補文을 이끄는 補文動詞로 파악하고, 이 構造가 變形(Transformation)과정을 거쳐 合成動詞를 형성한다고 보았으나, 이 경우 '아'·'게'·'고'의 포괄적 설명의 문제, 補助詞 '를'이 基底構造의 현상이 아니라, 表面構造上의 選擇的(optional) 현상이라는 점 등이 문제가 되었다.

결국 本 論文에서는 $V_1 + V_2$의 현상을 統辭的 特性에 따라 補助動詞構文과 合成動詞構文으로 나누어 살펴보았으며, 이것은 國語使用者의 言語直觀과 言語能力(linguistic competence)에 근거하는 心理的 實在(psychological reality)에 근거한 것임을 本 論文은 내세웠다.

둘째, 본 논문은 또한 손호민(1976)이 제시한 輔助動詞에 관한 意味論的 接近에 대해서 검토해 보았다.

이 검토과정에서 손호민(1976)이 제시한 意味領域 중에서 이른바 같은 의미 영역끼리의 重複現象에 대해서도 下位的인 結合順序가 매겨져야 함을 주장하였다.

이 문제에 대해서는 더 천착된 연구가 필요시되었다.

셋째, 本 論文은 제 3장에서 補助動詞의 統辭論에 대해서 검토하여 보았다.

결과로 補助動詞는 pseudo-cleft 變形規則을 적용했을 때 文法的인 文章이 되었으나, 合成動詞構文은 pseudo-cleft 變形規則을 적용하면 非文法的인 文章이 됨을 알아내었다.

補助動詞는 또 先行成分과 嚴密下位分類區分을 형성하지 않으나, 合成動詞는 이것을 형성함을 알았다.

그리고 合成動詞의 基底構造로 動詞句接續을 설정하였다.

넷째, 補助動詞에 대한 논의가 가질 수 있는 방법론적 다양성에 대해서 본 논문은 특별한 관심을 기울였다. 하나의 名詞句(NP)−주로 主語部가 되겠지만−에 대해 두 개의 動詞句(VP)−주로 V_1+V_2의 文法現像을 지칭하는 것이 되겠지만−가 對應하고 있다는 국어의 특성있는 현상에 대한 방법론은 여러 가지가 있을 수 있다. 기왕의 논의에서 목격한 것처럼, 최현배(1955)식의 單純語彙意味論的 방법도 있겠고, 손호민(1976)에서 보는 것과 같은 語彙資質(lexical feature)에 의한 방법도 있을 수 있다. 또 양인석(1972) 등으로 대표되는 格文法(Case Grammar)에 의한 방법론도 가능하다. 또 本 論文에서 시도한 것처럼 統辭的인 接近法도 있을 것이다.

그러나 어쩌면 방법론적 속성으로 말미암아 이들 각 방법론은 자체

나름의 한계를 지니고 있을 수 있다. 방법론의 한계는 곧 문제에 대한 분석의 한계를 가져온다. 결국 문제에 대한 분석의 한계를 가져온다. 결국 문제에 대한 다각도의 세세한 검토와 분석만이 문제의 진실에 가까이 갈 수 있는 방법이라 생각된다.

그런 점에서 補助動詞를 話用論的(pragmatics)인 입장에서 파악하려는 시도와, 樣相(modality)의 입장에서 이해하려는 시도는 補助動詞의 성격 파악에 중요한 전기를 마련해 줄 것이 분명하다.

필자는 稿를 달리해서, 補助動詞에 대한 話用論(pragmatics), 樣相(modality)적 처리가 가능한 것인지의 與否를 몇몇 이론적 검토를 통해 立證해 보고, 그것의 구조화·체계화 문제를 상세히 다루려 한다.

▌參考文獻

양인석, *Korean Syntax*, 百合出版社, 1972.

_____, "Progressive and Prefective Aspects in Korea", 언어 2-1, 1976.

박병수, *Complement Structure in Korean*, 百合出版社, 1974.

朴勝彬, 朝鮮語學, 朝鮮語學硏究會, 1935.

서정수, 조동사(공동연구), 언어 3-1, 한국언어학회, 1978.

손호민, Semantics of Compound Verb in Korean, 언어 1-1, 한국어학회, 1974

崔光玉, 大學文典, 1908.

최현배, 우리말본, 정음사, 1955.

Chomsky, N., *Aspects of the Theory of Syntax*, MIT Press, 1965.

Ross, J., "Auxiliaries as Main Verbs", *Current papers in Linguistics* II, 光文社(複寫版), 1975.

Stockwell, R.P., *Foundation of Syntactic Theory*, New-Jersey, 1977.

Bolinger, D., *Meaning and form*, 1977.

국어 보조동사의 의미기능

1. 序 論

補助動詞의 意味問題가 具體的으로 整理되기 시작한 것은 물론 최현배(1955)의 論議에서이다.1) 최현배는 補助動詞의 意味問題와 그 意味에 따른 補助動詞의 分類問題가 주로 浮刻되었다. 곧 최현배는 補助動詞의 機能이 先行하는 動詞를 意味的으로 補助하는 것에 있다고 着做하고, 이러한 機能에 따라 否定補助動詞 '아니하다'·'못하다'·'말다' 등 13가지의 補助動詞를 分類하여 놓았다.

최현배의 이러한 論議는 '動詞 + 動詞'라는 전혀 낯설은 文法現象에 대해서 體系的인 解明을 本格的으로 試圖했다는 점에서는, 일단은 問題의 整理라고 할 수 있지만, 그가 分類한 補助動詞라는 文法分類의 妥當性의 問題, 補助動詞의 意味問題 등의 重要한 是非거리를 그 論議 안에 內包하고 있다는 점에서는, 問題의 整理가 아니라 問題의 시작이라고 할 수 있다.

---

1) 최현배, 우리말본, 1955, p. 282.

(1) 철수가 영희에게 사과를 던져준다.

(1)의 '주다'는 최현배는 奉仕補助動詞로 分類된 것이지만2), (1)에
서는 적어도 2가지의 解釋이 可能하다. 곧 하나는 '철수가 사과를 던져
서 주다'의 解釋이며, 나머지 하나는 '영희를 위해서 사과를 던지다'의 解
釋이다. 앞의 解釋은 (1)의 '주다'를 本動詞로 보게 하는 意味論的 근거
이며, 뒤의 解釋은 '주다'를 앞의 動詞 '던지다'를 意味的으로 補助하고
있는 補助動詞로 보게 하는 意味的 根據를 提示해 주고 있다.

앞의 意味대로라면 (1)의 '주다'의 意味는 'Give'의 意味가 될 것이
다. 解釋에서도 '주다'의 意味가 'Give'라는 確證을 세울 수는 없다. 오히
려 'Give'의 意味는 削除(deletion)되어 있고, 反面에 '受惠格(Benefac-
tive)'의 意味가 있다.

이 경우에 대한 解明을 최현배의 논의에서는 찾아볼 수 없을 뿐만 아
니라, 최현배의 論議에서 미쳐 얘기할 수 없었던 難題를 除去해 주고 있
다. 그것은 (1)의 '주다'의 意味를 어떻게 잡느냐 하는 問題이다. 어떤
環境에서 '주다'가 'Give'의 意味를 지니게 되며,·또 어떤 環境에서
'Benefactive'의 意味3)를 지니게 되는가 하는 環境資質의 問題를 밝히
는 作業도 問題이지만, '주다'의 意味를 'Give' 'Benefactive'로 볼 때,
이것을 두 形態素로 處理하느냐, 한 形態素로 處理하느냐 하는 것도 問
題이다.4)

두 形態素로 處理하는 경우 '주다'의 音韻構造는 같지만, 意味構造가
相異한 同音語로 把握될 것이며, 이것은 한 形態素로 處理하는 경우에는

---

2) 최현배, 前揭書, 1955, 參照.
3) Ross, J., 'Auxiliaries as Main Verbs' *Current papers in Linguistic*, 1975,
   pp. 83~108.
4) 이러한 論議에 對해서는, 서정수, '국어의 보조동사' 언어 3-2, 1978, 參照.

'Give'에서 'Benefactive'의 意味를 誘導해 내어야 할텐데, 이 意味誘導 過程을 어떻게 形式化하느냐 하는 難點이 提起된다.

양인석(1972) 등의 變形生成理論家들이 '補助動詞'라는 文法範疇 自 體를 否認하고5), 複合動詞라는 말을 使用한 것에서도 바로 위와 같은 葛藤에 대한 苦心의 痕跡을 엿볼 수 있다.

최현배에서 整理되고, 同時에 최현배에서 시작된 問題는 여기서 그 치지 않는다.

(2) 철수가 그것을 던져 버렸다.

(2)에서 終結補助動詞 '버리다'의 意味는 적어도 세 가지 側面에서의 接近이 可能하다. 하나는 語彙的 意味이며, 또 하나는 文法的 意味, 그 리고 마지막 하나는 心理的 意味이다.

語彙的 意味는 '버리다'가 本動詞의 意味로 사용될 때의 意味이며 文 法的 意味는 이것이 補助動詞의 意味로 쓰일 때의 意味를 말한다. 心理 的 意味란 '버리다'에 話者(speaker)의 心理狀態가 개입되어 있다는 假定 에서 出發한 意味인데, 이 경우 '버리다'는 樣相(modality)으로 處理되어 야만 한다6). 왜냐하면 樣相이란 一般的으로 어떤 陳述에 대한 話者 (speaker)의 心的 態度를 나타내는 것으로 規定되고 있기 때문이다.7)

이 경우 (2)의 '버리다'의 基本構造는 상당히 相異하게 나타난다. 곧 '버리다'가 基底構造(deep structure)에서 樣相으로 處理되어 있는 것이다.

다음을 보자.

---

5) 양인석, *Korean syntax*, 백합출판사, 1972, 參照.
6) Ross, J., 前揭論文, pp. 92~97, 1975.
7) Ross, J., 前揭論文, pp. 83~98, 1975.

(3)

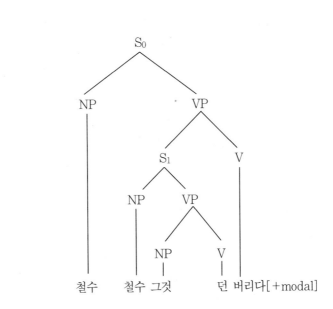

철수   철수 그것   던 버리다[+modal]

위 (3)은 앞 例文 (2)의 基底構造이다. 물론 (2)의 '버리다'를 樣相的으로 處理했을 때의 基底構造이다.

補助動詞의 意味問題에 대한 方法論으로 注目하게 되는 處理方式은, 그것의 基本意味를 미리 設定해 두는 方法이다.[8]

예컨대 위의 例文 (1)에서 '주다'의 意味를 本動詞로 쓰일 때는 'Give', 補助動詞로 쓰일 때는 'Benefactive'로 잡지 말고, 차라리 抽象的으로 잡는 方式이다.

(4)

[+실체적]
[−실체적]   '주다'

---

8) 이기동, 'Auxiliary Vrebs and Valuative Viewpoints', 언어 1-2, 1976, 參照.

'Give'의 意味로 쓰일 때야 '주는 것'이 實體的인 어떤 物件·物質이니까, 물론 그 說明이 可能하고, 'Benefactive'의 意味로 쓰일 때에도 '주는 것'이 奉仕·恩惠같은 精神的·心理的인 것, 곧 非實體的인 것이니까 [-實體的]이라는 資質로 說明된다.

곧 '주다'의 基本意味를 (4)와 같이 運動性·方向性을 가진 것으로 設定하면, 'Give'의 경우나 'Benefactive' 같은 派生意味도 說明할 수 있으니, 規則의 簡潔性 側面에서 큰 利得이 아닐 수 없다.

本 論文은 補助動詞의 意味問題에 대한 앞서의 생각을 여러 側面에서 檢討해 보고, 그 問題點들을 分析해 본 후에 가장 妥當한 解決方案을 摸索해 보려는 目的을 지니고 있다. 本 論文은 아울러 筆者의 補助動詞에 대한 硏究9)의 一環으로 作成되는 것임을 밝힌다.

2. 補助動詞의 意味論的 處理

補助動詞의 意味를 밝혀내는 方法으로 일단은 세 가지 程度의 方法論을 생각해 볼 수 있다. 하나는 '動詞$_1$+動詞$_2$'에서 '動詞$_1$'의 意味를 分析하고, 또 '動詞$_2$'의 意味를 밝혀 낸 다음, 이 '動詞$_1$'과 '動詞$_2$'가 合成될 때 생기는 第3의 意味를 補助動詞의 意味로 設定하는 方法이다.

이 方法을 本 論文에서는 複合意味라고 부르기로 한다.

두 번째로 補助動詞의 意味를 確認하는 方法으로는, '動詞$_1$+動詞$_2$'에서 '動詞$_2$'가 本動詞로 쓰일 때의 意味를 設定해 내고, 이어 '動詞$_2$'가 補助動詞로 사용될 때의 意味를 抽出해 내서, 이 둘의 基底構造를 각각 相異한 것으로 處理하는 方法이다.

---

9) 康琪鎭, 國語 補助動詞의 統辭的 特性, 韓國文學硏究 5, 東國大, 1982.

또 나머지 하나의 處理方法은 '動詞₁ + 動詞₂'에서 '動詞₂'의 基本意味를 抽象的으로 設定한 다음, 本動詞로 사용될 때의 '動詞₂'의 의미와 補助動詞로 쓰일 때의 '動詞₂'의 意味는 이 基本意味에서 파생된 派生意味로 보는 方法이다.10)

이들 세 가지 方法論은 물론 補助動詞의 意味를 設定하는데, 어떠한 側面만을 指摘한 方法이긴 하지만, 세 方法論 모두에 공통되는 尿素가 있으며, 그 共通的인 要素의 抽出作業이 可能하기만 하다면 補助動詞의 意味는 쉽게 밝혀낼 수도 있다.

> (5) a. 철수가 기어간다.
>   b. 철수가 밥을 다 먹어간다.
>   c. 철수가 죽어간다.

(5a) · (5b) · (5c)의 '가다'의 意味는 일단은 앞서 設定한 세 方法論에 의해 모두 接近될 수는 있다. 우선 첫 번째 方法을 생각하여 보자, 앞서 말한 것처럼 첫 번째 방법은 '動詞₁'의 의미를 먼저 分析하는 作業과, '動詞₂'의 意味를 設定해 두는 作業이 先行되어야 한다.

(5a) · (5b) · (5c)에서 '動詞₁'은 각각 '기다' · '먹다' · '죽다'이다.

補助動詞 '기다'에 先行하는 이들 動詞 '기다' · '먹다' · '죽다'는 表面的으로 보기에는 서로 아무런 意味的 共通性을 갖고 있는 것으로는 보이지 않는다. 그러나 有心히 살펴보면 이들 動詞는 어떤 過程을 나타내고 있음을 볼 수 있다.

곧 이들 動詞에는 그 일의 시작과 끝이 前提되어 있다. '기다'는 '기어가는 行動 · 行爲'가 시작되는 時點이 있으며, 아울러 '기어가는 행동 · 행

---

10) 이러한 處理方式은 Ross, J, 前揭論文에서 提起된 적이 있다. 1975, pp. 83~108.

위'가 끝나는 時點이 있다. '기어가는 행동·행위'의 시작과 끝이 있으니, 當然히 그 사이가 있으며, 그 사이가 바로 過程을 나타내는 部分이 된다.

'먹다'도 마찬가지이다. '어떤 음식을 먹기 시작하는 시점'이 있으며, '어떤 음식을 먹기가 끝나는 시점'이 있게 마련이다. 이 경우도 시작과 끝을 連結하는 過程이 있게 마련이다. '죽다'의 경우도 마찬가지이다. 아무리 갑자기 죽는다 해도 그것에는 시작과 끝이 있으며 아울러 過程이 있다.

이러한 過程을 圖式化하면 다음과 같다.

(6)

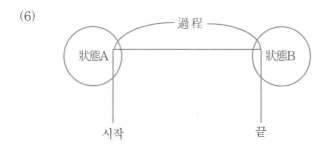

重要한 점은 이러한 過程이 반드시 方向性을 갖는다는 점이다. 곧 시작에서 끝을 향해 動作하는 것이 이들 動詞의 意味的 共通要素이다.

따라서 (5a)·(5b)·(5c)의 '기다'·'먹다'·'죽다'의 後行成分은 이들 動詞의 共通的 意味와 서로 相應的 關係를 가지고 있는 것이 와야 한다.11)

(7) *a. 철수가 기어가지다.
    *b. 철수가 밥을 다 먹어가지다.
    *c. 철수가 죽어가지다.

(7a)·(7b)·(7c)는 모두 非文法的인 文章이 되었는데, 이것은 補

---

11) 이러한 相應關係에 對해서는, Chomsky, N., *Aspects of the Theory of Syntax*, 1965, pp. 94~95, 參照.

助動詞 '가지다'의 意味資質이 先行動詞 '기다' · '먹다' · '죽다'의 意味資質과 相應的 關係를 갖지 못했기 때문이다. 곧 先行動詞 '기다' · '먹다' · '죽다'의 意味資質은 '過程性'인데, 補助動詞 '가지다'의 意味資質은 '保有性' · '非過程性' · '非進行性' 등으로 나타낼 수 있기 때문이다.

이러한 事實은 狀態變化를 나타내는 '되다'와, 이들 動詞가 어울리면 文法的인 文章이 되는 것에서도 說明된다.

(8) a. 철수가 기계되다
    b. 철수가 밥을 다 먹게되다.
    c. 철수가 죽게되다.

(8)의 文章들이 훌륭한 文章이 된 것은 '기다' · '되다' · '죽다'의 意味資質과 '되다'의 意味資質이 모두 '過程性'으로 表示될 수 있어서, 이들이 서로 意味的 相應關係를 形成할 수 있기 때문으로 理解된다.

'動詞₁ + 動詞₂'에서 '動詞₁' · '動詞₂'의 意味를 먼저 分析해 내어서, 이 分析된 '動詞₁' · '動詞₂'에서 第3의 意味를 찾아내는 方法은 몇 가지 長點을 갖고 있다. 앞서 본 것처럼 이 方法은 '動詞₁'의 意味資質이 決定되면, '動詞₂'로 어떤 意味資質을 가진 動詞가 와야 할 것인가를 先驗的으로 豫測해 주고 있는 점이다. 즉 앞서 (5)에서처럼 '動詞₁'에 '過程性'을 가진 動詞가 왔으니, '動詞₂'의 意味資質은 반드시 이것과 相應的 關係에 있어야 한다는 점을 미리 알 수 있다.

따라서 '動詞₂'의 意味를 따로 分析하지 않아도, '動詞₂'의 意味資質을 '動詞₁'의 意味資質에 미루어 알 수 있는 이점이 있다. 결국 (7a) · (7b) · (7c)와 같은 非文法的인 文章에 대해서는, 그것이 非文法的인 文章이 된 理由를 斷言的으로 밝힐 수 있는 이점도 위에서 由來된다.

또 이 첫 번째 方法論의 이점은 補助動詞, 곧 '動詞₁'의 文體論的 處

理의 可能性을 示唆해주고 있다.

(5a)·(5b)·(5c)에서 '動詞₂', '가다'를 削除(delation)시켜도, 이것
은 (8a)·(8b)·(8c)처럼 意味變化를 招來하지 않기 때문이다.

(8)′ a. 철수가 긴다.
b. 철수가 밥을 다 먹는다.
c. 철수가 죽는다.

(8a)′·(8b)′·(8c)′와 (5a)·(5b)·(5c)의 構文上의 差異는 (8a)′·
(8b)′·(8c)′에는 補助動詞 '가다'가 削除되어 있고, (5a)·(5b)·(5c)에
는 이것이 나타나 있다는 差異뿐이다. 그러나 '가다'의 介入與否에 關係없
이 (8)′의 文章들은 (5)의 文章들처럼 '過程性'을 나타내고 있다.

이것은 '動詞₁' '기다'·'먹다'·'죽다'도 '過程性'을 나타내고, '動詞₂'
'가다'도 '過程性'을 나타내기 때문에, 하나가 削除되어도 '過程性'은 그대
로 나타나기 때문이다.

結局 (5)의 例文들은 (8)′의 例文을 文體論的 立場에서 强調한 例文
이라고 理解된다. 왜냐하면 意味的으로 剩餘的인 '過程性'의 資質을 (5)
에서는 '動詞₁'로도 나타내었고, '動詞₂'로도 나타내었기 때문이다.

여기서 '文體論的 立場'이라는 말에 注目할 必要가 있다. '文體論的
立場'이란 多分히 話者의 心的態度에 관한 말이기 때문이다.12) (5)의
例文에서 動詞 '기다'·'먹다'·'죽다' 만으로도 '過程性'을 表明하기에 充
分한데도, 話者가 다시 '過程性' 補助動詞 '가다'를 使用한 것은, 話者의
對象을 더 强調하고 싶다는 心的 態度를 드러낸 것이다. 이 경우 序論에
서 잠깐 말한 것과 같은 樣相(modality)處理가 可能하다.13)

---

12) Ross, J., 前揭論文, 1975, pp. 90~93.
13) 補助動詞의 樣相的 處理에 對한 論議는 서정수(1978), 前揭論文에서 部分的으로
言及됨.

(9)

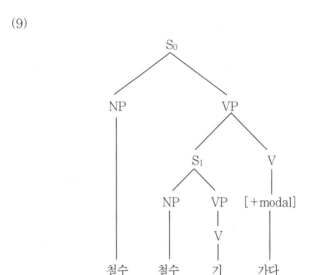

(9)는 이러한 '文體論的 立場', 곧 樣相的 立場에서 (5a)의 基底構造
를 設定한 것이다.

　어떻든지 간에 '動詞₁'과 '動詞₂'의 意味에서 第3의 意味를 抽出해 내
려는 方法論은 앞서 든 例文 (5)에서는 第3의 意味가 '動詞₁'·'動詞₂'의
意味에서 自動的으로 豫測될 수 있는 種類의 것이다.

　問題는 '動詞₁'·'動詞₂'의 意味에서 第3의 意味를 豫測할 수 없는 種
類의 것에 있다.

　　(10) 철수는 그것을 먹어보았다.

　(10)에서 '動詞₁'은 '먹다' '動詞₂'는 '보다'이다. (10)의 경우 '動詞₁'
'먹다'의 意味와 '動詞₂' '보다'의 意味에서 第3의 意味 '먹어보다'의 意味
를 도저히 추려낼 수 없을 듯이 보인다. 그리고 問題는 '動詞₁', '먹다'에
있는 것이라기보다는, '動詞₂', '보다'에 있는 것으로 理解된다.

'보다'의 意味를 어떻게 設定해야 第3의 意味 '먹어보다'의 意味에 도 달할 수 있을지가, 이 方法論의 關鍵이다.

'보다'의 語彙的 意味로 제일 먼저 들 수 있는 意味는 'See'일 것이다. 그러나 좀더 자세히 살펴보면 'See' 自體의 意味領域 안에는 '試驗性'의 意味가 內包되어 있음을 알 수 있다.

그것은 다음 例文 (11)로 確認할 수 있다.

    (11) a. 철수는 시험삼아 그것을 먹었다.
         b. 철수는 경험삼아 그것을 먹었다.

(11)은 (10)의 例文에서 補助動詞 '보다'를 削除(deletion)한 후에, 試驗副詞語 '시험삼아', '경험삼아'를 넣어 본 例文이다. (10)과 (11a)·(11b)가 거의 아무런 意味變化도 보이지 않으면서, (10)에서의 補助動詞 '보다'가 (11a)·(11b)에서 試驗副詞語 '시험삼아', '경험삼아'로 代置될수 있다는 文法現象은, 補助動詞 '보다'의 意味資質이 基本的으로는 '試驗性'에 있음을 確認해 준다.

이 確認은 (11a)·(11b)에 '試驗副詞語'가 아닌 다른 副詞語, 예컨 대 場所副詞語나 時間副詞語를 넣은 (12a)·(12b)가 (10)과 전혀 다 른 意味를 보이고 있다는 점에서도 確認된다.

    (12) a. 철수는 골목에서 그것을 먹었다.
         b. 철수는 어제 그것을 먹었다.

(12a)·(12b)는 (10)과는 전혀 다른 意味를 보이고 있는데, 이것 은 補助動詞 '보다'가 '試驗性'을 나타내는 副詞語와 自由롭게 代置될 수 는 있으나, 다른 意味資質을 가진 副詞語와 代置되면 意味變化를 招來하 고 만다는 事實을 보여주는 同時에, '보다'의 意味資質에 대한 앞서의 論

議를 다시 檢證해 주고 있다.

> (13) *a. 한라산이 높아보다.
>   *b. 영희가 예뻐보다.

(13a)·(13b)는 非文法的인 文章이 되었는데, 이것은 '動詞₁' '높다' '예쁘다' 등이 '試驗性'의 對象이 아니기 때문이다.

結局 (10)에서 '먹어보다'의 意味를 抽出해 내는 方法으로 '먹다'와 '보다'의 意味를 추려낸 다음, 이것들에서 第3의 意味를 빼어 내는 방법은, 앞서 걱정했던 것과는 달리, '動詞₂' 곧 '보다'의 意味資質을 좀더 抽象化할 수만 있다면, 매우 適正한 方法임을 알 수가 있다.

앞서 提案된 補助動詞의 意味에 대한 方法들 중에서, 두 번째 方法은 本動詞에 쓰일 때의 '動詞₂'의 意味와, '補助動詞'로 쓰일 때의 '動詞₂'의 意味를 각각 서로 聯關性이 없는 것으로 把握하는 方法이다.

곧 同音關係로 處理하는 方法이다. 다음의 例文을 보자.

> (14) a. 철수는 집으로 가버렸다.
>   b. 철수가 그것을 버렸다.

動詞 '버리다'가 (14a)에서는 補助動詞로 (14b)에서는 本動詞로 쓰이고 있다. (14a)와 (14b)의 意味差異는 表面上 매우 顯著하게 드러나 보인다.

(14a)와 (14b)의 '버리다'가 각각 相異한 意味資質을 보유하고 있음은 (14a)에 簡單한 變形(transformation)을 더해 보면 알 수 있다.

다음 (15)를 보자.

> (15) a. 철수는 집으로 갔다.
>   *b. 철수는 집으로 버렸다.

(15b)는 (14a)에서 補助動詞 '버리다'만 남겨두고, 先行動詞 '가다'를 削除해 버린 構文이다. (15b)가 非文法的인 文章이 되어버린 것은 補助動詞로 쓰이는 '버리다' 自體의 意味가 全的으로 先行動詞 '가다'에 依存하고 있음을 보여주는 結果이다.

만일 (14b)의 '버리다'가 (14a)의 '버리다'와 그 意味가 같다면, (14b)가 文法的인 文章이 되는 판에, (15b)가 非文法的인 文章이 되어야 할 아무런 理由도 없는 것이다. (15b)의 文章이 非文法的인 文章이 된 것은 結局 (14a)와 (14b)의 '버리다'가 같은 種類의 것이 아님을 보여 주는 根據의 하나가 된다.

곧 本動詞로 쓰이는 (14b)의 '버리다'의 意味와 補助動詞로 쓰이고 있는 (14a)의 '버리다'의 意味가 다르다는 것이 (15b)의 非文法的인 文章으로 確認된 셈이다. 남은 것은 補助動詞로 쓰이는 '버리다'의 意味를 設定하는 일이다.

   (16) a. 철수가 그 일을 해버렸다.
        b. 철수가 그 일을 해내버렸다.
        c. 철수가 그 일을 해내버려 버렸다.

(16a)·(16b)·(16c)에서 補助動詞 '버리다'의 意味를 發見해 내는 일은 그렇게 쉬운 作業은 아니다. 최현배는 '버리다'의 意味를 '終結性'으로 보고 있지만, 최현배의 意味를 그대로 받아들이기에는 그 意味가 너무 曖昧하다.

예컨대 (16a)·(16b)·(16c)의 '버리다'의 意味資質이 '終結性'에 있다면, '終結性'의 意味資質을 가진 다른 補助動詞와도 代置될 수 있어야 한다.

(17) a. 밥을 먹어버렸다.
  *b. 밥을 먹어내었다.
(18) a. 철수가 죽어버렸다.
  *b. 철수가 죽어내었다.

(17a)·(18b)에 쓰이고 있는 補助動詞 '내다'는 최현배 그 意味資質이 '終結性'으로 分類된 補助動詞의 하나이다. 그렇다면 '버리다'의 意味資質도 '終結性'인데 이들은 서로 代置될 수 있어야 한다.

그러나 '終結性'의 '버리다'가 쓰인 文章 (17a)·(18a)를 '내다'로 代置한 文章 (17b)·(18b)는 모두 非文法的인 文章이 되어 버리고 말았다. 이것은 結局 '버리다'의 意味資質이 '終結性'이 아님을 보여주는 根據가 되고 있다.

이제 (17a)·(18a)의 '버리다'에 '進行性'·'過程性' 補助動詞 '가다'를 넣어보자.

(19) a. 밥을 먹어버렸다.
  b. 밥을 먹어간다.
(20) a. 철수가 죽어버렸다.
  b. 철수가 죽어간다.

'終結性'의 意味資質의 補助動詞 '버리다'를 넣어서는 非文法的인 文章이 되었던 (17a)·(18a)의 文章이, '進行性'의 意味資質의 補助動詞 '가다'를 넣어서는 (19b)·(20b)처럼 文法的인 文章이 되었다.

(19b)·(20b)에서 처럼 '가다'가 '버리다'에 代置하여 들어갈 수 있다는 事實만으로는, '버리다'의 意味資質을 '進行性'이라고는 斷定할 수 없다. 補助動詞로 쓰이는 '버리다'의 意味資質의 設定이 그만큼 形式化하기가 어렵다는 反證도 될 것이다.

(19b)·(20b)는 補助動詞의 意味를 設定하는 方法 중, 두 번째 方法이 지닌 理論的 難點을 率直하게 드러내 주고 있다. 곧 本動詞로 쓰이는 '動詞₂'와 '補助動詞'로 쓰이는 '動詞₂'사이의 共通性을 表面構造에서 쉽사리 發見할 수 없다고 해서, 이 '動詞₂'의 意味를 서로 다르게 設定하는 일이 과연 言語學的으로 妥當한 것인가에 대한 難點이다.

Chomsky(1957)의 變形生成理論 이후 規則의 濫發만큼 危險스럽게 看做되던 項目이 없었다는 것14) 且置하더라도, 과연 母語話者(native speaker)가 補助動詞로 쓰이는 動詞A와 本動詞로 쓰이는 動詞A를 각각 다른 것으로 認知하는가 하는 점은 確實히 疑心의 對象이 아닐 수 없다.

補助動詞의 意味를 抽出해 내는 方法 중 마지막 남은 方法은 '動詞₁ + 動詞₂'에서 '動詞₂'의 基本意味를 抽象的으로 設定한 다음, 本動詞로 사용될 때의 '動詞₂'의 意味와 補助動詞로 쓰일 때의 '動詞₂'의 意味를 이 基本意味에서 誘導해 내는 方法이다.

이 方法은 規則의 經濟性이라는 側面에서 一般的으로 다른 言語現象의 說明에도 많이 援用되고 있는 方法이다.

다음 圖式은 基本意味와 派生意味 사이의 關係를 明示的으로 보여 주고 있는 그림이다.

(21)

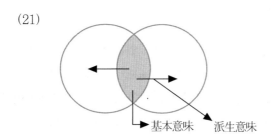

基本意味 派生意味

---

14) Chomsky, N., 前揭書, 1965, pp. 21~26.

基本意味에 대한 論議는 원래 Lakoff 等의 生成意味論에서 提起된 理論的 眼目이다.

3. 補助動詞의 基本意味

本章에서는 補助動詞의 基本意味를 設定해 보고, 그 基本意味에서 派生意味를 誘導해 보는 方向으로 論議를 展開한다.

먼저 補助動詞 '가다'를 보자. 다음에는 '가다' 補助動詞가 쓰인 예의 하나이다.

    (22) a. 철수가 차 사고로 죽어간다.
         b. 사업이 잘 되어간다.

(22)의 '가다'가 補助動詞임을 알 수 있는 것은 本動詞 削除(deletion) 變形(Transformation)을 하여 보면 쉽게 알 수 있다.

    (23) *a. 철수가 차사고로 간다.
         *b. 사업이 잘 간다.

(23a)·(23b)는 非文法的인 文章이 되었는데, 이것은 補助動詞는 先行成分과 共起關係(Co-occurrence Relation)를 形成하지 않기 때문이다. 一般的으로 補助動詞가 先行成分과는 共起關係를 갖지 않기 때문이다.15)

아무튼 (22a)·(22b)의 '가다'가 補助動詞임이 確認되었으니, 이제 남은 作業은 이 補助動詞 '가다'의 基本意味를 設定하는 일이다.

---

15) Chomsky, N., 前揭書, 1965, pp. 36~37, pp. 95~97.

'가다'의 基本意味 設定을 위해 일단은 (22)와 (23)에서 '가다'를 削除한 構文과의 比較가 先行되어야 한다. 便宜上 (22b)를 다시 쓴다.

(22) b. 사업이 잘 되어간다.
　　　c. 사업이 잘 된다.

補助動詞 '가는'가 쓰인 (22b)構文과 '가다'가 削除된 (22c)構文은 '가다'의 基本意味設定에 어떤 실마리를 提供하여 주고 있다.

곧 (22c)構文은 어떤 時間的 幅을 갖지도 못하고, 또 어떤 運動性도 보이지 않으며, 다만 '사업의 상태'가 良好함을 보이는 것에 그치고 있으나, 補助動詞 '가다'가 쓰인 (22b)構文은 그렇지가 않다. (22b)構文은 어떤 目標點을 향해 運動性을 갖는 表現으로 理解된다.

(22b)는 目標性을 갖는 데 비해 (22c)는 目標性을 갖고 있지 않다는 假定은 (22b)·(22c)에 目標表示 副詞語를 揷入해 보면 알 수 있다.

(22)　　b´. 사업이 목표를 향해 잘 되어간다.
　　 *(?)c´. 사업이 목표를 행해 잘 된다.

目標表示 副詞語를 揷入한 (22b´)構文은 그대로 훌륭한 文章이 된데 비하여, (22c´)는 非文法的인 文章이 되거나, 어색한 文章이 되고 만다. 이 事實은 補助動詞 '가다'가 그 意味資質로 '目標性'·'方向性'을 갖고 있음을 確認하게 한다.

결국 補助動詞 '가다'의 基本意味는 다음 (23)과 같이 설정될 수 있을 것이다.

(23)

(23)에서 보는 바와 같이 '가다'의 基本意味는 '목표점을 갖고, 목표점을 향해 움직이는 것'이라고 設定될 수 있다.

'目標點'은 場所·時間 같은 實體的인 것이 目標點이 될 수도 있고, 狀況·狀態 등 非實體的인 것이 目標點이 될 수도 있을 것이다.16)

다음 (24a)·(24b)는 實體的인 것이 目標點을 이룬 경우이며, (24a)·(24b)는 非實體的인 것이 目標點을 이룬 경우를 보여주고 있다.

> (24) a. 열시가 되어간다.
> b. 학교로 뛰어간다.
> c. 그가 죽어간다.
> d. 상태가 나빠져간다.

다음은 補助動詞 '나다'의 基本意味를 살펴보자.

> (25) a. 그와 헤어지고나니, 슬프다.
> b. 돈도 벌고나니, 별 것 아니더라.

(25a)·(25b)에서의 補助動詞 '나다'의 基本意味를 設定하는 일은 그리 어려운 작업만은 아니다.

왜냐하면 (25a)·(25b)에서의 補助動詞는 先行動詞가 完結된 후의 結果를 이르는 데에 쓰여지고 있기 때문이다. 곧 (25a)에서는 先行動詞 '헤어지다'의 行動이 完結된 후의 結果에 '나다'가 쓰이고 있으며, (25b)에서는 '돈을 번' 行動이 끝난 뒤의 結果에 대해서 역시 補助動詞 '나다'가 쓰이고 있기 때문이다. 따라서 先行動詞가 完結될 수 없는 性格의 動詞이면, 이 경우 補助動詞 '나다'와는 서로 相應的 關係를 가질 수 없다.

---

16) 이기동, '동사「오다」「가다」의 의미분석' 말 3집, 1977, 參照.

(26) *a. 한라산이 높고나니, 이상하다.
　　 *b. 철수가 친구가 많고나니, 좋겠다.

(26a)·(26b)는 각각 非文法的인 文章이 되었는데, 이것은 補助動詞 '나다' 앞에 쓰인 動詞가 결코 完結될 수 없는 動詞이기 때문이다.

결국 補助動詞 '나다'의 基本意味는 다음과 같이 圖式化될 수 있다.

(27)

위의 圖式에서 確認할 수 있는 것처럼 補助動詞 '나다'의 基本意味는 일단 어떤 狀態·動作이 完結된 후, 그 뒤에 남는 結果를 表示하는 데에 쓰인다.

補助動詞 '나다'의 이 같은 基本意味는 統辭的으로도 確認되는데, (25a)·(25b)에서 補助動詞 '나다' 앞에 先行하고 있는 '動詞₁'을 削除하면, 非文法的인 文章이 되는 것은 바로 그러한 確認의 一環이 된다.

(28) *a. 그와 나니, 슬프다.
　　 *b. 동도 나니, 별것 아니더라.

여기서 '나다'는 '버리다'와 그 意味資質이 거의 同一함을 알 수 있는데, 그것은 다음의 統辭的 變形過程에서 確認할 수 있다.

(29) a. 그와 헤어져버리니, 슬프다.
　　 b. 돈도 벌어버리니, 별것 아니더라.

(29b)는 약간 어색하게 들릴지도 모르나, 大體的으로 可能한 文章
이다. 결국 (29a)・(29b)는 (25a)・(25b)와 그 基本意味가 同一한
것으로 把握된다. (25)의 '나다'와 (29)의 '버리다'의 基本意味가 同一함
은 (29)의 '버리다' 역시 '나다'와 같은 意味資質을 갖고 있어, 完結性이
없는 動詞와는 어울리지 못함에서 確認할 수 있다.

> (30) *a. 한라산이 높아버리니, 이상하다.
>   *b. 철수가 친구가 많아버리니, 좋겠다.

이것은 '버리다'의 意味資質이 '나다'와 같은 模型, 곧 (27)의 模型과
같은 것임을 알려주고 있다.
補助動詞의 基本意味를 設定하는 方法은 言語現象의 簡潔한 形式化
라는 점에서 매우 價値있는 方法論으로 理解되고 있다.
本論文에서는 모든 補助動詞의 基本意味를 設定하는 자리가 아니므
로, 모든 補助動詞가 基本意味를 設定하지는 않는다.

4. 補助動詞의 意味階層

補助動詞의 意味階層이란 補助動詞가 거듭되어 나타날 때, 이 나타
남에 있어서 나타남의 順序를 決定하는 問題에 대한 論議를 말한다.

> (31) a. 철수는 술을 마셔 보아 버렸다.
>   b. 철수는 술을 마셔 버려 보았다.

(31a)와 (31b)에서는 서로 다른 補助動詞 '보다'・'버리다'가 계속되

어 나타나고 있다. 差異點은 (31a)에서는 '보다'·'버리다'의 順序로 나
타나 있는데, (31b)에서는 反對로 '버리다', '보다'의 順序로 補助動詞가
나타나 있다는 差異가 있을 뿐이다. 물론 (31a), (31b)는 그 意味的 差
異가 보이지는 않는다. 다만 文體論的 立場에서 感覺的인 差異가 엿보일
뿐이다.

그러나 (31a)와 (31b)의 基本意味는 同一하다. 따라서 問題가 되는
점은 補助動詞의 意味階層의 問題가 提起된다. 곧 補助動詞가 2개 이상
계속해서 나타날 때, 이들 補助動詞 사이의 順序라든가, 補助動詞의 順
序와 意味變化의 問題라든가가 모두 意味階層에 속하는 問題이다.

이런 意味單位에 대한 손호민(1976)의 論議를 注目하지 않을 수 없
다. 손호민(1976)의 論議가 물론 補助動詞의 基本意味를 體系的으로 追
求하려는 論議는 아니었지만, 意味階層의 問題에 상당한 示唆를 던져주
고 있는 것은 事實이다.

우선 손호민(1976)의 論議를 要約하면 아래 (32)와 같다.17)

(32) Putative universal semantic units.
    (1) Run
    (2) Toward outside
    (3) (out-going) Action
    (4) Move
    (5) Away from focus
    Korean:

$$(1) \quad —— \left\{ \begin{matrix} (2) \\ (3) \end{matrix} \right\} —— \left\{ \begin{matrix} (4) \\ (5) \end{matrix} \right\}$$

talli(달려) na(나)   ka(가다)

---

17) 손호민, 'Semantics of Compound Verb Korean, 언어 1-2, 1976, pp. 142~150.

English:

$$\left.\begin{matrix} (1) \\ (4) \end{matrix}\right\} \!\!-\!\!\!-\!\! (2)$$

　　　　　　run　　　　out

　　결국 손호민(1976)의 論議는 補助動詞 '나다'는 (2)·(3)에 補助動詞 '가다'는 (4)·(5)에 關係되는 것이라고 보고 있다. 이러한 意味單位에 따라 손호민(1976)은 補助動詞의 意味를 'activity', 'direction', 'motion', 'psychological'의 4가지로 보고, 이들 사이의 配合順序를 'activity→direction→motion→psychological'의 順序로 設定했다.18)

　　여기서 注目할 만한 점의 하나는 이들 配合順序에 대한 項目 중 'psychological'의 項目의 範圍가 가장 넓기 때문에, psychological Verb는 맨 마지막에 나타날 수 있다는 점이다.

　　　　(33) a. 술을 마셔 보겠다.
　　　　　*b. 술을 보아 마시겠다.

　　(33b)가 非文法的인 文章이 된 것은 바로 위의 補助動詞의 配列順位를 어겼기 때문으로 理解된다.

　　本論文은 손호민의 配合順位에 대한 論議를 原則的으로는 支持하지만, 그의 論議에는 결코 看過할 수 없는 重要한 問題點이 如前히 남아 있다.

　　　　(34) a. 산에 올라가 버려 보았다.
　　　　　b. 산에 올라가 보아 버렸다.

---

18) 손호민, 前揭論文, 1976, p. 142.

손호민(1976)에 의하면 '오르다'는 direction '가다'는 motion '버리다', '보다'는 psychological의 意味資質을 갖는다.

따라서 (34a)·(34b)는 앞서 設定된 配列順位를 지켰기 때문에 文法的인 文章이 되었다. 만일 이 配列順位를 어기면 (34a), (34b)의 文章들은 다음과 같이 非文法的인 文章이 되고 말 것이다.

> (35) *a. 산에 가 버려 보아 올랐다.
> *b. 산에 올라 버려 보아 갔다.
> *c. 산에 가 올라 버려 보았다.
> *d. 산에 버려 가 올라 보았다.

그러나 (34)에서 問題가 되는 것은 (35)에서처럼 階層을 넘나드는 側面에서의 配列順位에 대한 問題는 아니다. 問題가 되는 것은 한 階層 안에서의 配列順位의 問題이다.

(34)에서 psychological verb로 손호민(1976)에 의해 分類된 動詞 '보다' '버리다'는 과연 自由로이 psychological의 階層 안에서 넘나드는 것인가 하는 問題가 큰 어려움으로 提起된다.

(34a)에서처럼 '버려 보았다'로 쓰나 反對 順序로 (34b)처럼 '보아 버렸다'로 쓰나, 그 意味의 樣相에는 아무런 變化도 招來하지 않는다면, '버리다'와 '보았다'가 서로 同質의 意味資質을 가지고 있다는 말인데, 그것은 전혀 可能하지 않기 때문이다.

(34a)·(34b)에서 psychological verb인 '보다'·'버리다'의 意味資質이 同質의 것이어서 (34a)·(34b)에서처럼 自由롭게 넘나들 수 있었다면, 다음과 같은 (36)의 意味差異를 說明할 餘地가 없는 것이다.

> (36) a. 철수가 밥을 먹어보았다.
> b. 철수가 밥을 먹어버렸다.

(36a)와 (36b)이 意味가 같은 構文이라고 할 수는 아무도 없을 것이다. 이것은 (36a)에 쓰인 '보다'와 (36b)에 쓰인 '버리다'의 意味資質이 相異함을 보여주는 좋은 根據가 되는 것이다.

論議를 앞으로 다시 돌린다면, 서로 相異한 意味資質을 가진 要素가 서로 自由롭게 代置되어도 아무런 意味變化를 招來하지 않는다는 점은 確實히 矛盾인데, 이 矛盾은 손호민(1976)에서 原因되는 것으로 보인다.

결국 손호민(1976)에서의 psychological verb를 재차 下位分類해야만 한다는 結論이 提起된다. 下位分類의 方法에 대해서는 本論文에서는 자세히 言及하지는 않겠지만, 試論的으로 이들 心理動詞들을 그 基本意味別로 묶는 方法을 생각해 볼 수 있다. 예컨대 앞서서 '보다' 같은 心理動詞에는 '試驗性'의 意味資質을 '버리다'같은 心理動詞에는 '完結性'의 意味資質을 設定하는 方式이다.19)

一般意味論的인 立場에서 보면 '完結性'의 資質에 앞설 수는 없으니, 心理動詞 階層 안에서도 '試驗性'→'完結性'의 順序로 配列順位를 매기는 것이다. 따라서 (34b)가 正當的인 基底構造이고, (34a)는 이 基底構造에서 心理動詞 '보다'와 '버리다'의 順序를 바꾸는 倒置變形을 適用한 후에 생성되어 나온 것으로 理解하면 된다. 補助動詞의 意味階層에 대한 問題는 그리 쉽사리 解明의 실마리를 보일것 같지는 않지만, 한 가지 손호민의 論議에서의 각 階層 사이의 下位分類作業이 可能만 하다면, 그렇게 어려운 問題만은 아니라고 생각된다.

이 점에 대해서는 한편 動詞自體의 特性에 대한 理解도 새로운 概念 아래서 천착된 후의 作業이기도 하다.

---

19) Ross, J., 前揭論文, 1975, pp. 89~92.

5. 結 論

補助動詞의 意味를 抽出해 내는 作業은 本論文에서 試圖한 方法 以外에도 몇 가지 더 있을 수 있다. 그것의 하나가 動詞₁+動詞₂의 構成에서 '動詞₂'의 舊姓을 補助動詞로 把握하지 않고, 그것 自體를 複合動詞로 把握하는 方法이다.

다음 예를 보자.

(37) 새가 날아간다.

(37)은 박병수(1972)에서 빌려온 例文인데, 이것에서 '가다'를 補助動詞로 보지 않고, 複合動詞의 後行成分으로 보는 立場에서는, 本論文의 앞에서와의 側面에서와는 다른 基底構造가 設定될 것이며, 따라서 그 構造도 다음 (38)같이 될 것이다.

(38)

```
                        S₀
              ┌──────────┴──────────┐
             NP                     VP
              │              ┌───────┴──────┐
              │             S₁              V
              │        ┌─────┴─────┐        │
              │       S₂          Comp      │
              │   ┌────┴────┐      │        │
              │  NP        VP      │        │
              │   │         │      │        │
              새  새        날     아        가
```

결국 複合動詞의 側面에서 본다면, 그것의 意味問題도 그런 側面에서 천착되어야 할 것으로 보인다.

本論文은 '動詞$_2$'를 補助動詞로 보는 側面에서 論議를 展開하였지만, 앞의 複合動詞의 側面에서의 論議도 示唆하는 바가 많다. 그 側面에서의 論議가 기다려진다.

┃ 參考文獻

서정수, '국어의 보조동사' 언어 3-2, 1978.

손호민, 'Semantics of Compound Verb in Korean', 언어 1-2, 1974.

양인석, *Korean syntax*, 百合出版社, 1972.

이기동, '조동사의 의미분석', 문법연구3, 1976.

_____, 'Auxiliary verbs and Valuative Viewpoints' 언어 1-2, 1976.

_____, '동사 「오다」, 「가다」의 의미분석', 말 2집. 한국어학당, 연세대, 1977.

최현배, 우리말본, 정음사, 1955.

康琪鎭, 國語補助動詞의 統辭的 特性 韓國文學研究 5, 東國大, 1982.

Chomsky, N., *Syntactic Structure*, Mouton, 1957.

_____, N., *Aspects of the Theory of Syntax*, M.I.T. Press, 1965.

Ross, J., 'Auxilaries as Main Verbs', *Current papers in Linguistics*, 1975.

국어 피동구문의 연구

A Study on the Passive in Korean

1. 序 論

國語研究史에 있어서 被動의 問題만큼이나 論難의 對象이 되었던 問題도 드물다.1) 形態論的 觀點에서부터 시작된 被動에 관한 論議는 統辭論的 觀點을 거쳐 最近에 와서는 話用論(pragmatics)的 觀點에 이르기까지 그 論議의 對象을 넓혀 왔었다.2)

그러나 論議의 焦點은 과연 國語에 있어서의 被動의 槪念을 어떻게 把握할 것인가에 모아졌다.

즉 國語에 있어서 被動의 問題를 形態(form)만의 問題로만 볼 것인지, 아니면 意味(meaning)만의 問題로만 把握할 것인지 아니면 形態意味에 共히 關係되는 文法範疇로 볼 것인지에 대한 論議가 꾸준히 提起되었다.3)

---

1) 金韓坤, 'CAUSE as the deep semantic source of so-called causative and passive', 語學研究 18-1, 1982, pp. 171~195. 朴良圭, 使動과 被動, 國語學 7, 1987, pp. 47~70. 송병학, 한국어 수동태, 언어 4-2, 1979, pp. 87~113.
2) 김한곤, 'CAUSE as the deep semantic source of so-called causative and passive'. 語學研究, 18-1. pp. 171~195, 參照.

아울러 被動의 問題를 形態(form)만의 問題로 局限시켜 把握할 때, 國語에서 被動態로는 어떠한 것들을 認定해야 되는지 하는 問題가 擧論되었다.

즉 '이, 히, 리, 기' 등의 이른바 被動接辭만을 被動의 形態로 認定해야 할 것인지 아니면 '지다, 받다' 등 이른바 助動詞 系列도 被動의 形態로 認定해야 할 것인지의 問題가 계속 提起 되었다.4)

한편, 被動의 問題를 意味(meaning)만의 問題로 보았을 때 과연 被動의 意味가 무엇인가에 대한 論難이 變形文法的 입장에서부터 提起되었다.

行爲者(agent)가 非行爲者(non-agent)에게 어떤 行爲 · 行動을 끼치는 것을 被動 意味로 본 Chomsky(1957)의 見解에 대한 論難이 提起된 것도 이 때이다.5)

아울러 文章의 主語가 스스로의 힘으로 그 動作, 行爲를 行하지 않고, 남의 힘을 입음으로써 그 動作, 行爲를 하는 것을 被動의 意味라고 본 최현배(1959)의 입장도 再三 檢討의 대상이 되기에 이르렀다.6)

이것과 더불어 이른바 '이, 히, 리, 기'에 依한 被動과 助動詞 '지다, 받다' 등에 依한 被動사이의 意味 問題도 심각한 論議의 대상으로 浮刻되었다.7) 다음 例文을 보자.

> (1) a. 나뭇가지가 꺾이다.
>   b. 나뭇가지가 꺾어 지다.

---

3) 任洪彬, 國語 被動化의 意味, 震檀學報 45, 1979, pp. 97~115.
4) 李基東, 韓國語 被動形 分析의 檢討, 人文科學論叢 9, 建大 人文科學硏究所, 1976, pp. 25~41.
5) Chomsky, N., *Syntactic Structure*, pp. 38~39, 1957.
6) 최현배, 우리말본, 1959, pp. 420~421.
7) 李基東, 韓國語 被動形 分析의 檢討, 人文科學論叢 9, pp. 25~41.

(1a)는 接尾辭 '이. 히. 리. 기'에 依한 被動을 (1b)는 助動詞 '지다'에 依한 被動을 보이고 있다.

論議는 主로 (1a)와 (1b)의 意味의 問題에 모아졌다.

즉 (1a)의 接尾辭에 依한 被動과 (1b)의 助動詞에 依한 被動은 그 意味가 서로 同一하다는 입장과, (1a), (1b)의 意味는 서로 相異하다는 입장이 그것이다.

要重한 것은 (1a), (1b)의 意味가 서로 同一한 것이라고 보는 입장에서는, '이, 히, 리, 기' 등의 接尾辭에 依한 被動 뿐만 아니라, '-지다, 되다' 등의 助動詞에 依한 被動도 被動의 範疇에 넣어야 한다는 입장을 보였다.[8]

반면 (1a)와 (1b)의 意味가 相異하다는 입장을 取한 立場에서는 接尾辭에 依한 被動만을 國語 被動範疇로 認定하려는 입장을 堅持하는 獨特性을 보이기도 했다.

이러한 論議들과 함께 그동안의 被動에 관한 論議들 중에서 關心을 끄는 것의 하나는 양동휘(1979)의 論議였다.[9] 양동휘(1979)의 論議는 國語의 接尾辭에 依한 被動法은 그 基底에서 실은 使動의 機能도 行使하고 있다고 보아야 하지 않겠느냐 하는 點을 주창한 것으로 要約될 수 있는데, 그는 그러한 그의 論議의 證據로, 接尾辭 被動法이 接尾辭 使動法과 形態論的, 音韻論的, 意味論的 側面에서 매우 類似性을 보이고 있음을 들었다.

그러나 양동휘(1979)의 論議는 國語 接尾辭 系列의 被動法이 使動法과 同一한 基底構造를 갖고 있을지도 모른다는 論理에 대한 어떤 注意를 喚起시키는 契機만을 提供했을 뿐, 그것에 대한 더 천착된 論議가 계속되지 않아 문제가 많다 하겠다.

---

8) 이기동, 조동사 「지다」의 의미연구, 한글 161, 1978, pp. 29~62.
9) 양동휘, 국어의 피·사동, 한글 166, 1979, pp. 33~49.

양동휘(1979)의 論議와 함께 國語 被動法 論議에서 注目을 끄는 論議는 任洪彬(1978)에서 提起된다.[10] 任洪彬(1978)은 國語에 있어서 被動의 意味가 과연 무엇이겠느냐 하는 源泉的 疑問을 提起하고, 그러한 疑問을 行爲者(agent)와 非行爲者(non-agent)와의 相關的 役活 關係에서 把握하려는 試圖를 보였다.

任洪彬(1978)의 論議는 國語 被動法 問題에 있어서 가장 오래된 問題點을 다시금 浮刻시키려 했다는 점에서 注目받고 있는 論議이며, 그 點에서 김한곤(1982)의 論議도, 크게 關心을 끄는 論議의 하나이다.

2. 問題의 提起

國語 被動法의 論議에서 이른바 語彙的 被動法으로 알려져 있는 '되다, 당하다, 받다'에 依한 被動法은 그러나 그 많은 被動 論議에도 불구하고 集中的으로 論議되고 擧論되지 못한 것이 事實이다.

아래를 보자.

   (2) a. 영희가 철수를 모욕하다.
        b. 철수가 영희에게 모욕당하다.

위의 例에서 (2a)에서는 行爲者가 '영희'로 非行爲者가 '철수'로 나타나 있다. 그리고 行爲의 方向은 '영희'에게서 '철수'로 向하고 있다. 즉 '철수'는 被動者的 立場에 있다.

이러한 被動者的 立場이 (2b)에 와서 '당하다'라는 被動的 語彙에 依해 表現된 것뿐이다.

---

10) 任洪彬, 國語被動化의 意味, 震檀學報 45, 1978, pp. 97~115.

國語 被動의 問題가 行爲者와 非行爲者 사이의 行動性에 관한 力學 관계를 나타내는 것을 문제 삼는다면, 앞에 든 例 (2b)도 반드시 피동의 論議에 包含되어 졌어야 할 문제로 생각된다.

어찌된 일인지 이른바 '되다, 당하다, 받다' 등에 依한 被動의 問題는 최현배(1959)에서만 一時 注目을 받은 뒤, 그 以後의 論議에서는 '되다, 당하다, 받다'에 依한 被動은 이른바 接尾辭에 依한 被動化인 '이, 히, 리, 기……' 被動과 어떻게 相異하며, 또 그러한 相異性은 서로 어떠한 相關 關係에 形成하고 있는가 하는 것 등이 마땅히 論議되어야 할 것이다.

本 論文에서는 '되다, 당하다, 받다'에 依한 被動化를 解決하는 하나 의 試圖로서 먼저, '되다, 당하다, 받다' 등의 被動化에 있어서 選擇制限 이다. '받다, 당하다'에 依한 被動法은 被動의 問題가 아닌 성 取及되어 왔던 것이 事實이다.

本 論文은 '되다, 당하다, 받다'에 依한 被動化도 그 自體的인 檢討를 받아야 하며 또 마땅히 國語被動化의 論議에 包含되어야 한다는 생각하 에서 記述된다.

'되다, 당하다, 받다'가 被動의 屬性을 지니게 되는 것은 어떠한 根據 에 依해서이며, '되다, 받다, 당하다'가 무엇인지를 規明하는 데에 초점 을 맞추려 한다.

選擇制限이란 간단히 말해서 왜 '협박당하다, 협박받다'는 可能하지 않는지, 그러한 選擇的 受容에는 어떠한 意味論的 統辭論的 制約이 뒷받 침되어 있는 것인지 하는 것등에 관심을 두는 것으로써, 그 理論的 根據 Chomsky(1965)에서 提供된 것을 授用하기로 한다.11)

本 論文은 被動에 관한 지금까지의 論議를 기반으로 하여 '되다, 당 하다, 받다'에 依한 被動構文의 意味와 統辭를 檢討하려는 目的을 지니

---

11) Chomsky, N., Aspects of the Theory of Syntax, 1965, pp. 113~123, 參照.

고 있다.

이 '되다, 당하다, 받다'는 서로 그 의미가 상이할 뿐 만 아니라, 심한 統辭的 制約을 보이고 있어 興味롭다.

다음을 보자.

  (3) a. *철수가 협박되다.
    b. 철수가 협박당하다.
    c. 철수가 협박받다.

위에서 動詞 '협박하다'는 '당하다', '받다'에 依한 被動은 許容하고 있지만 (3a)와 같이 '되다'에 依한 被動은 許容하고 있지 않는 것으로 理解된다.

반면 아래는 '되다'에 依한 被動만을 許容할 뿐 '당하다', '받다'에 依한 被動을 許容하지 않고 있다.

아래를 보자.

  (4) d. 그 문제가 연구되다.
    e. *그 문제가 연구당하다.
    f. *그 문제가 연구받다.

위 (4)에서처럼 動詞 '연구하다'는 (2d)처럼 '되다'에 依한 被動만을 許容할 뿐 '당하다', '받다'에 依한 被動은 (4e), (4f)처럼 許容하지 않고 있다.

本 論文은 '되다', '받다', '당하다'에 依한 被動의 選擇 制限이 무엇인지, 그리고 '되다', '받다', '당하다'의 意味關係는 무엇인지 하는 點등을 檢討해서 形式化 하려는 意圖를 지니고 있다.

本 論文은 共時的인 側面에서만 이루어지며, 通時的인 側面은 따라

서 考慮되지 않았다.

3. 被動構文의 統辭와 意味

'되다', '당하다', '받다'에 依한 被動의 問題에 처음으로 分析的인 關心을 가진 이는 앞서 말한 최현배(1959)에 依해서이다.12)

최현배(1959)에서는 '되다', '당하다', '받다'의 意味를 서로 相異한 것으로 把握한 것이 特色이다.

즉 '되다'에 依한 被動은 '할 수 있는 입음'과 '절로 되는 입음'을 '당하다'와 '받다'에 依한 被動은 '이해 입음'의 意味를 각각 나타낸다고 보았다.13)

최현배(1959)의 이러한 입장은 매우 獨特한 것이기는 하나 立證할 어떤 統辭的 制約을 提示하지 않았다는 弱點을 보이고 있다.

'되다, 당하다, 받다'에 依한 被動의 意味가 각각 相異하다면, 그것은 마땅히 統辭的 特性에 依해 뒷받침되어야 한다.

'되다, 당하다, 받다'에 介在되어 있는 統辭的 特性은 과연 무엇일까?

우선 '되다', '당하다', '받다'의 選擇制限을 살펴볼 必要가 있다.

形式的인 觀點에서14) '되다', '당하다', '받다'에 依한 被動은 8가지 形式이 可能한 것으로 理解되고 있다.

아래를 보자.

---

12) 최현배, 우리말본, 1955, pp. 429~431.
13) 최현배, 우리말본, 1955, p. 430.
14) 이러한 形式的인 觀點은 Allwood, J. & Andersson, L. & Dahl, O., *Logic in Linguistics*, 1977, pp. 158~171, 參照.

첫째, '되다, 당하다, 받다'에 依한 被動을 모두 許容하는 경우.

둘째, '되다'에 依한 被動만 許容하는 경우.

셋째, '당하다'에 依한 被動만 許容하는 경우.

넷째, '받다'에 依한 被動만을 許容하는 경우.

다섯째, '되다'에 依한 被動만 許容치 않는 경우.

여섯째, '당하다'에 依한 被動만 許容치 않는 경우.

일곱째, '받다'에 依한 被動만 許容치 않는 경우.

여덟째, '되다, 당하다, 받다'에 依한 被動을 모두 許容치 않는 경우.

이들의 例를 하나씩 들어 보면 다음과 같이 될 것이다.

먼저 첫 번째 경우 즉, '되다, 당하다, 받다'에 依한 被動을 모두 許容하는 경우인데, 이 경우는 暫定的인 分析 結果에 依하면, 주로 被動者 (non-agent)에게 不利한 利害關係를 作用시키는 것에만 쓰이는 選擇制限을 갖고 있는 것으로 理解된다.

다음을 보자.

    (5) a. 그 범인이 감금되었다.
        b. 그 범인이 감금당했다.
        c. 그 범인이 결박받았다.

즉 '결박하다'는 動詞 自體의 動作은 被動者에게는 不利한 利害를 끼치고 있으며, 이러한 特性은 '결박하다'가 '되다, 받다, 당하다'에 依한 被動을 모두 許容하는 것과 緊密한 關聯을 맺고 있는 것으로 理解된다.

이제 두 번째의 경우, 즉 '되다'에 依한 被動만 許容하고, '당하다' '받다'에 依한 被動은 許容하지 않는 경우를 살펴보자.

다음은 그것이다.

    (6) a. 그 문제가 연구되다.

        b. *그 문제가 연구당하다.

        c. *그 문제가 연구 받다.

위에서 動詞 '연구하다'는 '되다'에 依한 被動만을 許容할 뿐 '당하다'나 '받다'에 依한 被動은 許容하지 않고 있다.

이것도 動詞의 動作 자체가 被動者(non-agent)에 어떠한 利害關係를 갖고 있나 하는 點과 緊密한 關聯을 갖고 있는 것으로 보인다.

이제 세 번째 경우, 즉 '당하다'에 依한 被動만을 許容하고, '되다', '받다'에 依한 被動은 許容치 않는 경우를 살펴 보자.

다음은 그것이다.

    (7) a. *그가 망신되다.

        b. 그가 망신당하다.

        c. *그가 망신받다.

이제 네 번째의 경우, 즉 '받다'에 依한 被動만 許容하고 '되다', '당하다'에 依한 被動은 可能하지 않은 경우를 살펴보자.

다음은 그것을 보이고 있다.

    (8) a. *그 선생님이 존경되다.

        b. *그 선생님이 존경당하다.

        c. 그 선생님이 존경 받다.

이제 다섯 번째의 경우, 즉 '받다, 당하다'에 依한 被動은 可能하나 '되다'에 依한 被動은 可能하지 않은 경우에 대해 알아 보기로 하자.

다음은 그러한 例를 보인 것이다.

(9) a. *영희가 협박되었다.
    b. 영희가 협박당했다.
    c. 영희가 협박받았다.

위 (9)에서 動詞 '협박하다'는 (9a)와 같이 '되다'에 依한 被動은 許容하지 않고 있으나, (9b), (9c)와 같은 '당하다', '받다'에 依한 被動은 許容되고 있다.

여섯 번째의 경우, 즉 '당하다'에 依한 被動만 許容하지 않을 뿐 餘他의 다른 被動 즉 '받다', '되다'에 依한 被動은 可能한 경우를 생각해 보자.

이 경우는 言語學에서 매우 剩餘的(redundency)인 것으로 理解된다.

이 경우는 國語에서는 보이지 않는데, 이 點은 '당하다'의 意味資質과 緊密한 관련을 맺고 있는 것으로 理解된다. (이 점에 관해서는 뒤로 미룬다)

이제 일곱 번째의 경우, 즉 '받다'에 依한 被動만을 許容치 않을 뿐, '당하다' '되다'의 被動은 許容하는 경우를 보자.

이 경우는 다음과 같은 例들에서 確認될 수 있다.

(10) a. 그 기사가 게재되다.
     b. 그 기사가 게재당하다.
     c. *그 기사가 게재받다.

마지막의 경우 즉 '되다, 당하다, 받다'에 依한 被動, 어느 것도 許容하지 않는 것도, 國語에는 나타나지 않는, 一種의 言語學的 空白(linguistic blank)에 속한다.15)

이제 위에서 設定한 8가지 形式 사이의 意味 關係에 대해, '되다', '당하다', '받다'의 意味를 中心으로 說明을 加해보자.

---

15) Chomsky, N., *Syntactic Structure*, 1957, pp.34~39. 에서도 言語的 空白의 問題가 檢討된 바 있다.

우선 아래 예를 보자.

(11) a. 철수가 주목되었다.
　　 b. 철수가 주목당했다.
　　 c. 철수가 주목받았다.

위 (11)에서 動詞 '주목하다'는 '되다', '당하다', '받다'에 依한 被動을 모두 許容하고 있는 樣相을 보이고 있다.

問題는 두 가지 側面에서 提起된다.

첫째, 動詞 '주목하다'가 '되다', '당하다', '받다'에 依한 被動化의 過程을 거쳤을 때 '주목되다', '주목당하다', '주목받다'의 意味는 과연 어떤 樣相을 지니게 되는가 하는 問題이다.

더 的確하게 말한다면, (11a), (11b), (11c)의 意味가 서로 同一한 것이냐, 아니면 각각 相異한 것이냐 하는 문제이다.

또 하나의 문제는 動詞 '주목하다'에는 어떤 選擇資質이 있기에 '되다, 당하다, 받다'에 依한 被動을 모두 許容하고 있는 것인지 하는 문제이다.

이 문제는 아래 (12)같은 例와 對備될 때 더 더욱 浮刻된다.

아래를 보자.

(12) a. *선생님이 존경되다.
　　 b. *선생님이 존경당하다.
　　 c. 　선생님이 존경받다.

(12)의 動詞 '존경하다'는 (11)의 動詞 '주목하다'와는 달리 '되다, 당하다'에 依한 被動은 許容하지 않고 있다.

'존경하다'에는 어떠한 選擇制限이 內在하기에 (12)와 같은 樣相을 보이는 것일까?

우선 첫 번째 문제에 대해서 살펴보기로 하겠다.

앞에서 든 (11)과 같은 例 즉, '되다, 당하다, 받다'에 依한 被動을 모두 許容하는 다른 경우를 적어보자.

다음 例는 그것이다.

(13) a. 그 도둑이 결박되었다.
    b. 그 도둑이 결박당했다.
    c. 그 도둑이 결박받았다.

(13a), (13b), (13c)는 물론, 전체적인 입장에서 보면, '도둑'이 어떠한 外部 作用에 依해 動作을 받는 意味 즉 被動의 意味를 나타내고 있다고는 말할 수 있지만, 그러한 被動의 意味를 나타내는 形態는 (13a), (13b), (13c)가 각각 相異하게 드러나 있다.

(13a), (13b), (13c)에 쓰인 被動의 助動詞의 形態가 다르다는 것은 곧 (13a), (13b), (13c)의 意味가 다르다는 것을 反映한 것으로 理解된다.

形態(form)가 다르면 意味(meaning)도 다르다는 Bolinger(1977)의 입장은 위의 點에서 有效性을 지닌다.16)

즉 (13a), (13b), (13c)에 있어서 각각 그 形態가 '되다', '당하다', '받다'로 相異하게 나타난 것은 반드시 言語學的 理由가 있기 때문이며, 그 理由란 다름 아닌, (13a), (13b), (13c)의 意味가 다르기 때문이다.

물론 Bolinger(1977)의 그러한 見解 즉, 形態가 相異하다는 것은, 意味가 相異하다는 것을, 반영한다는 입장을 授用하지 않는 限에 있어서는 그러나 (13a), (13b), (13c)의 意味가 同一하다고 해도 그것은 可

---

16) Bolinger, D., *Meaning and Form*, pp. 2~20, 1977.

能할 假定일 수가 있다.

그러나 (13a), (13b), (13c)의 意味가 서로 同一하다는 입장은 몇 가지 難點을 꾸준히 提起하고 있다.

그 難點 중의 하나는, (13a), (13b), (13c)의 意味가 同一하다면, 즉 (13a), (13b), (13c)의 '되다', '당하다', '받다'의 意味가 同一하다는 論理가 되는데, 그렇다면 왜 서로 자유롭게 對峙(paraphrase)될 수 없느냐 하는 문제가 남는다.

同一한 意味를 가진 形態라면 서로 對峙가 可能한 것은 當然한 論理이므로, '되다', '당하다', '받다'가 서로 對峙될 수 없음은 이들 세 形態(form)가 意味가 相異함을 나타내는 反證이기도 하다.

그리고 言語經濟的인 側面에서도 同一한 意味를 가진 形態素가 아닌 語彙 形態素에 存在하는 現像은 매우 드문 現像이 아닐 수 없다.

결국 (13a), (13b), (13c)의 意味가 같다는 論理는 매우 심각한 難點을 지니게 된다.

서로 同一한 意味를 지녔음에도 불구하고 서로, 對峙될 수는 없다는 二律背反的인 現像을 說明하지 않는 한 (13a), (13b), (13c)의 세 形態가 그 意味上 서로 同一하다는 論理는 따라서 有效한 것이 될 수 없다.

그러면 意味論的 입장에서 '되다', '당하다', '받다'의 意味關係는 어떻게 形式化될 수 있을까? 그것은 程度(degree)의 問題로 解明될 수 있다. 즉 '되다', '당하다', '받다'에 被動者의 意圖(intention)가 얼마나 介在되어 있느냐 하는 問題이다.

즉 被動者는 自己의 '意圖'가 얼마나 屈曲되었는지의 程度를, 그 정도의 強弱에 따라 각각 '되다', '당하다', '받다'로 나타내는 것으로 보인다.

즉, '당하다'는 被動者의 意圖가 제일 많이 削減된 것을, '되다'는 被動者의 意圖가 比較的 적게 削減된 것을, 즉 被動者의 意圖가 어느 정도 반영될 수 있는 것을 나타내며, '받다'는 '당하다'와 '받다'의 中間 정도에

位置하는 것으로 보인다.

'되다'에 依한 被動에는 被動者의 意圖가 比較的 반영될 수 있음은 '되다'에 依한 被動이 一般的으로 두 가지로 解析되고 있는 點에서 確認된다.

즉 被動者의 意圖가 介在되어 있는 경우의 解析과 그러한 意圖가 完全히 排除되어 있는 경우의 解析이다.

다음을 보자.

    (14) 그 문제가 주목되었다.

(14)에서 被動資(non-agent)인17) '그 문제'는 意圖的인 觀點에서, 또는 非意圖的인 觀點에서도 解析이 된다.

(14)가 意圖的으로 解析될 수 있음은 副詞語와의 共起關係(Co-occurance Relation)에서 確認된다.

다음을 보자.

    (15) 그 문제가 $\left\{ \begin{array}{l} \text{집중적으로} \\ \text{의도적으로} \end{array} \right\}$ 주목되었다.

(15)는 '되다'에 依한 被動이, [+意圖的]의 意味資質을 가진 '意圖的으로', '集中的으로'와 自然스럽게 어울리고 있음을 보이고 있다.

이것은 '되다'에 依한 被動에 意圖의 問題가 介入될 수 있음을 보여주는 것이다.

한편 (14)는 또 非意圖的으로도 解析될 수 있다. (14)가 非意圖的으로 解析될 수 있음은, (14)가 (13)과 같이 [+意圖的]이란 意味의 質

---

17) 被動者를 非行爲者라 해도 좋을 것이다.

을 가진 副詞(語) 뿐만 아니라, [-非意圖的] 意味資質을 가진 副詞(語)
와도 잘 어울릴 수 있음에서 確認된다.

　다음은 그것을 나타낸다.

　　(16) 그 문제가 $\left\{\begin{array}{l}\text{뜻하지 않게} \\ \text{우연치 않게}\end{array}\right\}$ 주목되었다.

　결국 '되다'에 依한 被動은 被動者의 意圖가 介入될 수도, 또는 그렇
지 않을 수도 있음을 보일 때도 쓰이는 것으로 理解된다.

　'되다'에 依한 被動의 이러한 意味特性은 '되다'의 基本的인 意味 特性
에서 緣由되는 것으로 보인다.

　다음의 例를 보자.

　　(17) a. 그가 장관이 되었다.
　　　　b. 이제 가을이 되었다.
　　　　c. 옷 색깔이 노랗게 되었다
　　　　d. 국회가 양원으로 구성되었다.
　　　　e. 일이 제대로 되다.
　　　　f. 결과적으로는 거짓말이 되었다.
　　　　g. 10 더하기 10은 20이 된다.
　　　　h. 그가 그 연극에서 주인공이 되었다.
　　　　i. 그가 죽은 지 10년이 되었다.
　　　　j. 그가 나를 사랑하게 되었다.

　위의 (17)에 쓰인 '되다'는 각각, 文脈(context)에서, 話者(speaker)
가 지닌 話用上의 知識이나 條件에 依해 각각 매우 相異하게 解釋되고
있는 것으로 보인다.

　즉 (17a)에 쓰인 '되다'는 '어떤 職位를 얻다'의 意味로, (17b)의 '되

다'는 '어떠한 때가 오다'의 意味로 (17c)의 '되다'는 '변하다'의 意圖로
쓰였다.

한편, (17d)의 '되다'는 '구성하다'의 意味로, (17e)의 '되다'는 '성취
하다, 성공하다'의 意味로, (17f)의 '되다'는 '어떤 결과에 이르다'의 意味
로, 또 (17g)는 '어떤 數量이 어디에 이르다'의 意味로 쓰이고 있다.

또 (17b)는 '어떤 구실을 하다' (17i)에서는 '시일이 경과하다',
(17j)에서는 '시작하다'의 意味로 각각 '되다'가 使用되고 있는 것으로 理
解된다.

그러나 이것은 '되다'가 文脈上에서 각각 相異한 意味를 보이고 있을
뿐, 그 基本意味(basic meaning)는 아니다. '되다'의 基本的인 意味는 暫
定的이나마 '狀態變化'를 意味하는 것으로 보인다.

즉 한 狀態·狀況에서, 그와는 다른 狀態·狀況으로 轉移(transfer)
되는 것에 '되다'가 쓰인다고 할 수 있다.

즉 (17a)에서는 '장관 아닌 신분'에서 '장관신분'으로의 轉移를 나타
내고, (17b)에서는 '가을' 전, 즉 '여름'에서 '가을'로의 轉移를 나타내고
있다.

이것은 다음과 같이 圖式化될 수 있다.

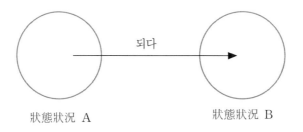

狀態狀況 A   狀態狀況 B

즉 하나의 '狀態·狀況 A'가 다른 狀態·狀況으로 옮아갈 때 '되다'가
쓰이는 것으로 이해된다.

결국 '되다'의 어떤 特性은 '받다', '당하다'와의 意味 關係에서 獨特한 位置를 占하고 있는 것으로 보인다.

(18) a. 그가 교도소에 감금되었다.
   b. 그가 교도소에 감금당했다.
   c. 그가 교도소에 감금받았다.

즉 (18b)의 '당했다'에 依한 被動에는, 被動者의 意圖가 가장 많이 削減되어 있고, (18a)의 '되다'에 依한 被動에는, 被動者의 意圖가 가장 적게 削減되어 있으며, (18c)의 '받았다'에 依한 被動은 그 중간 地點에 位置하고 있다.

따라서 (18b)의 '당하다' 被動에서는, 被動者는 어떠한 경우에라도 監禁될 意圖를 갖고 있지 않았으나, 監禁되었다라는 것이 前提되는 데 比해, (18a)의 '되다' 被動에는 事情 如何에 따라서는 '감금되는 것도 감수할 수 있다'라는 被動者의 意圖가 前提되고 있는 解釋으로 理解된다.

그리고 (18c)의 '받다' 被動에는 (18b)의 '당하다' 被動과 (18a)의 '되다' 被動 사이의 中間 地點에 位置하는 것으로 보인다.

이제 앞서 提起한 問題 중에, 두 번째 문제 즉 '되다', '당하다', '받다'에 依한 被動을 모두 許容하고 있는 경우에 介入되어 있는 選擇制限의 問題를 살펴보자.

興味로운 것은 이러한 選擇制限의 문제가 앞서 論議한 바 있는 '되다, 당하다, 받다'의 意味問題와 깊은 관련을 맺고 있다는 點이다.

즉 앞서 '당하다'에는 被動者의 意圖의 相反되는 狀態나 狀況에, '되다'는 그러한 被動者의 意圖가 介入될 수 있고, 또 介入되지 않을 수 있는 狀態나 狀況에, 그리고 '받다'는 '당하다'와 '되다'의 中間地點에 位置하는 것이라고 하였다.

이것은 말을 바꾸면 被動者가 意圖力을 行使할 수 있는 意味 資質을 가진 動詞에는 '당하다' 被動의 可能한 것으로 暫定的으로나마 判斷된다.

이것은 다음에서 확인된다.

(19) a. *그 사람이 걱정당하다.
　　 b. *철학이 공부당하다.
　　 c. *그분이 존경당하다.
(20) a. 그 문제가 주목당하다.
　　 b. 그 범인이 결박당하다
　　 c. 그 사람이 협박당하다.

(19a), (19b), (19c)에서 이 文章들이 非文法的인 것이 된 것은 아마도 被動者로 나타나 있는 '그 사람', '철학', '그분'이 '걱정하다', '공부하다', '존경하다' 등에 대해 意圖力을 行使할 수 없기 때문으로 理解된다.

이제 問題는 被動 助動詞 '되다', '당하다', '받다'가 選擇되는 環境에 그 초점이 모아진다.

우선은 '되다', '당하다', '받다' 앞에 先行되는 動詞가 他動詞(transitive verb)일 것과, 行爲者가, 表面에 削除되어 있던 나타나든 간에, 前提되어야 할 것 등을 中心으로 論議해 보기로 한다.

우선 '되다, 당하다, 받다'에 先行하는 動詞가 他動性(transitivity)을 지니고 있어야 한다는 것은 이미 Chomsky(1957)에서 指摘된 바 그대로,[18] 이러한 先行動詞의 他動性이야 말로, '되다', '당하다', '받다'에 被動, 被動의 意味를 附加 시켜주는 要素로 理解되고 있는 것이 周知의 事實이다.

問題는 '되다', '받다', '당하다'의 附着 與否와 先行動詞의 他動性 與

---

18) Chomsky, N., *Syntactic Structure*, 1957, pp. 53~57.

否가 어떠한 相互關係를 갖느냐 하는 點이다.

더 具體的으로 말해서 先行動詞의 他動性의 强・弱의 程度가 '되다', '받다', '당하다'에 依한 被動化에 어떠한 影響力을 行使하고 있는지 하는 點이다.

따라서 問題는 他動性이란 무엇이며, 그것은 어떤 階層을 形成하고 있는 것인가에 모아질 수밖에 없다.

다음을 보자.

(21) a. 철수가 영희를 좋아한다.
b. 그가 돌에 맞았다.

(21a)의 動詞 '좋아한다'는 傳統的으로 他動詞로 分類되어 온 動詞이며, (21b)는 自動詞로 分類되어 온 動詞에 屬한다.

(21a)의 動詞 '좋아하다'를 他動詞로 (21b)의 動詞 '맞다'를 自動詞로 分類하는 데 쓰인 基準의 하나는 이들 動詞가 目的語를 가졌느냐 아니냐에 달려 있는 것으로 傳統文法은 理解했다.19)

그러나 問題는 目的語가 있고 없음이 과연 他動性을 決定할 만한 要素가 되겠느냐 하는 點이다.

目的語의 있고 없음이 물론 傳統的(syntactic) 側面에서의 問題를 解決하는데 도움은 줄 수 있을지 몰라도, 動詞의 他動性을 決定하는 것과는 거의 問題의 核을 달리한 것으로 여겨진다.

즉 (21a)와 (21b)와의 比較에 (21a)는 動詞 '좋아하다'가 目的語를 가져서 他動詞로는 分類되었으나, 그것은 事實 目的語를 갖지 않았다는 理由로 自動詞로 分類된 (21b)의 '맞았다'보다 他動性의 程度가 낮은 것으로 理解되고 있다.

---

19) Jespersen, O., *Essentials of English Grammar*, 1933, pp. 64~68.

그것은 (21a)와 (21b)의 動詞의 行爲에 依해 發生된 結果가 무엇이냐 하는 問題에서 確然히 드러난다.

즉 (21b)의 自動詞로 분류된 '맞았다'는 '맞은 動作'의 結果를 明徵하게 確認될 수가 있다. 즉 '맞아서 뺨이 부었다든가', '때린 사람이 양심의 가책을 느꼈다든가' 하는 결과를 볼 수 있다.

그러나 他動詞로 分類된 (21a)의 '좋아하다'에서는 그러한 屬性을 確認할 수 없는 것이 사실이다.

(21a)에서 '철수가 영희를 좋아한' 結果로 나타난 것이 무엇인지가 模糊하다. 動詞 '좋아하다'의 結果로 나타난 것이 模糊하다는 것은 여러 側面에서의 解釋이 可能하지만, 結局에는 動詞 '좋아하다'의 他動性에 문제를 두지 않을 수 없다.

결국 動詞에 依해서 드러난 結果가 顯著한 '맞았다'는 自動詞로 分類되고, 그보다 他動性이 낮은 것으로 理解되는 (21a)의 '좋아하다'가 他動詞로 分類된 것은 傳統文法的 見解의 妥當性에 問題가 있음을 示唆한 것으로 보인다.

本 論文에서는 動詞를 他動詞, 自動詞로 分類하는 것이 妥當한 것인가를 論하는 것이 目的이 아니므로 더 이상 擧論하지는 않는다.

다만 動詞의 他動性이라는 것이 '되다', '당하다', '받다'에 依한 被動의 意味에 깊숙이 介入하고 있음을 提示할 뿐이다.

暫定的인 것이긴 하지만 他動性이 强한 것은 '당하다'와는 잘 어울릴 수 있는 반면, '되다'와는 呼應關係를 갖지 못하는 것으로 理解된다.

또 他動性이 아주 弱한 動詞들은 '되다'와는 呼應 관계를 가질 수 있으나 反面 '당하다'와는 그런 呼應 관계를 가질 수 없는 것으로 理解된다.

한편 他動性의 程度에 있어서 强한 動詞와 弱한 動詞 사이에 있는 動詞들은 '받다'와 呼應關係를 가질 수 있는 것으로 보인다.

4. 結 論

本 論文에서는 被動 助動詞 '되다, 당하다, 받다'의 意味와 統辭에 관해서 他動性이란 基準을 가지고 論해 보았다.

本 論文에서는, 論議의 結果, '되다, 받다, 당하다'에 依한 被動에는. 각각 독특한 選擇制限을 보이고 있음을 밝혀 보았고, '되다, 받다, 당하다'의 基本的인 意味가 이 選擇制限에서 緣由되고 있음을 알아내어 이를 檢討해 보았다.

本 論文은 또 形式的인 觀點에서 '되다', '당하다', '받다'에 依한 被動에 8가지의 形式이 可能한 것으로 보고 그것을 아래와 같이 設定해 보았다.

물론 이러한 設定은 暫定的인 것이 될 것이다.

아래는 그러한 '되다, 당하다, 받다' 被動의 8形式이다.

첫째, '되다, 당하다, 받다'에 依한 被動을 모두 許容하는 경우.

둘째, '되다'에 依한 被動만 許容하는 경우.

셋째, '당하다'에 依한 被動만 許容하는 경우.

넷째, '받다'에 依한 被動만 許容하는 경우.

다섯째, '되다'에 依한 被動만 許容치 않는 경우.

여섯째, '당하다'에 依한 被動만 許容치 않는 경우.

일곱째, '받다'에 依한 被動만 許容치 않는 경우.

여덟째, '되다' '당하다' '받다'에 依한 被動을 모두 許容치 않는 경우.

그리고 이러한 分類는 動詞 自體의 動作이 被動者(non-agent)에게 어떠한 理解 관계를 行使하고 있는가 하는 것과 緊密한 관계를 맺고 있는 것으로 理解되었다.

물론 이들 8形式이 모두 國語에 나타나는 것은 아니었다.

어떤 것은 言語的 空白(linguistic blank) 때문에, 또 어떤 것은 剩餘的 資質(redundancy feature)의 理由 때문에 國語에는 實現되지 않는 것도 있었다.

本 論文은 또 '되다', '당하다', '받다'에 依한 被動이 각각 相異한 意味를 지니고 있는 것으로 理解 했는데 이러한 입장은 Bolinger(1977)에서 影響을 받은 것이었다.

論議의 結果 '되다', '당하다', '받다'에 依한 被動化는, 그것에 先行하는 動詞의 他動性(transitivity)과 緊密한 關係를 갖고 있는 것으로 把握되었다.

'되다', '당하다', '받다'에 依한 被動을 모두 同一한 意味를 지니고 있는 것으로 想定해 보고 可能性을 檢討해 보았지만, 그럴 경우, '되다', '당하다', '받다'가 서로 對峙(paraphrase)될 수 없다는 統辭的 難點에 부딪쳐 이 假定을 抛棄하였다.

남은 問題도 '되다', '당하다', '받다'의 意味關係를 더 形式化하는 問題와 이 形式의 被動과 '이, 히, 리, 기'에 依한 被動과의 相關關係는 더 穿鑿되어야 할 課題이다.

▌參考文獻

金韓坤, 'CAUSE as the deep semantic Source of so-called Causative and Passive', 語學研究 18-1, 1982.

성광수, 국어 간접 피동에 대하여, 문법연구 3, 1976.

송병학, 한국어의 수용태, 언어 4-2, 1979.

양인석, 'Two causative forms in Korean', 語學研究 10-1, 1974.

오준규, *Aspect of Korean Syntax*, Ph, D. Dissertation, Hawaii University, 1971.

李基東, 韓國語 被動形 分析의 檢討, 人文科學 論叢 9, 建國大 人文科學研究所, 1976.

_____, 조동사 「지다」의 의미연구, 한글 161, 1978.

양동휘, 국어의 피·사동, 한글 166, 1979.

任洪彬, 國語被動化의 意味, 震檀學報 45, 1978.

朴良圭, 使役과 被動, 國語學 7, 1978.

李翊燮, 被動性 形容詞文의 統辭構造, 國語學 6, 1978.

최현배, 우리말본, 정음사, 1959.

Bolinger, D., *Meaning and Form*, Longman Ltd, 1977.

Givon, T., *On Understanding Grammar*, Academic Press, 1979.

Chomsky, N., *Syntactic Structure*, 1957.

_____, *Aspects of the Theory of Syntax*, 1965.

Hasegaua, K., 'The Passive Construction in English', *Language* 44, 1968.

Langacker, R. and Munro R, 'Passive and Their Meaning', *Language* 51, 1975.

Vendler, Z., *Linguistics in philosophy*, Cornell University Press, 1967.

Allwood, J. & Andersson, L. & Dahl, O., *Logic in Linguistics*, 1977.

Jespersen, O., *Essentials of English Grammar*, 1933.

국어 부정법의 연구

―'못(하다)'를 중심으로―

1. 序 論

　　國語 否定法에 對한 論議는 그 論議가 어떠한 理論的 背景을 취했느냐에 따라서 크게 두 가지로 大別할 수 있다.

　　하나는 최현배(1959)를 中心으로 한 傳統文法的 論議이며, 나머지 하나는 朴舜咸(1967), 오준규(1971), 李鴻培(1970), 宋錫重(1971) 등을 中心으로 한 變形生成文法的 論議이다.

　　최현배(1959) 등의 傳統文法에서는 否定法 問題가 獨立的으로 取扱되지 못하고 補助動詞의 範疇 속에서 다루어졌다.

　　즉 否定補助動詞에 '아니하다, 못하다, 말다'의 세 否定語를 設定하고 '아니하다'는 하지 아니함을 나타내는 것으로, '못하다'는 不能을 意味하는 것으로, 그리고 '말다'는 中止나 禁止를 意味하는 것으로 보고, 그 例로써 아래를 든 것 뿐이었다.1)

---

1) 최현배, 우리말본, 1959, p. 398.

(1) a. 흐르는 물은 일각도 쉬지 않는다.
   b. 날개 없이는 날지 못한다.
   c. 녹두밭에 앉지 말라.

즉 否定語 '아니하다, 못하다, 말다'가 그 앞의 動詞 '쉬다, 날다', '앉다'의 意味를 補助하는 것으로만 否定法 問題를 把握한 것이 傳統文法的 論議의 中心을 이루었다.

變形生成文法의 導入이후 이 否定法 問題는 상당한 脚光을 받는 問題의 하나가 되었다.[2]

變形生成文法의 理論 自體가 人間의 槪念作用 認知能力 등에 關心을 갖고 있었던 터이라, 否定法이 가진 獨特한 槪念構造가 變形文法理論家들의 關心을 끈 것은 當然한 일이었다.

變形文法理論에 依한 否定法 論議는 Chomsky(1950)의 標準理論(Standard theory)에 根據한 朴舜咸(1967)의 論議에서부터, Lakoff(1970) 등의 生成意味論(generative semantics)을 바탕으로 한 오준규(1971) 등에 이르기까지 多樣하게 展開되었다.[3]

그러나 論議의 초점은 普通 한 두 問題에 모아졌다.

(2) a. 철수가 안 잔다.
   b. 철수가 자지 않는다.

즉 (2a)와 (2b)의 同意性 與否, (2b)에서의 副詞形 語尾 '-지'[4]의

---

2) 變形生成文法的인 側面에서의 國語否定法 論議에 對해서는 서정수(1974)를 參照할 것. 서정수, '국어부정법 연구에 관하여' 문법연구 1, 1974, pp. 83-110.

3) 朴舜咸, *A Transformational Analysis of Negation in Korean*, 百合出版社, 1967.
   오준규, 'On the Negation of Korean', 語學硏究 7-2, 서울大, 1971.
   李鴻培, *A Study of Korean Syntax*, 汎韓書籍, 1970.

意味와 機能, (2b)에서의 '하다'의 問題 등이 論議의 主된 초점이었다.

그러나 지금까지의 國語 否定法 問題는 '아니하다'와 '말다' 등에 對해서만 論議되었을 뿐, '못(하다)' 등에 對해서는 論議가 거의 되지 않았다.

國語 否定法의 全般的인 樣相을 理解하는 데는 물론 '아니하다' 등의 否定語가 主要要素가 되겠지만, '못(하다)'의 意味와 機能도 國語 否定法 問題의 全般的인 鳥瞰을 위해 必須的으로 分析되어야 한다고 하는 것이 筆者의 見解이다.

따라서 本 論文에서는 否定語 '못(하다)'의 意味論的 特性과 統辭論的 特性에 對해서 檢討해 보는 것이 主된 目的이다.

本 論文은 '아니하다' 등의 否定法 問題에 對한 共時的인 論議들은 많이 參照했지만, 通時的인 論議들은 參照하지 않았다.

2. '못(하다)'의 統辭的 特性

否定語 '못(하다)'는 '아니하다'와 '말다'와는 달리 독특한 統辭的 特性을 가지고 있는 것으로 理解된다. 즉 '못하다'는 叙述形語尾, 疑問形語尾와 呼應關係를 가질 수는 있으나, 命令形語尾, 請誘形語尾와는 呼應關係를 갖지 못하는 것으로 보인다.[5]

다음을 보자.

---

4) 위의 '-지'의 性格이 아직 完全히 밝혀진 것이 아니어서 本 論文에서는 최현배 (1959)의 用語를 따랐다.
   최현배, 前揭書, 1959, p. 282.
5) 이 問題는 否定語 '아니', '말'을 中心으로 李鴻培(1971)에서 다루어졌다.
   李鴻培, 국어의 변형생성문법에서의 문장어미(現代國語文法, 啓明大學校出版部刊), 1975.

(3) a. 한라산에 오르지 못한다.
　　 b. 한라산에 오르지 못하니?

위의 (3a), (3b)에서 否定語 '못(하다)'는 叙述形 疑問形과는 잘 어울리고 있다.

*(4) a. 한라산에 오르지 못하자.
　　 b. 한라산에 오르지 못해라.

그러나 (4a), (4b)에서는 否定語 '못(하다)'가 命令形 請誘形語尾와 어울리지 못하고 非文法的인 文章이 되었다.

否定語 '못(하다)'의 이런 統辭的 特性은 '못(하다)'에서 '하다'를 削除 (deletion)시키고 '못'을 副詞化시켜 動詞 앞에 位置시켜도 마찬가지 反應을 보인다.

(5) a.　한라산에 못 오른다.
　　 b.　한라산에 못 오르니?
　　 c. *한라산에 못 오르자.
　　 d. *한라산에 못 올라라.6)

否定語 '못(하다)'에서 '못'을 副詞化시켜 動詞에 先行시켜도 역시 叙述形, 疑問形에만 呼應關係를 形成했을 뿐, 命令形, 請誘形은 (5c), (5d)처럼 呼應關係를 形成하지 못하고 非文法的인 文章이 되었다.

否定語 '못(하다)'의 이러한 特性은 內包文에서도 그대로 反映된다.

(6) a. 나는 철수에게 한라산에 못오른다고 말하였다.
　　 b. 나는 철수에게 한라산에 못오르냐고 말하였다.

---

6) (5d)의 이 例文은 祈願 所望으로 解釋될 수 있고, 그 경우에는 文法的인 文章이지만, 命令形으로는 非文法的이다.

內包文語尾가 敍述形, 疑問形일 때는 (6a), (6b)처럼 否定語 '못(하다)'는 文法的인 文章이 되나, 內包文語尾가 다음 (7a), (7b)처럼 命令形이거나 請誘形語면 어울리지 못하다.

　　*(7) a. 나는 철수에게 한라산에 못오르자고 말하였다.
　　　　　b. 나는 철수에게 한라산에 못올라라고 말하였다.7)

　否定語 '못(하다)'의 이러한 統辭的 特性은 意味機能과 緊密한 關聯下에서 說明될 수 있다.

　즉 否定語 '못(하다)'의 意味資質을 暫定的으로 能力에 關係있는 것이라고 看做하자. 이러한 '못(하다)'의 意味特性이 敍述形, 疑問形語尾와는 呼應關係를 이루어 文法的인 文章이 되지만, 命令形, 請誘形과는 그 意味特性이 서로 排他的이어서 呼應關係를 形成할 수 없는 것으로 理解된다.

　敍述形은 話者가 聽者에 對해서 어떤 敍述判斷을 나타내는 것이며, 疑問形은 話者가 聽者에게 어떤 對答을 要求하는 것이라 할 수 있다.8)

　이 敍述形과 疑問形의 경우에도 '能力'의 問題가 干與될 수 있다.

　즉 話者는 聽者에 對해서 또는 다른 第三者에 對해서 그의 行動, 行爲 등을 보고 그의 能力에 대한 判斷을 할 수 있으며, 이 能力判斷을 記述하기만 하면 되기 때문이다. 또 疑問形의 경우에도 話者는 聽者에게 어떤 일을 할 能力이 있느냐 없느냐고 물어 볼 수 있고, 聽者는 自己의 能力 如何에 따라 能力이 있다 없다라고 對答하면 된다.

　즉 敍述形과 疑問形에는 '能力'의 問題가 考慮될 수 있고 따라서 이것은 '能力'에 對한 意味資質을 갖고 있는 '못(하다)'와 어울릴 수 있는 要件

---

7) (7b)의 例文도 앞(5d)의 경우와 같다. 脚註 6) 參照.
8) 허웅, 언어학, 1981, p. 262.

을 形成한다.

그러나 命令形과 請誘形의 경우는 다르다.

命令形은 話者가 聽者에게 어떤 行動을 要求하는 것이며 請誘形은 話者가 聽者에게 어떤 行動을 같이 하자는 것이다.9)

따라서 命令形, 請誘形의 경우 聽者에게 能力이 있는 경우에는 命令形, 請誘形이 成立될 수 있겠지만, 聽者에게 그럴 만한 能力이 없을 경우에는 命令形, 請誘形은 成立되지 않는다.

즉 命令形, 請誘形은 '能力'의 問題만을 가지고 그 全體를 說明할 수 없고, 따라서 命令形, 請誘形이 能力에 對한 意味資質을 갖고 있다고는 볼 수 없다.

命令形, 請誘形의 이러한 性格 때문에 否定語 '못(하다)'와 呼應關係를 形成하지 못하는 것으로 理解된다.

이제 不定形 '못(하다)'와 補助詞10)와의 關係를 살펴보자.

(8) a. 철수는 수영을 하지 못한다.
　　 b. 철수는 수영을 하지 $\begin{Bmatrix} 는 \\ 를 \\ 도 \end{Bmatrix}$ 못한다.

(8a)의 否定語 '못하다'에 즉 副詞形語尾 '지' 뒤에 補助詞를 挿入시킨 (8b)는 文法的인 文章이 되었다.

그러나 '못'을 副詞化시킨 (9a)에는 '못' 뒤에 補助詞 '은', '는', '를' 등을 挿入시킬 수 없다.

---

9) 허웅, 前揭書, 1981, p. 262.
10) 여기서는 최현배(1959)의 用語를 그대로 쓰기로 한다.
　　 최현배, 前揭書, 1959, p. 636.

(9) a. 철수는 수영을 못한다.

    *b. 철수는 수영을 못 $\left\{\begin{array}{c} \text{은} \\ \text{만} \\ \text{도} \end{array}\right\}$ 한다.

  (9b)는 (9a)의 否定辭 '못'뒤에 補助詞를 揷入시킨 文章인데, 補助詞 '은, 만, 도' 등과 呼應關係를 이루지 못하여 非文法的인 文章이 되었다. 否定辭 '못'의 이러한 性格은 다른 副詞에서는 發見되지 않는 獨特한 性格으로 理解된다.

(10) a. 철수가 빨리 달린다.

    b. 철수가 빨리 $\left\{\begin{array}{c} \text{는} \\ \text{도} \\ \text{만} \end{array}\right\}$ 달린다.

  (10a)의 副詞 '빨리'에 補助詞를 位置시킨 (10b)는 이들 補助詞와 呼應關係를 이루어 文法的인 文章이 되었다.

  또 '못(하다)'의 '못'은 다른 副詞들처럼 그 位置를 自由롭게 變異 (transfer)시킬 수 없다.

(10) a. 철수가 빨리 달린다.

    b. 철수가 달린다. 빨리.

    c. 빨리 철수가 달린다.

  (10´a), (10´b), (10´c)에서 副詞 '빨리'는 그 位置의 移動이 매우 自由롭다. 그러나 '못'은 副詞의 위와 같은 一般的인 特性을 갖추지 못하고 있다.

(11) a. 철수가 사과를 못 먹는다.
　　*b. 철수가 못 사과를 먹는다.
　　*c. 못 철수가 사과를 먹는다.

결국 否定語 '못(하다)'에서 '하다'는 動詞 또는 代動詞로 處理하는 데는 별 무리가 없겠지만 '못'을 副詞로 處理하는 데는 많은 問題가 따른다.

위의 (9), (10), (11)에서의 例들은 그러한 問題點들을 示唆하고 있다. 따라서 本 論文에서는 '못'을 일단 暫定的으로 否定辭(Negation element)로 부르기로 한다.

否定語 '못(하다)'는 先行하는 動詞로 動作動詞(action verb)가 와도 괜찮고 狀態動詞(Stative Verb)가 와도 무방하다.

(12) a. 그런 옷차림은 적절하지 못하다.
　　 b. 오늘따라 한라산이 아름답지 못하다.

그러나 (12a), (12b)에서 否定語 '못(하다)'를 否定辭 '못'으로 變形 (transform)시켜 狀態動詞 앞으로 位置시키면 樣相이 달라진다.

다음을 보자.

*(13) a. 그런 옷차림은 못 적절하다.
　　 b. 오늘따라 한라산이 못 아름답다.

(13a), (13b)는 (12a), (12b)에서 否定辭 '못'을 狀態動詞 앞으로 移動시켰는데, 非文法的인 文章이 되었다.

그러나 狀態動詞가 아닌 動作動詞의 경우에는 否定辭 '못'이 動詞 앞으로 位置되어도 그 文法性을 해치지는 않는 것으로 보인다.

(14) a. 철수가 산에 오르지 못한다.
　　 b. 철수가 산에 못 오른다.

否定辭 ‘못’이 바로 다음에 動作動詞를 두는 것은 許容하지만, 狀態動詞를 두는 것은 許容하지 않는 統辭的 現象은 意味資質 問題로 說明될 수 있다.

즉 否定辭 ‘못’의 意味資質과 狀態動詞의 意味資質이 서로 排他的이기 때문에 (13a), (13b)와 같은 非文法的인 文章이 生成된 것으로 理解된다.

一般的으로 狀態動詞의 意味資質은 ‘能力’과는 무관한 것으로 理解되고 있다.

즉 狀態動詞는 意圖的인 行爲나 어떤 能力에 依해 生成되는 것이 아니다. 이런 狀態動詞의 特性이 能力의 問題에 對한 意味資質을 갖고 있는 否定辭 ‘못’과 呼應關係를 이루지 못하는 것은 當然한 現象이다.

물론 이 否定辭 ‘못’이 代動詞 ‘하다’와 合成되어 ‘못하다’로 되어 있는 경우에는 (12a), (12b)처럼 狀態動詞에 關係없이 쓰인다.

(13a), (13b)에서의 否定辭 ‘못’은 바로 뒤에 位置해 있는 狀態動詞 ‘적절하다’, ‘아름답다’를 修飾하게끔 되어 있지만, (12a), (12b)에서는 바로 뒤의 代動詞 ‘하다’를 修飾하게 되어 있어 狀態動詞와는 直接的인 呼應關係를 갖지 않기 때문이다.

이번에는 否定語 ‘못(하다)’와 完了時相 ‘-았’과 未確認의 法(Hood) ‘-겠’과의 呼應關係에 對해서 알아 보기로 한다.[11]

다음을 보자.

---

11) ‘-았’, ‘-겠’의 意味는 南基心(1972)을 따랐다.
　 南基心, ‘現代 國語時制에 關한 問題, 국어국문학 55~57, 1972, 參照.

(15) a. 아이가 자지 못한다.
b. 아이가 자지 못했다.
c. 아이가 자지 못하겠다.
d. 아이가 자기 못했겠다.

위 (15)에서는 完了의 相 '-았'과 未確認의 法 '-겠'이 否定語 '못(하다)'와 呼應關係를 이루어 文法的인 文章이 되었다.

그러나 이들 '-겠'과 '-았'을 否定語 '못(하다)'에 先行하는 動詞에 附着시키면 樣相이 달라진다.

다음 (16)을 보자.

*(16) a. 아이가 잤지 못하다.
b. 아이가 자겠지 못하겠다.
c. 아이가 잤겠지 못하다.

(16a), (16b), (16c)에서 否定語 '못하다'에 先行하는 名詞句 '아이가 자지'에는 '-았', '-겠' 등이 어울리지 못하여 非文法的인 文章이 되었다.

'아이가 자지'에 '-았', '-겠' 등이 附着되지 못하는 統辭的 現象은 여러 가지로 說明될 수 있지만, 本 論文에서는 '아이가 자지'라는 名詞句에 '-았', '-겠'이 附着되지 못한 理由를, 이 '아이가 자지'라는 名詞句가 不具補文12)이기 때문에 '-았', '-겠'이 附着되지 못한 것으로 理解하고 싶다.

一般的으로 不具補文의 語尾에는 完了相 '-았', 未確認의 法 '-겠'이 附着될 수 없는 것으로 알려지고 있기 때문이다.13)

앞의 否定語 '못(하다)'의 先行成分을 補文(Complement)으로 보는 理

---

12) 不具補文이라는 名稱은 南基心(1973)의 槪念 그대로를 쓴다.
南基心, 國語完形補文法 硏究, pp. 2-7, 1973.
13) 南基心, 前揭論文, p. 4, 1973.

由는 이 先行成分이 補助語의 介入을 許諾한다는 統辭的 事實 때문이다.
다음을 보자.

(17) a. 아이가 자지 $\left\{ \begin{array}{c} 를 \\ 도 \\ 만 \end{array} \right\}$ 못한다.

이제 否定語 '못(하다)'로 構成된 單純 否定文이 內包化되는 데에 따른 問題를 論議해 보자.
다음 예를 우선 본다.

(18) a. 철수가 그 산에 오르지 못하는 것은 당연하다.
     b. 철수가 그 산에 오르지 못함은 당연하다.
 *c. 철수가 그 산에 오르지 못하기는 당연하다.

(18)의 例文에서 否定語 '못(하다)'는 補文子(Complementizer)[14] '-것', '-ㅁ'와 잘 어울려 (18a), (18b)와 같은 文法的인 文章을 이루었으나, 補文子 '-기'와는 呼應關係를 갖지 못하여 (18c)처럼 非文法的인 文章이 되었다.
이러한 樣相 즉 否定語 '못(하다)'가 補文子의 種類를 選擇하는 樣相은, 否定辭 '못'의 構文에서도 같은 統辭的 反應을 보이고 있다.
아래를 보자.

(19) a. 철수가 그 산에 못 오르는 것은 당연하다.
     b. 철수가 그 산에 못 오름은 당연하다.
 *c. 철수가 그 산에 못 오르기는 당연하다.

---

14) 南基心, 前揭論文, pp. 1-9, 1973.

(19)에서도 (18)의 경우와 마찬가지로 補文子 '-것', '-ㅁ'과 呼應關係를 이룬 (19a), (19b)는 文法的인 文章이 되었지만, (19c)는 補文子 '-기'와 呼應關係를 이루지 못하여 非文法的인 文章이 되어버리고 말았다.

(18), (19)의 例로 보아서는 補文子의 選擇에, 즉 內包文의 語尾로써의 補文子를 어떤 種類의 것으로 選擇하느냐하는 問題에 否定語 '못(하다)'가 깊숙이 介入하고 있는 것으로 理解된다.

그러나 이 問題는 좀 더 注意깊게 檢討할 問題이다.

一般的으로 內包文의 補文子를 어떤 것으로 選擇하느냐에는, 否定語뿐만 아니라, 補文動詞 즉 上位動詞, 그리고 補文子 앞에 附着되는 動詞 등도 깊게 關與하고 있는 것으로 알려져 있기 때문이다.15)

이런 側面에서 본다면 否定語 '못(하다)'만이 否定의 內包文의 補文子를 選擇하는데 關與하고 있다고 斷定하는 것은 危險한 일일지도 모른다.

本 論文에서는 그러나 否定語 '못(하다)'와 補文子 '-것', '-음', '-기' 등의 關係는 위에서 論議한 程度로만 그치고, 세세한 論議는 國語 補文法 硏究의 결과를 더 기다려 본 후에 論議하기로 한다.

3. '못(하다)'의 意味的 特性

本 3章에서 否定語 '못(하다)'의 意味를 밝히는 것이 主된 關心事이지만, 必要에 따라서 第2章에서 論議된 統辭的 特性과 聯關지어 擧論하겠다.

否定語 '못(하다)'의 意味問題에 있어서 第一問題가 되는 것은 아래 (20a)와 (20b)의 意味의 同義性 또는 意味의 差異 등의 問題이다.

---

15) 南基心, 前揭論文, 1973, pp. 13-42.

이러한 樣相은 '아니하다' 否定法에서도 熾烈하게 論議된 바 있다.16)

    (20) a. 잔디밭에 들어가지 못한다.
         b. 잔디밭에 못들어 간다.

本 論文에서는 便宜上 (20a)와 같은 否定形式을 A型 否定文, (20b) 와 같은 否定形式을 B型 否定文이라고 부르기로 한다.

否定語 '못(하다)'의 이런 A型, B型 否定文의 樣相은 앞서도 얘기한 것처럼, '아니하다' 否定法에서 目睹된다.

다음 例는 그것을 보여주고 있다.

    (21) a. 아이가 자지 않는다.
         b. 아이가 안 잔다.

재미있는 現象의 하나는 '말다' 否定法에서는 '못하다' 否定法과 '아니 하다' 否定法 등에서 目睹되는 A型, B型 否定文을 찾아 볼 수 없다는 點 이다.

    (22) a. 철수를 만나지 말라.
      *b. 철수를 말 만나라.

위의 問題는 本 論文의 論議對象이 아니므로, 稿를 달리해서 論議하기 로 하고, 먼저 (20a)와 (22b)의 意味問題에 對하여 알아 보기로 하자.
便宜上 다른 例를 적어보자.

    (23) a. 영수를 만나지 못했다.
         b. 영수를 못 만났다.

---

16) 서정수, 前揭論文, 1974, 參照.

　(23a) 같은 A型 否定文과 (23b)와 같은 B型 否定文을 그 意味가 同一하다고 假定하는 생각의 밑바탕에는, (23a)와 (23b)의 基底構造 (deep structure)가 同一하다는 생각이 깔려 있다.

　즉 (23a), (23b)는 同一한 基底構造를 갖고 있으나, 變形規則 (transformational Rule)이 다르기 때문에 表面構造上 形式이 다르게 됐다는 생각이다.

　反面 (23a)와 (23b)의 否定文을 各各 그 意味가 相異하다고 想定하는 論議의 밑바탕에는, (23a)와 (23b)는 各各 다른 基底構造에서 誘導되어진 것이라는 생각이 깔려 있다.

　言語學 理論이 窮極的으로 追求하고 있는 經濟性이란 側面에서는 앞의 생각 즉 (23a)와 (23b)를 같은 基底構造에서 誘導해내는 것이 좋을지도 모른다. 그러나 그러한 經濟性을 追求하는 것이 자칫 있는 言語事實을 歪曲할지도 모르는 危險이 뒤 따른다.

　이 問題를 이제부터 살펴보기로 하자.

　(20a)와 (20b)에 우선 副詞 '절대로'를 揷入(deletion)시켜 보자.

　　(24) a. 절대로, 잔디밭에 들어가지 못한다.
　　　　 b. 절대로, 잔디밭에 못들어 간다.

　(20a), (20b)에 '절대로'를 揷入시켜 만든 (24a), (24b)는 훌륭한 文章이 되었는데, 이것은 두 否定文 즉 A型 否定文이나 B型 否定文 모두에 '금지'의 뜻이 있음을 보이고 있다.

　그러나 이 '금지'의 意味가 A型 否定文과 B型 否定文에 共히 걸쳐있는 意味라고 斷定하는 것은 危險한 일일지도 모른다.

　왜냐하면 앞의 (23a), (23b)에 副詞語 '절대로'를 넣으면, 樣相이 달라지기 때문이다.

다음을 보자.

  (25) a. 절대로, 영수를 만나지 못했다.
     b. 절대로 영수를 못 만났다.

  (25a), (25b)의 文章들이 非文法的이라고까지는 말할 수 없다해도, 이들 文章이 自然스럽게 들리는 것은 아니다.

  (25a), (25b)의 文章들은 사실 매우 어색하게 들리는데, 이것은 禁止의 副詞 '절대로'와 否定語 '못(하다)'의 意味資質이 서로 完全하게 一致하지 않는다는 사실을 말해주고 있다.

  사실 (25a), (25b)의 否定語 '못(하다)' 代身에 否定語 '아니하다'를 넣으면 더 自然스럽게 들린다.

  (26) a. 절대로, 영수를 만나지 않았다.
     b. 절대로, 영수를 안 만났다.

  또 이 禁止의 意味를 지닌 副詞 '절대로'는 '말다' 否定法과 어울리면 더더욱 自然스럽게 들린다.

  (27) 절대로 영수를 만나지 말라.

  결국 '금지'라는 意味資質은 '못(하다)' 否定法에 가까운 意味資質이라기보다는 '아니하다' 否定法이나 '말다' 否定法에 가까운 意味資質로 理解된다.17)

  이제 (23a), (24b)의 例를 다음의 例文과 關聯시켜 생각해 보자.

  (28) 오늘 영수를 봤어?

---

17) 최현배, 前揭書, 1959, p. 398.

(28)의 質問에 (23a)처럼 對答하는 것과 (24b)처럼 對答하는 것의
差異에 對해서 생각해 보자.

(28) 오늘 영수를 봤어?
(23a) 아니, 오늘 영수를 만나지 못했어.

(28)의 質問에 對한 (23a)의 對答의 底邊에는 오늘 영수가 事務室
에 나오기로 事前 約束이 되어 있었고, 따라서 영수를 만날 수 있는 것은
旣定事實이라는 생각이 깔려 있다.

즉 영수는 오늘 나오기로 되어 있었는데, 영수 個人 事情 때문에, 또
는 어찌된 영문인지는 모르지만 영수가 보이지 않는다는 式의 생각이
(23a)의 底邊에 깔려 있다.

다시 말해 (23a)의 話者(Speaker)는 영수를 만날 수 있으리라는 期
待를, (28)의 質問이 發話될 때까지도 가지고 있었다가, 그 期待가 깨지
자 (23a)로 對答했다고 볼 수 있다.

그러나 (23b)에 內包되어 있는 話者의 心理樣相은 (23a)와는 다른
것으로 理解된다.

(28) 오늘 영수 봤어?
(23b) 아니, 오늘 영수를 못 만났어.

(23b)의 底邊에는 (23a)에 깔린 것과 같은 話者의 心理가 깔려 있
다고는 보기 어렵다.

즉 (23b)의 話者는 事前에 영수가 오늘 事務室에 모습을 나타내리라
는 생각을 갖고 있지는 않은 것으로 理解된다. 다만 (28)의 質問에 對해
서 發話時 現在 영수를 만난 經驗이 없으니까 (23b)로 對答한 것 뿐이다.

즉 (23a)의 A型 否定文과 (23b)의 B型 否定文의 차이는 發話時 現

在의 話者의 心理 樣相에서 큰 差異를 보인다. 즉 (23a)는 發話時 現在까지, 영수가 事務室에 나올 것이라는 期待感을 갖고 있었으나 (23b)는 그러한 期待感에 關係없이 發話時 現在의 事件만을 記述한 것으로 보인다.

(23a)와 (23b) 즉 A型 否定文과 B型 否定文의 이러한 意味的 差異는 統辭的 差異에 依해 反證될 수 있을 것으로 믿어진다.

다음을 보자.

(29) a. 영수를 만나지 $\left\{ \begin{array}{c} 를 \\ 는 \\ 도 \end{array} \right\}$ 못했다.

*b. 영수를 못 $\left\{ \begin{array}{c} 를 \\ 는 \\ 도 \end{array} \right\}$ 만났다.

(29a)에서는 A型 否定文이 '못하다' 앞에 補助詞의 介入을 許諾하고 있는 데 反해, (29b)에서는 B型 否定文이 補助詞의 介入을 許諾하지 못해 非文法的인 文章이 되어 버렸다.

A型 否定文은 補助詞의 介入을 許諾하고 B型 否定文은 그러한 補助詞의 介入을 容認하지 않고 있다는 統辭的 事實은 물론 여러가지로 說明될 수 있다.

第 2章에서 論議한 것처럼 補助詞의 介入을 許容하는 A型 否定文은 補文을 內包하고 있기 때문이고, B型 否定文은 補文을 內包하고 있지 않기 때문에 補助詞의 介入을 許容하지 않는다고 說明할 수 있다.

그러나 本 論文은 A型 否定文과 B型 否定文의 그러한 統辭的 差異가, 根本的으로는 A型 否定文과 B型 否定文의 意味差異를 反映한 것이라고 理解한다.

形態의 差異가 意味의 差異를 誘導한다고 한 Bolinger(1977)의 見

解는 이 點에서 다시 새겨 볼만하다.[18)

> (20) a. 잔디 밭에 들어가지 못한다.
>   b. 잔디 밭에 못 들어간다.

위의 (20a), (20b)는 앞서 든 例를 다시 적어본 것이다.

(20a), (20b)에서도 같은 說明이 可能하다. 즉 (20a)에서 意味하는 것은, 어떤 잔디밭이 있었는데, 보통 때는 사람들이 잔디밭에 들어가도 무방했는데, 發話時 現在는 다른 어떤 事情 때문에 즉 사람들이 너무 잔디 밭에 들어가서 잔디가 거의 죽게 되어 당분간 保護해야 할 事情이 생겼다든가 하는 것 때문에 發話時 이후에는 잔디밭에 들어가지 못한다는 意味가 있다.

反面 (20b)는 새로 어떤 잔디밭을 꾸몄는데, 그 잔디밭에는 사람이 들어 갈 수 없다고 하는 意味가 包含되어 있다.

그러한 것은 다음 例에서도 確認되고 있다.

> (30) a. 여기서는 살지 못함.
>   b. 여기서는 못삶.

(30a)에서는 지금까지는 여기에서 살아 왔으나 여러 理由 즉 公害가 너무 심하다든가 또는 食水가 여의치 못하게 되었다든가 하는 등의 事情때문에 살지 못하게 되었다는 의미가 있다.

그러나 (30b)는 그 樣相이 (30a)와는 다르다.

즉 어떤 땅을 한 곳 發見했는데, 사람이 살기에는 전혀 適當하지 못하므로 살지 못한다고 하는 意味가 强하다.

本 論文에서는 (20), (23), (30) 등에서 論議한 것처럼 A型 否定文

---

18) Bolinger, D., *Meaning and form*, 1977, pp. 1-22.

과 B型 否定文에는 意味差異가 있다고 想定한다.

　이러한 本 論文의 생각은 그러나 言語經濟性이라는 側面에서 몇 가지 問題를 內包하고 있다.

　그러한 問題 中의 하나는 言語規則에 對한 問題이다.

　즉 A型 否定文과 B型 否定文이 그 意味가 同一하다고 보는 側面에 서면 이 두 否定文을 生成하기 위해 한 가지 規則만이 必要한 反面, 本 論文에서처럼 A型 否定文과 B型 否定文이 그 意味가 서로 相異하다는 側面에 서면, 두 否定文을 生成하기 위해 두 가지 規則이 必要하게 된다.

　다음을 보자.

　　(31) a. 그 사과는 먹지 못한다.
　　　　　b. 그 사과는 못 먹는다.

　(31a), (31b)의 意味가 서로 同一하다는 側面부터 살펴보자.

　　(32) 그 사과는 먹는다.

　肯定文 (32)에서 否定文 (31a), (31b)를 生成하기 위해서는 일단 '否定文規則'이 必要하다.

　즉 (32)에서 (31a)의 否定文을 生成하기 위해서는 (i) '-지' 揷入 規則과 (ii) 代動詞 '하다' 揷入 規則 그리고 (iii) 否定辭 '못' 揷入 規則 등 3個의 變形規則(transformational Rule)이 必要한 反面, (32)에서 (31b)를 生成하기 위해서는 (i) 否定辭 '못' 揷入 規則 하나만 必要하게 된다. 다음은 그 過程을 나타낸 例文이다.

　　(32)´ a. 그 사과는 먹는다.
　　　　*b. 그 사과는 먹지.

　　*c. 그 사과는 먹지 한다.
　　d. 그 사과는 먹지 못한다.

　즉 (32′a)는 肯定文인데, 이 (32′a)에 '-지' 揷入規則을 適用하면 (32′b)가 生成되고, 여기에 다시 代動詞 '하다' 揷入規則을 넣으면 (32′c)가 생기고, 다시 여기에 否定辭 '못' 揷入規則을 適用하면 (32′d)의 表面構造를 얻을 수 있다.

　따라서 (32′a)에서 (32′d)까지에는 3個의 變形規則이 必要하다.

　이제 B型 否定文이 誘導되는 過程을 살펴보자.

　　(32)″ a. 그 사과는 먹는다.
　　　　 b. 그 사과는 못먹는다.

　(32″a)의 基底構造에 否定辭 '못' 揷入規則을 適用시키면 바로 (32″b)의 表面構造로 誘導되어 B型 否定文을 얻을 수 있게 된다.

　變形規則(transformational Rule)은 원래 意味를 變化시키지 않는 規則이기 때문에[19] 3個 의 變形規則을 通해 生成된 A型 否定文 (32″d)와 단 1個의 變形規則 適用만을 받은 A型 否定文의 意味는 同一하게 마련이다.

　A型 否定文과 B型 否定文의 意味가 서로 同一하다는 論議는 言語規則의 展開上 매우 便利한 點이 있는 것은 위의 規則들로 보아서도 쉽게 알 수 있다.

　問題는 그러한 便利한 言語規則이 言語現實을 제대로 反映하고 있느냐가 重要할 뿐이다.

　그러나 앞서의 論議에서 確認된 것처럼 A型 否定文과 B型 否定文

---

19) Chomsky, N., *Aspects of theory of Syntax*, pp. 9–24, 1965.

사이에는 嚴然한 意味差異가 常存하고 있고, 따라서 A型 否定文과 B型 否定文의 意味를 同一하다고 본 側面에서 考慮된 위의 規則들은 適切한 것이 될 수 없다.

이제 A型 否定文과 B型 否定文 사이의 意味差異를 考慮하는 側面에서의 基底規則의 問題를 檢討해 보자.

> (33) 아이가 잔다.
> (34) a. 아이가 자지 못한다.
>   b. 아이가 못잔다.

일단(34b)를 (33)에서 誘導해 낸다고 假定해 볼 때 問題가 하나 생기는데, 그렇다면 B型 否定文 (34a)를 어디에서 誘導해 내느냐의 問題가 생기고 만다.

(34a)의 A型 否定文과 (34b)의 B型 否定文은 그 意味가 서로 相異하다는 것이 本 論文의 主張이므로 (34a), (34b)를 같은 基底構造 (deep structure)에서 誘導해 낼 수는 없는 일이다.

같은 基底構造를 갖는다는 것은 같은 意味를 갖고 있다는 것을 意味하기 때문이다.20)

따라서 A型 否定文과 B型 否定文 中에서 어느 하나를 (33)에서 誘導해 낸다고 할 때, 나머지 하나의 否定文은 어디서 誘導해내느냐가 問題의 關鍵이 된다.

本 論文으로써는 (34b)의 否定文 즉 B型 否定文을 (33)에서 誘導해 내고, (34a)의 A型 否定文은 相應하는 肯定文이 體系上의 空白(blank) 때문에 削除되었다고 보고 싶다.21)

---

20) Chomsky, N., 前揭書, 1965, 參照.
21) 宋錫重, *Some Transformational Rules in Korean*, Indiana University, 1967, pp. 4~34.

　　즉 (34b)의 否定文은 (33)에 否定辭 '못' 挿入規則을 適用하여 生成
해 내고, (34a)의 否定文은 體系上 理由 때문에 空白 肯定文에서 誘導
할 수 있다고 본다.

　　이 體系上의 空白은 다른 言語現象에서도 쉽게 目睹되는 現象으로
전혀 어색하지 않은 것이다.

　　　　(35) a. 살다-사시다.
　　　　　　 b. 걷다-걸으시다.

　　(35a), (35b)에서 '살다', '걷다'의 尊稱形(high form)은 '사시다', '걸
으시다'의 形態로 存在한다.

　　　　(36) a. 자다-?자시다.
　　　　　　 b. 먹다-?먹으시다.
　　　　(37) a. 자다-주무시다.
　　　　　　 b. 먹다-잡수시다.

　　그러나 (36a), (36b)에서는 '자다', '먹다'의 尊稱形으로 '자시다',
'먹으시다'가 잘 쓰이지 않고, (37a), (37b)처럼 '주무시다', '잡수시다'
가 存在한다.

　　즉 (36a), (36b)에서 '자다', '먹다'의 尊稱形은 體系上의 空白을 이
루고 있다.

　　대신 (37a), (37b)의 '주무시다', '잡수시다' 등으로 補充되고 있는데,
이것을 허웅(1981)에서는 補充法(suppletion)이라고 부르고 있다.22)

　　따라서 (34a) 즉 A型 否定文에 맞서는 肯定文이 體系上의 空白을
이루고 있다는 論議는 전혀 어색하거나, 言語理論上 전혀 根據없는 것이

---

22) 허 웅, 前揭書, 1981, pp. 252-253.

될 수는 있다.

筆者가 알기로는 이 體系上의 空白은 自然言語(natural Language)에서 흔히 目睹되는 것으로 理解된다.23)

따라서 A型 否定文과 B型 否定文의 意味가 서로 相異하다는 論議는 그 基底構造의 設定問題가 앞서처럼 解決됨으로써 더 더욱 確然하게 立證될 수도 있다.

지금까지 A型 否定文과 B型 否定文은 話者가 發話時 現在 어떠한 心的態度를 갖고 있느냐의 側面에서 전혀 相異한 樣相을 보이고 있다는 것과, 이 意味論的 根據가 基底規則을 設定하는 統辭論的 問題에 어떻게 連繫될 수 있는지 하는 問題를 檢討해 보았다.

4. 結 論

지금까지의 '못(하다)' 否定法에 對한 論議를 要約하면 다음과 같다.

'못(하다)' 否定法은 叙述形語尾와 疑問形語尾와는 呼應關係를 가질 수 있으나, 命令形語尾, 請誘形語尾와는 呼應關係를 갖지 못하는 統辭的 特性이 있다.

이것은 '못(하다)'의 意味特性과 命令形, 請誘形의 意味特性이 서로 排他的이었기 때문으로 理解된다.

否定語 '못(하다)'는 先行하는 動詞가 動作動詞(action verb)이어도 무방하고 狀態動詞(Stative Verb)이어도 무방하나, 否定辭 '못'은 狀態動詞와는 呼應關係를 갖지 못하고, 動作動詞와만 呼應關係를 맺는 것으로

---

23) 英語의 複數形中에 單數形과 그 形態가 전혀 相異한 것도 空白(blank)의 一環일 것이다.

밝혀졌다.

'못(하다)' 否定法 앞에 先行하는 名詞句는 不具補文으로 理解되었는데, 그것은 그 語尾에 完了相 '-았', 未確認의 法 '-겠' 등이 附着될 수 없는 統辭的 現象으로 立證되었다. 또 否定語 '못(하다)'는 補文子를 選擇하는 데도 깊숙이 關與하고 있는 것으로 理解되었다.

한편 A型 否定文과 B型 否定文은 그 意味가 發話時 現在 話者의 心的樣相이 어떠한 것이었느냐의 問題가 있어서 큰 差異를 보이고 있었다.

A型, B型, 否定文의 이러한 意味差異는 基底規則의 設定問題에도 깊게 關係되었다. '말다' 否定法, '아니하다' 否定法과 本 論文에서 論議된 '못(하다)' 否定法 사이의 相互關係는 더 천착된 檢討를 거쳐 다른 論文에서 다룰 豫定이다.

A型 否定法에 쓰이는 '-지'의 意味와 機能의 問題, 代動詞 '하다'의 處理 問題, 體系上의 空白(blank)의 問題는 좀 더 硏究되어야 할 課題로 남겨 둔다.

▮ 參考文獻

南基心, 現代 國語時制에 關한 問題, 국어국문학, 55-57, 1972.

_____, 國語完形補文法研究, 啓明大出版部, 1973.

서정수, 국어부정법연구에 관하여, 문법연구 Ⅰ, 1974.

朴舜咸, *A Transformational Analysis of Negation in Korean*, 百合出版社, 1967.

_____, On The Prefixal Negatives in Korean, 語學研究 5-1, 서울大, 1969.

宋錫重, *Some Transformational Rules in Korean*, 34. Indiana University, 1967.

_____, *Some Nagative Remarks on Negation in Korean*, 語學研究 9-2, 서울大, 1973.

_____, 「否定樣相」의 否定的 樣相, 國語學 5, 1977.

_____, 한국말의 부정의 범위, 한글 173-174, 1981.

오준규, On the Negation of Korean, 語學研究 7-2, 서울大, 1971.

李鴻培, *A Study of Korean Syntax*, 汎韓書籍, 1970a.

_____, On Negation in Korean, 語學研究. 6-2, 서울大, 1970b.

_____, 國語 否定記述에 있어서의 問題點, 國語研究 8-2. 서울大, 1972.

_____, 國語의 變形生成文法에서의 文章意味(現代國語文法, 啓明大學出版部), 1975.

_____, Problem in the description of Korean Negation, 語學研究 8-2, 서울大, 1982.

任洪彬, 否定法 論議와 國語의 現實, 國語學 6, 1978.

_____, 否定의 樣相, 서울大敎養課程部 論文集 5, 1973.

이환묵, 부정표현 '아니'의 통사범주와 그 의미, 語學研究 18-1, 서울大, 1982.

최현배, 우리말본, 정음사, 1959.

허 웅, 언어학, 샘문화사, 1981.

全炳快, 韓國語 否定構造의 分析, 翰信文化社, 1984.

Chomsky, N., *Aspects of theory of Syntax*, Cambridge; MIT. Press, 1965.

Bolinger, D., *Meaning and form*, Longman, Group Ltd, 1977.

국어 문장부사어의 수식양상과 범주

1. 序 論

本 論文의 目的은 國語 文章副詞語의 修飾과 그 範疇를 고찰해 보고, 그 절차를 일반화시켜 보려는 데에 목적이 있다. 한 文章에 있어서 副詞語의 機能에 관한 이론은 다음과 같은 것들이 想定될 수 있다.[1]

(1) 철수는 서울에서 산다.
(2) 철수는 서울에서 그 여자를 만났다.
(3) 철수는 서울에서 행복하다.

최현배(1971)의 이론에 따르면[2] 위 예문 (1)~(3)의 場所副詞語는 각각 그 動詞를 修飾하는 것이 된다.

Chomsky의 變形生成理論을 그 기반으로 하는 Chomsky(1965), 서정수(1975)[3]는, 場所副詞語들이 動詞句 또는 文章 전체를 修飾한다

---

1) 場所副詞語를 개념 정리할 필요를 느끼지만, 본 논문의 목적에서 얼마간 벗어나는 인상을 지울 수 없어, 일단 최현배, 우리말본, 정음사, 1971, pp. 774~783에 따르기로 한다.
2) 최현배, 前揭書, 1971, pp. 774~783.
3) Chomsky, N., *Aspects of The Theory of Syntax*, Cambridge: M.I.T.

고 보았고, 生成意味論을 기반으로 하는 Lyons(1968), Lakoff(1970) 理論에 따르면,4) 이들은 전적으로 文章修飾語가 되는 셈이다. 필자는 최현배(1971) 등의 傳統文法에 입각한 이론을 動詞 修飾理論, 生成文法 에 근거한 이론을 動詞句 修飾理論 그리고 生成意味論에 근거한 이론을 文章 修飾理論이라고 부르기로 하고, 이들 이론이 가진 장점과 허점을 고찰해 보겠다.

2. 修飾의 몇 가지 樣相

意味論的인 입장에서 보면 위 (1)~(3)의 '서울에서'라는 場所副詞 句는 어떤 공간상에서의 일의 상태와 행위를 밝혀주고 있다. 한 文章에 서 動詞와 그 動詞를 중심으로 한 각 문장성분의 意味관계를 중요시하고 있는 格文法에 의하면, 이들 (1)~(3)의 場所副詞語는 動詞로 구체화되 는 상태와 행위의 방향이나 공간적 지향점을 나타내 주고 있기 때문에5) 位置格(Locative case)의 기능을 나타내고 있는 셈이 된다.6) 결국 최현 배(1971), Fillmore(1968)에 따르면, 예컨대, (2)에서 場所副詞語 '서

Press, 1965, pp. 100~102.

서정수, 국어부사류어의 구문론적 연구, 현대국어문법, 계명대출판부, 1975, pp. 73~74.

4) Lyons, J., *Introduction to Theoretical Linguistics*, London and New york: Cambridge University Press, 1968, p. 345.
Lakoff, G., "pronominalization, negation and the analysis of Adverbs", *Reading in English Transformational grammar*, Eds, R.A. Jacobs and P. Rosenbaum, maltham, Mass, 1970, pp. 145~165.

5) Fillmore, C., The Case for Case, *Universals in Linguistic Theory*, ed, E. Bach/R. Harms, New York: Holt, Rinehart, 1968, pp. 145~165.

6) 場外格이란 용어도 무방하다.

울에서'는, 文章 (2) 안에서 '만나는' 행위가 발생한 장소를 지시해 주고
있다.

따라서 이들 動詞 修飾理論으로는 (1)에서 '서울에서'는 主語가 '사
는' 행위가 발생한 장소를, 그리고 (3)에서는 '행복한' 행위가 발생한 장
소를 각각 밝혀주고 있다는 해석이 가능하다.

다른 한편으로 動詞句 修飾理論을 살펴보자.

이 이론은 예컨대 (2)에서 '서울에서'는 '그 여자를 만나는' 행위를 공
간적으로 想定해주고 있다고 주장할 것이며, 한편 文章 修飾理論들은
'서울에서', '철수가 그 여자를 만나는' 행위가 발생한 위치를 밝혀주고
있다고 주장할 것이다.

筆者는 場所副詞句가 행위나 상대의 형편을 위치해 주고 있다는 動
詞 修飾理論을 타당성 있는 說明方法이라고는 생각하지 않는다. 動詞 修
飾理論을 일단 圖式化해 놓고 생각해 보기로 하자.

　　(2′) 철수는 <u>서울에서</u> 그 여자를 <u>만났다</u>.7)

우선 우리가 어떠한 방법으로 '철수가 그 여자를 만나는' 장소(Loca-
tion)를 聽者에게 지목해 줄 수 있는지를 살펴보자. 話者는 行爲者(agent)
인 '철수'를 언급 또는 지목함으로써, '철수가 그 여자를 만나는 장소'를
聽者에게 지시해 줄 수 있을 것이다.

둘째로 '철수가' 만난 '그 여자'를 지시 또는 지목하는 방법도 있을 것
이며, 또는 '철수가 그 여자를 만나는' 그 사건 자체를 지목해 줄 수도 있
을 것이다. 그러나 '만나는' 행위 자체만을 지목하는 것은, 聽者에게 철
수가 '그 여자를 만나는' 행위가 벌어진 장소에 관해, 아무것도 언급할 수

---

7) →標는 단지 修飾의 範疇 및 樣相을 표시할 뿐 다른 아무런 의미도 없다.

가 없는 것이다.

간단히 말해, 우리는 '철수가 그 여자를 만나는' 행위가 벌어진 장소에 관해 암시를 주기 위해서는, 적어도 어떤 사건이나 행위, 그리고 상태의 參加者(participants)가 꼭 지목되어야 할 것이며, 단지 벌어진 행위 자체에 관해서만 언급하는 것은 아무 쓸모가 없는 것이라는 견해에 도달하게 된다.

(4)8)

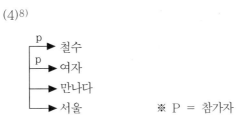

※ P = 참가자

다시 말해 場所副詞句 '서울에서'는 참가자 또는 참가자를 동반하는 '철수', '여자', '철수와 여자', '철수가 만나다', '여자를 만나다', '철수가 여자를 만나다' 등이라는 연관관계를 가질 수 있어도 '만나다' 자체와는 아무 연관관계를 갖지 못한다는 것이 필자의 견해이다.

3. 參加者 修飾理論

場所副詞가 행위나 사건 상태의 위치를 지시해 주고 있다는 動詞 修飾理論에 대한 代案은 있을 수 있다. 즉 場所副詞가 행위나 상태에 참가하고 있는 참가자의 위치를 밝혀주고 있다는 이론이 그것이다.

---

8) 서울에서는 단지 參加者인 '철수', '여자'와 관련을 가지고 있을 뿐, 動詞 '만나다'와는 아무런 연관성을 갖고 있지 않음을 보이고 있다.

필자는 이 이론을 參加者 修飾理論이라 부르기로 하겠다.

(5) 철수는 미국에서 살았다.
(6) 영희는 서울에서 그 가방을 샀다.
(7) 영자는 대구에서 행복했다.

場所副詞語가 행위나 상태에 참가하고 있는 참가자의 위치를 밝혀주고 있다는 측면에서 생각해 보면 위 (5)~(7)의 文章을 다음 (8)~(10)을 각각 포함하는 것으로 생각할 수 있다.

(8) 철수는 미국에 있었다.
(9) 영희는 서울에 있었다.
(10) 영자는 대구에 있었다.

즉 場所副詞語를 포함하고 있는 文章은 어느 것이나 그 文章이 행해진 일이나 상태의 참가자 또는 그가 있는 위치를 예견해 주는 命題(proposition)를 포함하고 있는 것은 일반적인 관찰로 간주되어야 한다는 것이 필자의 견해이다.

필자의 參加者 修飾理論을 형식화시켜 想定해 보면 다음과 같이 될 것이다.

(11) a. 場所副詞語를 가진 文章은 그 文章의 參加者의 空間的 위치를 지시하거나 또는 예견해 주는 命題를 가지고 있다.

b. 場所副詞語를 가진 文章은 그 文章의 행위자 또는 主語의 위치를 예견해 주는 命題를 內包하고 있으며, 이것은 動詞 修飾理論, 動詞句 修飾理論 그리고 文章 修飾理論으로는 설명될 수 없다. 왜냐하면 이들 이론 어느 것도, 文章의 主語와 場所副詞와 사이의 意味的 關係를 보여주고 있지 않기 때문이다.

이제 動詞 修飾理論, 그리고 文章 修飾理論이 가진 또 다른 난점을 보자. 場所副詞가 행위나 상태의 처리를 위치화 해준다는 이들 견해들은, 이들 행위나 상태의 처리를 명시화시켰을 때 모두 意味的으로 이상한 文章이 되고 만다. 다음을 보자.

(12) ?철수의 삶은 미국에서 있었다.
(13) ?영희의 그 가방의 삶은 서울에서 있었다.
(14) ?영자의 행복은 대구에서 있었다.

이러한 것들은 다음과 같은 예에서는 확인이 된다. 다음을 보자.

(15) 김교수가 그 대학에서 가르쳤다.
(16) 영희가 서울에서 장사했다.
(17) 영자가 그 무대에서 노래했다.

필자의 參加者 修飾理論, 즉 '그 대학에서', '서울에서', '그 무대에서'는 각각 그 文章의 動詞, 動詞句, 文章自體를 修飾하는 것이 아니다. 각각 文章의 參加者의 위치를 叙述 修飾해 주고 있다는 이론에 따른 圖式을 살펴보기로 하자. 편의상 (15)의 예 하나만을 도식화하면 다음과 같다.

(18)

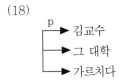

위에서 場所副詞語 '그 대학'은 參加者인 '김교수'와 관계를 갖고 있음을 보여주고 있다. 場所副詞語가 행위나 상태에 참가하고 있는 參加者의

위치를 시사해 주고 있다는 필자의 參加者 修飾理論은 위 (15)~(17) 文章들이 아래 (19)~(21)을 각각 포함하고 있는 데서 증거되고 있다.

　　(19) 김교수가 그 대학에 있었다.
　　(20) 영희가 서울에 있었다.
　　(21) 영자가 그 무대에 있었다.

　그러나 動詞 修飾理論, 動詞句 修飾理論, 文章 修飾理論에 따른 名詞化가 진행되었을 때 이들은 아래 (22)~(24)처럼 모두 意味的으로 이상한 文章이 되어 버림을 알 수 있다.

　　(22) $^?$김교수의 가르침은 그 대학에 있었다.
　　(23) $^?$영희의 장사함은 서울에서 있었다.
　　(24) $^?$영자의 노래함은 그 무대에 있었다.

　따라서 動詞 修飾理論, 動詞句 修飾理論 그리고 文章 修飾理論과 필자의 參加者 修飾理論이 가진 論理的 等式은 명백해진다.
　다음 文章 (25)로 이들을 도식화해 보자.

　　(25) 철수가 영희에게 서울에서 책을 사주었다.

　먼저 動詞 修飾理論은 '서울에서'가 動詞 '사주었다'를 修飾한다는 이론이다. 편의상 도식화해 보면 다음과 같다.

　　(25′) 철수가 영희에게 <u>서울에서</u> 책을 <u>사주었다</u>.

　(25′)의 도식은 傳統文法家들이 선호했던 것이다. 다음과 같은 名詞

化 과정에서 意味的으로 이상한 文章을 生成해 냄으로서, '서울에서'가 '사주었다'를 修飾한다는 것의 허점을 드러내고 만다. 아래가 바로 그것이다.

(26) ?사줌은 서울에서 있었다.

이제 動詞句 修飾理論을 보자 動詞句 修飾理論은 生成文法家들이 즐겨 쓰던 이론으로 '서울에서'가 '영희에게 책을 사주었다'를 修飾한다는 이론이다. 도식화하면 다음과 같다.

(27) 철수가 서울에서 영희에게 책을 사주었다.

(27)은 場所副詞語 '서울에서'가 이른바 動詞句 '영희에게 책을 사주었다'를 修飾함을 나타내 주고 있으나, 이것 역시 名詞化 過程에서 意味的으로 부적절한 文章을 만들어 냄으로써, 얼마간의 허점을 보이고 있다. 아래 (28)이 그것이다.

(28) ?영희에게 책을 사줌은 서울에서 있었다.

이제 文章 修飾理論을 보자. 生成意味論者들이 선호했던 이 이론은 '場所副詞句'가 文章 전체를 修飾하는 이른바 文副詞(sentence modifier)의 기능을 한다는 것이다. 도식화하면 다음과 같다.

(29) 서울에서 철수가 영희에게 책을 사주었다.[9]

그러나 이것 역시 다음과 같은 意味的으로 상이한 문장을 生成해 냄으로써, 그 허점을 드러내고 있다.

(30) [?]철수의 영희에게의 책의 사줌은 서울에서 있었다.

이제 필자의 '參加者'이론을 살펴보자. 이 理論은 '場所副詞語'는 文章의 行爲나 狀態에 參加하고 있는 參加者의 위치를 밝혀주는 기능을 한다고 하는 것으로 요약될 수 있는 데 다음이 바로 그것이다.

(30′)

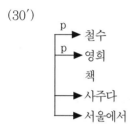

위 (30′)은 다음과 같은 文章을 內包하고 있다는 것을 보임으로써 정당화될 수 있다.

(31) 철수는 서울에서 있었다.
(32) 영희는 서울에서 있었다.

(28)의 文章이 (31), (32)와 같은 文章을 포함하고 있다는 것은, 위 (15)~(17)의 文章이 (19)~(21)의 文章을 각각 포함하고 있는 것

---

9) 場所副詞 '서울에서'가 文章副詞의 기능을 하고 있는데 이러한 文章副詞가 각각의 文章要素 사이 사이에 또 介在될 수 있는지는 의문이다. Geis는 文章副詞로 가능하는 副詞語는 文章 모두에만 위치할 수 있을 뿐 자유이동이 가능하지 않다고 보았다. Geis, J., *Some Aspect of Verb Phrase Adverbials in English*, University of Illinois, 1970, pp. 91~104.

에서도 마찬가지이지만 이들 문장의 場所副詞와 參加者, 특히 主語와 밀접한 意味的 관련이 있음을 시사하고 있기도 하다. 필자의 參加者 修飾理論에 있어 場所副詞語와 參加者 특히 主語와 意味的 연관성은 매우 중요한 일면을 시사하고 있다. 다음을 보자.

(33) 영희가 커피잔 안에서 놀았다.

위 (33)의 命題가 眞理(true)이기 위해서는 두 가지 조건, 話用論的 조건이 전제되어야 한다. 다음이 그것이다.

(34) 영희가 커피잔보다 크기가 작을 경우.
(35) 커피잔이 영희보다 클 경우.

위 (34), (35)의 경우에 있어서라면 (33)은 眞이며 그 경우 (33)은 다음 (34)를 前提하고 있다.

(36) 영희가 커피잔에 있었다.

즉 위 (33) 文章에서 중요한 것은 場所副詞語 '커피잔 안에서'가 參加者 하나인 主語 '영희'와 상관관계를 맺고 있다는 점이다.

이것은 결국 場所副詞語와 參加者 사이에는 어떤 意味的 연관성이 있다는 '參加者 修飾'이론의 意味的 타당성을 증거하고 있는 것이기도 하다. 중요한 것은 動詞 '놀았다'가 主語인 '영희'와 아무런 의미관계를 형성하고 있지 못하다는 점이며, 이것으로 말미암아, (33) 문장을 가능하게 하는 데 있어서, 어떤 영향력도 動詞 '놀았다'가 행사하고 있지 못하다는 점이다. (33)을 도식화해 보면 다음과 같다.

(37)

이제 場所副詞語를 가진 文章이 基底에서 어떤 文章에서 由來될 수 있는지에 관해서 알아보기로 하겠다. 다음 文章을 보자.

(38) 철수는 운동장에서 공을 찼다.
(39) 영희는 그 다방에서 철수를 보았다.
(40) 영희가 그 대학에서 강사료를 받았다.

(38)~(40)이 基底에서 어떤 文章에서 유래될 수 있는지에 대해서 몇 가지 이론적 논의가 있을 수 있다.
우선 (38)~(40)의 文章들은 '參加者 修飾理論'에 따라 다음과 같은 文章을 含義하고 있다고 할 수 있다. 다음을 보자.

(41) 철수는 운동장에 있었다.
(42) 영자는 그 다방에 있었다.
(43) 영희가 그 대학에 있었다.

위 (41)~(43)은 (38)~(40)의 文章들이 가질 수 있는 基底文章의 가능성을 시사하고 있다. 그것들은 이들을 모두 場所副詞節로 처리하는 한 방안인 것이다. 이것에 따르면 (38)~(40)의 文章들은 다음과 같은 基底構造를 갖는다고 할 수 있다.

(43)′ 철수가 운동장에 있을 때, 철수가 공을 찼다.
(43)″ 철수가 운동장에 있었을 때, 철수가 공을 찼다.
(44) 영자가 다방에 있었을 때, 철수가 공을 찼다.
(45) 영희가 그 대학에 있었을 때, 영희가 강사료를 받았다.

편의상 (38)의 예문만 분리해서 생각해 보기로 하자. 參加者理論에 따라 (38)의 修飾樣相은 다음과 같이 도식화될 수 있을 것이다.

(46)
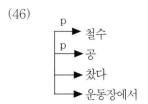

위 (46)은 文章副詞語 '운동장에서'가 文章의 參加者 특히 主語 등과 意味的 관계를 맺고 修飾하고 있음을 보여주고 있다.

이제 參加者理論에 의한 (46)의 도식이 動詞 修飾理論, 動詞句 修飾理論 그리고 文章 修飾理論과 비교해 볼 때 어떠한 이론적 강점을 줄 수 있는지를 논의해 보고, 그러한 논의의 결과가, (38)의 基底構造를 결정하는 작업이 어떠한 영향력을 행사할 수 있는지를 살펴보기로 하겠다. 먼저 場所副詞句는 그 文章의 動詞를 修飾하게 된다는 傳統文法理論家들에 의한 動詞 修飾理論에 따르면 (38)은 다음과 같은 修飾樣相을 갖게 된다.

(47) 철수가 운동장에서 공을 찼다.

(47)의 처리방안은 (38)이 결국에 있어 다음과 같은 基底構造를 가질 수밖에 없음을 시사하고 있다.

다음을 보자.

(48)[10]

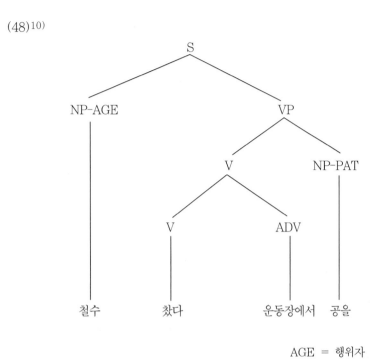

AGE = 행위자
PAT = 피행위자

즉 '운동장에서'는 動詞인 '찼다'를 修飾하는 것으로 도식화되고 있는데, 이러한 도식화는 앞에서 본 것처럼, 다음 (49)와 같은 意味的으로 이상한 文章을 生成해 냄으로써, (48)을 앞의 (38)의 基底構造로 삼을 수 있는 가능성은 일단 무산되고 만다.

(49) ?철수의 참은 운동장에 있었다.

결국 傳統文法理論家들의 動詞 修飾理論은, 副詞語가 단지 動詞, 副詞 또는 形容詞 등과 관련을 맺고 있다는 사실만을 직시한 것인데, 그러

---

10) AGE는 Agent를 PAT는 patient를 각각 나타낸다.

한 직시조차도 (49)에서 보는 바와 같이 얼마간의 이론적 허점을 드러
내고 만다.

이제 變形生成文法에 의한 動詞句 修飾理論을 보기로 하자. Chomsky
등의 變形生成文法理論에 입각한 논의들이 주장하고 있는 이 動詞 修飾
理論의 초점은, 場所副詞語는 動詞句를 文章 중에서 修飾한다고 하는 데
에 있다.

이 理論을 얼핏 보기에 動詞 修飾理論이나 文章 修飾理論보다 이론
적인 면에서 상당히 진보한 감을 주고 있는 것이 사실이다. 다음을 보자.

(50) 철수가 운동장에서 공을 찼다.

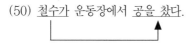

(50)의 처리방안을 (38)이 결국 다음 (51)과 같은 文章에서 유래되
고 있음을 시사하고 있다. 다음 (51)을 보자.

(51)

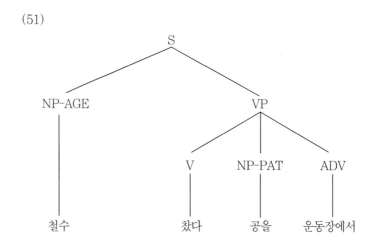

위 (51)은 ADV. '운동장에서'가 '찼다'나 '공을'과 동일한 선상에 위

치함으로써 이들과 관련을 맺고 있음을 보여 주고 있다. Chomsky(1965)
의 이러한 처리방안이 제시되었을 때, 이것은 무엇보다 動詞資質을 문제
삼는 이론들에 의해 환영을 받았던 것이 사실이다. 그것은 그러나 (51)
이 결국에는 다음 (52)와 같은 意味的으로 전혀 부적절한 文章을 含義
하고 있어야 한다는 意味的 허점 때문에, (51)을 (38)의 基底構造로 상
정하려는 견해는 일단 意味的 統制에 걸리게 된다.

　　(52) [?]철수의 공은 참은 운동장에서 있었다.

　결국 變形生成理論에 의한 動詞句 修飾理論은, 動詞가 가질 수 있는
意味的 관계만을 지적한 것에 그치고, (52)가 意味的으로 부적절하게
되었는지에 대한 이론적 설명을 제시하지 않음으로써, (51)을 (38)의
基底構造로 가지려는 논의는 사실상 중지된 상태에 이르렀다.

　이제 (38)을 生成意味論者들의 논의에 비추어 조명해 보고 生成意
味論者들이 (38)의 基底構造로 어떠한 樣相을 내보일 수 있는지에 대해
서 검토해 보기로 하자. 이론적으로는 Lakoff(1970)에 그 근거를 두고
있는 이들 이론의 초점은, 場所副詞語 文章에서 그 文章 자체를 修飾한
다는 점을 논의의 핵심으로 삼고 있다.

　이것은 특히 앞의 두 논의, 즉 動詞 修飾理論과 動詞句 修飾理論이
각각 意味的인 면뿐만 아니라 統辭的인 면까지도 고려하고 있는 데 비해
서 순순히 場所副詞語의 意味的 機能에만 초점을 두었다는데 그 의의가
있다. 이 文章 修飾理論에 따르면 위 (38)은 다음과 같은 修飾樣相을 갖
게 된다.

　　(53) 운동장에서 <u>철수가 공을 찼다</u>.

위 (53)의 처리방안은 결국에 있어 (38)이 다음 (54)와 같은 基底構造를 가질 수밖에 없음을 시사하고 있다. 다음을 보자.

(54)

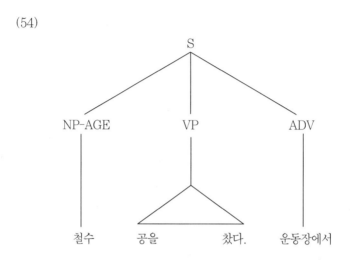

즉 '운동장에서'가 문장 나머지 부분인 '철수가 공을 찼다'를 修飾하는 것으로 도식화되고 있는데, 이러한 基底構造는 앞서에서 본 것처럼, 다음 (55)와 같은 意味的으로 전혀 부적절한 文章을 含義하고 있어야 하기 때문에, (54) 자신을 (38)의 基底構造로 삼을 수 있는 가능성은 일단 무색해지고 만다.

(55) [?]철수의 공을 참은 운동장에서 있었다.

결국 動詞 修飾理論, 動詞句 修飾理論 그리고 文章 修飾理論 어느 것도 (38)의 基底構造를 결정하는 데 공언할 수 없음을 알았다. 이제 다시 (43)~(45)로 돌아가 보기로 하자. (43)을 (38)의 基底構造로 삼을 때, 그 도식은 다음과 같이 될 것이다.

(56)[11]

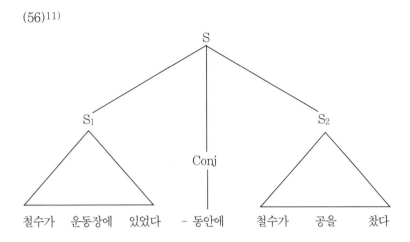

$$S$$
$$S_1 \qquad Conj \qquad S_2$$

철수가   운동장에   있었다   - 동안에   철수가   공을   찼다

결국 (56)의 基底構造는 다음과 같은 意味構造를 갖고 있는 것으로 보여진다.

(57) (Et) $\Big(\ $ (공을 찼다(철수), t) & (철수, 운동장에), t) $\ \Big)$

따라서 필자는 필자의 '參加者 修飾理論'에 의거 (38)을 결국 (56) 과 같은 문장에서 유래되며 그 意味構造는 (57)과 같음을 주장으로 내세우려 한다.

이제 이러한 場所副詞의 樣相과 修飾範圍가 動詞의 특성과 어떤 연관관계를 가질 수 있는지를 알아보기로 하겠다.

動詞는 한 文章 안에서 그 動詞를 중심으로 한 어떤 意味的 관계를 갖게 마련인데 Fillmore(1968), 김영희(1973)의 것에 따라[12] 문제를

---

11) 基底構造에서 Conj.를 '-동안에'로 설정한 것이 문제를 야기할 수 있다. 즉 이 경우 時間副詞語의 意味幅도 아울러 시사하고 있다. 그러나 본 논문은 다만 場所副詞語를 가진 文章의 基底構造를 보일 의도를 지닐 뿐, '-동안에'의 意味構造를 살피는 일은 다음 機會로 미룬다.

살펴보기로 한다.

다음을 보자.

> (58) a. 철수가 서울에서 죽었다.
>   b. 영희가 운동장에서 뛰었다.
>   c. 예수가 마구간에서 났다.

위 (58a)~(58c)에서 場所副詞는 '운동장에서', '서울에', '마구간에서' 등으로 나타나 있고, 動詞는 '죽었다', '뛰었다', '났다' 등으로 나타나 있는데, 이들 動詞는 모두 하나의 項, 하나의 意味項만을 가지고 있다는 점에서 주목된다. 統辭的으로 1項動詞라고 부르는 것이 바로 그것이다.

즉 이들 動詞는 하나의 項만을 가지고 있어야 하며, 그 이상의 項을 가질 때 意味的으로 부적절한 文章이 되고 만다.

다음을 보자.

> (59) a. *철수가 서울을 죽었다.13)
>   b. *영희가 운동장을 뛰었다.
>   c. *예수가 마구간을 났다.

---

12) Fillmore, C., 前揭論文, 1968, pp. 34~39.
　김영희, 한국어의 격문법 연구(油印), 연세대 대학원, 1973, pp. 23~27, 參照.
13) 論者에 따라서는 (59b)가 文法的이라고 말할 수도 있을 것이다. 그러나 그것은 動詞 '뛰다'의 영역이 아니다. 그것은 단지 '운동장'이란 名詞에서 기인된 일시적 연상일 뿐이다. 다음은 그것을 증거한다.

$$
* \\
\text{영희가} \left\{ \begin{array}{l} \text{방을} \\ \text{시장을} \\ \text{서울을} \end{array} \right\} \text{뛰었다}
$$

(59a)~(59c)의 非文法性은 이들 動詞는 다만 1項 動詞인데, 1項 이상의 意味관계를 맺으려 한 데서 오는 무리가 이들 文章을 非文으로 만든 것이다. 따라서 (59)의 動詞들은 다음과 같이 표시될 수 있다.

(60) a. [죽다, 동사+행위자(수혜자, 경험자)]
     b. [뛰다, 동사+행위자(수혜자, 경험자)]
     c. [나다, 동사+행위자(수혜자, 경험자)]

이들 1項 動詞를 動詞로 하고 있는 文章들에서, 場所副詞語의 機能은 매우 간결하다. 즉 參加者인 行爲者, 즉 主語와 意味關係를 맺고 있기 때문이다. 따라서 (58)의 각 文章들은, 아래 (61)과 같은 文章들을 각각 含義하고 있는 셈이 된다.

(61) a. 철수가 서울에서 있었다.
     b. 영희가 운동장에서 있었다.
     c. 예수가 마굿간에서 있었다.

편의상 (61a)에 의거 (58a)의 基底構造만 간략히 살펴보고 2項 動詞로 넘어가기로 하겠다.

(62)

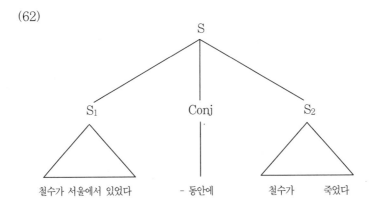

(62)는 결국 (58a)의 基底構造를 밝힌 것으로서 (58a)가 다음 (63)에서 유래되었음을 밝혀 주고 있다.

(63) 철수가 서울에 있었을 때, 철수가 죽었다.

이제 2項 動詞에 대해서 살펴보기로 하자.

(64) a. 철수가 거리에서 돈을 주웠다.
b. 영희가 식당에서 밥을 먹었다.
c. 영자가 방에서 옷을 입었다.

위 (64a)~(64c)에서 場所副詞語는 '거리에서', '식당에서' 그리고 '방에서'로 나타나 있으며, 이들 動詞는 모두 2개 項, 즉 2개의 意味項을 가지고 있는 것이 공통된다.

일반적으로 이들을 2項 動詞라고 부르는 것도 이 때문이다. 이들 2項 動詞 역시 1項 動詞의 경우와 마찬가지로 2개의 意味項만을 가지고 있어야 하며, 그 이상의 項을 가질 때, 意味的으로 이상하거나 非文法的인 文章이 되고 만다.

다음을 보자.

(65) a. *철수가 거리를 돈을 주웠다.
b. *영희가 식당을 밥을 먹었다.
c. *영자가 방을 옷을 입었다.

(65a)~(65c)가 非文法的인 文章이 된 것은 이들 動詞들은 다만 2개의 意味項만을 요구하는데 비해, 文章에는 2개 이상의 意味項이 나타나 있기 때문에 그리 된 것으로 해석된다. 이들 2項 動詞는 다음과 같이

일단 표시될 수 있다.

> (66) a. [줍다, 동사＋행위자＋수혜자]14)
>   b. [먹다, 동사＋행위자＋피동자]
>   c. [입자, 동사＋행위자＋피동자]

위 2項 動詞들을 가진 文章 (66a)～(66c)는 다음 (67a)～(67c)의 文章들을 각각 含義하고 있는 것으로 해석된다.

다음을 보자.

> (67) a. 철수가 거리에서 있었다.
>   b. 영희가 식당에서 있었다.
>   c. 영자가 방에서 있었다.

그리고 (67a)～(67c)에 의거하여 (64a)～(64c)를 아래와 같은 基底構造를 가진 文章에서 유래되는 것으로 해석될 수 있다.

다음을 보자.

> (68) a. 철수가 거리에 있을 때, 철수가 돈을 주웠다.
>   b. 영희가 식당에 있었을 때, 영희가 밥을 먹었다.
>   c. 영자가 방에 있었을 때, 영자가 옷을 입었다.

이제 편의상 (68a)의 基底構造를 살펴보고, 이른바 3項 動詞에 대하여도 논의해 보자.

---

14) 受惠者(receipient)와 被動者(patient)의 구분이 현재 모호한 상태로 남아 있는 것이, 학계의 상황이다. 여기서는 단지 項을 보이기 위해 이 用語를 썼을 뿐이다.

(69)

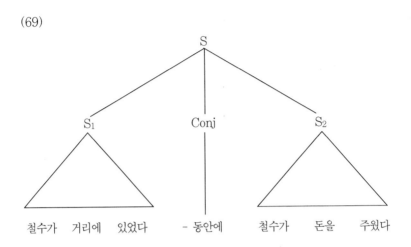

다음과 같은 3項 動詞에 대해서 살펴보기로 하겠다.

(70) a. 철수가 경주에서 영희에게 돈을 주었다.
b. 영자가 학교에서 선생님에게 그것을 건넸다.
c. 영철이가 백화점에서 영수에게 시계를 사주었다.

위 (70a)～(70c)에서 場所副詞에는 '경주에서', '학교에서', '백화점
에서'로 각각 나타나 있고, 이들 動詞는 모두 3개의 項, 즉 3개의 意味項
을 가지고 있는 것이 공통적으로 주목된다. 일반적으로 이들을 3項 動詞
라고 부르는 연유도 이 때문이다. 이들 3項 動詞는 文章에서 3개의 項과
意味관계를 맺을 수 있으며, 그 이상의 項을 가질 때, 非文法的인 文章
이 될 뿐 아니라 意味的으로도 전혀 이상한 文章이 되고 만다. 다음을 보
기로 하자.

(71) a. *철수가 경주를 영희에게 돈을 주었다.
b. *영자가 학교를 선생님에게 그것을 건넸다.
c. *영철이가 백화점을 영수에게 시계를 사주었다.

  (71a)~(71c)가 非文法的인 文章이 되고 만 것은, 이들 文章의 動詞의 項 數는 다만 3개의 意味項을 요구하고 있는데 비해 이들 文章에는 3개 이상의 意味項이 나타나 있기 때문에 그리된 것으로 해석될 수 있다. 이들 3項 動詞들은 일단 다음과 같이 해석될 수 있다.

  (72) a. 철수가 경주에서 있었다.
      b. 영자가 학교에서 있었다.
      c. 영철이가 백화점에서 있었다.

  그리고 (72a)~(72c)에 의거하여 (70a)~(70c)는 아래와 같은 基底構造를 가진 文章에서 유래되는 것으로 해석될 수 있다.
  다음을 보자.

  (73) a. 철수가 경주에서 있었을 때, 철수가 영희에게 돈을 주었다.
      b. 영자가 학교에서 있었을 때, 영자가 선생님에게 그것을 건넸다.
      c. 영철이가 백화점에서 있었을 때, 영철이가 영수에게 시계를 사
         주었다.

(70a)의 基底構造만을 다음 (74)로 살펴보기로 하겠다.

(74)

項을 3개 이상 갖고 있는 動詞들에 대한 정리는 Fillmore(1968) 자체에서도 미루고 있는 상황이고, 또 項을 분류하는 것이 본 논문의 목적이 아닌 고로, 여기서는 단지 動詞의 意味項의 변화에도 불구하고 文章에서의 '場所副詞語'는 여전히 動詞 자체만도, 動詞句 자체만도 그리고 文章 자체만을 修飾하는 것이 아니라, 단지 그 文章의 參與者 특히 主語와 일정한 相關關係를 갖고 있다는 것을 입증하는 것으로 그치기로 한다.

이제 複文에서 場所副詞語가 갖는 意味的 機能을 알아보기로 하자. 먼저 이른바 接續語尾에 의한 接續節에 대해서 살펴보기로 하겠다. 다음을 보자.

> (75) a. 철수가 서울에서 살았고, 영희가 부산에서 이사했었다.
>   b. 순희가 시장에서 생선을 샀고, 영자가 부엌에서 그것을 요리했다.

위 (75a)~(75c)는 이른바 接續語尾 '-고'에 의한 接續文이다.

이들 接續語尾에 의한 接續文에서의 場所副詞語 '서울에서'와 '시장에서'의 機能을 일반적으로, 單文에서의 경우와 동일한 것으로 해석될 수 있다. 이 문제를 검증해 보기로 하겠다. 우선 '場所副詞語'는 文章 중에서 각각 그 動詞를 修飾하는 기능을 가지고 있다는 傳統文法理論에서 보면 이들 副詞語 '서울에서', '시장에서' 그리고 '부산에서', '부엌에서'는 각각 그에 후행하는 動詞를 修飾하는 것이 된다.

이를 도식화하면 다음과 같이 된다. 편의상 (75b)를 대상으로 문제를 풀어가기로 한다.

> (76) 순희가 <u>시장에서</u> 생선을 <u>샀고</u>, 영자가 <u>부엌에서</u> 그것을 <u>요리했다</u>.

(76)의 修飾은 결국 이 文章이 基底에서 '시장에서'가 직접 動詞 '사다'를 修飾하는 樣相을가질 수 있음을 시사하고 있다. 그러나 이러한 분석은 '시장에서'와 '부엌에서'는 따로 떼어 놓고 볼 때, 다음과 같은 意味的으로 부적절한 文章을 含義해야 한다는 제약 때문에, 앞서 누차 말한 바와 같이 타당성 있는 분석으로는 간주되지 않는다. 다음이 바로 그것이다.

(77) [?]순희의 삶은 시장에서 있었고, 영자의 요리함은 부엌에서 있었다.

(77)의 意味的 부적절성이 시사하는 것은 간단하다. 그것은 '시장에서' '부엌에서'와 같은 場所副詞語가 그들 文章의 動詞와 직접 修飾관계를 맺고 있지 않을 뿐더러 이들을 意味的으로 연결시키려는 어떠한 시도도 意味的 制約 때문에 성공할 수가 없음을 아울러 시사하고 있다. 이러한 점에 있어서는 變形生成文法의 이론에 입각한 '動詞句修飾理論'도 마찬가지다. 필자가 앞에서 여러 차례 주장한 바와 같이, 動詞句 修飾理論 역시 다음과 같은 이상한 意味를 지닌 文章을 含義하고 있어야만 한다는 전제 때문에 결코 타당성 있는 분석으로 간주될 수 없다.

(78) [?]순희의 생선의 삶은 시장에서 있었고, 영자의 생선의 요리함은 부엌에서 있었다.

(78)의 意味的 부적절성은 당연한 결과인지도 모른다. 그것은 (78)의 構造가 궁극적으로는 다음과 같은 基底를 염두에 두고 있기 때문이다. 다음을 보자.

(79) 순희가 <u>시장에서</u> <u>생선을 샀고</u> 영자가 <u>부엌에서</u> <u>그것을 요리했다.</u>

한 文章에 있어서 參加者들의 기능, 특히 行爲者의 기능을 감안하지 않은, 도식적 '副詞語'의 처리가 가져온 이론적 허점이 바로 (78)과 같은 결과를 유도해내고 만 것으로 간주된다.

(80)

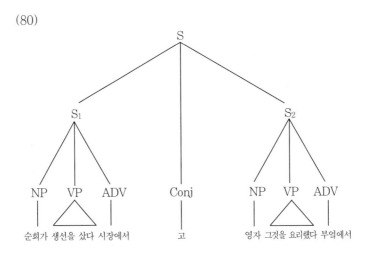

參加者 특히 行爲者의 중요성이 단적으로 드러나는 예의 하나가 아니할 수 없다. 이러한 점에서 生成意味論을 基底로 한 文章 修飾理論도 같은 궤적에 있다 하지 않을 수 없다. '場所副詞語'가 전적으로 文章 자체를 修飾하게 된다는 이 이론은 '場所副詞語'를 기어이 動詞의 어떤 意味的 특성과 연관시키려 함으로써, 상당한 이론적 난점을 면할 수 없게 된 것이다. 生成意味論者들이 (75b)를 다음 構造에서 유도해 내려고 노력할 것임은 분명하다.

그러나 (80)의 構造가 가능하려면 적어도 (75b)는 다음과 같은 文章을 含義하고 있어야 한다.

(81) ?순희의 생선의 삶은 시장에서 있었고, 영자의 그것의 요리함은 부엌에서 있었다.

(81) 자체가 意味的으로 부적절한 문장인데, 意味的으로 정상적인 (80)이 어떻게 (81)을 含義할 수 있으며, 설령 含義할 수 있다 해도 (81)이 가진 의미적 부적절성을 어떻게 삭제 조화시켜 (80)이 가능할 수 있는지를 文章 修飾理論들은 제시하지 않고 있다. 언어이론상 意味가 基底에서 결정된다면, 基底에서 이상한 文章이, 表面에서 갑자기 정상적인 意味를 지닌 文章이 되었다고 설명하는 것도, 논리적으로 가능하지 않을 일이려니와, 그 반대로 基底에서 정상적이었던 文章이 表面에서 갑자기 意味的 부적절성을 띠게 되었다고 설명하는 것은 더더욱 생경한 일이 아닐 수 없다. 결국 (75b)는 다음 (82)을 含義하고 있다고 해야 할 것이다.

(82) a. 순희는 시장에서 있었다.
　　 b. 영자는 부엌에 있었다.

(82)에 따라 결국, 場所副詞語 '시장에서'와 意味的으로 연결성을 가질 수 있다는 것은, 參加者의 하나인 主語뿐이라는 사실은 명백해지며, 결국 필자의 參加者 修飾理論이 가능한 것도 이 때문인 것이다. 결국 (75b)는 다음과 같은 構造에서 유래된다고 보는 것이 타당한 것으로 간주된다.

(83) 순희가 시장에 있었을 때, 순희가 생선을 샀고, 영자가 부엌에
　　 있었을 때 영자가 그것을 요리했다.

이제 이른바 包有文에서 '場所副詞語'의 기능에 대해서 살펴보기로 하겠다. 주지하는 바와 같이 包有文의 기능에 대해서는 여러 이론이 있어 왔으나 여기서는 包有文 자체의 개념 정리를, 남기심(1978)[15]의 것

을 그대로 인용해서 논의를 펼쳐 나가기로 한다.

다음을 보자.

> (84) a. 영희가 서울에서 결혼한 것이 고향에 다 알려졌다.
> b. 영자가 병원에 입원한 것을 철수가 도서관에서 영희에게 말
> 했다.

편의상 (84b)에 관해서만 살펴보기로 하겠다. (84b)는 두 개의 場
所副詞語가 나타나 있는데 '병원에'와 '도서관에서'가 그것이다. 이들 副
詞句는 나름대로 일정한 意味的 관계를 그 上位 行爲者 主語와 맺고 있
어 主語를 서로 바꾸든지 아니면 副詞語의 位置를 서로 맞바꾸게 되면
전혀 다른 意味의 文章이 생겨나고 만다.

> (85) a. 영자가 도서관에서 입원한 것을, 철수가 병원에서 영희에게
> 말했다.
> b. 철수가 병원에 입원한 것을, 영자가 도서관에서 영희에게 말
> 했다.

(85a)는 '場所副詞語'를 서로 맞바꾼 것이고 (85b)는 主語를 서로
맞바꾼 것인데, 보는 것처럼 원래의 (84b)의 文章과는 전혀 다른 意味
의 文章이 되고 말았다.

이것은 '場所副詞語'의 그 上位 主語와의 意味的 밀접성을 시사하는
것으로, 앞서 單文의 경우, 그리고 接續文의 경우와 마찬가지 결과를 낳
은 것이 된다. 그리하여 (84b)의 文章은 다음과 같은 文章을 含義하고
있는 것으로 보인다.

> (86) 영자가 병원에 있었고, 철수가 도서관에 있었다.

---

15) 남기심 외, 언어학개론, 탑출판사, 1978, pp. 90~98.

4. 結 論

지금까지 논의해온 바를 요약하면 다음과 같다.

본 논문의 목적은 국어 文章副詞語가 文章 중에서 어떠한 修飾樣相과 범위를 가질 수 있는지에 대해서 살펴 보려는 것이, 일차적인 목적이며, 부차적으로는 이러한 결과를 다른 副詞語의 修飾樣相에도 적용시킬 수 있지 않나 하는 가능성을 타진해 보려는 의도가 있었다.

우선 필자는 傳統理論에 입각한 動詞 修飾理論, 變形生成理論에 입각한 動詞句 修飾理論, 그리고 生成意味論을 기반으로 한 文章 修飾理論을, 가능한 3개의 이론으로 想定해 보고, 이들 이론들이 제공할 수 있는 장단점에 대해 살펴보았다.

일차적으로 필자는 한 文章 중에 나타난 場所副詞語를 어떻게 話者가 聽者에게 지목해 줄 수 있는지에 관심을 가지고 살펴보았다. 이 방법에는 첫째로 話者가 行爲者를 言及·指示함으로써 그 行爲가 벌어진 장소를 聽者에게 지시해 줄 수 있거나, 둘째로 行爲者가 行爲란 그 行爲 대상을 지목해 주는 방법으로 그 行爲가 벌어진 場所를 聽者에게 지시해 줄 수 있음을 알았다. 다시 말해서 動詞 自體는, 그 文章에 나타나 있는, 場所副詞語와 아무런 意味的 연계관계를 갖지 못함을 필자는 발견했다. 대신에 '場所副詞句'는 行爲나 사건에 참가하고 있는 參加者의 위치를 밝혀주고 있다는 사실을 발견하고, 이를 參加者 修飾理論이라 부르기도 하였다. 參加者 修飾理論의 요점은 첫째, 場所副詞語를 가진 文章은 그 文章의 參加者의 공간적 위치를 지시하거나 또는 예견해 줄 수 있는 命題를 가지고 있으며 둘째로 場所副詞語를 가진 文章은 그 文章의 行爲者 또는 主語의 위치를 예견해 주는 命題를 내포하고 있으며, 이러한 관계는 動詞 修飾理論, 動詞句 修飾理論 그리고 文章 修飾理論으로 설명될 수 없는데, 그것은 이들 이론 어느 것도 文章의 主語와 場所副詞와 사이의 意味的 관계를 보여주고 있지 않기 때문으로 간주될 수 있다는 점으로 요약될 수 있다.

필자는 이러한 參加者 修飾理論을 單文뿐만 아니라 包有文, 接續文에도 검증해 보고, 현재로서는 이 參加者의 修飾理論이 '場所副詞語'에 관한 한 설명방법으로 想定되는 것이 가능하다는 결론에 도달하였다.

필자는 흔히 통용되고 있는 바, 副詞(語)는 文章 중에서 動詞, 副詞 또는 文章 자체를 修飾한다는 文法論的 가정은 타당성이 희박한 것으로 간주하지 않는다.

다만 그 설명방법에 있어 얼마간 이론적 허점이 있음에 유의하여, 그 허점을 '參加者 修飾理論'이라는 것으로 메우려 한 데 불과하다. 필자의 '參加者 修飾理論' 역시 수많은 허점이 있을 수 있음을 자인하며, 고를 달리하여 수정 보완하고자 한다.

▌ 參考文獻

김영희, 한국어의 격문법 연구, 연세대 대학원(油印), 1973.

남기심 외, 언어학개론, 탑출판사, 1978.

서정수, "국어 부사류어의 구문론적 연구", 현대 국어 문법론, 계명대학출판부, 1975.

최현배, 우리말본, 정음사, 1971.

Chomsky, N., *Aspects of The Theory of Syntax*, Cambridge: M.I.T. Press, 1965.

Geis, J., *Some Aspect of Verb phrase Advernbials in English*, University of Illiois, 1970.

Fillmore, C., "The Case for Case", *Universals in Linguistic Theory*, Ed, E. Bach & R. Harms. New york: Hot, Rinehort, 1968.

Lakoff, G., "pronomlinalization, negation and the analysis of adverbs", *Reading in English Transformational grammar*, Eds, R.A. Jacobs and P. Rosenbaum, Walthom, Mass, 1970.

Lyons, J., *Introduction to theoretical Linguistics*, London & New York; CamBridge Univ, 1968.

변형생성이론과 국어학

Transformation Grammer and Korean

1. 序 論

1965년을 분수령으로 하여 국어학계에는 새로운 학풍이 진작되기 시작하였다. 종래까지는 국어문법학이 전통문법의 바탕에서 품사분류 등등에만 역점을 두어 연구되었던 것이 그 본령의 중심과제인 구문론 (Syntax)에 대한 논의를 망각한 채 그 초점의 혼미를 가져온 것도 사실 이었다. 그러나 1965년을 기점으로 하여 문법학의 중심과제인 구문론 에로의 관심을 기울이게 되어 문법학의 본령으로 진입한 궤도수정은 언 어학의 변혁과 때맞춘 불가피한 것이었기에 뒤늦은 감이 없지 않으나 참 으로 다행한 일이라 아니할 수 없다. 이보다 앞서 전통문법의 테두리는 벗어나지 못했을망정 1960년을 전후해서 金敏洙의 업적에서 구문론 연 구가 문법론에서는 중심과제이며 연구의 초점이 되어야 한다고 역설한 점도 국어학계에서는 기억해야 할 것이다.1) 그러나 직접적인 계기가 된 것은 뭐니뭐니 해도 Chomsky보다 먼저 변형문법의 개념을 언어학에

---

1) 김민수, 국어 Syntax, 고대 문리논집, 3집, 1958.
 _____, 국어문법론 연구, 1960.

도입한 Harris계통의 변형이론을 그에게 직접 지도를 받고 귀국하여 소
개한 李孟成2)에 의하여 국어학의 방향전환의 한 계기가 되었던 것도 숨
길 수 없는 사실이 되었다. 뒤 이어 미국에서 귀국한 李蕙淑, 李承煥에
의해서3) Chomsky(1964)의 변형생성이론에 관한 저서가 번역되면서
부터 국어학의 방향타는 완전히 결정되어 그 양상과 판도는 날이 갈수록
바뀌게 되었다. 이후 20여 년이 지난 오늘날에 와서는 그 변모와 발전상
은 말할 것도 없고 완전히 변형생성이론을 소화하지 못한 채 무분별하게
적용하여 국어에서 많은 물의를 빚기도 하였으며 변형이론 그 자체에도
모순의 우를 범하였던 것이 저간의 사실이다. 이에 다달아 국어학과 변
형생성이론이 어떠한 함수관계를 이룩하고 있으며 그 학설의 도입과정에
서 어떻게 물의를 빚었으며 뚜렷하게 드러났던 문제점들에 대하여 언어
철학적 측면에서 검토해 보는 것도 헛된 일이 아니라 생각되어 본 작업에
다다르게 된 것이다. 그러나 여러 사람들의 논저에서 야기되었던 변형이
론의 문제성에 대하여 그 극복과 어떤 가능성을 타진해 보려는 데 주 목
적이 있으며, 또한 그러한 점에다가 논의의 초점을 집중시켰다. 그러나
본론에서는 Chomsky(1968)의 *Language and Mind Cartesian Linguistics*
를 그 이론적 거점으로 삼았으나 Chomsky의 이들 이론들에도 후기에
와서는 격렬한 갈등을 보이고 있지만 본론에서는 이에 대한 깊은 간여를
되도록 피하였음을 밝혀 둔다. 어쨌든 변형생성 이론이 국어학에 도입되
어 끼친 영향은 지극히 다대하였음은 말할 것도 없지마는 그러나 다음
예문부터 살펴보기로 하자.

    1) 내 아들은 아침 식사로 매일 큰 코끼리 한 마리씩을 먹는다.
    2) 미국의 수도는 동경이다.
    3) 저 여자는 내 남편이다.

---

2) 이맹성, 변형분석 서론, 언어교육 1-1, 1965.
3) 이혜숙 · 이승환 역, 변형생성 문법의 이론, 1966.

위에서 예문 1)은 문장의 현상과 실제 현상과의 불일치를 보이고 있고, 2)는 거짓의 진술을, 3)은 내적 모순을 보이고 있다.

위의 1), 2), 3) 예문에 대해서 전통문법은 그 문장들의 비문법성에 대해서 그저 추상적으로만 언급했을 뿐, 변형이론에서와 같은 날카로움을 보여주지 못했다.

본 고에서는 변형생성이론의 다양한 이론적 확산과정을 여러 면에서 검토하고 이론화하기보다는 이론으로서의 성립과 확대, 검토, 그리고, 언어 철학적 몇몇 개념들을 살펴보고, 이 이론과 국어학과의 연관관계를 윤곽적으로나마 논구해 봄으로써, Chomsky이론의 언어철학적 위치를 정확히 파악해 보는데 도움이 되고자 한다. 본 고의 짜임새는 다음과 같다.

제 2장 및 제 3장에서는 언어철학의 문제가 Chomsky의 이론과 연관지어 다루어지게 되며, Chomsky의 언어철학적 위치가 현대 언어철학에서 어떤 양상을 지니고 있는가를 논의한다.

제 4장에서는 Chomsky의 변형생성이론의 몇몇 개념들이 집중적으로 소개되며, 이 과정에서 Chomsky의 이른바 보편문법(Universal Grammar)의 가설이 논의된다.

제 5장에서는 Chomsky의 변형생성이론의 여러 결함을 각각 다른 각도에서 비판하게 된다. 또 이 장에서는 이 이론과 국어학과의 연관관계가 논의되며 Chomsky 이후의 여러 이론적 갈등이 소개된다.

2. 言語의 理論的 分析

본 장에서는 언어철학에 있어서 Chomsky이론의 이론적 위치를 측정하는 데 그 초점이 주어진다.

철학에서 그토록 불신 받던 언어의 문제가 철학의 중심적 주제가 된 것은 아마도 분석철학에 의해서이다.4)

분석철학 이전에 있어서 철학적 주제에서 언어가 그토록 불신 당했던 것의 수렴체는 Carnap, R.의 기호논리의 제창으로 그 분수령에 이른다.5)

그리고 역설적이게도 Carnap, R.의 언어불신은 철학이 언어의 문제에 심층적으로 간여케 하는 행운을 가져온다. 이러한 간여의 구조는 대략 세 가지로 나누어진다.

첫째 유형은 언어의 보편적 구조를 객관적 세계와의 대응관계에서 찾으려 했으며, 기호논리는 언어의 보편적 구조를 보여주는 좋은 매무새라고 믿는다.

이 유형의 사람으로는 Russel과 Carnap, 그리고 초기의 Wittgenstein이다. 그리고, 후기의 Wittgenstein, Austin을 중심으로 하는 둘째 유형은 언어의 보편적 구조를 일반적인 삶의 관계에서 밝히려 했다.

Wittgenstein의 언어유희(Language game)의 다양성은 바로 이 유형을 시사해주고 있다.

Chomsky를 비롯한 변형생성이론자들로 짜여지는 셋째 유형은 모든 자연언어에 공통으로 바탕되어 있는 보편적 구조를 인정하고, 이것을 인공적 논리적 언어로 표현하려 한다.

Chomsky의 변형생성이론은 첫째 유형에서 강조되었던 언어의 보편성과 추상성을 발전적으로 수용하는 데에서 세워지고 있다. Chomsky 이론이 첫째 유형과 둘째 유형에서 매우 변별되는 여러 특징을 보이고 있지만, 이것이 곧 이들 이론의 무관성이나 독자성을 의미하지는 않는다.6)

---

4) Chomsky, N., 1966, pp. 23~29.
5) Carnap의 기호논리는 그러나 이중의 난점을 지닌다. 즉 기호가 표기해야 할 대상도 그렇게 불신했던 언어이며, 기호는 또 결국에는 언어로 해석되어야 한다는 난점이다.

이들 이론은 서로의 결함에 대한 극복의 과정에서 태어났으며, 이런 뜻에서 Chomsky의 언어철학적 위치는 첫째 유형과 둘째 유형의 절충적 안목으로 간주되는 것이 보다 온당한 처리방법이라 믿는다.

3. 變形生成理論의 本質

Chomsky의 언어이론의 철학적 본질은 합리주의(Rationalism)에 있다.7) 이 합리주의는 널리 알려져 온 바와 같이 행태주의적 경험주의(Empiricism)에 대한 반발체로 제기된다.

모든 언어현상을 특히 언어습득의 현상을 자극(Stimulus)과 반응(Response)의 도식적인 경험으로 처리하려는 구조주의의 언어이론은, 인간정신의 소산인 인간언어를 명징히 설명하기에는 확실히 역부족이었다. 여기서 매우 흥미로운 사실의 하나는 경험주의적이고 행태주의적인 언어 이론을 극복하기 위해 제시된 Chomsky의 합리주의적 언어이론의 본질이, 실은 17~18C 합리론·관념론에서 유출되고 유도된 것이라는 점이다.

Descartes에서도 이미 제기되었던 선험(innate)이라는 의미조직을 Chomsky는 그대로 수용하였지만, 그러나, 이러한 수용은 어쩌면 Chomsky 자신도 예상할 수 없었던 큰 이론적 결함을 그의 이론에 선험시켰을 지도 모른다. 그것은 Chomsky 이후의 대부분의 이론적 갈등들이 바로 이 문제에서 유별나게 격렬히 제기되었다고 하는 사실과 무관하지 않다. 가령 Fillmore 같은 생성의미론자들은 Chomsky의 합리주의적, 이성주

---

6) Lyons, J., 1970, pp.96~101.
7) Langacker, R., 1967, pp. 17~26.
   Lyon, J., 1970, pp. 108~131.

의적, 심성주의적 언어철학이 Bloomfield 등의 행태주의적 언어이론을 극복하기 위해서 제기된 것이라고 해도, 그것은 아직 그렇다할 만한 실증도 증거도 되지 않았을 뿐더러, 더구나 20세기의 사회의식을 뛰어 넘어 18세기의 합리주의로 후퇴하려는 것은 정신사적으로 이미 불가능한 일이라고 말하고 있다.[8]

이러한 Chomsky의 언어철학에의 생각에 반발이라도 하듯이, 1965년 이후 Chomsky의 견해는 대립된 두 가지 양상으로 발전되어 갔다. 그 하나는 통사론(Syntax)과 의미론(Semantics)의 분론을 주장하는 Chomsky와 Jakendoff의 확대확립주의 노선이며, 다른 하나는 이의 구별을 반대하는 Lakoff, MaCawley 등의 탈합리주의 노선이다.[9]

Chomsky의 언어철학에의 생각이 매우 강력한 지지를 받고 있는 것은 아닐지라도, 그것이 언어의 문제를 삶의 본질의 문제 즉 철학의 문제에까지 소급시켜 그것을 이론화, 형식화시켰다는 점에서 매우 큰 의미를 지닌다고 보는 것이 좋겠다.

4. 變形生成理論의 몇몇 槪念

4.1. 言語能力과 言語遂行

언어능력이란 하나의 추상적인 개념으로 그것은 인간의 심성에 선험적으로 내재해 있는 능력을 말한다. 이에 대해 언어수행은 이러한 추상적인 언어능력에 의해 제기된 규칙들에 따라 구체적으로 형성, 사용, 발

---

8) Fillmore, C. J., pp. 17~19, 1968.
9) Chomsky 이후의 이론적 갈등에 대해서는 Jackendoff, R.(1972)를 참조할 것.

현되는 적용을 말한다.10)

　Chomsky의 언어능력에 대한 견해는 그것이 극단의 인식심리학
(Coqnitive Psychology)의 방법론을 취하고 있다는 비난에도 불구하고 매
우 흥미롭다. Chomsky는 언어능력은 곧 모든 인간의 심성에 이른바 보
편문법(Universal Grammar)이 존재한다는 실증을 보여주는 개념이라고
역설하면서, 이러한 언어능력은 그러나 선험적인 것이라고 말했다.
Chomsky는 더 나아가서 언어학의 근본 탐구의 대상은 외부적인, 개별
적인 언어수행이 아니라 언어능력이어야 한다고 말한다. Chomsky는
Bloomfield 등의 구조주의적 방법론을 개탄하면서, 진정한 언어구조에
의 탐구는 곧 인간정신에의 탐구로 전이되어야 한다고 말한다. 그러나,
Chomsky의 이런 언어능력과 언어수행이 그의 이론에 있어서 완전한
독창을 이룬 것은 아니다.

　Chomsky의 언어능력과 언어수행의 변별은 철학적으로는 Descartes
에서 이미 제기되었던 것이며, 언어학적으로는 Saussure에서 먼저 던
져진 문제이기도 하다.

　즉 Descartes의 합리주의적 철학에서 그가 감성적인 모든 경험 이
전에 인간은 순수한 선험적인 이성이 있다고 말한 것이 그것이다.

　여기서 감성적 경험은 언어수행으로 선험적 이성은 언어능력으로 각
각 진화되었던 것이다. 그것은 전자가 개별적, 특수적, 구체적인 개념의
조직이며, 후자가 보편적, 일반적, 추상적 개념의 동아리라는 사실에서
도 보다 더 선명해진다.11)

　이러한 진화의 과정은 Saussure의12) 랑그(Langue)와 파롤(Parole)

---

10) Chomsky, N., 1965, pp. 23~27.
11) Chomsky, N., 1966, 참조, Chomsky(1966)는 총체적인 문제에의 접근이 잘
　　되어 있음.
12) Saussure, F., Course de linguistique géneral, 1950, pp. 27~32.

의 개념에서도 같은 면모를 보인다. 여기서 또 한가지 짚고 넘어가야 할 사실은 과연 모든 언어의 기저를 이루는 보편문법의 이상은 가능하며, 그러한 이상은 선험적인가 하는 사실이다.

Lyons(1970)에서 이미 지적되었듯이 이러한 문제는 아직 그렇다할 만한 실증들이 제기되지 않았으므로 차라리 가설이라고 말하는 것이 보다 더 온당한 처신일지도 모른다.13)

4.2. 深層構造와 表面構造

표면구조(Surface Structure)라는 용어는 매우 다의적이긴 하지만, 그것은 우리네 언어생활에 직접 주어져 있고 경험할 수 있는 언어구조라고 이해해도 그리 큰 무리는 없겠다.

반면, 심층구조는 인간의 심성에 내재해 있는 규칙들의 실증으로 표면구조의 의미적 타당성을 가늠하는 보이지 않는 추상적인 언어구조이다.

표면구조는 자연언어로 표시되지만, 심층구조는 인공언어 즉 기호에 의해 논리화되고 이론화 된다. 그리하여 우리가 경험하고 있는 문장들은 표면구조로 이것은 추상적이고 보편적인 심층구조에 의해 생성된 것이다. Chomsky는 이러한 과정 즉 심층구조가 표면구조로 전이되도록 도와주는 규칙을 변형규칙(Transformational Rule)이라고 불렀다. Chomsky에 의하면 이러한 심층구조는 언어능력과 같은 차원에서 심성에 내재하고 있는 것이라고 파악했다.

4.3. 言語習得裝置와 普遍文法

Skinner와 같은 행동주의 심리학자들의 자극과 반응에 의한 언어의

---

13) Lyons, J., 1970, pp. 64~97.

경험적 학설에 반기를 들고 나선 것은 Chomsky이다. Chomsky는 질문한다. 자연언어의 모든 규칙들, 예를 들어 앞에서 제시한 언어능력의 언어수행화, 심층구조를 표면구조로 바꾸어 주는 변형규칙들의 습득이 언어습득의 조건이라면 어린이는 어떻게 이러한 능력들을 얻는 것인가? 그것은 Bloomfield나 Skinner와 같은 이들이 주장한 그대로 자극과 반응에 의한 경험의 소산인가 아니면 Chomsky가 내세운 그대로 선험적 내재의 결과인가. Chomsky는 어린이들의 언어학습환경에 주의해 보기를 권한다. 사실 어린이들이 접하고 또 맺고 있는 언어환경은 매우 불완전하고 유동적이다. 심지어는 그 언어환경은 단편적인 비문법적인 것으로 구성되어 있다.

Bloomfield나 Siknner의 주장 그대로라면 어린이는 매우 단편적이고 매우 불완전한 언어환경만을 경험하므로 그 어린이의 언어는 매우 단편적이고 불완전해야 할 것이다. 그러나 어린이의 언어는 전혀 그렇지 않다는 데에 문제가 있다. 여기서 Chomsky가 제기한 것이 바로 선험적으로 내면화된 언어능력이다. 그리고 Chomsky는 이 언어능력은 인간에게만 부여된 인간 공통의 자질이라고 말한다.

그는 동물의 전달 구조의 한정성, 폐쇄성을 얘기했으며, 인간의 언어구조의 비한정성, 비폐쇄성을 얘기했다. 모든 인간에게 보편적인 언어능력의 증거로 제시한 것임은 말할 나위없다. 그러나 Chomsky의 보편적 언어능력을 인정하기에는 세상에는 너무도 현저히 상이한 언어가 많다.

중국어와 영어는 너무 여러 면에서 배반되며, 따라서 Chomsky의 보편문법이론을 파괴하기에 충분하다. 그럼에도 불구하고 Chomsky는 그것은 단지 표면구조의 차이일 뿐이라고 믿는다.

그런 표면 구조의 배반성에도 아랑곳없이 심층구조와 변형규칙, 동사구와 명사구로 그들 언어가 구조되어 있다는 점이다. Chomsky는 그의 1966년의 Cartesian Linguistics에서 몇 가지 점들을 제시한다.14)

하나는 그의 보편문법 이론이 17~18세기의 관념론자들에게서 제기된 것이며 둘째는 Skinner와 같은 행태주의 이론으로는 어떠한 경우에라도 어린이의 언어 습득과정을 설명할 수 없다는 점이 그것이다. 그러나, Chomsky의 이 논제는 큰 난제를 갖는다. Chomsky는 어떤 경우에라도 구조주의론자들이 주장하는 것처럼 인간의 언어는 경험의 축적의 과정으로 말하고 있으나 적어도 그렇다고만 말할 수 없는 국면이 많다.

확실히 우리가 지금 관용적이라고 부르는 문장이나 상투적이라고 불리우는 언어구조들은 분명히 경험적으로도 습득되어진다. 그러나 이것은 매우 간단하고 일차적인 언어구조에 의해서만 타당성을 부여받는다.

Chomsky 주장의 핵심은 언어구조의 양상은 자극이나 반응의 공식으로는 도저히 해결될 수 없을 정도로 복잡하다는 점이다. 현 단계에서는 앞에서도 언급한 바와 같이 Chomsky의 이 가설은 아직은 가설이다. 좀 정확히 말해서 풍요한 실증이 있어야만 설정이 가능한 가설이다. 한편 행태주의자들이나 경험주의자들의 언어습득 이론은 문법의 복잡성을 고려해 볼 때 더욱 곤란한 지경으로 빠진다. Chomsky의 보편문법에의 가설은 또 하나의 난점을 스스로 지니고 있다. 보편문법의 이상이 가능하다면 그것은 꼭 선험적 내재성에 의해서가 아니더라도 다르게 설명될수도 있다. 즉, 보편문법이 가능한 것은, 모든 언어가 원래 하나의 언어에서 분화되었기 때문이라고도 말할 수 있다. 이것은 앞으로 비교언어학에서 더 깊이 논의되어지겠지만, 역시 가능한 가설이다.

예를 들어 어느 두 형제가 매우 닮았다는 사실의 설명은 이들이 모두 선험적인 인간성을 지니고 있다고 설명할 수도 있지만, 더더욱 실증적이고 타당성 있는 설명은 이 두 형제가 한 부모 아래에서 유래되었다고 말하는 것일 것이다. 앞의 것은 Chomsky적 설명이다.

---

14) Chomsky, N., 1966 전체를 참조할 것.

Chomsky의 보편문법의 이상은 매우 건강한 충격을 주긴 했지만, 가장 낮게 말해서는 그 스스로의 이론의 허점을 드러내는 상처였다.

4.4. Chomsky의 理論

본 장에서는 주로 Fillmore(1966)의 입장에서 Chomsky 이론의 몇 몇 허구들이 논의된다.

Fillmore의 입장에서 볼 때 표준변형이론(Standard transformational theory)에서의 격(Case)은 표면구조상의 언어구조에 지나지 않는다.15) 여기서 격이 문제가 되는 것은 통사부와 의미부의 나눔이 가능하다고 한 Chomsky의 생각이나 그것의 나눔은 가능하지 않다고 한 생성의미론의 생각 모두에 연관관계를 형성하는 것이 격이기 때문이다. 물론 Chomsky도 격을 심층구조의 문법적 기능(grammatical function)이라고 했다.16)

그런데 변형생성이론이 의미론의 영역에까지 깊이 발전해가면서 회의되기 시작했다. 이에 Fillmore는 표준변형 이론에 대하여 몇 가지 이론적 회의를 제기하게 된다.

즉 주격, 목적격이란 것들의 의미해석은 과연 타당한 것인가? 또 Chomsky의 이른바 문법적 기능과 비문법적 기능의 변별은 과연 그의 말대로 합리주의적 바탕에서 도출된 것인가?17) 생성·의미론자들에 의하면 의미해석은 기저(Base)의 통사부문에서 생성된 기저구절표지(underlying P-marker)에 가해진다. 이때 기저구절표지는 통사부문의 출력이자의미부문의 입력이 된다. 그리고 의미부문에서 '의미해석은 투영규칙(projection rule)에 의존하는데, 투영규칙은 어휘항목들의 자질에 따라 수행된다.

---

15) Fillmore, C. J., 1966, 전체논문, 참조.
16) Chomsky, N., 1965, pp. 68~74.
17) Fillmore, C. J., "Toward a modern theory of case", 1966, pp. 361~364.

그리하여 Fillmore는 하나의 문장은 명제(Proposition)와 양상(Modality)으로 구성되며, 명제는 하나의 서술어(Predicator)와 하나 이상의 격(Case)으로 구성된다는 것이다.18)

그리하여 그의 구절구조는 다음과 같이 소개된다.

    1. S → M +P
    2. P → Pred + C1···Cn
    3. C → K +NP

    S : Sentence
    M : Modality
    Pred : Predicator
    C : Case
    NP : Noun Phrase

그리하여 그의 전체는 변형생성 이론의 초기와 확연히 달라진 것이 된다.

    1. 표준변형이론

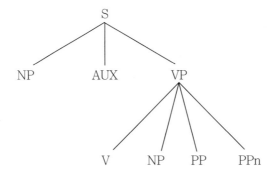

---

18) Fillmore, C. J., 1968, pp. 19~28.

2. Fillmore

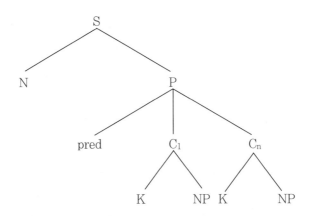

　　결국 Chomsky는 의미의 부재라고 그가 그토록 비난했던 구조주의
자들의 운명을 그대로 따른 것이다. 여기서 가능한 추측의 하나는 구조
주의자들이 의미를 배제시킨 덕택에 Chomsky의 도전에 속수무책이었
던 것처럼, 그리고 생성의미론자들의 의미의 의미화에 Chomsky 역시
할 만한 말을 상실했던 것처럼, Fillmore를 비롯한 생성의미론자들 역
시 의미 때문에 발목을 잡히게 되리라는 점이다.

5. 變形生成理論과 國語學

　　변형생성 이론은 국어학에서도 상당한 논문적 풍요를 이루었지만,
그것이 곧 우리 국어학에의 총체적인 긍정적 수용을 의미하지는 않는다.
우선 변형생성 이론의 자료들이 조사 중심어인 국어와는 완연히 다른 위
치중심어(영어)로 구성되어 있다는 점이다. 즉 위치중심어적 사고 유형

또는 언어유형으로 보았을 때, 우리는 어떤 문장 구성요소를 주어니 목적어니로 부를 수도 있다.

　그러나 가령 성리학이나 유교적 사고유형으로 보았을 때, 그것이 과연 주어니 목적어니로 불릴 수 있을지 어떤지는 의문이다. 또 모든 언어구조의 보편성을 Chomsky[19]는 주장하지만, 가령 국어와 영어와의 공통적인 동질성의 증거는 이질성의 증거만큼이나 확연하고 실증적인 것이 아니다. 만약 보편이론의 가설의 설정이 가능한 것이라면, 직관적으로 느껴지는 국어만의 고유한 몫은 어떻게 해서 나오는 것인지를 회의치 않을 수 없다. Chomsky는 직관은 언어능력의 단편이라고 했거니와, 직관적인 고유성은 과연 언어보편 이론과 합치되는 것일까? 그렇지만은 않은 것 같다. 이미 지적된 바와 같이 국어의 첨가적 성질, 시제문제의 고유성, 술어 중심성 등은 아무래도 표면적 현상이라고 할 수 만은 없다. 우리말만의 고유한 음성적, 통사적, 형태적 몫에 대한 Chomsky의 변형생성 이론의 해명은 아직 미흡하다는 점은 그러나, 여기서 동의될 유일한 명제인 것 같다. 여기서는 접속어미의 문제만을 따져 볼까 한다. 이러한 것은 이른바 국어의 접속어미의 생성문법적 처리에서 현저히 돈보이기 때문이다.

　변형생성문법적 처리에 의하면 접속어미는 대략 대칭접속과 비대칭접속으로 나누어진다. 대칭접속문은 우선 다음과 같은 특징을 갖는다.

　ⅰ) 성분문장의 순서를 바꾸어도 의미에 변화를 주지 않는다.

　즉 다음 3a)의 접속문 S_0에서 성분문장의 순서를 바꿔놓은 문장을 3b)의 $S_0{'}$라 할 때,

---

19) Chomsky, N., 1965, 참조.

3) a. $S_0 \rightarrow S_1 + S_2$

   b. $S_0' \rightarrow S_2 + S_1$

   c. $= S_0 = S_0'$

위의 3c)의 관계가 성립되어야 비로소 변형생성적 이론은 그것을 대칭문이라 부른다.

4) a. 철수는 사과를 좋아하고, 영희는 배를 좋아한다.

   b. 영희는 배를 좋아하고, 철수는 사과를 좋아한다.

예문 4a)의 S_1과 S_2를 바꿔놓은 문장 4b)는 성분문장의 위치만 바꾸었을 뿐 의미의 변화를 가져 오지는 않았다.

ⅱ) 두 성분 문장의 VP_1, VP_2는 항상 동시성을 가지고 접속한다.

문장 4)와 같이 성분문장의 순서를 바꾸어도 의미변화를 가져오지 않는 문장은 VP_1, VP_2가 동시성을 가지고 이어진다.

5) 그가 이야기를 하며 밥을 먹는다.

6) 나는 자전거를 타면서 노래를 불렀다.

'-며', '-면서'로 이어진 문장 5), 6)도 의미 변화 없이 S_1, S_2의 순서를 바꿀 수 있으며, 앞뒤로 나타난 VP_1, VP_2의 동작이나 행위는 동시적이다.

ⅲ) 성분문장의 공통화제를 정의하고 찾아내는 데 그 제약이 엄격하다.

이 공통화제의 제약은 비대칭문에도 적용되나, 특히 대칭문에서 성분문장의 의미내용을 어떤 기준에 의해 대조시킬 경우, 그 기준은 공통 화제가 되고 만다.

다음 7), 8)을 앞의 4)와 비교해 보자.

4) 철수는 사과를 좋아하고, 영희는 배를 좋아한다.
7) $^?$철수는 사과를 좋아하고, 영희는 등산을 잘 한다.
8) *철수는 사과를 좋아하고, 영희는 어제 피아노를 샀다.

위 4)에서의 공통화제는 '과일' 특히 좋아하는 과일이다. 4)의 S_1, S_2에 나타난 과일 '사과'와 '배'는 각각 대조를 보이면서 공통화제의 제약을 벗어나지 않아 자연스럽다.

그러나 문장 7)은 공통화제를 정의하기가 애매하여 어색하게 보인 다. 7)에서 철수와 영희가 좋아하는 것이 공통화제라면 S_2의 '등산을 잘 한다'는 '등산을 좋아한다'로 바꾸어야 자연스럽고, 철수와 영희가 잘하 는 것이 무엇인가가 공통화제라면 S_1의 내용이 달라져야 한다.

iv) VP_1, VP_2의 시상형태는 심층적으로 동일하다.

9) a. 토끼는 잘 뛰고 거북이는 못 뛰었다.
   b. 토끼는 잘 뛰고 거북이는 못 뛴다.
   c. 토끼는 잘 뛰었고 거북이는 못 뛰었다.

위 9a)의 VP_1, VP_2는 VP_1은 Ø형태 VP_2는 과거시상형태 '었'을 취 하고 있다. 9b)의 경우 VP_1, VP_2는 Ø형태를 취하면서 현재를 나타내고 있다.

ⅴ) 성분문장의 내면구조는 문법적으로 대등한 구조를 가지며 의미의
   독립성을 지닌다.

위에서 문법적으로 대등한 구조를 갖는다는 말은, 그 내면구조에 있어서 구조분석이 일치해야 한다는 뜻이다. 즉 접속문 S_0가 성분문장 S_1, S_2로 분해된다고 할 때에,

> 10) $S_0 \rightarrow S_1 + S_2$
> $S_1 \rightarrow N_1 + N_2 + V$
> $S_2 \rightarrow N_1{}' + N_2{}' + V'$

위에서 S_1의 범주 및 구조분석이 S_2의 그것과 나란히 상응해야 한다는 것이다.

> 11) a. 어머니는 밥을 짓고, 누나는 빨래를 하였다.
> b. 어머니는 밥을 지었다.
> c. 누나는 빨래를 하였다.

위 11a)의 내면구조는 11b), 11c)와 같다고 하겠으며, 이 때 11b)에 나타난 범주나 구조는 11c)와 상응한다고 볼 수 있다. 따라서 접속문 11a)의 성분문장 S_1, S_2는 문법적으로 대등한 구조를 가졌다고 할만하다.

한편 비대칭 접속문은 다음과 같은 특징을 지니고 있다.

ⅰ) 의미 변화없이 두 성분문장의 순서를 바꾸어 놓을 수 없다.

> 12) a. 밥을 먹고 학교에 간다.
> b. 학교에 가고 밥을 먹는다.
> 13) a. 고기를 잡아서 어항에 넣었다.
> b. ?어항에 넣어서 고기를 잡았다.

'-고'로 이어진 12ab)와 '-어서'로 이어진 13ab)는 문장에서의 S_1과

S_2의 도치가 문장의 의미를 변화시키고 있다.

    ii) 두 성분문장의 VP는 서로 비동시성을 가지고 접속된다.

    예문 12a)에서 VP_1의 '먹는' 동작은 VP_2 '간다' 동작보다 시간적으로 앞서 있으며, 14a)의 경우도 VP_1이 VP_2보다 시간상 앞서 있고 VP_2은 VP_1과의 전제로 쓰였다. 따라서 이들의 관계는 비동시적이라 할 수 있다.

    그러나 비대칭문이라도 '-고', '-어서'가 양태(manner)인 경우라면, 이것은 동시적으로 이어질 수 있음이 보통이다.

    14) 그는 버스를 타고 갔다.
    15) 그는 항상 개를 데리고 다닌다.
    16) 나는 여기까지 뛰어서 왔다.

    14), 15)의 VP_1은 VP_2보다 논리적으로 앞서 있으나 시상면에서는 반드시 선후관계에 있다고 보기 어렵다. 16)의 경우도 VP_1 '뛰는' 동작과 VP_2 '오는' 동작은 두 동작으로 분리된 동작이 아니다.

    iii) 두 성분문장의 관계는 종속적이며, 그 의미는 서로 의존관계에 있다.

    17) 창문을 열고 밖을 내려다 보았다.
    18) 몸이 아파서 병원에 갔다.

    위 17)의 '-고' 문에서 VP_1은 VP_2의 전제로 쓰였으며 18)의 '-어서' 문에서 VP_1은 VP_2의 이유를 나타내고 있다. 이때 성분문장의 의미는 각각 독립성이 없이 서로 의존관계에 있으며, 따라서 S_1, S_2의 접속관계는 종속적이라 할 수 있다. 그러나 비대칭문에서도 다음과 같은 경우는 두 성분 문장의 상호 의존성이 약해지고 대등한 관계로 이어지기도 하는 실정이다.

19) 공부를 끝내고 영화구경을 갔다.

위 19)에서 S_1과 S_2의 의미는 거의 독립적이고 두 성분 문장은 대칭 문과 마찬가지로 대등한 관계를 가지고 이어졌다. 다만 대칭문과 다른 점이 있다면 S_1과 S_2가 시간적 순차성을 가지고 연결되기 때문에 의미 변화없이 성분문장의 순서를 바꿀 수 없다.

iv) VP_1의 시상형태는 필수적으로 생략된다.

18) *몸이 아팠어서 병원에 갔다.
19) *공부를 끝냈고 영화구경을 갔다.

이 밖에도 비대칭문은 동일화제의 제약성이 그다지 엄격하지는 않다.

20) a. 비가 그치고 해가 떴다.
　　 b. 비가 그쳤다.
　　 c. 해가 났다.

대칭, 비대칭으로 나눈 변형생성적 접속어미의 분석은 매우 날카롭고 명징하다. 그러나 이러한 처리 방법이 우리 국어의 특수한 고유성을 행여 다치게나 하지 않을까 염려되며, 최근의 이것에 관한 논의들은 그러한 심증을 더 확실히 해주고는 있으나, 본 고에서는 그것을 언급하지는 않는다. 또 다음의 예를 보자.

21) 소수의 사람들이 많은 책을 읽는다.
22) 많은 책이 소수의 사람들에게 읽힌다.

21)은 많은 책을 읽는 사람이 적다는 뜻이고 22)는 소수의 사람들에게 읽히는 책이 많다는 뜻이다. 이러한 의미의 차이로 볼 때는 21)과 22)는 당연히 그 심층구조가 달라야 한다.

왜냐하면 변형규칙의 의미 불원칙의 규칙에 따라 어떠한 변형규칙도 의미의 변환에 간여할 수 없기 때문이다. 그러나 통사적 입장에서 보았을 때는 21), 22)는 동일한 심층구조를 지니고 있다고 보는 것이 마땅하다. 왜냐하면 21)과 22)는 하나는 능동문이고 하나는 수동문이기 때문에, 21)에 수동문 변형규칙만을 적용시킨다면, 22)를 얻을 수 있기 때문이다. 이것은 매우 자연스러운 현상이다.

21), 22)가 서로 다른 통사구조 즉 서로 상이한 심층구조를 지녔다고 보기에 어려움에서, 그것은 서로 의미가 다르다는 데에 Chomsky의 고민은 있다. 이러한 고민에 당면한 Chomsky는 그의 초기의 입장을 포기하였다. 여기서 그의 초기 입장은 의미는 심층구조에서만 생성된다는 견해이다. 이 초기 견해는, 의미해석은 심층구조에서뿐만 아니라 표면구조에서도 적용되며, 이러한 것은 변형규칙에 의해 가려진다는 수정된 견해로 대처될 수밖에 없었다. 변형규칙이 의미해석에 상당한 영향을 끼친다는 Chomsky의 후기 해석은 여전히 심각한 문제로 남겨진다. 이 문제는 생성의미론(Generative Semantics)에서 더욱 천착되어 논의된다.

그리하여 이들은 변형규칙의 의미해석 불관여 법칙은 고수하되, 통사적 유연성을 보였다.

즉 21), 22)는 서로 상이한 심층구조를 가지고 있기 때문에 서로 의미가 달라지게 되었다고 말한다. 그리고 이들은 우리의 언어능력의 보다 천착된 이론화를 위해서는 심층구조를 지금보다 더 추상화시킬 것을 주장하고 있다.[20) 생성의미론은 Chomsky의 난맥을 일부 해결해 주긴 했지만, 그 하위규칙이 전보다 더 정밀해야 한다는 데 그 이론의 난점이 있다.

6. 結 論

지금까지의 논의된 것을 요약하면,

(1) 본 고는 최근의 언어학에 있어서 매우 중요한 이론적 안목으로 대두되고 있는 Chomsky 이론을 언어철학적 견지에서 검토해 보았다. 아울러 Chomsky의 이러한 이론의 여러 언어철학적 각도에서의 분석도 행했다.

(2) Chomsky의 언어철학에서의 이론적 위치는 기호논리적 실증주의 이론과 삶의 개별성에의 언어구조 이론과의 중간적 위치에 놓여있다.

즉 Carnap을 중심으로 하고 Wittgenstein에 와서 마무리되었던 논리적 실증주의 이론은 언어구조를 객관적 세계에서 찾으려 했으며, Russell을 중심으로 한 개별적 언어구조 이론은 이에 대한 반동으로써, 언어의 구조를 삶의 조건과 연계지어 생각하려 했다.

Chomsky의 변형생성 이론은 첫째 유형에서 강조되었던 언어의 보편성과 추상성을 발전적으로 수용하는 데서 세워졌다.

(3) Chomsky의 변형생성 이론의 철학적 본질은 합리주의이다. 이 이론은 구조주의의 경험주의적이고 행태주의적인 언어이론을 극복하기 위해 제시된 것으로 17~18세기 독일의 관념론·합리론에서 유도된 개

20) Fillmore, C.J., 1966, 1968, 참조.

넘이다 .

(4) 언어능력이란 하나의 추상적인 개념으로 그것은 인간의 심성에 선험적으로 내재해 있는 능력을 의미한다. 이에 대해 언어수행은 이러한 추상적인 언어능력에 의해 제기된 규칙들에 따라 구체적으로 형성, 사용되는 적용을 말한다. Chomsky는 언어학의 근본 대상은 언어수행이 아니라 언어능력이어야 한다고 주장한다.

(5) 표면구조란 우리가 경험하고 쓰고 있는 문장들로, 이것은 추상적이고 보편적인 심층구조에 의해 생성된 것이다.

(6) 보편문법이나 어린이의 언어습득 능력에 관한 Chomsky의 견해는, 언어구조의 양상은 구조주의자들이 내세우고 있는 것처럼 자극이나 반응의 양식으로는 도저히 해결할 수 없는 복잡성을 언어가 가지고 있으므로, 선험적 언어능력의 내재성이란 가설은 불가피한 것이라고 말한다.

(7) Fillmore 등을 중심으로 한 생성의미론자들은 통사부와 의미부의 분류가 가능하다고 한 Chomsky의 견해들을 반대하면서, 통사부와 의미부의 변별은 있을 수 없다고 말하고 있다.

(8) 우리말만의 음운적, 형태적, 통사적 몫을 무시하고 간과해버리기에는 이들 특성은 너무나 중요하고 변별적이다.

(9) Chomsky의 변형생성 이론의 철학은 그전의 여러 언어이론들이 캐어내지 못했던 문제들에 대한 이론화된 해명에도 불구하고, 위의 여러 회의 때문에 심각한 이론적 갈등을 겪고 있다.

▌ 參考文獻

Bach, E., *Syntactic Theory*, New York, 1973.

Bloomfield, L., *Language*, Holt, Rinehart and Winton Inc, 1933.

Chomsky, N., *Syntactic Structures*, The Hague, 1957.

_____, *Aspects of the theory of Syntax*, The MIT Press, 1965.

_____, *Cartesian Linguistic*, New York, 1966.

_____, *Language and Mind*, New York, 1968.

Crystal, D., *Linguistic*, Harmansworth, 1971.

Fillmore, C. J., "Toward A Modern Theory of Case" *Modern Studies in English*, 1966.

_____, "Case for Case" *Universals in Linguistic Theory*, New York, 1968.

Jackendoff, R., *Semantic Interpretation in Generative Grammar*, The MIT Press, 1972.

Langacker, R., *Language and Its Structure*, New York, 1967.

Lyons, J., *Noam Chomsky*, New York, 1970.

국어학 논고

선산(善山)
강기진(康琪鎭)
박사
유고집

연보 및 논저목록
‥‥‥‥‥‥

연 보

▌강기진 교수 약력

1936. 5. 16 경상북도 선산군 고아면 대망동 248번지에서 출생
1995. 6. 5 서울특별시 중구 필동 중앙대학교 부속병원에서 별세
(묘소:경기도 광주군 삼성공원)

▌학력 및 경력

1952. 4~1955. 3 경북 선산고등학교 졸업
1955. 4~1959. 3 동국대학교 국어국문학과 졸업
1959. 4~1964. 2 동국대학교 대학원 석사과정 국어국문학과 수료
(문학석사)
1964. 3~1968. 2 동국대학교 대학원 박사과정 국어국문학과 수료
(1983년 문학박사 학위취득)
1960. 4~1968. 1 서울 정화여자상업고등학교 교사
1968. 2~1972. 2 홍익대학교 사범대학 부속여자고등학교 교사
1972. 3~1987. 2 홍익대학교병설 홍익공업전문대학 조교수・부교수・
교수
1973. 3~1985. 8 동국대학교, 청주대학교, 경기대학교, 성신여자대학교,
세종대학교, 한양대학교, 홍익대학교 강사
1987. 3~1995. 6 경기대학교 인문대학 국어국문학과 부교수・교수

▌학회활동

국어학회, 한국언어학회, 한글학회
국어국문학회(지역이사・연구이사), 동악어문학회(이사), 어문교육연구회
(이사), 한국국어교육학회(이사), 한국어문교육연구회(이사)

논저목록

발행연도	논문제목	논 문 수 록 지【호수, 수록면, 발행처, 본책 수록면】
1965	15세기 국어의 형태론적 연구	동악어문론집 1(p.3~41), 동국대, 본책 3권 p.157~202 수록
1965	국어 문법의 유형적 발전에 대하여	정화창간호, 정화여상, 본책 미수록
1966	접미사 '-개'의 고구	동악어문론집 4(p.3~20), 동국대, 본책 3권 p.203~226 수록
1973	동음이어의에 대하여	양주동박사고희기념논문집(p.219~254), 탐구당, 본책 2권 p.15~61 수록
1975	용비어천가의 종합적 고찰	논문집 7(p.165~191), 홍익공대, 본책 3권 p.227~261 수록
1980	국어 동음어의 연구	논문집 12(p.5~33), 홍익공대, 본책 2권 p.63~108 수록
1981	국어 동음어의 생성요인 고구	동악어문론집 15(p.125~154), 동국대, 본책 2권 p.109~150 수록
1981	국어 동음충돌 현상에 대한 연구	국어국문학논문집 11(p.37~64), 동국대, 본책 2권 p.151~193 수록
1981	은어의 화용상 기능	경기어문 2(p.71~87), 경기대, 본책 2권 p.195~215 수록
1981	국어 동음어의 문체론적 연구	한국문학연구 4(p.55~83), 동국대, 본책 2권 p.217~260 수록
1981	국어 접속어미의 의미기능	이병주선생주갑기념논총(p.625~644), 아우사, 본책 1권 p.17~38 수록
1982	변형생성이론과 국어학	논문집 13(p.25~39), 홍익공대, 본책 1권 p.521~544 수록
1982	국어 보조동사의 통사적 특성	한국문학연구 5(p.47~63), 동국대, 본책 1권 p.383~409 수록
1982	국어 동음어의 기능범주	새국어교육 35~36(p.130~151), 한국국어교육학회, 본책 2권 p.261~291 수록
1983	국어 준동음어의 연구	국어국문학논문 12(p.1~18), 동국대, 본책 2권 p.349~377 수록
1983	명제와 함의로서의 동음어	동악어문론집 17(p.1~28), 동국대, 본책 2권 p.293~324 수록
1983	국어 동음어의 화용론	새국어교육 37~38(p.246~263), 한국국어교육학회, 본책 2권 p.325~348 수록
1983	국어 동음어의 연구	동대대학원박사학위논문(p.1~120), 동국대, 본책 3권 p.15~146 수록
1984	국어 파동구문의 연구	논문집 15(p.27~43), 홍익공대, 본책 1권 p.439~461 수록
1984	국어 동음어의 유형별 분포	홍익어문 3(p.45~63), 홍익대, 본책 2권 p.379~402 수록
1984	국어 보조동사의 의미기능	한국문학연구 6~7(p.77~94), 동국대, 본책 1권 p.411~437 수록
1985	주시경의 통사이론(Ⅰ)	국어국문학논집 93(p.5~25), 국어국문학회, 본책 3권 p.295~320 수록
1985	진행형 '-고 있다'의 의미	홍익어문 4(p.39~59), 홍익대, 본책 1권 p.357~382 수록
1985	국어 다의어의 의미구조	한국문학연구 8(p.25~41), 동국대, 본책 2권 p.403~426 수록
1985	국어 접속어미 '-(으)나'의 분석	어문논지 4~5(p.307~320), 충남대, 본책 1권 p.85~105 수록
1985	국어 부정법의 연구	한국문학연구 2(p.129~146), 경기대, 본책 1권 p.463~487 수록

발행 연도	논문제목	논 문 수 록 지 【호수, 수록면, 발행처, 본책 수록면】
1985	국어 접속어미 '-거니, -거니와, -거늘'의 연구	건국어문학(명남김일근박사회갑기념어문학논총) 9~10(p.961~977), 건국대, 본책 1권 p.63-84 수록
1985	국어 접속어미 '-니'와 '-나까'의 연구	국어학 14(p.265~286), 국어학회, 본책 1권 p.39-62 수록
1985	국어특수조사 '-나'의 의미기능	국어교육(선암이을환교수화갑기념) 53~54(p.67~76), 한국국어교육연구회, 본책 1권 p.343~356 수록
1986	주시경의 품사 이론 연구	한글 191(p.121~143), 한글학회, 본책 3권 p.263~293 수록
1986	국어 반의어의 기준점	시원김기동박사화갑기념논문집(p.679~700), 교학사, 본책 2권 p.427~453 수록
1986	국어 조사 '-에'의 의미기능	국어국문학논문집 13(p.23~41), 동국대, 본책 1권 p.315~342 수록
1986	비상태성 접속어미의 연구	홍익어문 5(p.33~53), 홍익대, 본책 1권 p.107~132 수록
1986	'-며' 구문의 통사적 특성	국어학신연구(약천김민수박사화갑기념)(p.267~277), 탑출판사, 본책 1권 p.133~146 수록
1987	주시경의 통사이론(II)	한국어학과 알타이어학(p.1~22), 효성여대, 본책 3권 p.321~348 수록
1987	주시경의 언어관 연구	제산최세화박사화갑기념논문집(p.1~19), 제산최세화박사화갑기념간행위원회, 본책 3권 p.349~370 수록
1987	국어 어휘론의 한 방법	서강이정탁교수화갑기념논총(p.451~469), 서강이정탁선생화갑기념간행위원회, 본책 2권 p.483~505 수록
1987	국어 접속어미 '-(았)다가'의 연구	한실이상보박사화갑기념논문집(p.630~650), 형설출판사, 본책 1권 p. 147~ 167 수록
1987	국어 다의어의 의미자질	논문집 18(p.39~58), 홍익공대, 본책 2권 p.455~482 수록
1987	국어 다의어 연구의 방법론	장태진박사화갑기념국어국문학논총(p.11~21), 삼영사, 본책 2권 p.507~520 수록
1987	전제성 접속어미에 대하여	한남어문학 13(p.731~742), 한남대, 본책 1권 p.169~181 수록
1987	국어 문장부사어의 수식양상과 범주	논문집 21(p.107~128), 경기대, 본책 1권, p.489~519 수록
1988	동음어규칙의 전이과정에 대하여	홍익어문 7(p.659~668), 홍익대, 본책 2권 p.521~531 수록
1988	상태 변화의 접속어미에 대하여	송하이종출박사화갑기념논문집(p.509~521), 태학사, 본책 1권 p.183~196 수록
1988	직접목적성 접속어미의 연구	선청어문 16~17(p.218~228), 서울대, 본책 1권 p.197~210 수록
1990	주시경의 형태이론(Ⅰ)	경기어문 8(p.19~46), 경기대, 본책 3권 p.371~400 수록
1990	주시경의 형태이론(II)	청파서남춘교수정년퇴임기념논집(국어국문학논문집)(p.627~650), 경운출판사, 본책 3권 p.401-424 수록
1990	국어 동음어 연구(요약본)	난정남광우박사고희기념국어학관계박사학위논문요약집(p.384~392), 한국어문 교육연구회, 본책 3권 p.147~156 수록

발행 연도	논문제목	논 문 수 록 지【호수, 수록면, 발행처, 본책 수록면】
1991	주시경의 음운이론(Ⅰ)	국어의이해와인식(갈음김석득교수화갑기념논문집), (p.(697~713), 한국문화 사, 본책 3권 p.425-447 수록
1991	주시경의 음운이론(Ⅱ)	김영배선생화갑기념논총(p.33~55), 경운출판사, 본책 3권 p.447~471 수록
1991	상태유지성 접속어미에 대하여	현산김종운박사화갑기념논문집(p.33~42), 집문당, 본책 1권 p.211~223 수록
1991	사실의 접속어미 연구	도곡정기호박사화갑기념논총(p.681~695), 대제각, 본책 1권 p.225~241 수록
1993	접속어미 '-므로'의 의미가능	국어국문학 109(p.1~20), 국어국문학회, 본책 1권 p.243-291 수록
1994	국어의 몇몇 접속어미에 대하여	우리말연구의샘터(연산도수희선생화갑기념논문집)(p.233~249), 연산도수희 선생화갑기념논문간행위원회, 본책 1권 p.293~314 수록
1994	접속어미 '-다고'와 '-다만'의 분석	국어학연구(남천박갑수선생화갑기념논문집)(p.1~25), 남천박갑수선생화갑 기념논문간행위원회, 본책 1권 p.267~291 수록

▎ 아버님께 유고집을 올리며

'95년 6월 5일은 비가 오는 날이었습니다. 초저녁 동기들과 담소를 나누고 있던 차에 과대표가 급히 뛰어와 아버님의 사고 소식을 알렸고, 아버님의 생사도 알지 못한 채 중앙대학교 부속병원으로 달려갔습니다. 그러나 간호사에게 이끌려 들어간 곳은 응급실이 아닌 영안실이었습니다. 갑작스런 아버님의 사고 이후 많은 것들이 변화했습니다. 교통사고로 인한 각종 민·형사상의 소송으로부터 시작하여 집안 내외에 잠재했던 문제들이 상상할 수도 없이 하루 아침에 밀려들어왔습니다. 그러나 많은 어려움들은 주위 분들의 보살핌으로 조금씩 해결 되어 갔고, 10년이란 시간이 흘러 한 가정을 꾸리고 꽤나 안정적인 생활에 접어들었습니다.

하지만 철없고 어리기만한 제가 효도 한번 제대로 못해드린 죄스러움은 전혀 줄어들지 않았습니다. 그래서 그 죄스러움을 조금이라도 덜고자 이리 저리 많은 핑계로 미루었던 아버님 논문집을 10주기에 맞추어 발간하였습니다.

이 책은 아버님께서 정화여자상업고등학교 재직 시절 교지에 쓰셨던 입수 불가능한 논문 "국어문법의 유형적 발전에 대하여(1965)" 한 편을 빼고 모든 논문을 수록하였습니다. "국어동음어 연구(1983, 박사학위 논문)"와 내용상 다소 중복되는 1983년 이전의 논문들이 몇 편 있으나 고심 끝에 제외하지 않고 모두 실었습니다. 이 책이 나오기까지는 입력본이 없어 여러 수고를 거쳐야만 했고, 현재 기준들과 다른 논문 형식에 대한 고민 등 말할 수 없는 고심의 과정들을 겪어야만 했습니다. 결국 유고집이기에 임의적으로 교정하지 않고 원본에 충실하려 노력하였으며, 여러 선생님의 제안들을 받들어 현재의 책이 발간되기에 이르렀습니다.

다시 한번 이 책을 발간하기까지 번거로움을 다 물리시고 자청하시어 본 책의 편집과 구성 전반을 맡아 주신 김영배 선생님, 고영근 선생님과 수년 전부터 책 발간 전반에 대해 많은 충고를 주셨던 임기중 선생님, 회고담을 써주신 이종찬 선생님, 김태준 선생님, 김무봉 선생님, 최종 교정을 맡아 주신 김성주 선생님과 이용 선생님께 감사를 드립니다. 아울러 하루에도 수 차례 전화통화에 시달려야 했던 역락출판사 이대현 사장님과 이태곤 팀장님 외 여러 직원들에게도 감사드립니다. 또한 이 책이 나오기까지 말 못할 많은 어려움들을 나눈 아내 수희에게 고맙다는 말 전하고 싶고, 지금까지 내 삶에 주춧돌이 되어 주신 하나님께 진실로 감사드립니다.

끝으로 묻혀있던 아버님의 여러 논문들이 후학들에게 도움이 되기를 기대하며, 하늘에 계신 아버님께 이 책을 바칩니다.

2005년 6월 5일
강해수 삼가 적음

국어학 논고 - 유고집 -
제1권 문법론

인 쇄　2005년　7월　1일
발 행　2005년　7월　8일

지은이　강기진
엮은이　김영배 · 고영근
펴낸이　이대현
교 정　이 용 · 김성주
편 집　이태곤 · 박윤정 · 권분옥 · 김보라 · 김민희
제 작　안현진
표 지　OM 디자인 장재호
펴낸곳　도서출판 **역락** / 서울 성동구 성수2가 3동 301-80
　　　　(주)지시코 별관 3층(우133-835)
전 화　3409-2058(대표) 3409-2060(편집부) FAX 3409-2059
홈페이지　http://www.youkrack.com
이메일　yk3888@kornet.net / youkrack@hanmail.net
등 록　1999년 4월 19일 제2-2803호

정가 30,000원
ISBN 89-5556-396-5-93710
ISBN 89-5556-395-7-93710(전3권)

* 잘못된 책은 교환해 드립니다.